슬라브 문화의 이해

정연호 지음

신아사

책을 열며

대학 강단에서 러시아에 대한 교양 강좌를 맡아 가르쳐온 지도 벌써 꽤 여러 해가 지났다. 그 동안 우리 대학뿐만 아니라 많은 대학들이 수요자 중심의 교양 교육을 위하여 커리큘럼을 바꾸고 새로운 교과목들을 개발하였다. 특히 새로운 멀티미디어 세대 학생들의 기호에 맞추어 미디어를 통한 교양 강좌가 눈길을 끌었나. 영상 속의 러시아, 러시아 소설 영상기행, 러시아 문화탐방, 러시아 관광 문화 등….

하지만 항상 문제는 대학의 짧은 한 학기(15주~16주) 동안에 방대한 양을 수박 겉핥기식으로 지나갈 수도 없고, 그렇다고 하여 어느 한 부분만을 깊이 있게 다루기에는 교양강좌라는 한계가 있었다. 또한 '러시아'라는 나라를 처음 접하거나 대부분 부정적 선입견을 갖고 있는 학생들에게 '러시아'에 대한 학습동기를 유발시키면서 '러시아'를 올바르게 소개시키기란 그리 쉽지 않았다. 학생들의 흥미를 위주로 학습동기 유발에 초점을 맞추다보면 수업시간이 자칫 영화 관람 시간이 되어버릴 수도 있고, 반대로 미디어 시청 없이 텍스트로만 방대한 러시아를 보여주기에는 지루한 교양수업 시간이란 한계에 다다를 수밖에 없었다.

이 책은 필자가 다년 간 대학현장에서 '러시아'에 대한 교양 강좌를 맡아 운영하면서, 어떻게 하면 학생들의 흥미를 불러일으키면서 '러시아'라는 나라를 올바르게 소개시킬 수 있을까?에 대한 중간 선택이라 볼 수 있다. 아직 가장 적합한 교재로서의 최종 선택에 이르기까지에는 많은 노력이 더 필요함을 알면서도 중간 선택을 하게 된 동기는, 그 동안 나의 강의에 대하여 매우 흥미롭다는 평가를 내려준 학생들의 텍스트 교재 요구가 있었기 때문이며, 특히 본 강좌 "슬라브 문화의 이해"가 DGe(대구-경북권역 대학 e-러닝 지원센터)의 교양강좌로 채택되어, On-line 수업 내용을 매우 흥미 있어 하는 많은 학생들에게 좀 더 깊이 있는 Off-line 교재가 절실히 필요함을 느꼈기 때문이다.

<슬라브 문화의 이해>는 Dge의 On-line 강의에 맞추어 구성하였으나, 대학의 교양강좌에서도 몇 가지 동영상 자료와 함께 교재로 사용될 수 있도록 구성하였으며, 아울러 일반 독자들도 교양도서로서 흥미 있게 읽을 수 있도록 편집하였다.

아무쪼록 본 교재 <슬라브 문화의 이해>가 On-line 또는 Off-line 강의에서 '러시아'라는 나라를 처음 접하는 학생들이나 혹은 그저 막연하게나마 '러시아'에 대하여 부정적 선입견을 갖고 있었던 학생들 또는 일반 독자들에게 '러시아'를 비롯한 슬라브권 여러 나라들을 올바르게 소개시켜 주는 적합한 안내서가 될 수 있기를 간절히 바란다.

끝으로 본도서 <슬라브 문화의 이해>가 나오기까지 여러 가지 수고를 아끼지 않으신 도서출판 신아사에 진심으로 감사드린다.

2010년 팔월 한가위에
와촌정_http://wachon.hihome.com에서
정연호 씀

슬라브 문화의 이해

책을 열며 ······ 3

1장 슬라브 문화의 역사적 배경 ······ 9
(1) 슬라브족의 생성과 대이동 ······ 10
(2) 키예프-루시 ······ 12
(3) 몽고-따따르 ······ 16

2장 러시아 문화의 역사적 배경 ······ 21
(1) 모스크바 공국 ······ 22
(2) 제정러시아 ······ 31
(3) 소련 ······ 42

3장 서구주의와 슬라브주의 ······ 49
(1) 뾰뜨르 대제의 서구화 ······ 50
(2) 서구주의와 슬라브주의 ······ 57
(3) 러시아 혁명 사상의 발전 ······ 63

4장 동슬라브 문화의 자연적 배경 ······ 71
(1) 15개 공화국 ······ 72
(2) 지형 및 기후와 슬라브적 기질 ······ 75
(3) 유라시아 대륙과 시베리아의 자원 ······ 84

5장 까자크 문화(1) ······ 93
(1) 까자크의 생성 및 배경 ······ 94
(2) 영화 <따라스 부리바>에 나타난 까자크 문화 ······ 95

6장 까자크 문화(2) ··· 111
(1) 까자크의 발전과 쇠락 ··· 112
(2) 영화 <따라스 부리바>에 나타난 까자크 문화 ··· 117

7장 이콘 문화 ··· 129
(1) 이콘의 전래 ··· 130
(2) 이콘의 숭상 ··· 137
(3) 여러 가지 주요한 이콘들 ··· 142

8장 쉽고 재미있는 러시아어 ··· 153
(1) 러시아어의 역사 ··· 154
(2) 쉽고 재미있는 러시아어 한마디 ··· 158

9장 러시아 문학 ··· 163
(1) 러시아 문예사조의 흐름 ··· 164
(2) 뿌쉬킨-레르몬또프-고골의 문학 ··· 174
(3) 뚜르게네프-도스또옙스키-똘스또이의 문학 ··· 183
(4) 20세기 러시아 문학 ··· 197

10장 다차 문화와 식관습 문화 ··· 203
(1) 다차의 유래 및 발달 ··· 204
(2) 식(食)관습 문화 ··· 214
(3) 영화 <모스크바는 눈물을 믿지 않는다>에 나타난 다차 관련 문화 ··· 221

11장 모스크바 역사 문화 탐방 ··· 237
(1) 모스크바 크레믈린 탐방 ··· 238
(2) 모스크바 시내 및 근교 탐방 ··· 250
(3) 영화 <모스크바는 눈물을 믿지 않는다>를 통해 보는 모스크바의 모습 ··· 260

12장 뻬쩨르부르그, 키예프, 바이칼 역사 문화 탐방 273
(1) 뻬쩨르부르그 탐방 274
(2) 키예프 탐방 287
(3) 바이칼 호 탐방 290

13장 시베리아 횡단철도와 카레이스키 293
(1) 시베리아 횡단철도 294
(2) 카레이스키의 유래와 수난사 308
(3) 빅토르 최와 아니타 최 319

14장 서슬라브족과 남슬라브족 국가들 323
(1) 서슬라브권의 여러 나라들 324
(2) 남슬라브권의 여러 나라들 338

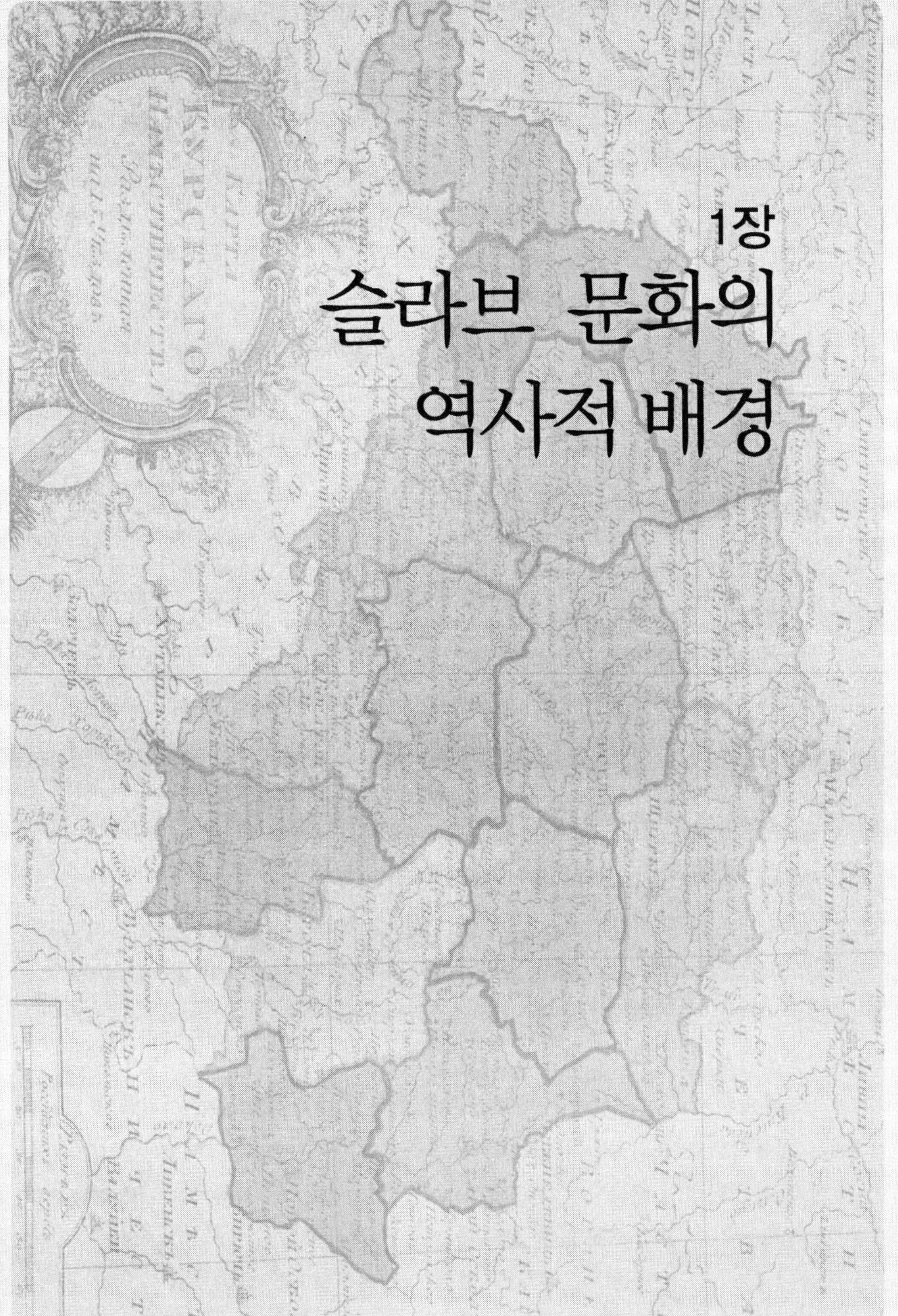

1장

슬라브 문화의 역사적 배경

1. 슬라브 문화의 역사적 배경

(1) 슬라브족의 생성과 대이동

일반적으로 고고학, 언어학 등에 의하면 슬라브족의 조상은 고대에 아시아로부터 이동하여 약 3~4세기까지 적어도 1,000년 이상을, 현재의 루마니아와 체코 및 슬로바키아를 포함하는 **카르파티아 산맥**의 북방에서 드네프르강 유역에 걸치는 지역에서, 아시아계 민족의 지배하에 살았다고 전해진다. 그 후, 동서방향으로 거주지를 확대하면서 카르파티아산맥 주변으로부터 남하하여, 6세기 경 일부는 도나우강에 이르렀고 8세기까지는 연안부를 제외한 발칸의 전 지역으로 퍼져 나아갔다. 즉, 5~6세기부터 시작된 **슬라브족의 대이동**은 약 9세기에 이르기까지 계속 진행되었으며, 세 그룹으로 나뉘어 각각 서쪽, 남쪽, 동쪽으로 이동하였던 것이다. 이 때, 서쪽으로 이동해 간 슬라브족을 **서슬라브족**이라 일컬으며 지금의 폴란드인, 체코인, 슬로바키아인의 선조가 되고, 남쪽으로 이동한 **남슬라브족**들은 지금의 불가리아인, 세르비아인, 몬테니그로인, 보스니아인, 크로아티아인, 슬로베니아인, 마케도니아인 등의 조상이 되는 것이다. 한편, 동쪽으로 이동해 간 **동슬라브족**은 다시 러시아인, 우크라이나인, 백러시아인으로 나뉜다.

인류학적으로 슬라브족은 백색인종에 속하고 단두형(短頭型)이지만 용모는 일률적으로 규정하기가 어려우며, 머리털의 빛깔도 남유럽형의 브루네트에서 북유럽형의 블론드까지 다양하다. 일반적으로 남슬라브족은 남유럽형, 동슬라브족과 서슬라브족은 북유럽형과 유사하다.

슬라브족이 사용하는 언어를 가리켜 '슬라브어'라 하며, 이는 인도유럽이족에 속하는 어파로서 오랜 세월에 걸쳐 발달하여 왔다. 서쪽으로 이동해 간 서슬라브족들이 사용하는 언어를 가리켜 '서슬라브어'라 하며, 남쪽으로 이동해 간 남슬라브족들이 사용하는 언어를 가리켜 '남슬라브어'라 하고, 동쪽으로 이동해 간 동슬라브족들이 사용하는 언어를 가리켜 '동슬라브어'라 한다. 그러므로 현재 유럽 중동부에서 시베리아에 이르는 광대한 지역에 걸쳐 통용되고 있는 10여 종의 슬라브어는 일반적으로 3군으로 나뉘어, 서슬라브어군, 남슬라브어군, 동슬라브어군으로 다음과 같이 분류된다.

슬라브어	**서슬라브어**	폴란드어(폴란드), 체코어(보헤미아, 모라비아지방), 슬로바키아어(슬로바키아), 소르브어(독일의 드레스덴 북동지역) 카슈브어(폴란드의 비스와강 하류지역)
	남슬라브어	세르보 크로아티아어(유고슬라비아 및 크로아티아), 슬로베니아어(슬로베니아), 마케도니아어(마케도니아),불가리아어(불가리아).
	동슬라브어	러시아어(러시아), 우크라이나어(우크라이나), 벨라루스어(백러시아)

슬라브어의 가장 오래된 문헌은 9세기 그리스의 사제 키릴로스와 메토디오스 형제가 번역한 성서이다. 여기에 기록된 언어를 일반적으로 '**고대교회 슬라브어**'라 하는데, 이는 키릴로스와 메토디오스 형제가 당시 863년 동로마 황제 미카엘 3세의 명령에 따라 모라비아로 가서 그곳의 슬라브인들을 위하여 전도활동을 하면서 고안해 낸 문자에서 유래된다. 즉, 아우 키릴로스는

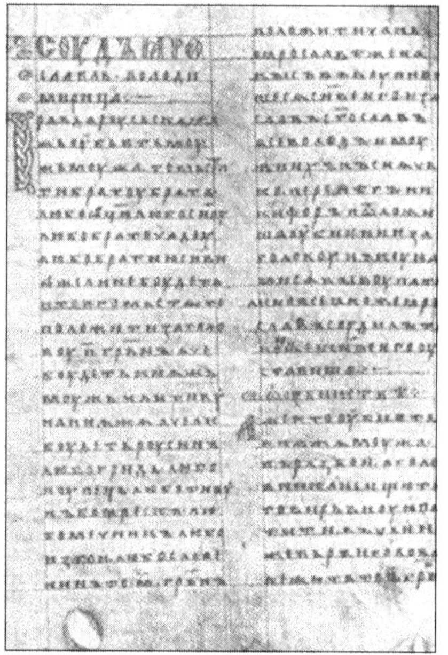
교회슬라브어 문헌

당시 남쪽 지역의 슬라브인들에게 어려운 성서를 알기 쉽게 전달하기 위하여 '슬라브 문자'를 처음으로 고안하였으며, 형제는 힘을 합쳐 성서 및 전례서 등을 슬라브어 문자로 번역하였다. 이 때 사용된 마케도니아 방언이 후일 '교회슬라브어'가 되며, 아우 키릴로스가 고안해 냈다고 하여 이 '슬라브 문자'를 가리켜 '키릴문자'라 일컫는다. 즉, 오늘날 대부분의 슬라브족들이 사용하는 문자는 이 '키릴문자'에 기초하며, 이는 남쪽으로 이동해 간 남슬라브족들이 사용하던 언어 즉, 남슬라브어에 기초하여 만들어졌고, 슬라브족들에게 그리스도교를 효과적으로 전파하기 위한 수단으로서 교회문헌(성경 및 복음서, 전례서 등)을 번역하는데 사용된 언어이므로 '교회슬라브어'라 일컫는 것이다.

(2) 키예프-루시

5~6세기부터 시작하여 동쪽으로 이동해 간 동슬라브족들은 7세기경에 부크강, 드네쁘르강과 그 지류인 레스나강, 돈강의 일부인 드비나강, 볼호프강 연안에 이르는 지역에 정착하였고, 그 중 일부는 다시 오까강 상류, 흑해, 아조프해 연안에서 돈강에 이르는 러시아 평야의 남부에 산재하여 정착하였다. 이들은 주위환경에 따라서 수렵, 목축, 어업을 주업으로 하며 가부장제적 공동생활을 하였고, 점차 부락공동체의 형태로 발전하면서 이웃부락과도 상호교역을 하기 시작하였다. 교역이 발전함에 따라 상업부락과 교역중심지

가 생겨나기 시작하였고 상인들의 재산과 안전을 보호하기 위하여 성이 건설되고 점차 요새화되어 갔다. 그리고 요새화된 부락은 점차 주변지역을 장악하면서 세력의 중심지가 되었으며, 그 가운데 **노브고로드**와 **키예프**가 당시 주요한 도시로서 자리 잡기 시작하였다.

9세기 초에 흑해 스텝지대를 지배하고 있던 터어키계 하자르족은 비잔틴과 접촉하는 등의 국제통상에 참가하면서, 그 세력을 확장하여 우크라이나의 흑해 연안지대에서 카프카즈와 카자흐 서부지역을 지배하는 **하자르 왕국**을 건설한다. 이들은 동과 서의 중계자로서 볼가강 하구에 위치한 당시 이들의 수도는 까프까즈 산맥을 넘어오는 아라비아인이나 유태인, 비잔틴의 그리스인, 슬라브인, 이교도인 스칸디나비아인이 내왕하는 국제교역의 중심지였다. 당시의 슬라브족들은 국가를 형성하지 못하고 남부의 부족들은 하자르 왕국에 공물을 바치는 대가로 그들의 보호를 받았으며 북부의 부족들은 **노르만족**의 지배하에 있었다. 그러나 9세기는 노르만족이 영토팽창에 전력하던 시기로서 노르만족은 중서부 유럽을 휩쓸기 시작하였으며 820년에는 아일랜드를, 874년에는 아이슬란드를, 911년에는 노르만디를 차례로 정복하여 나아갔다.

또한 일부의 노르만족은 발트해로부터 현재의 뻬쩨르부르그 동북방 **라도가 호수** 부근에 정착하였다. 이들은 점차로 세력을 확장하며 남하하여 **볼가강**을 따라 **카스피해**까지 이르렀으며, 그곳에서 하자르족과 교역을 시작하였고 **노브고로드**를 지나 **드네쁘르**를 따라 동슬라브족의 심장부인 **흑해**까지 진출하여 그 세력을 확장하였다. 이들은 점령한 지역의 슬라브족 경제생활

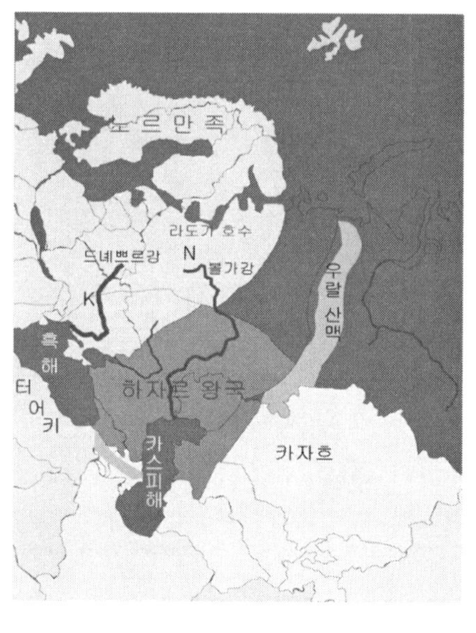

양식을 그대로 유지하면서 차츰 슬라브족을 지배하는 귀족계급으로 등장하게 되었으며, 9세기에 이르러서는 발틱해에서 부터 **드네쁘르**, **흑해**, **꼰스딴찌노플**에 이르는 광대한 러시아 평야를 석권하는 국가를 건설하게 되는데, 이것이 바로 동슬라브족들의 영토에 세워진 최초의 국가인 '**키예프-루시**'가 되는 것이며, 훗날 **러시아**의 기원이 된다. 즉, 러시아 최초의 국가는 슬라브족의 손에 의하여 건국된 것이 아니라, 외국세력인 노르만족에 의하여 이루어진 것이다.

러시아 최초의 국가인 키예프-루시가 노르만계 바이킹들에 의해서 세워졌다는 키예프-루시의 근원에 대하여는 다소의 이설이 존재한다. 서방학계에서는 Rus라는 말이 핀란드어로 '노를 젔던 사람들'을 뜻하는 'ruotsi'에서 나왔고, 그것은 해양민족 Viking을 가리킨다는 해석과 바이킹들은 붉은 머리에 붉은 수염의 차림이어서 라틴어로 '붉다'의 뜻인 'russus'로 불리었다는 해석으로, 두 해석은 모두 러시아가 바이킹이 세운 나라라는 뜻을 담고 있다. 이 학설은 러시아와 소련의 학자들, 특히 반 노르만 학파에 의해 크게 비판을 받았는데, 이들은 노르만 사람들이 슬라브인들의 땅으로 들어오기 이전에 동슬라브인들은 이미 고대 러시아 국가를 세워 발전시켜 왔으며, **키예프-루시** 역시 **동슬라브인들**의 독자자적인 노력의 결과로 성립되었다고 주장하였다. 이 논란은 고대 러시아사에 있어서 매우 중요한 문제이지만 어느 쪽도 결정적인 해답을 내리지 못하고 있다. 그러나 바이킹이 키예프-루시를 통치한 것은 일시적인 것이었고, 그들의 통치가 고대 러시아의 발달 과정에서 본질적으로 중요한 역할을 하지는 못하였다는 것이 정설로 남아있다. 이와 같이 현재의 '러시아'라는 말의 근원이 된 키예프-루시의 '루시'라는 이름은 15세기 후반까지 쓰였는데 모스크바 공국시대인 이반 3세 때 '러시아'로 바뀌어 불리기 시작하더니 로마노프 왕조시대인 1721년에 뾰뜨르 1세에 의해 '러시아'가 정식이름으로 채택되었다.

키예프-루시는 올레그가 공후가 된 882년부터 시작하여 1240년 몽고족에 의하여 키예프가 함락되기 전 까지 약 350년간 지속된다. 올레그의 뒤를 이어 이고리가 위세를 떨쳤으며 그가 죽은 후 부인인 올가가 어린 아들을 대신하여 섭정을 하였는데, 이 때 그녀는 스스로 세례를 받고 러시아 최초의 기독교도가 됨으로써 러시아에 기독교가 수용되기 시작한다. 그러나 백성들은 기독교를 거부하였고 반기독교 분위기가 크게 자라났다. 이를 잠재운 것이 그녀의 아들인 스뱌또슬라브였으며 그는 4대 공후로서 위엄을 떨치며 영토를 넓혔다. 스뱌또슬라브가 죽은 후 그의 아들들 간에 심한 권력투쟁이 일어나게 되는데 마지막으로 권력을 잡은 사람이 바로 블라지미르 대공이었다. 그는 988년에 기독교 즉 그리스정교를 받아들임으로써 러시아 역사에서 길이 남을 상당한 위치를 차지하게 된다. 백성들도 점차로 기독교를 믿게 되었으며, 그리하여 그리스정교를 통하여 비잔틴 문화를 흡수하게 되었는데, 이것은 러시아에 대한 외국으로 부터의 최초의 영향이었다고 할 수 있다. 역사학자들은 988년 이후부터 다음의 야로슬라브 공후의 시기까지를 묶어서 키예프-루시의 황금

키예프 드녜쁘르 강가에 있는 블라지미르 대제 동상

시대라고 부른다. 블라지미르가 죽은 후 권력투쟁이 심화되었는데 그 가운데서 야로슬라브가 권력을 잡는다. 야로슬라브는 키예프-루시를 여러 방면에서 반석 위에 올려놓았다. 하지만, 그가 죽은 후 또 다시 혼란이 계속되다가 키예프-루시는 몇몇의 독립된 공국들로 분열되어 나아갔으며 서서히 약화되어 가다가 마침내 **몽고-따따르**의 침입으로 멸망하게 된다.

(3) 몽고-따따르

쇠락과 해체의 길에 들어선 키예프-루시에게 치명적 일격을 가한 것은 몽고족의 침입이었다. 중앙아시아의 끝없이 넓은 초원지대에는 오래전부터 몽고족, 또는 이들 가운데 한 부족의 명칭을 따서 **따따르족**이라고도 불리는 여러 유목민 부족들이 살고 있었다. 이들 부족들의 지배자인 칸(아시아 유목 부족 국가의 군주에 대한 칭호)들 사이에는 격렬한 세력다툼이 벌어졌었는데, 테무친이라는 한 부족장이 최후의 승리를 차지하였다. 그리하여 그는 1206년 전 몽고족의 '칸'으로 선포되었으며, **칭기스칸**(우주의 지배자)이라는 칭호로 불리게 되었다. 칭기스칸은 몽고의 칸들이 재물을 획득하고자 이웃 민족이나 국가에 대해 행한 모든 원정들을 총지휘하기 시작하였다. 칭기스칸은 수십만에 달하는 거대한 기병대를 창설하였다. 칭기스칸의 군대는 교활하고 무자비하였으며, 투구를 쓰고 두꺼운 가죽으로 만든 갑옷을 입고 튼튼한 활과 구부러진 장검, 그리고 날카로운 창으로써 무장을 하고 쏜살같이 말을 몰아 획획 소리를 내며, 함성과 함께 적을 향해 돌진하곤 하였다.

따따르족의 무사

1223년 몽고-따따르족은 아시아에서의 통치영역을 더욱 더 확장한 후 서부로 방향을 돌려 유라시아 평원으로 침입하기 시작하였다. 이들이 유라시아 평원으로 진입하는 과정에서 일차적으로 만난 종족은 당시 러시아에 자주 침투하고 있었던 뻴로베쯔인들이었다. 이들은 러시아 입장에서 볼 때 효과적인 완충지대의 역할을 수행하고 있었던 것이다. 하지만, 1223년 아조프해 북부 깔까강에서 벌어진 전투에서 러시아와 뻴로베쯔의 연합군은 몽고-따따르족에게 패배당함으로써 몽고-따따르족의 위력이 과시되기 시작한다. 그러나 깔까강의 승리에도 불구하고 몽고-따따르족은 아시아로 되돌아갔다. 그 후 칭기스칸이 사망한 후 그의 손자 바투칸에 의해 러시아의 재침공이 본격화된다.

깔까강의 패배

키예프-루시의 무사들

당시 키예프-루시의 공후들은 단결되지 않았으며 각 공후들은 자신의 영토만을 튼튼히 지키고 확장하는 데만 관심이 있었다. 각각의 독립적인 공후들은 서로 반목하고 질시하였으며 이웃 공후를 어떻게 하면 파멸시킬 수 있을까에 대해서만 골몰하고 있었다. 그러므로 몽고-따따르족의 침입을 받은 러시아의 제후들과 공국은 차례로 무너져 내리기 시작하였다. 1238년 블라지미르, 뻬레슬라블리, 체미고프가 차례로 함락 당하였으며, 계속해서 루시의 여러 공국들이 몽고족의 지배하에 들어가기 시작하였고, 마침내 1240년에 키예프는 함락되고 말았다. 이 와중에서도 유일하게 노브고로드는 북부의 울창한 숲과 늪지대로 인한 진입의 효과적인 방해 덕분에 화를 면할 수 있었다. 이에 따른 노브고로드의 지속적 성장과 발전이 나중에

알렉산드르-네프스키 동상 (뻬쩨르부르그)

러시아 부흥에 있어서 매우 중요한 역할을 수행하게 된다.

루시의 공국들은 독립을 잃었으며, 몽고의 킵차크한국의 칸은 루시의 공후들을 승인하고 통치권을 인정하는 허가장을 주었으며, 그 대가로 공후들은 킵차크 칸을 상대로 막대한 뇌물을 받쳐야 했다. 따따르족의 러시아 지배는 1240년부터 1480년까지 약 240년간 장구히 이어져 갔다. 몽고제국에서 궁정 쿠데타가 일어난 1357년을 고비로 킵차크한국 스스로의 힘이 쇠약해지고, 루시의 저항운동이 차차 거세지면서 이들은 간접통치 방식을 취하게 된다. 하지만, 이들이 조공에 국한된 관심 속에 자율권을 인정하고 종교의 자유도 허용하면서 간접통치를 하였지만, 그 동안 러시아에 미친 영향은 지대한 것이었다. 1480년까지 240년간 계속된 몽고 따따르의 지배기간 동안 루시는 서유럽으로부터 거의 완전히 절연되었다. 우선 서유럽의 개인주의와 근대화를 촉진시킨 문예부흥과 종교개혁의 시대적 조류에서 완전히 격리되었다. 그 대신에 몽고제국의 절대주의와 군국주의가 뿌리깊이 심어져 제정러시아뿐만 아니라 오늘날의 러시아에서도 그 영향이 남아있다고 볼 수 있으며, 또한, 사회-경제적으로도 서유럽에 비해 2세기나 뒤떨어지게 되는 결정적 요인이 되었다. 그 밖에 여러 가지 풍습이나 생활관습에도 영향을 미쳐, 세금징수에 필요한 장부기입법과 행정, 세금징수의 효율성 제고 방법으로써의 농촌공동체(미르), 전투방법, 두루마기와 같은 길이가 긴 의상, 수염, 국물이 많은 수프, 순대, 만두, 동양식 소주와 흡사한 보드카, 여성의 사회활동 금지와 가내 은둔 생활을 조장하는 풍습 등이 생겨나게 되었다.

킵차크한국의 간접통치에 대한 루시족의 반몽투쟁 의식도 점점 더 강화되어 갔으며, 몽고-따따르에 대한 루시인들의 강한 저항 운동이 곳곳에서 일어나기 시작하였다. 특히, 당시 블라지미르-수즈달리 공후의 아들인 **알렉산드르-네프스키** 장군은 몽고-따따르와의 수없이 많은 전투를 승리로 이끌었을 뿐만 아니라, 노브고로드에 쳐들어온 독일 기사단의 무사들을 추도호 호수 얼음판 위로 유인하여 대파하였다. 추도호 얼음 위에서의 승리는 독일 봉건영주들의 동쪽에 대한 욕심에 종지부를 찍어 주었다. 기사단의 무사들은 루시 국경으로부터 완전히 격퇴되었으며 알렉산드르-네프스키는 루시 국민들의 민족적 영웅이 되었다. 그가 전투에서 세운 위업에 대한 이야기는 오늘날까지도 러시아인들의 가슴 속에 살아서 전해 내려오고 있으며, 구소련 시절에는 독일 파시스트 침략자들과의 전투에서 뛰어난 무공을 세운 많은 소비에트 장교들에게 알렉산드르-네프스키 무공훈장이 수여되었다.

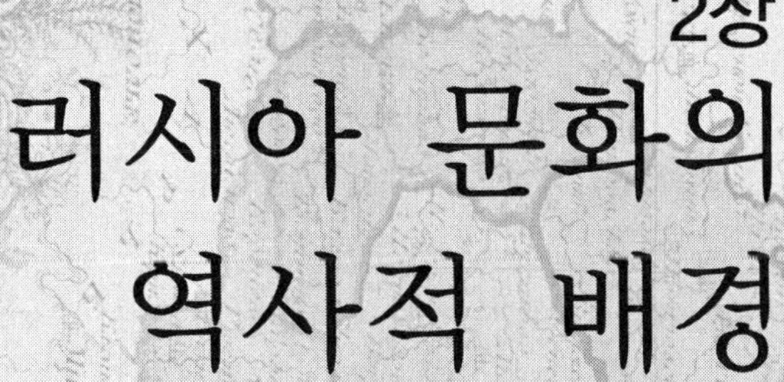

2장 러시아 문화의 역사적 배경

2장 러시아 문화의 역사적 배경

(1) 모스크바 공국

몽고 따따르의 지배 아래서 정치적으로 크게 성장한 곳은 모스크바였다. 본래 모스크바는 블라지미르-수즈달리 공국의 변경에 자리 잡은 조그만 요새(크레믈리)에 불과한 도시였다. 하지만, 모스크바는 킵차크한국이나 서유럽국가들의 직접적인 침공을 받지 않는 곳에 위치해 있었고, 또한 무역의 길이 서로 엇갈리는 길목의 요충지에 위치해 있었던 관계로 일치감치 성장할 수 있는 배경이 형성되어져 있었다. 랴잔 공국과 니즈니고로드 공국에 의해 둘러 막혀 있어서, 킵차크한국으로부터 보호됨과 동시에 울창한 숲으로 둘러싸인 모스크바 지역은 비교적 평화스러운 곳이었다. 몽고-따따르족의 기병부대도 좀처럼 이 지역에 출현하지 않았었다. 또한 노브고로드와 쁘스코프 그리고 스몰렌스크 공국이 독일인과 스웨덴 및 리투아니아인 의 침략으로부터 모스크바를 지켜 주었다. 그래서 루시인들은 동과 서의 압제자들을 피해, 자진해서 모스크바와 모스크바 근교의 마을들로 이주해 갔다. 또한 모스크바는 무역로들이 서로 교차하는 곳에 위치해 있었다. 그래서 노브고로드의 상인들은 배를 타고 모스크바강을 따라 볼가강으로, 그리고 더 멀리 동방으로까지 나아갔다. 또한 상인들은 모스크바를 지나 북으로부터 남으로 크리임까지 갔으며, 남쪽으로부터는 그리스와 이탈리아의 상인들까지 모스크바로 올라왔다. 상인들은 모스크바에 머무르면서 서로 물건들을 교환함으로써, 모스크바는 이제 중요한 상업 중심지로서 부유한 도시가 되어 갔다.

13세기 중엽까지 모스크바는 블라지미르 공국에 속해 있었으나, 알렉산드르-네프스키의 막내아들인 다니엘이 모스크바의 첫 번째 공후가 되면서 독립하였다. 다니엘은 랴잔의 공후들과 싸워서 꼴롬나 지역을 빼앗았으며, 자식이 없는 한 친척의 유언에 따라 뻬레야슬라블리 지역도 물려받았다. 그의 아들 유리는 스몰렌스크의 공후들로부터 모좌이스크 지역을 탈취함으로써, 결국 모스크바 강을 따라 상류에서 하류에 이르는 강 연안의 모든 땅을 모스크바 공국이 차지하게 되었다. 유리가 죽은 다음 그의 동생인 이반 다닐로비치가 모스크바의 공후가 되었다. 이반은 매우 이재에 밝고 현명하였으며, 선견지명이 있는 성치가였다. 그는 소공후들로부터 땅을 사들여 광대한 토지를 소유하게 되었으며, 이렇게 해서 불어난 막대한 재산 덕분에 깔리따(Калита) 즉 돈주머니라는 별명을 얻게 되었다. 이반 깔리따는 킵차크한국의 칸과 관계를 잘 유지하면서 자신의 이익을 위해 칸의 권력을 교묘히 이용하였다. 이반 깔리따는 자주 사라이(Сарай)로 여행을 하였으며, 그 때마다 항상 칸과 그의 아내들에게 값비싼 선물을 많이 가져다 바쳤다. 이로써 칸은 이반에게 전 루시의 대공이라는 칭호를 하사하였으며 모스크바는 이제 전 루시 땅의 정치적 중심지가 되었다. 후에 칸은 모든 다른 공후들이 바치는 공물의 징수를 이반 깔리따 대공에게 위임함으로써, 루시의 다른 모든 공후들은 모스크바에 예속 당하게 되었다. 또한 이반 깔리따는 모스크바의 융성을 위해 교회도 이용하였다. 이반 깔리따는 당시 블라지미르에 거주하고 있던 루시 성직자들의 우두머리인 뾰뜨르 대주교를 위하여 모스크바에 우스뻰스키 사원과 대저택을 지어줌으로써, 대주교는 자연히 모스크바에 자주 머물렀으며, 그가 모스크바에서 죽은 후 신임 대주교는 아예 모스크바로 거처를 옮겨 앉고 말았다. 이로써 모스크바는 종교적으로도 루시의 중심지가 되었다.

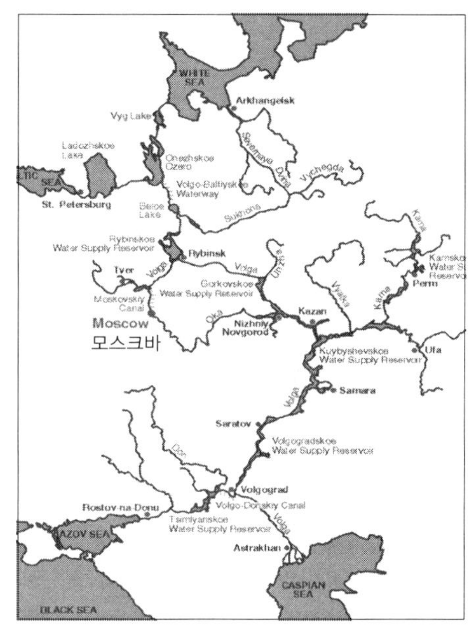

14세기 후반에도 모스크바 공국의 확장은 계속되었으며, 반면에 킵차크한

유리 돌고루끼의 동상

국은 칸들은 서로 세력다툼으로 국력이 쇠약해져, 1360년에서 1380년 사이 20년 동안 통치자가 무려 14번이나 바뀌었다. 한편 루시 땅에서는 몽고-따따르족의 압제에 대한 민족적 항거가 점점 더 강화되어 갔는데, 마침내 1374년에 니즈니-노브고로드에서 봉기가 일어났고, 당시 도시 주민들은 칸이 파견한 사절단과 사절단을 수행한 몽고-따따르 병사들을 모조리 잡아 죽이기 까지 하였다. 그리고 드디어 이반 깔리따의 손자인 **드미트리-이바노비치**가 모스크바의 공후가 되었다. 그는 재능있는 군지휘관이었으며 용감한 애국자였다. 이반 깔리따가 러시아 민족을 위해 킵차크한국으로부터 황금으로 평화를 얻어냈다면, 그의 손자인 드미트리-이바노비치는 몽고-따따르 침략자들에 대항하는 민족 투쟁을 이끌어 나아갔다. 마침내 복종을 거부하는 모스크바를 징벌하기 위하여 1380년 모스크바 원정에 나선 몽고-따따르 군을 드미트리-이바노비치의 루시군은 돈강 건너 **쿨리코보**라는 들판에서 맞닥뜨렸다. 아침 해가 떠오르면서 시작된 이 운명의 전투에서 드미트리-이바노비치의 탁월한 지휘를 받은 용감한 루시의 군대는 몽고-따따르족을 대파하였으며, 모스크바는 온통 종을 울리고 환호성을 지르며 승리자들을 맞이하였다. 국민들은 영광스러운 승리를 기념하여 드미트리 공후를 돈강의 이름을 따서 **드미트리-돈스코이**라고 불렀다. 쿨리코보의 전투가 가지는 의미는 매우 큰 것이었다. 즉 단결하면 외부의 침략자들에 대해서 승리를 거둘 수 있다는 사실을 루시 국민들은 깨닫게 된 것이다. 이제 민족해방운동의 중심지로서 모스크바의 위신은 한층 더 높아졌으며 모스크바를 중심으로 한 루시 땅의 통일은 더욱 더 빠르게 진행되어 갔다.

드미트리 이바노비치 대공 이후에도 모스크바 공국은 계속 하여 국력을 증강시켜 나아갔는데 그의 증손자인 **이반 3세** 때에 이르면 루시 땅의 대부분을 통합하는 강력한 국가로 성장 하게 된다. 이반 3세는 비잔틴 왕국의 여자와 결혼한 뒤 스스로 비잔틴 황제의 계승자임과 그리스정교의 수장임을 참칭하며 모스크바를 '**제3의 로마**'라고 선언하는 등 공국과 자신의 위상을 크게 높였다. 또한 그는 외교력과 군사력을 적절히 배합하여 한의 세력들을 물리쳤으며 스스로 자신에게 '**짜리**'라는 칭호를 사용하게 하였다. 이반 3세가 죽은 뒤 그의 아들 바실리 3세가 즉위하면서 모스크바 공국은 더욱 더 세력을 확장하여 마침내 루시의 거의 모든 땅을 석권하는 **대 모스크바 공국**으로 발전하게 된다.

바실리 3세가 죽자 그의 후계자인 **이반 4세**가 너무 어려서(이 때 나이 3살), 그의 어머니가 통치를 하게 되는데, 이때부터 권력투쟁이 벌어지기 시작한다. 하지만, 1547년 17세의 어린 나이로 즉위한 이반 4세는 짜리로서의 대관식을 거행함으로써, 황제의 권위와 러시아 국가의 국제적 위신을 한층 더 높였으며, 그는 강력한 중앙집권화와 개혁에 성공함으로써 역대 어느 군주보다도 강한 군주의 이미지를 심어 주었다. 그러나 폭풍우와도 같은 정열의 소유자이자 신경질적이고 날카로우며 격하기 쉬운

모스크바 대공국 점령지역

이반 뇌제

인간이었던 러시아 최초의 짜리 이반 4세는 국민들에 의해 '이반 뇌제'라고 불리며 폭군으로 역사 속에 기록된다. 어릴 때부터 여러 차례 반복되는 피비린내 나는 궁정혁명을 목격하며 자란 이반 4세에게는 남을 의심하는 버릇과 잔인함이라는 큰 특징이 생겨난 것으로 알려져 있다.

이반 4세는 그에게 충실한 사람들로 이즈브란나야-라다(Избранная Рада: 선발된 인민회의)라는 새로운 정부 조직을 만들어 통치하였다. 1549년 2월 이반 4세는 대귀족, 고위 성직자와 모스크바 귀족 대표자들이 모인 크레믈린 궁전에서 대귀족들의 권력남용을 비난하고, 모두에게 러시아 국가의 통일을 강화하기 위하여 함께 뭉치자고 호소하는 연설을 하게 되는데, 이것이 러시아 역사상 최초의 **국민회의**라고 볼 수 있는 '젬스키-사보르(Земский Собор)'이다. 이후, 이반 4세는 국가의 모든 중차대한 문제들을 결정하기 위하여 국민회의를 소집하곤 하였는데, 이젬스키-사보르에는 대귀족 및 귀족들 그리고 성직자들 외에도 다른 계층 즉 상인과 수공업자의 대표들도 참여함으로써 러시아 역사상 계급 대표 군주제가 설립된 것이다.

이와 같이, 이반 4세는 안으로는 러시아 국가의 통일을 강화하면서 밖으로는 국가의 팽창을 추구하였고 몽고-따따르 지배하의 공국들을 차례로 정복해 나아갔으며 마침내 시베리아로 진출하기 시작하였다. 당시 변방에 위치해 있던 용감한 까자크를 이용한 **시베리아-원정**은, 러시아인들로 하여금 처음으로 **우랄산맥**을 넘어 시베리아 대평원으로 이주해 갈 수 있는 길을 열어주었다. 이반 4세 때 러시아의 문화와 교육 및 기술은 여러 방면으로 발전하였다. 그 중에서도 인쇄술의 발달은 획기적이었으며, 이로 인해 많은 책들이 간행되었고 **성 바실리 성당**이 건축되는 등 건축과 미술 분야에도 큰 업적을 남겼다.

성 바실리 성당: 모스크바 크레믈린 궁전 안의 '붉은 광장' 끝에 위치한 성 바실리 성당은 이반 4세 때 건축된 러시아의 대표적인 건축물로서, 당시 이반 뇌제는 이와 같이 아름다운 성당을 다시 못 짓게 하기 위하여 건축가들의 눈을 모두 뽑아 버렸다는 실화로써도 매우 유명하다.

국내외 적들과의 격렬한 싸움, 그리고 황제친위대원들과 밤마다 벌인 주연으로 인하여 이반 뇌제는 자신의 건강을 극도로 해쳤다. 1582년 이반 뇌제는 분노가 발작하여 쇠지팡이로 황태자 이반에게 치명상을 입히고 말았으며, 사랑하는 아들이자 제위를 이을 후계자인 이반의 죽음은 짜리의 마음에 깊은 상처를 안겨 주었다. 1584년 이반 뇌제는 장기를 두다가 갑작스레 쓰러져 53세를 일기로 두 아들을 남기고 생을 마감하게 된다. 남은 아들 둘은 첫째 아내에게서 낳은 표도르와 일곱 번째 아내에게서 낳은 생후 6개월짜리 드리트리였다. 이반 뇌제가 갑자기 죽은 후 첫째 아들 표도르가 제위에 올랐으나, 그는 병약하고 우둔하여 국사를 돌 볼 능력이 없었다. 그러므로 자연히 나라는 표도르의 처남인 대귀족 **보리스-고두노프**가 다스리게 되었다. 드미트리 황자는 보리스-고두노프의 명령에 따라 어머니와 함께 우글리치(모스크바 북방의 소도시)에서 살았는데, 여덟 살 때 뜻하지 않게 죽었다. 목이 잘린 채 죽은 황자

일리야 레빈(Ilya Repin)의 그림
<이반뇌제와 그의 아들 이반. 1581년 12월 16일. 캔버스에 유화>

드미트리의 죽음을 조사한 위원회는 사인을 집 근처에서 놀다가 간질병을 일으켜 칼 위에 넘어져 죽은 것으로 밝혔지만, 항간에는 보리스-고두노프의 지시에 의하여 살해된 것이라는 소문이 끈질기게 나돌았다. 병약한 황제(짜리) 표도르는 후사가 없이 1598년 1월에 죽음으로써 이반-깔리따 왕조는 막을 내리게 되며, 국민회의(젬스키-사보르)는 보리스-고두노프를 새로운 황제로서 선출한다. 현명하고 선견지명이 있는 통치자 보리스-고두노프는 경제부흥과 국방력 강화에 힘을 쏟았으며, 그의 치세기간 동안에 러시아에는 총주교제가 설치되었고, 러시아 교회는 콘스탄티노플의 총주교로부터 완전히 독립하게 된다. 하지만 귀족들을 근간으로 한 보리스-고두노프의 통치는 대귀족들의 불만을 불러일으킨다.

한편, 1603년 폴란드의 한 공작의 대저택에는 자신을 드미트리 황자라고 칭하는 젊은이가 한 명 나타나는데, 그는 자신이 바로 보리스-고두노프가 비밀리에 보낸 자객들을 피해 간신히 살아남은 황태자라고 소개하였다. 사실 그는 수도원으로부터 도망 나온 일개 수도사였던 것이다. 하지만, 이 가짜 드리트리는 1604년 폴란드 왕 지그문트 3세의 지원을 받아 보리스-고두노프에게 불만을 품고 있던 대귀족들의 세력을 귀합하며 모스크바를 향하여 진격하였다. 1605년 4월 보리스-고두노프가 갑자기 죽고 16살난 그의 아들 표도르가 제위에 올랐으나, 참칭자 가짜 드미트리는 계속하여 군대를 이끌고 모스크바를 향해 진격해 왔다. 한편 많은 궁정 대귀족들도 보리스-고두노프 가문을 전복시키고자 하면서 참칭자 드미트리 쪽으로 넘어갔다. 마침내 보리스-고두노프 일가는 황궁을 버리고 다른 집으로 옮겨야 했으며, 성난 군중들과 참칭자의 지지자들은 그 집으로 숨어 들어가 표도르 고두노프와 그의 어머니를 목졸라 죽여 버렸다.

보리스-고두노프

1605년 6월 20일 교회의 종소리가 성대하게 울려 퍼지는 가운데 크레믈린에 입성한 가짜 황제(짜리) 드리트리는 자신의 주위를 폴란드인 고관들로 가득 채우고, 폴란드 용병 및 자신에게 충성을 보인 러시아 귀족들에게 닥치는 대로 토지를 나누어 주며 수도원의 귀중품들까지도 횡령하기 시작하였다. 또한 그를 에워싸고 있던 **폴란드 용병들**은 마치 정복자처럼 행동하면서 상점의 물건들을 닥치는 대로 가져갔으며 부녀자들을 희롱하고 주민들을 경멸적으로 대하였다. 마침내 불만에 가득 찬 모스크바인들은 1606년 5월 짜리 드리트리의 화려한 결혼식이 끝난 뒤 술에 취해 잠자고 있던 폴란드인 용병들을 차례차례 죽이기 시작하였으며, 참칭자 드리트리를 잡아 붉은 광장에 내던져 불태워 버렸다. 그리고 제위에는 이러한 대변혁을 조직한 바실리 이바노비치 슈이스키가 올랐다. 가짜 드미트리를 앞세운 모험의 실패에도 불구하고 폴란드 봉건 영주들의 약탈적 욕망은 계속되었다. 1608년 여름 **가짜 드리트리 2세**는 모스크바로 진군하여 뚜쉬노 마을에 진지를 구축하였다. 그리고 참칭자 드미트리 1세의 아내였던 마리나 므니쉐끄는 폴란드 왕 지그문트 3세의 권고에 따라 가짜 드미트리 2세에게로 와서 그의 아내가 되었다. 한편 이번에도 짜리 슈이스키에게 불만을 품은 몇몇 대귀족들과 귀족들이 뚜쉬노 진영으로 넘어갔다. 짜리 슈이스키는 스웨덴 왕과

군사원조에 관한 조약을 체결하였으나, 스웨덴 용병들은 도움을 주기는커녕 오히려 노브고로드를 점령해 버렸다. 스웨덴의 행동을 알고 난 폴란드는 역시 공개적인 침략 행위를 일삼음으로써, 러시아는 폴란드와 스웨덴의 간섭 하에 들어가기 시작한다. 이에 모스크바에서는 짜리의 조카로서 재능 있는 장군이었던 미하일 스꼬삔 슈이스키가 총사령관이 되어 1610년 초 뚜쉬노의 진영을 쳐부수었다. 모스크바의 귀족들은 미하일 스꼬삔 슈이스키 장군을 짜리의 자리에 앉히고자 하였으나 이 스무 살 난 젊은 승리자는 곧 짜리 바실리 슈이스키의 지시에 의하여 독살된다. 한편, 폴란드군은 1610년 대대적인 공격을 감행하여 수도 모스크바로 진격해 들어갔으며, 이에 모스크바 대귀족들은 짜리 바실리 슈이스키를 제위에서 몰아내고 강제로 삭발시켜 수도승으로 만들어 버렸으며, 이미 폴란드 편으로 가담한 7명의 대귀족들이 권력을 장악하여 15세의 폴란드 왕자 블라지슬라프를 짜리로 선포하기에 이르른다. 폴란드인들은 수도 안으로 들어와 크레믈리 근처의 키타이-고로드(Кита-город: '중국도시'라는 뜻으로 16~18세기 사이에 모스크바 크레믈리에 인접한 상업 중심지)라고 불리는 모스크바의 요새지대를 점령해 버렸다. 거의 전 모스크바가 불타버렸으며 도시의 대다수 주민들이 죽어 갔고 폴란드 왕 지그문트 3세는 군대를 이끌고 스몰렌스크 근교에 오랫동안 진을 쳤다. 폴란드 부대들은 나라 안을 온통 누비고 다녔으며, 동시에 스웨덴군도 노브고로드와 여러 인근 도시들을 점령하였다. 침략자들은 나라를 갈기갈기 찢어 놓았으며 이제 러시아의 파멸은 피할 수 없는 것처럼 보였다. 그러나 마침내 침략자들과의 싸움에 국민 모두가 들고 일어났다. 해방운동의 중심지는 볼가강 연안의 니쥐니-노브고로드(볼가강 상류의 도시로 뻬레스트로이까 이전까지는 한때 '고리끼'로 불리다 현재는 다시 옛 이름으로 복귀되어 불림)였다. 1611년 니쥐니-노브고로드의 상공인들의 우두머리 **꼬지마-미닌**은 조국의 수호를 위한 **국민군**의 창설을 제안하였고, 국민군 사령관으로 **드미트리-뽀좌르스키** 공작이 만장일치로 선출되었다. 국민군과 폴란드군과의 치열한 전투가 계속되었으며 마침내 1612년 10월 키타이-고로드가 점령당하자 침략자들은 크레믈리의 성문을 열고 항복하고 말았다. 모스크바를 해방시켰지만 폴란드와 스웨덴 침략자들과의 싸움은 몇 년 더 계속되었다. 폴란드 점령군이 항복하고 모스크바가 해방 되자 1613년 **국민회의**(젬스키-사보르)가 소집되었으며, 여기서 로마노프 가문의 **미하일 로마노프**가 새로운 짜리로 선출됨으로써, 마침내 러시아는 **로마노프 왕조**의 새로운 시대를 열게 된다.

(2) 제정러시아

모스크바 대공국으로 중흥하는 계기를 잡은 러시아가 하나의 제국을 형성하고 강대국의 지위를 굳힌 것은 로마노프 왕조에 이르러서이다. 우리가 흔히 '**제정러시아**'라고 부르는 이 시대에 와서 러시아의 영토는 넓어지고 짜리즘으로 집약되는 전제정치 체제는 완성된다. 로마노프 왕조는 1917년 2월 혁명에 의하여 무너질 때까지 약 300년 동안 지속되었다.

로마노프 왕조의 초대 **황제 미하일**은 새로운 왕조를 세우는 데는 성공하였으나 폴란드와 스웨덴과의 전쟁은 여전히 계속되었으며, 스몰렌스크와 노브고로드의 북부를 폴란드에게 넘겨주었다. 1645년 그가 죽고 알렉세이 미하일로비치가 제위에 올랐다. 하지만, 황제의 외척인 모로조프에 의해 권력이 농락당하자 국민들의 원성이 높아졌으며 도시봉기와 농민반란이 끊이지 않았고 교회는 분열되었다. 마침내 1676년 **황제 알렉세이**가 47세의 나이로 죽자 궁정의 권력투쟁이 일어나게 된다. 그것은 첫째 부인 마리나 밀로슬랍스까야의 장자 표도르가 14세의 나이로 제위를 물려받자 둘째 부인 나딸리아 나르이쉬끼나는 4살 난 뾰뜨르와 함께 정당한 절차도 없이 궁정을 쫓겨나야 했던 것이다. 병약한 표도르가 재위한 6년간의 세월은 밀로슬랍스끼 가문과 나르이쉬낀 가문간의 권력투쟁이 극에 달한 시기였다. 1682년 표도르가 후사 없이 사망하자 그의 친동생 이반(당시 16세)과 이복동생 뾰뜨르(당시 10세) 중에 한 명이 제위를 이어야 했다. 이반은 거의 장님이나 다름없고 절름발이에다 제대로 말도 못하는 불구였던 반면에 뾰뜨르는 나이에 비해 몸집이 크고 정열적이며 활동적인 소년이었다. 당연히 대주교가 주도한 국민회의에서는 뾰뜨르에 대한 지지가 터져 나왔고 나르이쉬낀 가문은 전 국민의 뜻에 따라 대관식 준비에 열을 올렸다.

하지만, 이반의 친누이로서 영악하고 야심만만하였던 소피아 공주는 친위대를 선동하여 반란을 주도하였고 보수와 대우에 불만을 품고 있던 친위대는 사흘 동안이나 크레믈린 성안을 피투성이로 만들어 버렸다. 마침내 소피아의 뜻대로 이반과 뾰뜨르가 공동 짜리로서 선포되었고, 거의 모든 권한이 섭정으로 소피아에게 돌아갔다. 어린 뾰뜨르의 눈앞에서 자행된 외삼촌과 측근들의 처형 모습은 어린 황제의 인격 형성에 지대한 영향을 미쳤다. 이는 후에 뾰뜨르가 모스크바를 버리고 뻬쩨르부르그로 수도를 옮기는 데도 직접적인 관련이 있다.

여인으로서 최초로 모스크바 황실의 실세가로 부상한 소피아는 탐욕스런 면만 제외한다면 유능하고 훌륭한 정치가였다. 그녀는 자신의 정부 골랴친과 함께 섭정(7년간)을 하며 과도기 러시아를 훌륭히 넘김으로써, 후에 뾰뜨르가 러시아를 서구화해 나아갈 수 있는 앞길을 닦아 준 셈이다. 소피아의 섭정시대 동안 이들은 국내 정치에서 큰 업적을 남기지는 못했지만 대외정책에서는 괄목할 업적을 남겨, 황제 알렉세이 시절에 폴란드로 넘어가기로 된 키예프를 영구히 확보할 수 있게 된다. 소피아는 황제로 즉위하려 하였으나 실패함으로써 마침내 소피아의 섭정시대는 종막을 고하며, 황제 자리를 놓고 심한 권력투쟁을 벌였던 뾰뜨르가 유일한 짜리로서 러시아의 실질적인 최고 지배자가 된다. 소피아는 수도원(노보제비치 수도원)에 감금되었고 그녀의 측근들은 교수형을 당하거나 멀리 추방당하였다. 그러나 뾰뜨르는 생모 나딸리아가 사망할 때까지는 여전히 여행과 항해를 즐기면서 외유와 군사훈련에만 몰입하였다. 1694년 2월 유일한 간섭자였던 생모 나딸리아가 사망하고, 1696년 이복형 이반마저 사망하였을 때야 비로소 뾰뜨르는 명실공히 모스크바 황실의 유일한 절대군주가 된다.

일반적으로 뾰뜨르 대제 시대는 정치-경제적으로 국가 권력이 강화되고 사회-문화생활에서 서유럽의 관행이 도입된 전환기로 평가 받는다. 특히 러시아 문화의 변천과정 중에서 뾰뜨르의 통치기는 괄목할만한 변화를 가져다 준 시기였다. 전통적인 종교적 세계관에서 탈피하여 문화의 세속화, 사회의식에서의 합리주의의 발전, 타민족 문화와의 활발한 접촉이란 특징이 그 어느 때보다 강하게 제기되었던 것이다. 중세 유럽에서 종교문화가 붕괴되면서 민족 문화 및 민족 자의식의 성장과 더불어 세속문화가 형성되었던 조류는 17세기 러시아에도 그대로 재연되어 뾰뜨르 통치까지 이어졌다.

뾰뜨르는 어린 시절을 이복누나인 소피아의 권세를 피해 생모와 함께 모스크바를 벗어난 조그만 마을에 살면서 병정놀이에 열중하였었다. 이때 그의 교육환경은 정규교육과 거리가 먼 것이었으며 전통과 관습으로부터도 단절되어 있었다. 그는 기초적인 읽고 쓰는 것을 익히면서 실용적인 내용만을 취득하였으며, 외국인들과의 접촉을 통해 새로운 지식-산술이나 항해술 등을 접하는 것으로 대부분의 시간을 소일하였다. 이러한 뾰뜨르의 어린 시절은 후에 그가 러시아를 서구화시키며 실용적인 노선을 걷게 되는 배경이 된다.

뾰뜨르 대제의 개혁정책은 한마디로 '서구화 정책'이라고 말할 수 있다. 그는 러시아가 나아갈 방향은 서쪽의 유럽과 같이 닮아가야 한다는 신념하에 재임 기간 동안 내내 강력한 서구화 개혁 정책을 단행하였다. 우선 유럽의 선진 과학 기술을 도입하였으며, 귀족들의 턱수염을 자르고 거추장

궁정혁명-혼란기 속의 역대 짜리들의 제위기간

예까쩨리나 1세 (1725~1727)
뾰뜨르 2세 즉위 (1727~1730)
안나 이바노브나 (1730~1740)
생후 2개월의 이반 안또노비치
안나 레오뽈리도브나
엘리자베따 뻬뜨로브나 (1741~1762)
예까쩨리나 2세

스러운 긴 소맷자락을 자르는 등의 과감한 생활 문화 개혁을 단행하였다. 이어 새로운 시민 문자의 도입으로 출판문화를 장려하였고 세속학교 제도를 도입함으로써 학문의 발달을 꾀하였다. 또한 교회를 개혁하여 교회를 국가 밑에 종속시켰으며 부동항을 얻기 위하여 뻬쩨르부르그 도시를 건설한 후 수도를 그 곳으로 천도하였다. 아울러 뽈따바 전투를 승리로 이끌음으로써 북방전쟁을 완전히 종식시켜 러시아를 강력한 통치국가로 이끌어 나아갔다. 하지만, 강력한 통치를 펼쳤던 뾰뜨르 대제가 갑자기 사망하자 러시아는 여러 해 동안 궁정혁명과 혼란기를 거친다.

1725년 뾰뜨르 1세(피터 대제)가 갑자기 사망한 후, 그의 둘째 부인인 예까쩨리나 1세가 잠시 황권을 물려받았으나, 그 후 예까쩨리나 2세(1762~1796)가 즉위할 때 까지 약 40년간을 러시아는 끊임없는 궁정혁명과 혼란 속에서 보냈다. 생후 2개월도 안된 갓난아기가 황제의 제위에 오르는가 하면 잦은 궁정혁명으로 황제의 제위기간이 짧아졌으며, 끊임없는 정쟁으로 나라는 어수선하였고 뾰뜨르 대제 때의 강력한 통치는 그 어디에서도 찾아볼 수 없었다.

18세기 후반에 들어서서 러시아의 영토는 크게 확장되었다. 러시아는 터어키와의 전쟁에서 흑해 북안과 끄르임 지역을 획득하였으며, 폴란드의 분할로 드네쁘르강 우안의 우끄라이나 지방과 백러시아, 리뚜아니아가 러시아에 병합되었다. 또한 러시아의 봉건제도도 최고의 발전단계에 달하였다. 근위대 장교들의 도움으로 제위에 오른 황제와 여제들은 귀족들에게 많은 특권을 부여함으로써, 러시아 역사상 엘리자베따에서 예까쩨리나 2세에 이르기까지의 시대를 '**귀족들의 황금시대**'라고 칭한다. 반면 **전제정치**와 **농노제**에 반대하는 사회운동이 곳곳에서 발생하여 농민봉기가 전국을 휩쓸기도 하였다.

러시아 역사상 '대제'라는 칭호가 붙는 황제는 단연 뾰뜨르 1세(뾰뜨르 대제)로서, 그는 '서구화'를 단행하여 러시아를 유럽과 대등한 반열에 올려놓았다. 그가 죽은 후 오랜 세월 동안 궁정 혼란기를 거친 후 즉위한 예까쩨리나 2세 또한 '예까쩨리나 대제'라 칭한다. 그녀는 러시아 영토를 크게 확장시켰을 뿐만 아니라, 러시아를 명실상부한 대국으로 발전시켜 나아갔다. 예까쩨리나 2세는 자신을 제위에 오르게 해준 근위대 장교들에게 충분한 보상을 해 주었다. 그녀는 귀족들에게 80만 명 이상의 국가 농민을 분배하여 주었고, <귀족의 특권에 대하여>라는 칙령을 선포하였다. 귀족들은 각종 사치스러운 무도회를 열었으며 지주들은 농민들을 가혹하게 착취하기 시작하였다. 지주들의 잔인함은 극도에 달해 농민들을 매질하고 끓는 물을 끼얹었으며 발가벗긴 채 혹한 속으로 내몰기도 하였다. 이러는 가운데 황제 **뾰뜨르 3세**가 농민들에게 자유를 주려했기 때문에 축출당하였으며, 그가 아직 죽지 않고 살아있다는 소문이 나돌기 시작하였다. 마침 내 1773년 여름 우랄에 있는 야이끄강(오늘날 우랄강의 옛 명칭) 까자크인들 사이에서 바로 뾰뜨르 3세라고 불리는 사나이가 한 명 나타났다. 그는 돈강의 까자크인 예멜리얀 이바노비치 **뿌가쵸프**였다. 전국을 방랑하며 인민들의 쓰라린 고통을 눈여겨보았던 뿌가쵸프는 까자크인들과 농민들을 동원하여 지주들과의 투쟁을 벌이기로 작정하였다.

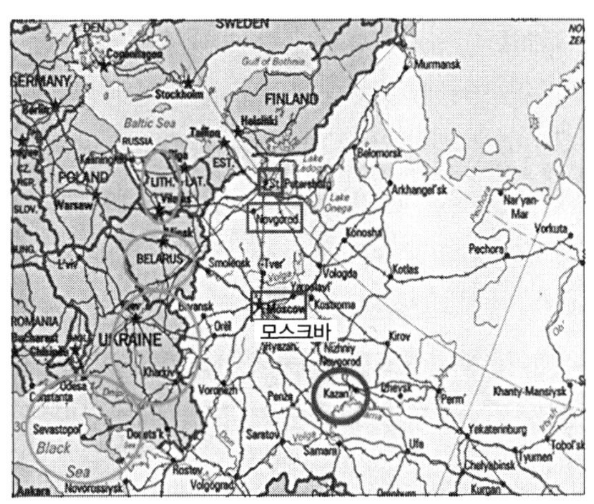

예까쩨리나 2세 시대의 러시아 영토의 확장

뿌가쵸프는 조직적인 군대를 만들어 우랄과 자볼쥐예(볼가강 중.하류 좌측 연안의 땅)의 광활한 지역에 걸쳐 활동하면서 많은 도시들을 점령해 나아갔다. 뿌가쵸프의 군대는 1774년 7월 까잔을 포위해서 점령하였다. 많은 도시와 마을에서 교회의 종을 울리며 뿌가쵸프를 인민의 해방자 즉 짜리로서 맞이하였다. 마침내 1774년 8월에서야 정부군은 짜리쯔인 근교에서 뿌가쵸프 반란군을 겨우 격파할 수 있었다. 뿌가쵸프는 얼마 안 되는 까자크인들을 데리고 볼가강 너머로 도주하였다가 부하들의 배반으로 체포되어 1775년 1월 모스크바에서 처형당하였다. 훗날 러시아 문학의 아버지라 일컫는 뿌쉬킨은 이 뿌가쵸프의 반란 사건을 주제로 『대위의 딸』이라는 유명한 역사소설을 남긴다. 뿌가쵸프의 지휘 하에 일어난 이 반란은 농민들이 농노제에 반대하여 일으킨 가장 큰 봉기였으며, 봉건주의의 기초를 뒤흔들면서 봉건제도의 결함을 폭로시키는 계기를 마련한 대사건이었다. 이 밖에도 이 농민봉기로 인하여 러시아에는 혁명적 반봉건주의 사상이 빠른 속도로 발전하기 시작한다. 인민봉기에 놀란 예까쩨리나 2세는 이후 절대주의와 농노제를 강화시키는 일련의 조치들을 취하게 되었다. 18세기 후반 러시아 사회의 진보적인 서클들 내에서는 프랑스 계몽주의자들(볼테르, 디드로, 루소 등)의 사상이 매우 인기 있었다. 러시아의 계몽주의자들은 군주제도의 결함과 봉건주의적 폭정, 농민들의 비참함 등에 대하여 글을 쓰기 시작했다. 예까쩨리나 2세는 집권초기에 계몽군주로서의 명성을 얻고자 노력하여 프랑스 계몽주의자들과 교류하면서, 이들 계몽주의 사상 속에서 절대주의와 농노제

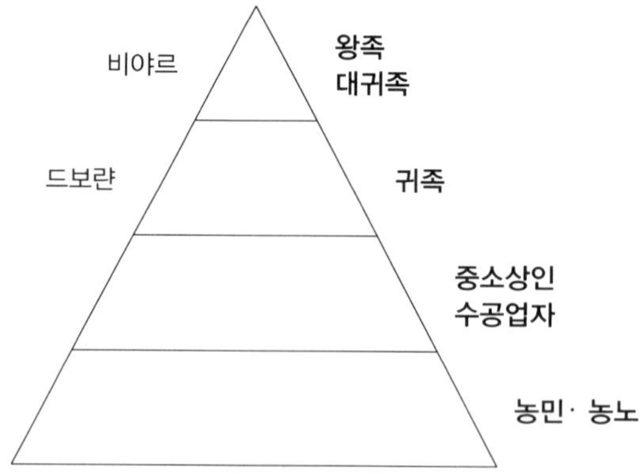

빼쩨르고프 궁전

의 정당성을 찾고자 하였다. 그녀는 "노예와 하인들은 이 세상이 창조될 때부터 존재하였으며, 이는 결코 신의 섭리에 위배되지 않는 것"이라고 단언하였다. 특히, 뿌가쵸프 농민반란에 크게 놀란 '계몽'여제는 봉건제도를 강화하는 정책을 공공연히 실시하기 시작하였다.

1773년 여제는 작가 노비꼬프의 계몽주의적 잡지들을 폐간시켜 버렸다. 한편 1789년 프랑스에서는 부르주아 혁명이 일어나 루이 16세가 물러나고 프랑스 공화국이 선포되었다. 프랑스에서 혁명이 성공했다는 소식이 전해지자 러시아의 진보적 계층은 동요하기 시작하였다. 곧이어 진보적 인사들에 대한 탄압이 강화되어 노비꼬프는 15년 감금형에 처해졌으며 끄냐지닌은 투옥되어 1790년 옥사하였다. 마침내, 1793년 1월 루이 16세의 처형 소식이 전해지자 러시아 궁중은 당혹한 분위기에 휩싸였으며, 프랑스 계몽주의자들의 저서가 도서관으로부터 몰수되어 불태워졌다. 예까쩨리나 2세는 프랑스의 군주제 부활을 위하여 유럽의 여러 군주들에게 호소하였으며, 러시아는 수천 명에 달하는 프랑스 귀족들의 피난처가 되기 시작했다. 아이러니컬하게도 훗날 러시아에 혁명이 일어났을 때는 프랑스가 러시아 귀족들의 피난처가 된다. 당시 러시아의 상류계층에서는 프랑스어를 사용하였으며, 프랑스인 가정교사가 러시아 귀족 자제들을 가르쳤다. 또한, 프랑스의 베르사이유 궁전을 본떠 빼쩨르고프 궁전을 건설하기도 한다. 하지만, 예까쩨리나 2세가 1796년 11월에 죽고 그녀의 아들 빠벨 뻬뜨로비치가 42세의 나이로 제위에

오르자, 러시아와 프랑스의 관계는 새로운 국면을 맞이하게 된다.

의지가 약하고 잔혹한 성격의 빠벨 1세는 42세가 되도록 오랫동안 왕좌를 기다리면서 자신의 어머니 예까쩨리나 2세와 궁정제도 그리고 그녀의 총신들을 증오하고 있었다. 권력을 잡자 그녀는 어머니 시대의 고관대작들을 몰아냄과 동시에 그녀의 총신들을 유형 보내는 것으로 통치를 시작하였다.

빠벨 1세는 극단적인 조치로서 프랑스 혁명 사상과의 투쟁을 강화하였다. 외국서적의 반입을 금지하고 프랑스식 복장착용을 금하는 등 엄격한 경찰감시체제를 확립하였다. 1799년 11월 나폴레옹 장군이 프랑스 집정정부를 무너뜨리고 자신을 전제적 통령으로 선언하자, 빠벨 1세는 "이제 프랑스에는 곧 왕조시대가 도래할 것이다"라고 언명하였다. 그리고 빠벨 1세는 영국이 말타섬을 점령한 것에 분개하여 영국과 단교하고 프랑스와 동맹을 체결한다. 하지만, 이와 같은 대외정책의 급작스런 변화와 귀족들이 가진 특권의 폐지 등으로 곧 귀족들의 불만이 야기되기 시작하였다. 마침내, 1801년 3월 근위대 장교들과 영국 외교관들 그리고 황제의 장남 알렉산드르가 가담한 거사에 의하여 빠벨 1세는 목 졸려 죽었으며, 알렉산드르 빠블로비치가 제위에 오른다. 그리고 알렉산드르 1세는 곧 자신의 할머니인 예전의 예까쩨리나 2세 시대로 돌아가 영국과의 동맹을 부활시키고 프랑스에 대항한다고 선언하였다.

예까쩨리나 대제 동상: 예까쩨리나 여제는 총신들을 데리고 정치를 하였다. 그러므로 뻬쩨르부르그에 있는 여제의 동상에는 지금도 그녀의 총신들이 치마폭을 감싸고 있다.

1812년 6월 24일 밤 나폴레옹은 60만의 대군을 이끌고 러시아를 침략하기 시작하였다. 러시아의 병사와 장교들은 용감하게 혼신의 힘을 다하여 싸웠으나 차츰 후퇴하기 시작하였다. 도시와 마을 주민들은 부대와 함께 퇴각하면서 곡식과 가축을 모두 불태우거나 없애 버렸으며 곳곳에서 애국적인 빨치산 부대들이 활동함으로써 나폴레옹은 막대한 손실을 입었다. 마침내 나폴레옹은 모스크바를 향하여 접근해 오고 있었으며, 당시의 러시아군 사령관인 꾸뚜조프 장군은 모스크바에서 서쪽으로 120km 떨어진 **보로지노**에서 일대 격전을 벌이기로 작정한다. 1812년 9월 7일 이른 아침부터 저녁 늦게까지 계속된 이 치열했던 보로지노 대격전에서 나폴레옹은 러시아군을 분쇄하는데 실패하였다.

꾸뚜조프 장군

보로지노 대격전

그는 약 6만의 병사와 장교들을 잃었으며 러시아군은 약 3만 8천명의 손실을 입었다. 훗날 나폴레옹은 "내 생애에서 가장 무서웠던 전투는 모스크바 근교에서의 전투였다"고 쓰고 있다. 그러나 **꾸뚜조프 장군**은 새로운 전쟁을 시작해야 된다는 참모들의 발언에도 불구하고 적의 완전섬멸과 최후의 승리를 위하여 모스크바 퇴각 명령을 내린다. 그리하여 프랑스군은 텅 빈 모스크바를 점령하게 된다. 하지만, **모스크바 대화재**로 도시 전체가 불에 타버려 폐허가 되다시피 하였으며 곳곳에서 애국심에 가득 찬 빨치산 부대들의 활동이 증대되기 시작하였다. 나폴레옹은 짜리와 꾸뚜조프에게 3번씩이나 강화를 제의하였으나 회답을 받지 못하고 10월 19일 퇴각하기 시작하였다. 퇴각하는 나폴레옹군을 꾸뚜조프는 추격하였으며 그들은 대포와 군수품을 버리고 서둘러 러시아를 빠져 나갔다. 그리고 그들 중 수천 명이 러시아군과 빨치산의 공격으로 죽었다. 나폴레옹의 '위대한 군대'는 약 3만 명 정도만 극도로 지치고 황폐해져서 러시아 국경을 넘어갔다. 훗날, 러시아의 대문호 톨스토이는 이때의 나폴레옹 전쟁을 자신의 대작 『**전쟁과 평화**』에서 리얼하게 그려내고 있다. 러시아 사람들은 나폴레옹이 쳐들어온 이 전쟁을 가리켜 '조국전쟁'이라 부르며, 후에 2차 세계대전 때 히틀러의 나치군이 쳐들어온 전쟁은 '대조국전쟁'이라 부른다.

1812년의 조국전쟁을 치르면서 많은 사람들은 인민들이 얼마나 나라를 사랑하며 희생심이 강한가를 알게 되었다. 특히, 퇴각하는 나폴레옹군 뒤를 쫓아 프랑스 파리까지 진격하였던 청년 귀족 장교들은 러시아라는 울타리를 처음으로 벗어나 서유럽의 선진문물을 접하는 기회를 맛보게 되었다.

그리고 조국으로 돌아온 이들 청년 장교들은 나폴레옹에게 승리를 거둔 뒤 짜리가 인민들에게 고마움을 표하고 농노제를 폐지하리라고 기대하였었다. 그러나 그러한 일은 일어나지 않았으며, 오히려 농민들을 마치 가축 다루듯이 강제로 다루는가 하면 시장에 내다팔거나 경매에 부치며 노예들을 걸고 카드놀이를 하고 개와 교환하거나 매로 실컷 두들겨 패서는 지하실에 썩도록 처박아 두는 등의 일이 빈번히 일어났다. 1816년 뻬쩨르부르그의 근위대 장교들이 중심이 되어 '구원동맹'이라는 비밀결사가 조직되었으며,

러시아군의 프랑스 파리 입성 장면

북부협회와 남부협회로 나뉘어 서로 긴밀한 관계를 유지하면서 근위대와 군이 참여하는 쿠데타를 기획하고 그 시기를 1826년으로 잡았다. 그러나 1825년 11월 남부로 열차여행을 하던 **알렉산드르 1세**가 갑자기 따간로그에서 사망하는 사건이 벌어진다. 알렉산드르 1세에게는 자식이 없었으므로 그의 동생인 **니꼴라이 1세**가 즉위하게 되었으며, 비밀결사단체는 황제가 즉위하는 날을 거사의 날로 잡게 되었다.

하지만, 봉기의 계획은 구체적이고 명백하였으나 성공을 거두지는 못하였다. 이 사건에 연루되어 500여 명이 체포되었으며 그 중의 주동세력인 5명은 사형을 선고 받고 1826년 7월 뻬뜨로빠블로프스끄 요새에서 처형당하였다. 전제정치와 농노제에 대항하여 러시아 최초로 일어났던 혁명운동은 실패로 끝을 맺었으나, 이들 **제까브리스트들**에 의해서 원로원 광장에 울려 퍼진 총성은 인민의 자유를 위해 싸울 새로운 세대의 혁명투사들을 일깨워 주었다. 후에, 레닌은 「게르쩬의 회상」이라는 글에서 "제까브리스트들이 게르쩬을 일깨운 것이다"라고 쓰고 있다. 제까브리스트(12월 당원)들은 귀족출신으로서 전제주의와 농노제도에 대항하여 손에 무기를 들고 일어섰던 러시아 최초의 혁명가들이다. 이들이 봉기를 일으킨 것은 1825년 12월(제까브리로 발음됨)로서 제까브리스트란 호칭을 얻게 된 것은 바로 이 때문이다. 이들 중 대부분은 조국전쟁과 외국원정에 참가했던 장교들이었다.

1825년 12월 제까브리스트 반란 사건

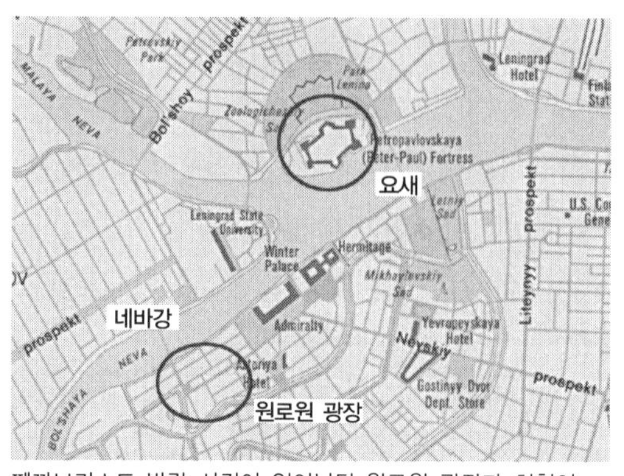

쩨까브리스트 반란 사건이 일어났던 원로원 광장과 처형이 일었던 빠블롭스크 요새

빠벨1세의 셋째 아들인 **니콜라이 1세**는 제까브리스트들의 시체를 딛고 제위에 올랐다. 그는 평생 동안 전제정치와 농노제의 반대자들에 대해서 무자비한 징벌을 감행하였다. 그는 황제 직속의 특별 3부와 헌병대를 창설하여 철저한 경찰 감시행정을 폈다. 니꼴라이 1세의 통치 30년은 무서운 경찰전횡의 시대였으며, 인민들은 니꼴라이 1세에게 **'몽둥이 짜리'**라는 별명을 붙여 주었다. 그는 유럽의 헌병 역할도 떠맡아 폴란드의 민족해방운동을 가혹하게 진압하였으며 헝가리의 혁명분쇄를 위하여 군대를 파병하였다.

1894년 제정러시아의 마지막 황제가 되는 **니콜라이 2세**가 즉위하게 되고, 1896년 5월 황제의 즉위식이 호드인까 들판에서 있게 되었다. 그 동안 끼니조차 못 잇던 굶주린 인민들은 황제의 즉위식에 가면 황제가 무엇인가를 줄 것이라는 막연한 기대 하에 전국에서 **호드인까 들판**으로 몰려들기 시작하였으며, 들판은 굶주린 인민들로 발 디딜 틈도 없이 인산인해를 이루어 나아갔다. 급기야 수많은 사람들은 서로 밀고 밀리는 아수라장 속에서 서로 압사당하여 죽어가는 호드인까 들판의 비극이 시작되었으며, 제정러시아의 비극적 운명의 서곡을 알리기 시작하였다.

(3) 소련

농촌은 피폐하고 도시 노동자들의 파업이 빈번하며 황제 정부에 대한 불만의 소리가 극도로 높아져 가는 가운데, 러시아의 진보적인 인테리겐챠들 사이에는 **'맑스주의'**를 신봉하는 **혁명적 민주주의자들**이 생겨나기 시작하였다. '러시아 맑스주의의 아버지'라 일컬어지는 쁠레하노프는 혁명 주체 세력이 **농민**이 되어서는 안 되며, 자유주의적 부르죠아와 **산업 프롤레타리아**가 함께 힘을 합쳐야 한다고 주장하였다. 즉, 게르쩬의 농민사회주의이론과 체르늬쉡스키의 농민혁명 사상에서 혁녕주제세력인 농민들의 바탕이라고 생각한 '농촌공동체(미르)'가 자본주의의 물결 속에서 급격히 붕괴되어 가고 있다는 사실을 무시한 것이 실패의 가장 큰 원인이었다. 피폐한 농촌을 떠나 산업화의 물결을 따라서 도시로 이주한 공장노동자들 즉 산업 프롤레타리아들의 생활여건은 갈수록 악화되어 갔으며, 시베리아 횡단철도의 건설을 비롯한 **공업화**의 물결을 타고 러시아-맑스주의는 러시아 전역으로 확산 되어 나아갔다. 마침내, 1895년 러시아 노동자들의 '**노동자 해방투쟁**' 조직이 결성되었으며, 이러한 투쟁적인 노선은 전국적인 규모를 갖추기 시작하였다.

레닌

이러는 가운데 '**레닌**'이라는 혁명가가 등장하였으며, 그는 「인민의 벗은 누구인가?」에서 당시의 나로드니키의 사상을 맹비난 하였고, 「러시아 사회민주주의』, 「러시아에서의 자본주의의 발달」 등의 저서에서 나로드니키와 부르죠아에 대한 일체의 양보와 타협을 거부하면서, 완만한 대중적 정당이 아닌 엄격히 훈련된 직업혁명가들의 소수정예당을 부르짖었다. 레닌은 귀국 및 체포 그리고 유배와 해외체류를 반복하면서, 자신의 혁명관을 '이스끄라(Искра)'라고 하는 기관지를 통하여 국내에 계속 전파하였으며, 국내의 러시아 맑스주의자들은 '**러시아사회민주노동당**'을 창설하였다. 1903년 황제 정부의 감시를 피하여 영국 런던에서 열린 러시아사회민주노동당 제2차 대회에서 당의 최종 목표는 사회혁명과 프롤레타리아 독재라는 것을 당강령으로 채택하였다. 그런데, 이 때 당원자격에 대한 당규약의 결정에서 당의 개방과 대중정당을 지향하는 소수의 그룹과 소수정예의 노동자 계급 전위대를 표방하는 다수의 그룹으로 나뉘게 된다. 러시아어로 소수의 그룹을 '멘셰비키'라 부르고 다수의 그룹을 '볼셰비키'라 부름으로써, 이때부터 소수정예의 정당을 부르짖던 레닌의 뜻을 따르는 무리들을 가리켜 '볼셰비키'라 칭하고, 후에 러시아 혁명을 볼셰비키 혁명이라 부르는 근원이 된다. 하지만, 그 후 1904년경 러시아사회민주노동당은 당의 개방과 대중정당을 지향하는 '멘셰비키'들의 세력이 더 강해져 레닌의 볼셰비키들을 제치고 당의 중앙위원회 대부분을 장악하게 된다. 이에 볼셰비키들은 당기관지 '브뻬료드(Вперёд)'를 계속 발행하면서 자신들의 혁명노선을 견지해 나아갔다. 1905년 러시아 사회민주노동당의 제3차대회는 볼셰비키와 멘셰비키로 완전히 나뉘어져, 볼셰비키는 런던에 모여 당원의 자격을 보다 강화하는 당규약을 채택하고 당기관지 '프롤레타리아트'를 발행하기로 한 반면에, 멘셰비키는 스위스의 제네바에 모여 그들만의 당대회를 따로 치렀다.

이러는 가운데 1904년 러일전쟁이 발발하였으며, 1905년에는 마침내 '피의 일요일' 사건이 발생하게 된다. 즉, 1905년 1월 9일 당시 일요일에 수도 뻬쩨르부르그에서 대규모의 러시아공장노동자 대회가 열렸는데, 이를 황제 정부는 기마경찰대를 동원하여 무참하게 짓밟아 버린 것이다.

황제 기마경찰대의 무자비한 시위 진압에 분개한 전국의 노동자들은 마침내 황제(짜리)정부의 타도를 외치기 시작하였으며, 1905년부터 1907년에 걸쳐 러시아 전역 곳곳에서 노동자들의 시위가 끊이지 않았다. 1905년 피의 일요일 사건이 도화선이 되어 1907년까지 러시아 전역을 뒤흔들었던 대사건을 가리켜 제1차 러시아 혁명이라 부른다.

피의 일요일 사건과 이어서 연일 벌어지는 대규모의 군중 시위에 놀란 황제 정부는 마침내 1905년 10월 17일 '두마(Дума: 제국의회)'를 소집하였으며, 여기에서 러시아 최초의 의회주의적 정당인 10월당과 입헌민주당이

1905년 피의 일요일 사건

탄생하게 된다.

1905년 '피의 일요일' 대사건 이후 러시아에서의 혁명의 패턴은 3가지 부류로 나뉘어서 전개되기 시작하였다. 즉, 첫째 젬스트보를 중심으로 한 온건적인 자유주의 노선의 그룹이 있었으며, 둘째로 농민에게 토지를 보장하는 투쟁을 주창하는 사회혁명당 노선이 있었고, 셋째로 무산계급의 정치적 대중 조직으로서의 **노동자평의회(소비에트: Совет)**가 있었다. 본래 '소비에트'라는 말은 '협의회, 회의'라는 뜻의 언어이며, 이 **소비에트(노동자평의회)**가 후에 1917년 '노동자, 병사 대표 소비에트'로 발전하게 되어 혁명을 성공시키는 기초가 되며, '소련(소비에트연방 사회주의 공화국)'이라는 단어의 어원이 된다.

하지만, 1917년 10월 혁명 전까지 소비에트의 대다수는 멘셰비키들이 주도 하고 있었다. 그러므로 1905년 러시아로 돌아온 레닌은 소비에트 내에서의 볼셰비키들의 활동을 강화할 것을 강력히 주문하였으며, 이에 수도 **뻬쩨르부르그-소비에트**의 거의 모든 대의원이 황제정부 경찰에 체포되는 사태가 발생하였다. 볼셰비키들이 장악하고 있던 모스크바-소비에트는 1905년 12월 무장봉기를 일으켰으며, 이를 뒤에서 조종한 레닌은 핀란드로 급히 피신하여 갔다. 레닌은 핀란드에서 다음에 있을 두마선거 자체를 아예 보이코트 할 것을 명령하였으며, 1906년 스톡홀름에서 열린 러시아사회민주노동당 제4차대회에서는 볼셰비키와 멘셰비키가 화합하여 같이 당대회를 열었고, 여기에서 그 동안 세력이 강해진 볼셰비키들이 당중앙위원회 대다수를 차지하게 된다. 1907년 황제정부는 제2두마를 강제로 해산하고 짜리정부의 어용기관으로서의 제3두마를 조직하였다. 1912년에 열린 제4두마에서 당시의 입헌민주당이 대다수를 차지하는 절대적 다수파가 되었으며, 멘셰비키는 7명, 볼셰비키는 그 보다 적은 6명에 불과하게 된다. 하지만, 볼셰비키들은 당기관지 '프라우다'(Правда)'를 창건하였으며, 1914년 레닌은 다시 스위스로 망명하여 해외에서 국내의 볼셰비키들을 조종하기 시작하였다. 이러는 가운데 1914년 제1차 세계대전이 발발하였고, 레닌은 전쟁반대를 강력히 부르짖으며 전쟁에 참전하지 말 것을 강하게 주창하였다. 그에 의하면, 자본주의의 최고 단계는 제국주의로서 이제 인간에 의한 인간의 착취에서 국가에 의한 국가의 착취가 시작될 것이며, 그것이 바로 전쟁이라고 역설하였다. 레닌의 전쟁반대에도 불구하고 황제정부는 제1차 세계대전에 참전하였으며, 곧이어 러시아군은 연전연패를 거듭함으로써, 짜리 정부의 전제주의 체제는 극도로 약화되기 시작하였고, 가면 갈수록 황제와 짜리즘에 대한 불만은 점점 더 고조되어만 갔다.

마침내, 1917년 2월 군중들의 시위는 갈수록 격화되어 갔으며, 이에 러시아의 마지막 황제 니콜라이 2세는 두마(의회)를 강제로 해산시키고 대신에 집행위원회를 허용하였다. 이 집행위원회 속에 당시의 군중 시위를 주도하였던 노동자, 병사들의 대표 소비에트(협의회)도 들어갔으며, 이들이 주도적인 역할을 하기 시작하였다. 마침내, 1917년 3월 2일 러시아의 마지막 비운의 황제 니콜라이 2세는 퇴위하게 되었으며, 3월 3일 제1차 임시정부가 조직된다. 러시아의 마지막 황제가 퇴위하게 되는 이 역사적 대사건을 가리켜 러시아인들은 1917년에 일어난 '**2월 혁명**'이라 부른다. 1917년 3월에 일어난 일이였지만 당시에 러시아는 16세기까지 유럽에서 사용하였던 '율리우스력(Julian calendar)'을 사용하고 있었으며, 따라서 율리우스력에 의하면 당시는 2월이었기 때문이었다.

황제가 퇴위하고 임시정부가 조직되었지만 사회는 극도로 어수선했다. 당시의 어수선한 정국 속에서 각 지역의 **소비에트** 내에는 **사회혁명당**이 다수파를 차지하였고, 그 뒤를 멘셰비키가 차지하였으며 볼셰비키는 소수 약세에 불과하였다. 그런데, 당시 가장 큰 사회적 이슈는 무엇보다도 전쟁을 계속 수행할 것인지 말 것인지에 관한 찬.반 논란이었다. 전쟁수행 여부를 놓고 당시의 **제1차 임시정부**는 전쟁 수행을 찬성하였지만, **소비에트**는 전쟁 반대를 부르짖었다. 이 때, 레닌은 해외에서 국내의 볼셰비키들을 향하여 '**모든 권력은 소비에트로**'라는 '4월 테제'를 발표하면서, 권력을 소비에트 한 곳으로 모을 것을 강력히 주문하기 시작한다. 1917년 조직된 **제2차 임시정부**는 마침내 전쟁반대를 선언하였고, 그 해 6월 3일에 열린 **제1차 전러시아 소비에트 대회**에서 사회혁명당 출신의 대의원이 285명, 멘셰비키 출신이 248명, 그리고 볼셰비키 출신의 대의원은 105명에 머물렀다. 하지만, 그 후 볼셰비키들은 소비에트 내에서의 자신들의 세력을 계속하여 확장해 나아가면서, 대중에 대한 영향력을 극도로 확대해 나아갔다.

마침내, 뜨로쯔키가 볼셰비키에 입당하였고, 1917년 7월 4일에 수도 뻬쩨르부르그에서 벌어진 대규모의 봉기에서 시위대들은 소비에트가 권력을 장악할 것을 요구하였다. 하지만, 소비에트 내에 아직 자신들의 세력이 약세에 있었던 볼셰비키들은 시위대들의 강력한 요구에 미온적인 태도를 취함으로써 **7월 대봉기**는 무산되고 만다. 7월 대봉기로 말미암아 주동자로서 뜨로쯔키와 까멘네프는 체포되었고, 레닌은 또 다시 핀란드로 잠입하여 도망갔다. 당시 임시정부의 수상 께렌스키는 **볼셰비키의 토벌**에 나섰으나, 볼셰비키들은 계속하여 세력을 규합하고 확장해 나아갔으며, 마침내 소비에트 내의 거의 대다수를 차지함으로써 소비에트를 완전히 장악하기에 이르렀다. 드디어 해외에 체류하고 있던 레닌은 9월 15일 당중앙위원회에 보낸 서신을 통하여 볼셰비키들의 무장반란을 지시하였다. 1917년 10월 13일 소비에트 집행위원회는 임시군사위원회로 조직되었으며 위원장에 뜨로쯔키가 임명되었다. 1917년 10월 10일 레닌은 변장을 하고 당중앙위원회에 나타나 정치국의 창설을 지시하였으며, 혁명의 거사일을 10월 25일로 정하고 이 후 모든 일은 볼셰비키들이 주도 하도록 하였다. 1917년 10월 26일 임시정부의 항복과 동시에 제정러시아는 이제 완전히 몰락하고 '소비에트 정부'가 수립된다.

이로써 러시아 역사상 1917년에는 서로 성격이 전혀 다른 두 번의 혁명이 있게 된다. 즉, 1917년 2월에 일어난 '2월 혁명'은 황제가 강제로 퇴위 당하고 임시정부가 들어선 '2월 부르죠아 민주주의 혁명'이며, 1917년 10월에 일어난 '10월 혁명'은 혁명 주체 세력이었던 볼셰비키들이 임시정부를 몰아내고 마침내 새로운 소비에트 정부를 수립한 '대(大)10월 사회주의혁명'인 것이다. 보통 1917년의 2월 혁명을 부르죠아 혁명이라 부르고 1917년 10월 혁명을 사회주의 혁명이라 부르는 이유도 같은 해에 일어난 혁명이지만 서로 성격이 전혀 다른 점을 구별 짓기 위함이다. 그러므로 1905년의 '피의 일요일 사건'에서 촉발된 혁명을 제1차 러시아 혁명이라 부르고, 제2차 러시아 혁명은 2월 혁명이 아닌 바로 10월 혁명을 가리킨다. 앞서 2월 혁명의 경우에서와 같이 10월 혁명도 본래 11월에 발생한 사건이지만 러시아인들이 굳이 구력(율리우스력)과 신력(그레고리력)의 차이를 설명하면서 까지 '10월 혁명'이라 부르는 것은 세계 최초로 사회주의 혁명을 성공시킨데 대한 러시아인들(슬라브족)의 자부심이 담겨져 있다. 즉, 러시아인들은 동쪽으로 이동해 간 동슬라브족의 한 일원이지만 자신의 조상들이 '모스크바 제3로마 사상'을 부르짖으며 전 슬라브족의 대표를 뛰어넘어 전 그리스도교의 정통임을 주창하였듯이, 이제 선택 받은 민족으로서 세계 모든 프롤레타리아 계급을 아우르는 '10월 사회주의 대혁명'을 세계 최초로 성공시켰다는 자부심이 깊게 깔려져 있는 것이다.

3장
서구주의와 슬라브주의

3장 서구주의와 슬라브주의

(1) 뾰뜨르 대제의 서구화

1697년 뾰뜨르는 250여 명으로 구성된 '대사절단'의 무리 속에 끼어 러시아 황제로서는 최초로 그것도 자신의 신분을 숨긴 채 서유럽을 방문하였다. 뾰뜨르 황제는 네덜란드, 영국, 합스부르크 제국에 체류하면서, 조선술과 항해술을 비롯한 유럽의 선진기술을 직접 배우고 익혔다. 뾰뜨르는 유럽의 기술 및 문화생활을 직접 보고 느낀 뒤 러시아를 근대화시키기 위한 방법을 모색했고, 개혁을 위한 정신적 토대를 형성함으로써, 사회 . 문화적 의식까지도 개편하기 시작하였다. 그는 무기와 외국인 전문가를 대거 들여왔으며, 이들 800명 이상의 각종 기술자 및 군사 전문가들은 러시아를 근대화시키는데 절대적으로 기여하였다.

1698년 9월 유럽 여행에서 귀국한 뾰뜨르는 모스크바 궁전으로 인사차 들른 귀족들과 환대를 나눈 뒤, 손수 칼을 들고 귀족들의 **턱수염**을 자르기 시작하였다. 러시아정교도들에게 턱수염은 신앙심과 자존심의 상징이었으며 신으로부터 부여 받은 신체의 일부분으로 간주되어 왔었다. 하지만, 뾰뜨르는 저항할 여유도 주지 않고 평생 동안 길러왔던 측근 귀족들의 수염을 예리한 이발사용 면도칼로 밀어버린 것이다. 여기서 머물지 않고 황제는 그 다음 단계로 칙령을 발표하여 정교회 신부를 제외하고는 누구도 수염을 기를 수 없다고 선포하였다. 또한 뾰뜨르는 귀국한 그 해 겨울 연일 베풀어진 궁중 축하연 중에 스스로 가위를 들고 귀족들의 긴 소맷자락을 자르기 시작하였다. 황제는 **긴 소맷자락**과 밑자락 치장을 한 긴 두루마기 차림의 러시아 전통 복장이 비실용적이라 생각했고, 직접 조선소에서 일을 할 때나 병사들과 행진할 때 활동이 불편하다는 것을 절감하고 있었던 것이다. 1700년 1월에는 모든 러시아 전통 복장을 벗어버리고 서구식으로 바꾸는 것을 의무화하는 법령이 선포되었다. 그러나 이러한 새로운 양식들은 기본적으로 귀족과 부유한 상인계급에만 적용되었을 뿐, 농민이나 도시의 소시민들 같은 납세 계급들은 거의 영향을 받지 않았다고 할 수 있다.

뾰뜨르가 서유럽 여행에서 돌아온 지 몇 달 만에 이루어진 외형적인 변화 후에 또 한 가지 큰 변화는 **달력의 변화**였다. 원래 러시아에는 예수 탄생으로부터 계산하는 현재의 서기 연도가 아니라 그들이 생각하는 세계 창조의 기원으로부터 연도를 시작하였고, 기원전 5508년을 천지창조의 해로 간주했기 때문에, 당시 서기 1699년은 러시아 달력으로 7207년이 되었다. 1년의 시작도 1월이 아니라 9월이었다. 이는 곡식과 과일이 무르익는 결실의 계절에 세계가 창조된 것이지 한창 춥고 대지가 눈으로 뒤덮인 동토의 계절에 천지창조가 이루어지지 않았다고 믿는데서 비롯되었다. 그리하여 해마다 9월 1일에는 전통적으로 신년을 축하하는 명절 행사가 성대히 베풀어졌고, 교회에서도 화려한 의식이 거행되었었다. 뾰뜨르는 서유럽과 달력을 맞추기 위해 9월 1일의 신년 축제 행사를 금지시키고, 1699년 겨울에 칙령을 선포하여 다음 해의 새로운 시작은 1월 1일이며 7208년이 아니라 1700년이 된다는 사실을 알렸다. 그리고 1700년 1월 1일에는 그 어느 때보다 성대히 신년행사를 거행하였으며, 신이 한겨울에 세계를 창조하지 않았다는 주장을 무마시키기 위하여, 성직자들을 불러 모아 놓고 지도를 펴 놓은 상태에서, 러시아가 겨울일 때 세계의 다른 한 쪽에서는 여름이 지속되고 있다고 친절히 설득하였다.

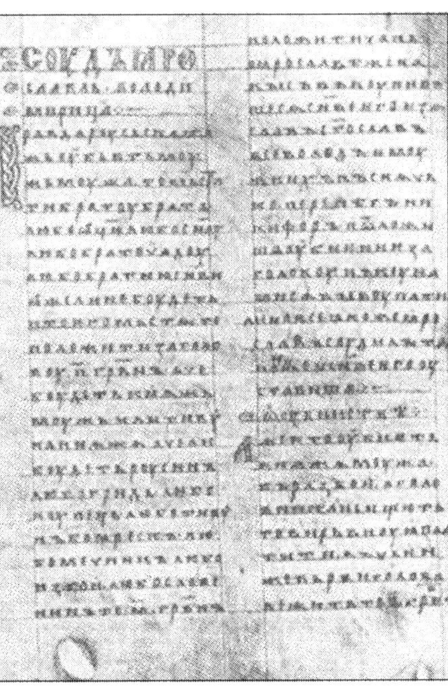
교회슬라브어

다음으로 뾰뜨르는 **화폐개혁**에 착수하였다. 러시아는 아직 공식

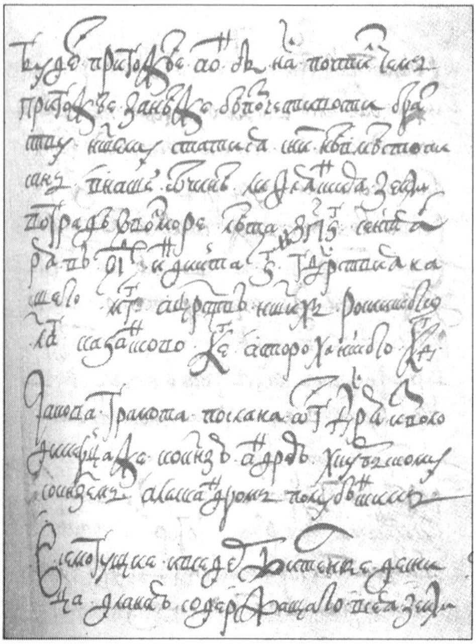

시민문자

화폐가 없어 외국 화폐가 무질서하게 나돌고 있었다. 영국 방문 시 무역 진흥을 위해서는 국가에 의해 발행되고 유통되는 공식 화폐가 반드시 필요하다는 사실을 절감한 뾰뜨르는 크고 보기 좋은 동전을 대량으로 만들어 널리 유통시키는 한편 '루블화'를 만들도록 명령하였다. 러시아의 세속문화 확립에 크게 기여한 것은 **시민문자**의 도입과 **출판**의 시작이었다. 복잡한 키릴문자를 간소화시킨다는 차원에서 1708~1710년 동안 도입된 시민문자는 슬라브어, 그리스어, 라틴어 문자에서 차용하여 이전보다 훨씬 간단하게 구성되었다. 이전의 문자는 교회 관련 종교서적에만 사용되고 다른 영역은 개편된 시민문자로 출판됨으로써, 향후 세속적인 구어체와 교회의 문어체를 분리시켰다. 뾰뜨르의 명에 따라 1710년 1월에 제정된 **시민문자**의 결정판은 예술 및 기술 서적을 찍는 데 광범위하게 사용되었다.

그 외에도 슬라브어 숫자 대신 아라비아 숫자가 도입되기도 했다. 뾰뜨르는 출판을 활용하기 위하여 책과 관련된 사업을 발달시키고 확장시켜 나아갔다. 그리하여 인쇄소의 수가 증가하였으며 사설 출판사가 등장하고 교과서, 지도, 일람표, 공식 자료, 종교서적 등등의 출판이 전문화되기 시작하였다. 하지만, 1721년 뾰뜨르의 개혁사업을 비판하는 서적과 출판물들이 점증하자, 정부는 신성종무원의 허가 없이 인쇄물이 유포되는 것을 금지시킴으로써, 러시아 사회에 처음으로 공식적인 검열이 시작되었다.

뾰뜨르의 개혁정책을 수행하고 근대화된 군대를 이끌어가기 위해서는 젊은이들의 교육과 학교설립의 문제가 주요 정책으로 대두되었다. 1701년 1월의 포고령에 따라 최초의 세속적 국가교육기관으로서 수학, 항해학교가 모스크바에 설립되었다. 그리고 얼마 지나지 않아 수도의 여러 지역에 몇 개의 직업학교들, 즉 포병학교, 기술학교, 의학학교들이 문을 열었으며 우랄의 공장지대에는 산업 인력을 양성하기 위한 광산학교도 생겼다. 이들 직업학교들은 처음에 '모든 계급'의 자제들이 입학하였으나, 점차로 귀족을 위한 독점 교육기관으로서 그 자리를 굳혀 갔으며, 이를 기반으로 하여 나중에 고등전문 교육기관들이 설립되었다. 러시아에서 초등보통학교 유형에 근접하는 학교들이 나타나기 시작한 것은 18세기 1/4 분기였다. 1714년 일련의 지방 도시들에 산술학교들이 설립 되었던 것이다. 1724년 과학 및 예술 아카데미의 설립안이 뾰뜨르에 의해 승인됨으로써 러시아 최초의 **학술원**이 1725년에 개원된다. 학술원에는 3개의 학부가 있었고 부속기관으로 대학과 김나지야가 있었다. 학술원의 창립은 러시아의 사회, 문화생활에 획기적인 사건이었다. 18세기 후반 러시아의 교육과 계몽활동에 크게 기여했던 유명인사들이 이 학술원 대학에서 배출된 사람들이었다. 특히 러시아인으로서 최초의 학술원 회원이었던 로마노소프는 침체된 학술원 대학을 폐지시키고 1755년 새로운 모습의 **모스크바 대학**을 설립하였다.

모스크바 국립대학교

황권신수설의 신봉자였던 뾰뜨르는 인민들보다 신에 대한 책임이 더 중요하며, 신은 황제에게 인민들을 다스리는 의무를 부여한 것이라고 여겼다. 그리고 뾰뜨르는 예배드리는 형식이 중요한 것이 아니라, 신에게 드리는 예배 그 자체가 중요하다고 믿었기 때문에, 기독교의 다른 종파에 대해서도 너그러웠다. 따라서 뾰뜨르는 개신교나 천주교, 침례교파의 정당성을 승인해 주었고, 러시아정교회 신자와 다른 교파 신자와의 결혼 문제도 승낙하였다. 이와 같이 뾰뜨르는 예배드리는 행위 자체를 신성하게 생각했던 반면에, 러시아정교회 지도자들은 예배를 어떻게 올려야 하는가 하는 의식이 더 중요하다고 생각하였다. 하지만 뾰뜨르는 상당기간 동안 분리파 교도들에게도 관용을 베풀었으며, 국교를 해치지 않는 범위 내에서의 모든 종교를 인정하는 네덜란드의 정책과 국왕이 종교 문제에 대하여 최고 결정권을 갖고 있는 영국교회의 체제에 높은 관심을 보이며 이를 모방하려 하였다. 뾰뜨르의 생각에, 러시아정교회 사제들이 국가를 위해 해야 할 가장 유익한 일은 영혼을 구제하는 일 뿐만 아니라 인민들을 가르치는 것이었다. 당시 러시아에는 학교제도가 없었기 때문에 사제들만이 농민들을 계몽할 수 있는 유일한 존재였으나, 사제들 역시 상당수가 무식하였으며, 심지어 일부 사제들은 미신까지 믿고 있었다. 그러므로 뾰뜨르는 종교의례에 대한 집착보다 사제의 도덕적 . 교육적 역할을 강조하는 비판적인 태도를 노골적으로 표하였다. 당시의 **수도원**들은 왕족이나 귀족들이 앞 다투어 재물을 기증하는 바람에 많은 재산과 농노를 소유하고 있었다. 이 같은 수도원의 많은 재산으로 인하여 수도원은 종종 도망 나온 농노들이나 거지 떼들 같은 신을 모독하는 자들만이 들끓고 있었다. 이러던 와중에 1700년 10월 아드리안 총대주교가 갑자기 사망하였다. 뾰뜨르는 총대주교의 자리를 공석으로 놔둔 상태에서 **종무청**을 신설하여 교회재산의 실질적 관리와 교회영지 내에 사는 농노들의 세금징수를 맡아 보게 함으로써, 교회 수입의 대부분을 국가 재정으로 흡수시켰으며, 심지어 교회 종사자들조차도 국가의 녹을 받는 관리로 대치시켜 나아갔다. 1718년 뾰뜨르는 교회헌장을 만들어 군대가 국가에 속해 있는 것과 같이, 교회 또한 국가에 예속되어야 한다는 주장과 함께, 영국과 같은 절대왕정 국가에서의 교회-국가 관계를 실현시키고자 하였다. 마침내, 1721년 뾰뜨르는 교회법을 선포하여 대주교제를 폐지시키고 그 대신 '신성종무원'이란 새로운 기구를 발족시킴으로써, 교회를 군주의 부속기구로 전락시켰다. 이제 더 이상 교회는 정부로부터 독립된 단체가 아니었으며, 교리를 제외한 교회의 모든 업무를 신성종무원이 관장함으로써, 교회는 황제의 통치하에 놓이게 되었다. 사제들은 황제 앞에서 충성을 맹약하였으며 국가는 러시아정교를 영원히 국교로 인정하고 보호해준다는 무언의 약속을 하였다. 이와 같이 뾰뜨르는 절대주의 확립을 위해 교회를 국가에 예속시켰고 사상적으로도 절대주의의 공식화를 위해 노력하였다. 하지만, 귀족계급의 대다수는 이 같은 절대주의에 찬성한 반면에 대귀족과 성직사들은 반내세력으로 남았다. 이 같은 뾰뜨르의 개혁에 의해 이루어지는 절대주의 확립의 시대에, 인식의 발전에 있어서도 중요한 일보를 내디뎠다. 그것은 인간 개인에 대한 새로운 이해 및 사회 속에서의 인간의 위치에 대한 것이었다. 즉, 그 동안 교회에서 줄곧 주창해 오다시피 인간을 죄악의 원천으로만 보는 것이 아니라, 인간을 조국에 이익을 가져다주는 가치 있는 인격체로서 인식하게 된 것이다. 이제 선조들의 부나 명예가 아니라 개인의 지혜와 용기, 자질만이 인간의 사회적 지위를 결정지어 주었다. 하지만, 이러한 조류와 견해들이 대다수 농민의 인권을 유린하는 농노제가 지속되는 가운데 형성되었고, 그 체제가 더욱 강화되어 갔다는데 문제가 있다. 그럼에도 불구하고 뾰뜨르의 개혁이 전반적으로 사회 인식의 발전에 있어서 중요한 전환점을 마련한 것만은 분명하였다.

1700년 뾰뜨르 1세는 터어키와 강화조약을 체결하고 스웨덴과 전투를 시작하였다. 그는 17세기 초 스웨덴에 의해 점령된 발트해 연안지방과 러시아가 발트해로 진출하는데 꼭 필요한 출구를 되찾으려고 노력하였다. 1703년 5월 뾰뜨르의 명령에 따라 네바강 하구의 한 섬에 뻬뜨로 빠블로프스끄 요새가 구축되고, 그 옆의 강변에는 뻬쩨르부르그가 건설되기 시작하였다. 도시는 네바강 주변의 100여개 섬을 인공적으로 매워감으로써 건설되기 시작하였다. 그러므로 뻬쩨르부르그 도시 안에는 자연적으로 수많은 수로와 운하가 미로처럼 생겨나게 되었다. 조그만 모터보트를 타고 미로처럼 얽혀진 수로와

빼쩨르부르그의 운하

운하를 따라 도시 전체를 관람할 수 있는 것이다. 그래서 사람들은 이를 가리켜 '북방의 베니스(베네치아)'라고 일컫는다. 이탈리아의 베니스와 좀 다른 것은 빼쩨르부르그에서는 육지의 길 위에서 자동차가 달릴 수 있다는 것이다.

뾰뜨르는 이 도시의 건설에 커다란 의미를 부여하였고, 도시의 건설은 그에 의해 승인된 건축계획에 따라 실행되었다. 도시를 건설하는 과정에 수만 명의 사람들이 기아와 병 그리고 무리한 노동으로 죽어갔으나, 그 결과 단기일 내에 훌륭한 궁전과 정원을 갖춘 거대한 도시가 건설되었다. 스웨덴 군함이 네바강으로 들어오는 것을 막기 위하여 꼬뜰린 섬에는 끄론슈따뜨 해군요새가 구축되었다. 곧 이어 핀란드 만에는 러시아 최초의 함대가 그 모습을 드러내었으며, 스웨덴과의 전쟁이 미처 종결되기도 전에 뾰뜨르는 수도를 빼쩨르부르그로 옮겨왔다. 마침내 러시아는 발트해로 나가는 출구를 획득하게 되었으며, 빼쩨르부르그는 곧 러시아의 매우 중요한 항구가 되기 시작한 것이다. 후에 러시아의 유명한 시

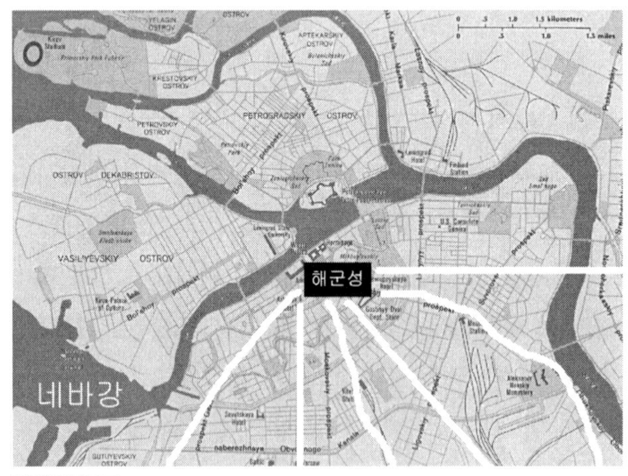

빼쩨르부르그

인 뿌쉬킨은 서사시 『**청동기사**』에서 뾰뜨르에 대하여 노래하였다.

1707년 스웨덴의 카알 12세는 폴란드와 군사동맹을 체결하고 러시아를 침공한다. 러시아 땅으로 진격한 초기부터 농민 유격대의 습격으로 커다란 난관에 부닥친 카알 12세는 진로를 바꾸어 우끄라이나로 향하였다. 당시 우끄라이나의 사령관인 마제빠가 뾰뜨르를 배반하고 카알 12세의 편에 가담하였으나 4만 명이 넘는 까자크인들은 뾰뜨르 군대에 합세하였다. 1709년 봄 스웨덴은 우끄라이나의 도시 뽈따바를 포위하였다. 대격전 끝에 뾰뜨르는 스웨덴 군대를 물리쳤으며 카알 12세와 마제빠는 간신히 드네쁘르 강을 건너 터어키로 피신하였다. 1721년 **북방전쟁**은 종결되었다. 스웨덴에 대한 승리의 결과 러시아는 고대 노브고로드의 영토를 탈환함으로써 발트해 연안의 강국이 되었으며, 세계 열강의 하나가 되어 제국으로 선포되었다. 1721년 뾰뜨르 1세에게는 임뻬라또르(황제)라는 칭호가 부여되었다.

뾰뜨르 대제 (청동기마상)

(2) 서구주의와 슬라브주의

1812년의 나폴레옹 전쟁(조국전쟁)을 치르면서 많은 사람들은 인민들이 얼마나 나라를 사랑하며 희생심이 강한가를 알게 되었으며, 특히, 퇴각하는 나폴레옹군의 뒤를 쫓아 난생처음 러시아라는 울타리를 벗어나 서유럽의 자유스러운 문물을 접하고 난 청년 귀족 장교들은 조국의 암담한 현실에 대하여 고민하기 시작하였다. 서유럽과 달리 자신들의 조국은 아직도 전제주의를 고수하고 있었으며 인민들은 낡은 봉건제도와 가혹한 농노제 속에서 허덕이고 있었던 것이다. 이들이 주동이 되어 일으킨 1825년 12월의 제까브리스트 반란 사건은 실패로 끝났지만, 그 후 이들 마음속 깊숙이 자리 잡기 시작한 조국의 **개혁**에 대한 열망은 식을 줄 모르고 계속 이어져 나아갔다. 훗날 레닌은 1825년 12월 원로원 광장에서 제까브리스트들에 의하여 울려퍼진 한 발의 총성은 잠자던 러시아의 지식인들을 모두 일깨웠으며, 그것이 바로 러시아 혁명에까지 이어져 나아갔다고 술회하였다.

러시아의 **개혁**에 대한 젊은 지식인들의 간절한 열망은 1840년대 크게 두 가지 방향으로 나뉘게 되었다. 그것은 1840년대로부터 약 150여 년 전에 있었던 뾰뜨르 대제의 **개혁**을 놓고 벌어진 열띤 논쟁으로부터 출발하였다. 로마노프 왕조사에서 니콜라이 1세(1825년-1855년)의 통치기간이기도 한 1840년대는 러시아 역사상 가장 뜨거운 이념 논쟁이 불 붙었던 시기 가운데 하나였다. 즉, 러시아의 나아갈 미래의 개혁 방향을 놓고 **서구주의**로 불리는 그룹과 **슬라브주의**로 불리는 두 그룹이 첨예하게 대립하였던 것이다. 서구주의자들은 17세기의 뾰뜨르 대제의 개혁이 러시아의 발전과 국익에 이득이 된 올바른 방향이었다고 주장한 반면에, 슬라브주의자들은 뾰뜨르 대제의 개혁으로 말미암아 슬라브적인 전통이 말살되었다고 주장하였다. 서구주의자들은 뾰뜨르 대제가 실행하였던 개혁에 찬성하면서 러시아가 나아갈 미래의 방향은 서구와 같이 자본주의 발전의 단계를 밟아 나아가는 것이 이상적인 방향이라고 주장하였으나, 슬라브주의자들은 뾰뜨르 대제의 서구화 개혁을 비판하면서 러시아 역사의 슬라브적 특이성을 주장하였으며, 군주제적인 정치제도와 지주적 토지 소유의 존속을 옹호하면서, 뾰뜨르 대제 이전의 가부장제적, 농노제적 제도를 이상화시킴으로써, 이상적인 봉건관계를 바탕으로 한 농촌공동체의 부활과 번영을 꿈꾸었다. 즉, 서구주의자들은 러시아가 서구식 자본주의의 발전 단계를 밟아 나아가야 된다고 주장한 반면에, 슬라브주의자들은 러시아만의 슬라브적인 전통을 되살려 슬라브적인 고유한 역사적 발전 단계를 발전시켜 나아가야 된다고 주장한 것이다. 특히 이들은 슬라브적인 고유한 것을 말살시킨 뾰뜨르 대제의 서구화 정책을 비판하면서, 뾰뜨르 대제 개혁 이전의 고유한 농촌공동체의 부활과 번영을 신념에 차서 부르짖었다.

슬라브주의자들이나 서구주의자들이나 모두 하나같이 조국 러시아의 앞날을 걱정하는 애국적인 견지의 젊은이들이었으며, 조국 러시아의 나아갈 방향이 '개혁'이라는 데에는 모두가 동감하며 같은 목소리를 내었다. 특히, 지주들이 농노들을 마치 가축 다루듯이 강제로 다루고 시장에 내다팔거나 경매에 붙이는 등의 비인간적인 횡포를 서슴지 않는 농노제의 폐지에 내해서는 슬라브주의자들이나 서구주의자들 모두 똑같은 개혁의 목소리를 함께 부르짖었다. 이들 젊은 지식인 자신들도 귀족 출신이며 지주 계급이었지만, 농민들이 농노로 전락하여 지주들의 카드놀이에서 개와 교환되거나 실컷 두들겨 맞은 채 지하실에 그대로 방치되어 시체로 변하는 등의 반인륜적 작태에 대해서는 그대로 방관할 수만은 없었던 것이다.

이와 같이 농노제의 폐지와 같은 개혁의 대상에는 슬라브주의자들이나 서구주의자들 모두 하나의 목소리를 내었지만, 그 개혁의 방향에 있어서는 우선 뾰뜨르 대제의 개혁을 놓고 찬. 반으로 크게 엇갈렸으며, 개혁의 방법을 놓고도 세부적으로 크게 차이가 나기 시작하였다. 즉, 서구주의자들은 황제가 통치하는 전제주의에 대하여 분명한 반대 의사를 밝혔지만, 슬라브주의자들은 황제가 통치하는 군주제적 정치제도를 그대로 유지한 상태에서의 개혁을 주장하였다. 또한, 서구주의자들은 농노제의 폐지와 함께 토지를 농민들에게 돌려줌으로써 농민들을 수탈하는 지주제의 즉각적인 폐지를 주장한 반면에, 슬라브주의자들은 지주들이 토지를 소유하는 지주제를 그대로 존속시키면서 슬라브적인 고유한 농촌공동체(미르)를 부활시킴으로써 이상적인 봉건제도를 실현시킬 수 있다고 주장하였다. 즉, 이들은 뾰뜨르 대제 개혁 이전의 농촌공동체를 다시 부활시킴으로써 슬라브 민족 조상대대로 이어져 내려오는 농촌공동체를 통하여 이상적인 봉건제도를 실현시킬 수 있으며, 그럼으로써 러시아는 서구와 다른 슬라브적인 고유한 역사적

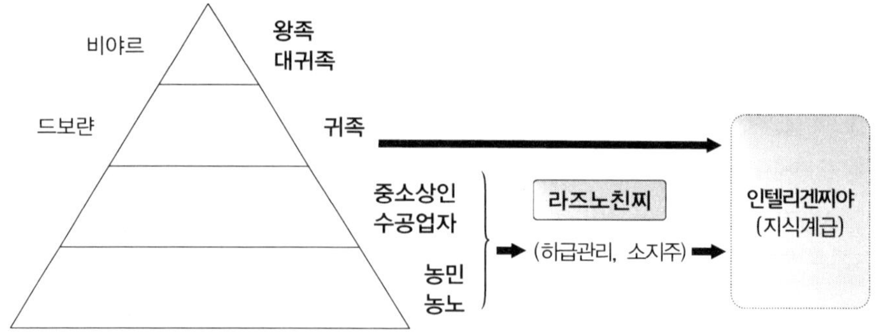

발전단계를 밟아갈 수 있다고 주장하였다.

이와 같이 1840년대 조국 러시아가 나아갈 운명의 방향을 놓고 뜨거운 논쟁을 벌였던 서구주의자들과 슬라브주의자들 가운데는 **귀족 출신**들뿐만 아니라 새로이 러시아 역사 무대에 등장한 **인텔리겐챠**(지식계급)들이 대거 포함되어 있었다. 19세기 50년-70년대에 나타난 귀족출신이 아닌 이들 자유 민주주의의 지식계급 소시민들을 가리켜 **라즈노친찌**(잡계급 지식인들)라 부른다. 이들은 도시의 중소상인이나 수공업자들 그리고 하급관리 또는 소지주 및 농민의 자제들로서, 그동안 대학교육을 받음으로써 새로운 지식층으로 부상하게 된 것이다.

앞서 말한 바와 같이, 서구주의자들이나 슬라브주의자들이나 모두 조국 러시아의 운명을 걱정하였으며 개혁을 주장하였다. 이들의 개혁 대상은 당시 농민, 농노들의 비참한 현실이었으며, 농민, 농노들을 마치 가축처럼 다루는 비인간적이고 비현실적인 **농노제의 완전 폐지**였다. 당시의 지배 계급인 대다수의 지주 귀족들은 농노제를 철저히 옹호하였으나, 새로이 부상한 잡계급 지식인들(라즈노친찌)은 농노제를 철저히 반대하였던 것이다. 이들 잡계급 지식인들은 농노제의 폐지를 위한 투쟁의 강도를 놓고, 농노제의 폐지가 평화적인 방법으로 서서히 이루어지기를 바라는 온건적인 **계몽주의자들**과 농노제 폐지를 위한 혁명적인 투쟁 방법을 주장하는 **혁명적 민주주의자들** 그룹으로 나뉜다.

온건파	계몽주의자들
급진파	혁명적 민주주의자들

1812 ——	1825년 ——	1830년대——	——	1840년대
나폴레옹 전쟁—	제까브리스트— 반란사건	인텔리겐챠—	자유주의— 계몽주의— 혁명적 민주주의 게르쩬—	슬라브주의 서구주의 농민사회주의

이들 혁명적 민주주의자들은 유물론, 무신론, 변증법 등을 주장하였으며 농노제의 완전폐지를 위한 혁명적 투쟁과 공상적 사회주의의 건설을 부르짖었다. 하지만, 온건한 계몽주의자들은 혁명적 민주주의자들의 혁명적 투쟁방법에 대하여 단호히 반대하였으며, 슬라브주의자들도 이들의 유물론, 무신론, 변증법 등에 대하여는 반대하였다.

혁명적 민주주의자들 가운데 **게르쩬**은 농민적, 혁명적 민주주의를 주창하였다. 그는 러시아에서는 부르조아적 혁명 대신에 **농민의 사회혁명**이 일어날 것이라고 생각하였다. 그는 정치적 또는 부르조아적 혁명과는 달리, 농민적 사회혁명이 러시아에 인민정부를 세워 경제 문제를 해결하고, 인민 억압을 없애며 인민을 사회주의로 인도할 수 있다고 주장하였다. 즉, 그는 러시아의 사회주의적 개조는 **농민혁명**에 의하여 완수될 수 있다고 생각하였던 것이다. 게르쩬의 이러한 견해는 유토피아적이었지만, 서유럽의 유토피아적 사회주의자들과는 달리 사회개혁과 혁명적 변혁이 불가분의 관계에 있음을 그는 일찍이 깨닫고 있었다. 그는 서유럽의 자본주의는 자체의 모순에 의하여 타락하고 퇴폐할 것이며, 따라서 역사상의 전제주의, 자본주의, 사회주의의 발전단계에 있어서, 러시아는 자본주의를 거치지 않고도 바로 사회주의로 갈 수 있다고 주장하였다. 러시아는 조상대대로 슬라브족 특유의 **농촌공동체(미르)**라는 사회주의적 요소가 충만한 기초 토양이 이미 배양되어 있으므로, 이를 기초로 하여 자본주의의 병폐를 거치지 않고도 곧장 사회주의로 갈

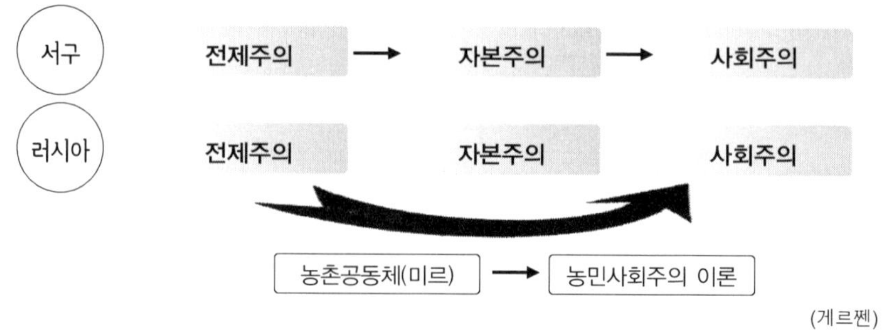

수 있다는 '농민사회주의 이론'을 주장하였다.

러시아 역사에서 니콜라이 1세(1825~1855)의 통치기간까지를 대략 '1840년대'라 부르고, 그 이후를 '1860년대'라 부르며, 훗날 뚜르게네프의 『아버지와 아들』의 영향으로 '1840년대'를 '아버지 세대', '1860년대'를 아들 세대라고도 일컫는다. 즉, 러시아 역사 및 문학사에 있어서 '1850년대'라는 시대적 구분은 없으며, 오로지 '1840년대'와 '1860년대'만이 있을 뿐이다. 1840년대는 **개혁**을 부르짖기 시작한 시대였다면 1860년대부터는 개혁에서 한 걸음 더 나아가 **혁명**을 부르짖기 시작한 시대라 할 수 있다. 즉, 1840년대는 조국 러시아가 개혁을 해야 한다는 데에 있어서 인텔리겐챠들은 모두 한 목소리를 냈으며, 다만 그 개혁의 방법을 놓고 140여 년 전인 1700년 경 뾰뜨르 대제가 행하였던 개혁에 대한 찬반으로 나뉘어 서구주의와 슬라브주의로 대립하였을 뿐이었다. 하지만, 1860년대에 들어서면 단순히 **개혁**을 부르짖었던 이념적 논쟁에서 한 걸음 더 나아가 **혁명**을 부르짖는 보다 진보적인 투쟁으로 발전하기 시작한다.

이와 같이 러시아 인텔리겐챠들의 진보적인 사상이 개혁에서 혁명으로 바뀌면서 보다 급진적으로 변화하게 된 데에는 1860년대에 자신의 통치시대를 연 새로운 황제 알렉산드르 2세의 통치와 무관하지 않다. '몽둥이 짜리'로 불리며 강력한 경찰 감시 통치를 펼쳤던 니콜라이 1세가 마침내 죽고, 보다 온화하고 부드러운 성격의 **알렉산드르 2세**(1855~1881)가 즉위한 것이다.

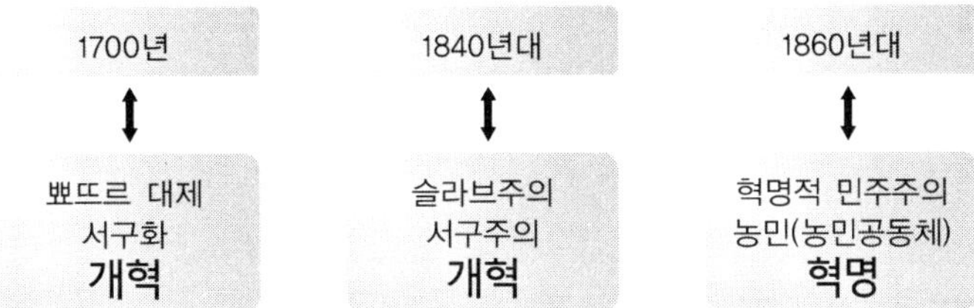

그는 당시 사회적 문제로 대두된 농노제의 폐지를 받아 들여 1861년 '농노해방령'을 발표하였다. 하지만, 해방령은 진정으로 농노들을 위한 해방령이 아니었으며 오히려 농민, 농노들은 점점 더 귀족-지주들에게 예속 당하는 신세가 되어갔다. 이 '농노해방령'이 발표된 이후, 러시아의 진보적인 인텔리겐챠들은 짜리 정부에 대하여 노골적인 불만을 토로하며 그 투쟁의 강도를 높여 가기 시작하였던 것이다. '몽둥이짜리'로 불리던 니콜라이 1세가 통치하였던 1840년대에는 농노제의 폐지를 요구하며 개혁의 방향을 놓고 슬라브주의와 서구주의로 나뉘어 열띤 논쟁만을 벌였지만, 부드럽고 온화한 성격의 알렉산드르 2세가 즉위하여 농노제의 폐지를 수용하자 이에 불만을 느낀 진보적 인텔리겐챠들은 이제 이념적 논쟁에만 머무르지 않고 실천과 행동을 부르짖는 혁명적 민주주의자들로 변화해가기 시작하였다.

(3) 러시아 혁명 사상의 발전

1861년의 농노해방령은 러시아 역사상 매우 의미 있는 일이였다. 하지만 진정으로 농노를 위한 해방령과는 거리가 멀었다. 농노해방령은 당시 진보주의와 보수주의, 정부관료와 토지를 가진 귀족들의 계획을 절충한 것이었으나 그 누구도 만족시키지 못했고, 특히 당사자인 농민계층은 더욱 불만족스러웠다. 해방령에 따르면 농노들은 곧 자유를 얻고 땅도 가질 수 있었다. 그러나 땅을 얻을 수 있는 과정은 복잡하고 느리며 돈이 많이 들었다. 법적으로 땅은 지주들의 것으로 모든 땅을 자세히 조사하여 나눠줄 몫을 계산하고

값을 매길 때까지 농노들은 지주에게 봉사해야만 했다. 농민들은 정부의 융자를 받아 지주에게 땅값을 갚아야 했으며 49년 동안 정부에 '상환금'을 내야 했다. 즉, 농노는 **인격적 자유**를 얻었으나, 모든 토지가 지주(地主)의 재산이라는 전제하에 이루어졌기 때문에 많은 배상금을 지불해야만 토지의 소유를 인정받을 수 있었으므로 진정한 의미의 **경제적 자유**는 요원한 일이였다. 더욱이 농노가 차지한 토지는 종래 경작한 땅의 절반 정도에 지나지 않아서, 지주 밑에서 **소작인**이 되거나, 토지를 떠나 **노동자**가 되거나 하는 수밖에 없었으므로 농민의 생활 빈곤은 여전하였다. 1881년까지 약 85%의 농민들이 땅을 받았고, 강제로 상환이 이루어졌다. 땅은 적당한 몫으로 나누어졌으나 농노해방령이 발표된 때부터 1905년 혁명이 일어날 때까지 러시아 인구가 크게 불어났으므로 해방된 농노들은 경제적으로 점점 더 어려워졌다.

농노해방령은 4,000만 이상의 **농노**를 **농민**으로 해방시킨 거대한 **개혁**이었지만 농민에게 실질적인 혜택이 돌아가지 않았다. 일단, 농노해방으로 모든 농노가 해방되고, 각 농가는 일정한 토지를 받게 되어 있었다. 하지만, 토지를 받는다고 해서 영주나 왕실의 토지를 떼어준다는 것이 아니라 원래 농민이 보유하던 땅인데 영주의 장원에 소속되어 있던 토지를 받는다는 것이었다. 그런데, 그 과정에서 종전의 보유지를 지주에게 많이 빼앗기고, 할당된 토지에 대한 장기간에 걸친 상환금을 부담하게 되었으며, 그나마 그 토지는 '**미르**'라는 농촌공동체에 소속되고, '미르'는 이 토지를 주기적으로 재분배할 권리를 가졌던 것이다. 따라서 농민들은 진정으로 해방된 것이 아니었다. 법적으로는 영주로부터 해방되었지만 새로운 농촌 공동체에 예속되었고 보유한 토지가 얼마 되지 않았으므로 다시 영주의 **소작농**이 되던가 아니면 고향을 떠나 도시에서 **노동자**가 되는 신세가 되었던 것이다. 농노해방령의 의도는 러시아의 가장 기본적인 사회적 결점, 즉 농노제가 농민들에게 안겨준 후진성과 가난을 치유하려는 것이었다. 시간이 지남에 따라 **부농**이라는 중요한 계급이 나타나기는 했지만, 대부분의 농민은 가난했고 막대한 **상환금**에 짓눌리고 있었다. 과세로 농노가 해방이 되었기 때문에 농노들에게 직접

세를 부여 하였는데, 곡가에 대해서 낮은 가격으로 국가가 규정하고 공산품에 대해서는 높은 가격을 규정함으로써 농노들은 상환금을 갚기 위하여 점점 더 궁핍한 생활을 해야 했다. 농민들의 저소득, 영세화가 계속 이어지게 되었으며, 농민들의 삶은 점점 더 비참해지기 시작하였다. 정부는 1905년 혁명이 일어난 후에야 비로소 **상환금**을 없애주었으나 그때는 농민들의 충성심을 불러일으키고자 했던 농노해방의 의도가 더 이상 성취될 수 없는 지경에 이른 상태였다.

농노해방령은 진정으로 농노들을 위한 해방령은 못되었지만, 해방령이 러시아 사회에 미친 영향은 엄청난 것이었다. 즉, 해방령으로 말미암아 농노제의 속박이 완화되고, 다수의 **노동자**가 생겨남으로써 러시아의 **자본주의** 발달을 촉진하는 결과를 가져온 것이다. 또한 농노해방령은 사법적 측면에서 의미있는 성과를 가져왔으나 실제로는 **극빈농**만 더 키우는 결과를 가져옴으로써, 농노해방령 이후 농촌에서는 농민반란이 끊이지 않았으며, 이것이 불씨가 되어 **혁명의 중요한 사회적 원인**이 되었다.

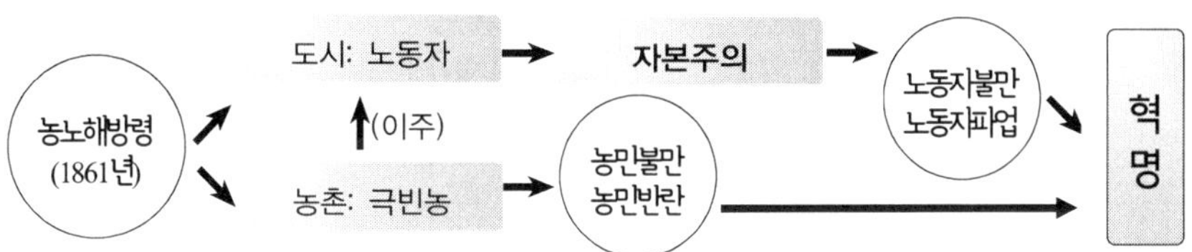

앞서 1840년대 조국 러시아의 운명과 발전 방향을 놓고 슬라브주의와 서구주의로 나뉘어 뜨거운 논쟁을 벌였던 러시아의 진보적인 인텔리겐차들은 농노해방령(1861년)이 발표된 이후 이에 굴하지 않고 계속해서 짜리 정부를 향하여 진정한 농노해방령을 부르짖었다. 특히 게르쩬의 '농민사회주의 이론'에 영향을 받은 **혁명적 민주주의자들**은 1862년 '**토지와 자유**'라는 비밀 혁명 단체를 조직하여 짜리 정부에 대항하기 시작하였다. 이러는 가운데 '체르늬쉡스키'라는 혁명적 민주주의자가 등장하였다. 그는 거의 반평생을 감옥에서 보내야 했지만, 그가 쓴 농민혁명 사상이 담긴 소설 『**무엇을 할**

것인가?』는 짜리 정부에 의하여 금서로 묶여 있었음에도 불구하고, 당시 모스크바 대학생들을 비롯한 전국의 수많은 젊은 지식층의 필독 도서가 되다시피 하였다. 게르쩬의 **농민사회주의이론**과 체르늬쉡스키의 **농민혁명사상**에 물든 젊은 대학생 및 지식층들은 사회혁명의 주체가 되어야 할 농민들이 무지하여 러시아의 위대한 혁명이 일어날 수 없다고 생각하였다. 따라서 이들은 1870년대 무지한 농민들을 직접 깨우기 위하여 농촌 속으로 몸소 뛰어 들어가는 대대적인 농촌계몽운동을 벌이게 된다. 러시아어로 '인민'을 '**나로드(Народ)**'라 하고, '인민 속으로'라는 말은 전치사를 사용하여 '브 나로드'라고 함으로, 1870년대에 모스크바 대학생들을 비롯한 진보적인 인텔리겐챠들이 중심이 되어 전국적으로 벌어졌던 대대적인 농촌계몽운동을 가리켜 '**브 나로드 운동**'이라 일컫는다. 즉, 게르쩬이 주창한 바대로 농촌공동체(mir: Мир)를 기초로 하여 자본주의 단계를 거치지 않고 사회주의로의 이행이 가능하다고 믿었던 지식계층(인텔리겐챠)들이 민중계몽을 위해 농촌으로 파고들었을 때에 내세운 슬로건이 바로 '브 나로드(인민 속으로)'이며, 이들의 농촌계몽운동을 가리켜 '브 나로드 운동'이라 부르는 것이다. 또한 이와 같이 '브 나로드 운동'에 참가하여 인민(나로드)을 계몽시킴으로써 이상적인 사회주의를 건설할 수 있다고 믿었던 당시의 지식층을 가리켜 '**나로드니키**'라 부른다. 즉, 러시아어로 '나로드(Народ)'라는 말을 우리말로 번역하면 '인민'에 해당함으로, 이들이 주장하는 바를 가리켜 '**인민주의**'라 하며, 이들 '**인민주의자들**'을 가리켜 '나로드니키'라 부르는 것이다.

하지만, 무지한 농민들은 자신들을 도우러 온 젊은 대학생들을 의심의 눈길로 바라보았으며, 오히려 황제 정부의 비밀경찰한테 밀고하는 일이 빈번히 발생하였다. 농민들은 나로드니키들과는 달리 토지를 소유하고 싶어 했고, 황제(차르, 짜리)를 신 또는 아버지처럼 숭배했기 때문에, 도리어 나로드니키들은 농민들에 의해 황제 비밀경찰들에게 붙잡혀 가는 신세가 되었던 것이다. 따라서 수많은 젊은이들이 경찰에 체포되고 구금되는 사태가 발생하였으며, 인민 즉 농민을 혁명 주체 세력으로 삼으려 하였던 혁명주의 노선은 실패로 끝나게 된다. 1873년에서 1874년을 정점으로 하여 약 2,500명에 달하는 러시아의 진보적인 젊은 지식인들이 교사, 의사, 점원, 노동자가 되어 농민들에게 나로드니키(Narodniki)의 혁명사상을 선전하였으나 기대한 만큼의 성과를 얻지 못하고 1874년 가을까지 많은 선동자들이 검거되어 이른바 '193인 재판'에서 처벌을 받았다. 즉, 1840년대의 게르쩬의 '농민사회주의이론'의 영향을 받고 1860년대의 체르늬쉡스키의 '농민혁명사상'을 자신들의 정신적 모토로 삼아 무지한 농민을 계몽하고자 '브 나로드(인민 속으로)'를 외지며 농촌 속으로 뛰어 들었던 1870년대 나로드니키(인민주의자들)의 '인민주의'는 결국 실패로 막을 내리게 된 것이다.

게르쩬의 농민사회주의이론에서부터 시작하여 체르늬쉡스키의 농민혁명사상, 그리고 이들 선구적 지도자들의 영향을 받은 나로드니키들의 인민주의와 그에 따른 실천 운동이었던 '브 나로드 운동' 등은 모두가 혁명의 주체 세력을 농민으로 보았으며, 조상대대로 러시아의 농촌에 깊이 뿌리내려온 '농촌공동체(미르)'를 그 기본 골격으로 하였다. 하지만, 이들이 주창한 농촌공동체(미르)를 기반으로 하여 자본주의를 거치지 않고도 사회주의로 갈 수 있다는 생각에는 한 가지 큰 모순이 있었다. 이들은 농노해방령 이후 수많은 농노, 농민들이 농촌을 버리고 도시로 이주함으로써 농촌공동체(미르)가 급속히 붕괴되어 가고 있었다는 사실을 간과하였으며, 또한 러시아는 자본주의를 거치지 않을 수 있는 것이 아니라 이미 급속히 자본주의화되고 있었다는 사실을 제대로 파악하지 못하였던 것이다. 즉, 이들은 농노해방령 이후 수많은 농민들이 지주들의 횡포와 만성적인 가난 그리고 혹독한 굶주림을 벗어나고자 무작정 도시로 몰려듦으로써, 러시아가 이미 자본주의화 되었으며, 도시가 팽창하고 수많은 도시 공장노동자들이 생겨나고 있었다는 사실을 간과하였던 것이다. 그러므로 농민을 혁명 주체 세력으로 간주하였던 농민혁명은 실패로 끝날 수밖에 없었으며, 게르쩬의 농민사회주의이론은 이름 그대로 이론에 불과하게 되었다. 훗날 혁명가 레닌은 이러한 실패의 원인을 직시하고 혁명 주체 세력에서 농민을 철저히 배제하였으며, 노동자들 가운데서도 소수의 엘리트 집단에 의한 **혁명**을 부르짖음으로써, 세계 역사상 최초로 사회주의 혁명을 러시아에서 성공시킨다.

1870년대의 '브 나로드 운동'을 지지하고 실천하였던 인텔리겐차(지식층)들, 즉 '**나로드니키**(인민주의자들)'의 **인민주의**는 결국 실패로 끝났지만, 이들 나로드니키들은 계속하여 후대에 영향을 미치며 러시아의 진보적인 혁명 노선을 이끌어 나아가는 원동력이 된다. 이들 나로드니키들 가운데 **혁명적 나로드니키들**은 조국 러시아의 운명과 혁명의 성공을 위하여 이제 주요 인물을 암살함으로써 역사의 흐름을 바꾸어 놓을 수밖에 없다고 생각하기 시작하였다. 즉, 1870년대의 '브 나로드 운동'의 실패는 **1880년대**로 들어서면서 요인 암살 등의 테러리즘으로 발전하게 된 것이다. 마침내 1879년 혁명적 나로드니키들의 비밀결사 단체인 '**인민의 의지**'당이 결성되고, 급기야는 1881년 알렉산드르 2세가 암살당함으로써, 러시아 역사상 최초로 황제가 암살당하는 사건이 발생하게 된다.

피의 사원: 뻬쩨르부르그의 운하 옆에 있는 알렉산드르 2세의 암살 장소에 세워진 사원

곧이어 즉위한 알렉산드르 3세의 통치기간은(1881~1894) 내내 극도로 사회가 어수선하였으며, 농노해방령 이후 농촌을 떠나 도시로 이주한 **공장노동자들**의 불만의 소리는 점점 높아져 갔다. 마침내, 1885년 수

도 뻬쩨르부르그의 모로조프 공장에서 노동자들의 동맹파업이 시작되었고, 파업은 전국의 도시로 확산되어 나아갔다. 농촌은 지주들의 횡포가 극도로 심하여 농민들은 더욱 더 지주들에게 속박당하였으며, 극도로 가난하여 끼니조차 못 잇는 농민과 농노들이 도처에 빈번히 발생하였다.

마침내, 1894년 제정러시아의 마지막 황제가 되는 니콜라이 2세가 즉위하게 되고, 1896년 5월 황제의 즉위식이 호드인까 들판에서 있게 되었다. 그 동안 끼니조차 못 잇던 굶주린 인민들은 황제의 즉위식에 가면 황제가 무엇인가를 줄 것이라는 막연한 기대 하에 전국에서 호드인까 들판으로 몰려들기 시작하였으며, 들판은 굶주린 인민들로 발 디딜 틈도 없이 인산인해를 이루어 나아갔다. 급기야 수많은 사람들은 서로 밀고 밀리는 아수라장 속에서 서로 압사당하여 죽어가는 호드인까 들판의 비극이 시작되었으며, 이는 제정러시아의 비극적 종말을 알리는 서곡이 되었다.

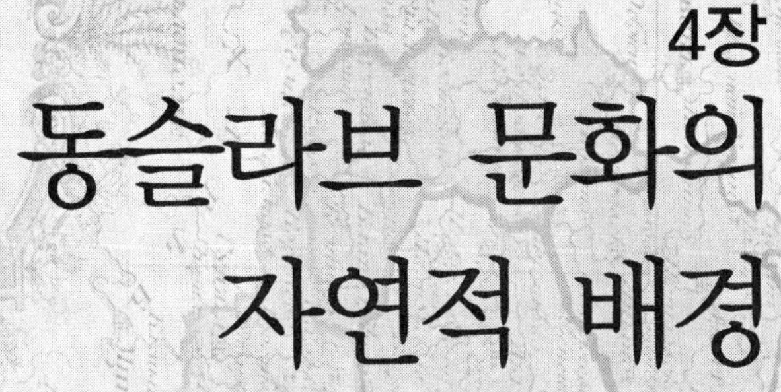

4장

동슬라브 문화의 자연적 배경

4장 동슬라브 문화의 자연적 배경

(1) 15개 공화국

동쪽으로 이동해 간 동슬라브족이 처음 세운 나라가 키예프를 중심으로 한 **키예프-루시**였으며, 약 9세기에서 13세기까지 존속해 오다가 **몽고-따따르**의 침입을 받아 멸망하고, 루시인(러시아인)들은 13세기에서 15세기까지 약 240년간을 몽고-따따르의 압제를 받아야 했다. 몽고의 압제에서 벗어나기 위한 독립투쟁에서 변방에 위치해 있는 조그만 요새에 불과했던 모스크바-크레믈린이 전-루시인들의 중심지가 되면서 **모스크바 대공국**으로 발전하였으며, 대공국은 다시 전-루시인들의 공국들을 통일하면서 로마노프 왕조의 찬란한 **제정러시아** 시대를 열어 나아갔다. 1917년 볼셰비키 혁명으로 시작된 소비에트 정부는 **소련**(소비에트 사회주의 연방공화국)의 효율적인 통치를 위하여, 그 동안의 혁명과정에서 조직된 각 지역의 소비에트를 중심으로 하여 전영토를 **15개 공화국**으로 나누어 통치하였다. 1991년 소련 체제가 와해되면서 15개 공화국은 이제 각각 별개의 독립적 국가로 발전하였지만, 앞서 살펴본 슬라브족의 역사에서도 알 수 있듯이, 9세기의 키예프-루시 이래 천년이 넘는 역사 속에서 **동슬라브족**이 나뉜 것은 최근 몇 십 년에 불과한 것이다. 지금도 행정 및 정치적 이해에 의하여 15개 국가로 나뉘어져 있지만, 발틱 연안의 3개 국가들만이 약간의 이해를 달리할 뿐, 나머지 11개의 국가들은 러시아를 중심으로 서로의 이해를 통일해 나아가고 있다. 동슬라브족은 천년 이상의 역사 속에서 지금의 러시아, 우크라이나, 백러시아인들로 나뉘어 볼 수 있지만, 동슬라브족을 비롯한 108개 이상의 소수민족들은 서로 혼혈되고 이합집산 되어 지금의 15개 국가에 흩어져 살고 있다.

발틱 연안에 위치한 에스토니아, 라트비아, 리투아니아를 '발틱 3국'이라 부르며, 러시아, 백러시아, 우크라이나는 같은 동슬라브족의 슬라브계 민족 국가이다. 아르메니아는 종교가 기독교이고 아제르바이잔은 회교여서 예전

1	에스토니아
2	라트비아
3	리투아니아
4	러시아
5	백러시아
6	우크라이나
7	몰다비아
8	그루지야
9	아르메니아
10	아제르바이잔
11	카자흐스탄
12	우즈벡스탄
13	투르크메니스탄
14	타지크스탄
15	키르키즈스탄

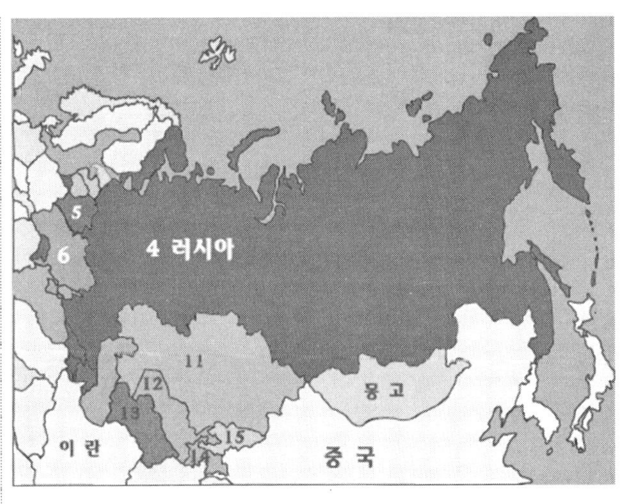

구소련의 15개 공화국

에는 서로 종교전쟁을 치루기도 하였다. 중앙아시아 지역에 위치한 카자흐스탄, 우즈벡스탄, 투르크메니스탄, 타지크스탄, 키르키즈스탄의 5개 국가는 예전의 실크로드 지역으로서 사막기후에 속하며 회교가 중심인 국가들이다. 러시아는 구소련을 구성했던 공화국의 하나로 지금은 11개의 독립국가연합 및 구소련 영역의 중심국가일 뿐만 아니라, 자체 안에 여러 개의 공화국을 두고 있는 거대한 연방공화국이다. 수도는 모스크바이며 1991년 12월 소련이 해체되면서 러시아 소비에트 연방공화국이 되었다. 북쪽은 북극해, 동쪽은 태평양에 접해있고 서쪽은 노르웨이, 핀란드, 폴란드를 비롯하여 에스토니아, 라트비아, 리투아니아 등과 경계를 이루고 있다. 남쪽은 중국, 몽골, 북한을 비롯하여 우크라이나, 그루지야, 아제르바이잔, 카자흐스탄 등과 경계하며 아시아 북부 전체와 동부 유럽 북동부의 많은 지역을 차지한다.

구소련의 영토는 유럽의 동쪽, 아시아의 북쪽, 중앙아시아의 서쪽, 서부아시아의 일부분으로 대략 지구 육지표면의 1/6을 차지하고 있다. 북극권을 따라 동서길이가 최고 7,700 km에 이르며 넓이는 남북으로 2,000~2,880km에 달하고, 전체 면적이 2,240만 평방킬로미터로 세계 최대면적이며, 중국의

2배 이상, 미국의 3배에 해당하는 면적이다. 북으로 북위 77도 4분, 남으로 북위 35도 서쪽으로 동경 20도, 동쪽으로 동경 170도, 전체적으로 구세계의 북쪽 부분을 차지하며, 전국토 면적의 25%를 유럽지역이, 나머지 75%가 아시아지역이 차지함으로써, 유럽보다는 아시아에 더 많은 부분이 위치해 있다. 특히, 러시아는 유럽의 중앙, 유럽의 서부로부터 시베리아 깊숙한 곳에 이르기까지 뻗쳐 있는 하나의 거대한 평원이다. 수없이 많은 작은 산들과 작은 산맥들이 지평 여기저기에 흩어져 있지만, 지구 전체에서 제일 큰 평원의 힘찬 흐름을 막을 만큼 충분히 높지도 않고 충분히 한 곳에 집중되어 있지도 않다.

러시아는 구소련을 구성했던 공화국의 하나로서 1991년 12월 소련이 해체되면서 '러시아 소비에트 연방공화국'이 되었다. 흔히들, '소련이 해체되었다'는 말과 '소련이 망했다'는 말을 동일시하여 사용하고, 심지어 '소련 = 러시아'이고, '러시아'도 이미 망한 것쯤으로 생각하는 경우를 종종 발견하게 되는데, 이는 소련과 러시아에 대한 지리적 상식의 부족에서 오는 결과라고 본다. 본래, '소련'이란 명칭은 '소비에트 연방공화국'이란 국호에서 맨 앞의 '소'자와 가운데 '연'자를 따서 부르게 된 약칭이다. 즉, 1917년 러시아 혁명 후, 제정 러시아의 전영토를 15개 공화국으로 나누어 연방체제를 이룸으로써 '소비에트 연방공화국'이란 명칭이 생겨나게 되었던 것이다. 이 때, '소련'을 구성하였던 15개 공화국 이란 앞서의 지도에서 본 바와 같이 구소련 지역의 거의 대부분을 차지하던 '러시아'와 나머지 14개의 군소 공화국들로 이루어져 있었다. 그러니까, '소련이 해체되었다'는 것은 15개로 이루어져 있던 공화국들이 각자 독립하여 제각기 자신의 '국가'를 세웠다는 이야기이지, 러시아가 해체되었다거나 러시아가 망했다는 식의 이야기와는 전혀 맞지 않는 이야기임을 다음의 지도 비교를 통하여도 분명히 알 수 있다.

앞서 설명한 바와 같이, 구소련이 해체되었다고 해서 변화된 것은, 예전에 행정 편의상 그어 놓았던 각 공화국 간의 경계선이 지금은 각 독립 국가의 경계선이 되었다는 것일 뿐이지, 내용적인 면에서 보면 큰 차이는 없다고

구소련과 러시아 비교

(구)소련

인구: 역 2억 4천만명
면적: 약 2,240만km^2
위치: 북쪽-북극해, 노르웨이, 핀란드
서쪽-폴란드, 루마니아, 헝가리, 체코, 슬로바키아
남쪽: 중국, 몽고, 아프카니스탄, 파키스탄, 이란, 터키 등
동쪽: 태평양, 북한.

러시아

인구: 역 1억 7천만명
면적: 약 1,700만km^2
(한반도의 77배, 미국의 1.8배)
위치: 북쪽-북극해, 노르웨이, 핀란드
서쪽-에스토니아, 라트비아, 리투아니아, 백러시아, 우크라이나
남쪽: 중국, 몽고, 아프카니스탄, 파키스탄, 이란, 터키 등
동쪽: 태평양, 북한.

볼 수 있다. 즉, 대다수의 많은 사람들이 예전에 살던 곳에서 그대로 자유롭게 살면서, 각 국가의 경계선을 아무 지장 없이 예전처럼 넘나들고 있는 것이다. 이는 앞에서 살펴본 바와 같이, 동슬라브족들이 천년 이상의 긴 세월 속에서 하나의 나라를 이루며 살면서, 확장된 영토 내의 이민족들과 때로는 싸우고 때로는 화합하면서 서로 피가 섞였기 때문이다. 다음의 도표에서 우리는 각 국가(공화국)에 흩어져 살고 있는 러시아인들의 구성비를 확인해 볼 수 있다.

(2) 지형 및 기후와 슬라브적 기질

러시아의 지형을 보면 전체적으로 동남쪽은 산악지대로 둘러싸여 있으며 서북쪽은 활짝 열린 나직한 지대로 되어 있어, 원형상의 분지 형태로서 동남쪽에서 북서쪽, 북극해 쪽으로 경사진 형태를 지니고 있다. 러시아는 지형에 따라 크게 2개의 주요 지역으로 나누어 볼 수 있다. 즉, 예니세이강을

15개 국가(공화국)내 민족 구성

	국가명	면적	인구	민족구성	종교
1	에스토니아	약 4만 5천km^2	약 160만명	에스토니아인 65%, 러시아인 28%, 크라이나인 3%	러시아정교, 가톨릭
2	라트비아	약 6만 4천km^2	약 270만명	라트비아인 54%, 러시아인 34%	프로테스탄트
3	리투아니아	약 6만 5천km^2	약 370만명	리투아니아인 80%, 러시아인 9%, 폴란드인 7%	가톨릭
4	러시아	약 1,700만km^2	약 1억4000만명	러시아인 83%	러시아정교
5	백러시아	약 21만km^2	약 1,000만명	백러시아인 80%, 러시아인 12%, 폴란드인 4%	가톨릭, 러시아정교
6	우크라이나	약 60만km^2	약 5,000만명	우크라이나인 74%, 러시아인 21%	러시아정교
7	몰다비아	약 3만 4천km^2	약 430만명	몰다비아인 64%, 우크라이나인 14%, 러시아인 13%	러시아정교
8	그루지야	약 7만km^2	약 540만명	그루지야인 69%, 아르메니아인 9%, 러시아인 7%, 아브하지아인 2%	가톨릭
9	아르메니아	약 3만km^2	약 330만명	아르메니아인 90%, 아제르바이잔인 5%	가톨릭
10	아제르바이쟌	약 9만km^2	약 700만명	아제르바이쟌인 78%, 아르메니아인 8%, 러시아인 8%	이슬람교
11	카자흐스탄	약 272만km^2	약 1,700만명	카자흐인 36%, 러시아인 41%, 우크라이나인 6%	이슬람교
12	우즈벡스탄	약 45만km^2	약 2,000만명	우즈벡크인 69%, 러시아인 11%	이슬람교
13	투르크매니스탄	약 49만km^2	약 350만명	투르크맨인 68%, 러시아인 13%, 우즈베크인 9%	이슬람교
14	타자크스탄	약 14만km^2	약 510만명	타자크인 59%, 러시아인 10%	이슬람교
15	키르키스스탄	약 20만km^2	약 430만명	키르키즈인 48%, 러시아인 26%	이슬람교

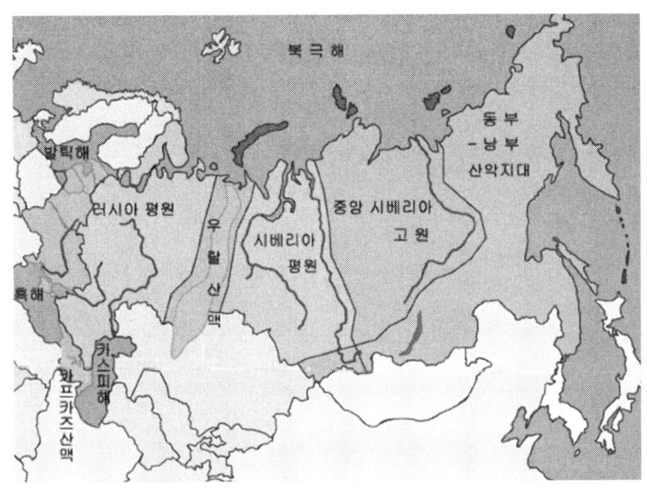

경계로 **서부**와 **동부**로 크게 나누어 볼 수 있는데, 전체 국토 면적의 약 40%에 해당하는 서부는 저지 평원이 넓게 자리 잡고 있으며 간간이 구릉지대와 고원이 펼쳐지고, 동부는 산악지대가 대부분을 차지하지만 저지대에서는 역시 넓은 평야 지역이 펼쳐진다. 또한, 지형적 특성에 따라 크게 5개 지역으로 나누어, **러시아 평원**, **우랄산맥**, **서시베리아 평원**, **중앙시베리아 고원**, **남부 산악지대**로 나누어 볼 수 있다.

러시아 평원은 세계에서 가장 큰 저지대인 동부 유럽 평원을 구성하고 있는 최대 지역이다. 러시아 평원은 서쪽으로 유럽과 접해 있고, 발트해, 흑해, 카프카즈 산맥, 카스피해, 우랄산맥의 자연지형으로 둘러싸여 있으며, 러시아의 심장부라 할 수 있다. 러시아 평원의 약 절반에 해당하는 지역은 고도가 낮은 편인데, 모스크바 북서부에 있는 발다이 구릉지대에는 가장 높은 곳이 342m에 이를 뿐이다. 러시아 평원 서부에는 최고 고도 293m에 이르는 중앙 러시아 고원이 드네쁘르강 상류지역의 저지대와 오카강과 돈강 유역의 저지대를 분리하고 있다. 러시아 평원은 남쪽으로 아조프해와 카스피해 지협을 통과해 카프카즈 산맥의 기슭까지 펼쳐지며, 카프카즈 산맥의 산등성이가 러시아 연방과 트랜스-카프카즈 지역에 위치한 그루지야와 아제르바이잔과의 경계를 이루고 있다.

우랄산맥은 북쪽에서 남쪽으로 이어지며 북극해 연안에서 시작하여 카자흐스탄과의 경계를 이루는 지점까지 약 2,080 km에 걸쳐 뻗어 있고, 다시 북극해에서 가장 큰 섬인 노바야제믈랴 섬까지 960km를 더 뻗어 있다. 우랄산맥은 전통적으로 유럽과 아시아권을 가르는 경계선이 되어 왔지만, 실질적인 이동을 가로막는 경계선은 아니었다. 우랄산맥은 대부분 해발 915~1,524m에 이르며, 평행을 이루면서 솟아있는 기복이 매우 심한 산맥들로 이루어져 있다.

시베리아 평원은 러시아에서는 물론 세계에서도 가장 두드러지게 단일한 지형적 특성을 나타낸다. 러시아 연방의 1/7에 해당하는 260만km²의 지역을 차지하는 서시베리아 평원은 우랄산맥에서 예니세이강까지 약 1,920km, 북극해에서 알타이 산맥 기슭까지 2,400km에 걸쳐 펼쳐져 있다. 서시베리아 평원에 거주하고 있는 주민의 대부분은 비교적 고도가 높고 기후도 좀 더 온난한 북위 55도 선상의 남쪽 지역에 집중되어 있다.

중앙시베리아 고원은 예니세이강과 레나강 사이의 대부분 지역을 차지하며, 고도 305~701m로 뚜렷하게 이루어져 있다.

동부와 남부의 산악지대는 러시아 전체 면적의 1/4을 차지하며, 연속된 많은 고지의 산맥들로 이루어져 있다. 단일한 지형학적 기원을 가진 주요한 지역으로 간주되며, 동부와 남부에서 러시아 연방을 에워싸고 있는 거대한 산맥 경계의 일부를 구성하고 있다. 바이칼호 서쪽에서는 산맥이 비교적 적은 편이다. 최고 해발 4,507m의 알타이 산맥은 러시아 연방과 카자흐스탄 및 몽골의 경계선을 이룬다. 바이칼호는 북쪽으로 북극해로 흐르는 수원과 남쪽으로 태평양으로 흐르는 수원의 분수계가 된다. 바이칼 호에서 가장 깊은 지점의 수심은 1,616m이고 그 주변의 산맥들은 2,701m에 달하여 4,300m이상의 고도차를 나타내고 있다.

이와 같이 5개 지역으로 나누어 살펴 본 러시아의 지형은 전체적으로 서-북쪽이 낮고, 동-남쪽이 높은 지형적 특색을 이루고 있다. 그러므로 러시

• 주요 강유역: 북극해, 태평양, 발트해, 흑해, 카스피해
• 주요 강: 북쪽으로 흐르는 강-레나강, 예니세이강, 오브강 등
남쪽으로 흐르는 강-볼가강, 돈강, 드녜쁘르강 등
• 주요 호수: 바이칼호

아의 강들은 동-서 방향으로 흐르는 강은 중국과의 경계를 이루는 아무르강을 제외하고 모두 남-북 또는 북-남 방향으로 흐르는 특징을 지니고 있다.

러시아 전역에 넓게 펼쳐져 있는 광활한 저지평원으로 세계에서 가장 긴 강들이 흐르고 있다. 주요 강 유역으로는 북극해, 태평양, 발트해, 흑해, 카스피해 등을 들 수 있다. 이 중 가장 넓은 북극해 유역은 대부분 시베리아에 위치하고 있으나 유럽 평원의 북부 지역도 포함하고 있다. 북러시아의 강들은 평원들 뚫고 느리게 흘러간다. 대부분의 강들은 북남쪽을 따라 물줄기를 이루다가 발트해와 북극해로 혹은 흑해와 카스피해로 흘러들어간다. 유럽쪽 러시아에서는 북드비나강과 페초라강이 북쪽으로 흐르는 반면, 다른 강들 드네스트르, 부그, 드네쁘르, 돈, 볼가강들은 남쪽을 향한다. **드네쁘르강**과 **돈강**은 흑해로 흘러들고 **볼가강**은 카스피해로 흘러든다. 유럽에서 가장 큰 강인 볼가강은 모스크바의 북서쪽에 위치하고 있는 발다이 구릉지대에서 발원하여 카스피해까지 3,509 km를 흐른다. 볼가강은 오랫동안 중요한 수송로 역할을 해왔으며 러시아연방 전체 수상 교통량의 2/3를 해결하고 있다. 유럽 러시아 북서부에 있는 낮은 발다이 산악지대는 중요한 분수계에 해당하는데, 여기서 드녜쁘르, 볼가와 더불어 서드니나강과 로바트강이 발원하게 된다.

북극해 유역으로는 오브, 예니세이, 레나 강 등 3개의 거대한 강이 흐르는데 유역 면적은 총 809만 9,000km^{2}로 서시베리아와 동시베리아를 비롯해 스타나보이 산맥 북부인 극동지역을 통과한다. 서시베리아의 지역의 남동부를 흐르는 아무르강(2,808km)은 많은 지역에서 러시아와 중국 사이의 경계를 이루고 있다. 러시아의 중앙아시아 내에 있는 시베리아 남쪽에서 아무 다리아강과 씨르 다리아강은 둘 다 아랄해를 향해 북서쪽으로 흐른다. 러시아는 강과 호수가 풍부하지만 본질적으로 육지로 둘러싸인 나라이다. 그것은 강의 수량이 빈곤하고 동계기간 동안 하천의 결빙으로 인하여 대륙전체가 얼어붙은 땅이 되기 때문이다. 북쪽의 가장 긴 해안선은 얼음으로 뒤덮인 북극해와 면해 있다. 북서쪽의 발트해와 남쪽의 흑해는 좁은 해협을 거쳐야만 대해로 연결될 수 있으며, 카스피해와 아랄해는 완전히 고립되어 있다. 러시아의 동부 해안선은 중국 국경선과 근접한 지역을 빼놓고는 춥고 혹심한 기후의 지배를 받는다. 유럽 러시아 북서부에는 가장 규모가 큰 라도가호와 오네가호가 있다. 에스토니아와의 경계지역에는 쁘스코프호가 있으며 라빈스크호는 모스크바 근방에 있다. 세계 최대의 담수호인 바이칼호는 632km를 훨씬 넘는 길이, 59km의 너비, 31,200km^{2}의 면적에 최고 수심이 1,594m나 되는 거대한 호수이다.

러시아의 기후는 겨울에 뚜렷한 특징을 나타내는 대륙성 기후이며, 몽골과 시베리아에 형성되는 두터운 고기압대가 대부분의 지역을 동토의 땅으로 몰아넣는다. 단지 흑해 연안의 남부 러시아와 서-북부 유럽지역 정도만이 이 고기압대의 영향에서 다소 벗어날 수 있을 뿐이다. 사실상 러시아 연방에는 겨울과 여름 두 계절만 있고 봄과 가을은 신속하게 교체되는 짧은 시기이다. 러시아의 기후대는 크게 북극해 연안지역, 유럽 북부지역에서 시베리아 북부지역, 유럽 남부지역에서 시베리아 남부지역, 흑해 연안과 코카서스 지역, 중앙아시아 지역, 시베리아 동부지역의 6개 지역으로 나눌 수 있다.

러시아의 기후 지역

북극해 연안지역은 무르만스크 정도 밖에 관광할 수 없을 정도로 1년 내내 기온이 낮은 지역이다. 여름이 짧고 겨울이 길며 한랭한 편으로 여름에도 눈과 얼음이 녹지 않는다. 강우량은 별로 많지 않아서 눈도 깊게 쌓이지 않는다. 북위 80~75도 사이에 위치한 북극해 상에 위치한 섬들이 이 기후대에 속한다. **유럽 북부지역에서 시베리아 북부**에 이르는 지역의 기후대는 모스크바와 레닌그라드를 비롯하여 러시아의 반 정도가 속하는 기후대이다. 여름에는 25도 이상이 되는 때도 있지만 대체로 시원하며 겨울은 상당히 춥다. 연간 강우량도 별로 많지 않지만 여름에는 다른 계절보다 비가 많이 내린다. 오츠크나 캄차카 방면도 이 기후대에 속한다. **유럽 남부지역에서 시베리아 남부**에 이르는 지역은 스텝 기후대로서 겨울에는 약간 추워지지만 러시아에서는 가장 쾌적한 지역이다. 여름에는 강우량이 조금 많지만 계절에 따른 변화는 거의 없다. 키예프 등의 도시가 이 기후대에 포함된다. **흑해 연안과 코카서스 지역**은 러시아에서는 가장 온난한 지역으로 곳곳에 휴양지가 있다. 흑해 연안은 **해양성 기후**로 여름의 낮 온도는 25도 정도, 겨울에도 밤에는 0도 이하로 내려가지만 낮에는 따뜻하다. 강우량은 매월 30~40mm가 유지된다. 이에 비해 코카서스 지방은 **대륙성 기후**이기 때문에 기온의 차가 심하다.

여름의 낮 온도는 40도를 넘는 경우도 있지만 밤에 잠들기 어려운 일은 없다. 또 흑해 연안에 비해 전반적으로 비가 많다. 실크로드로 유명한 중앙아시아 지역은 사막기후에 속하기 때문에 여름에는 매우 덥다. 사마르칸트 등은 매일 40도를 넘는 더위가 계속되기도 한다. 사막이기 때문에 밤에는 기온이 내려가지만 초저녁까지 더위가 계속되어 겨우 시원해졌다고 생각될 무렵이면 이미 새벽이 되어 있다. 겨울의 낮에는 그런대로 따뜻하지만 밤에는 상당히 춥다. 러시아의 실크로드 지역은 여름에는 비가 내리지 않고 겨울에서 이른 봄에 걸쳐서 많이 내리는 것이 특징이다. 시베리아 동부지역은 여름에는 모스크바와 같은 기온이지만 겨울에는 세계에서 가장 추운 지역이 된다. 유사 이래 최저 기온이 영하 83도를 기록했던 베르호얀스크도 이 지역에 속한다. 이르쿠츠크나 하바로프스크는 그 정도까지 춥지는 않지만 한파가 오면 영하 25~30도가 된다. 강우량은 압도적으로 여름에 많다. 겨울에는 생각보다 눈이 자주 내리지는 않지만 한 번 내리면 잘 녹지 않는 것이 특징이다.

이와 같이 전반적으로 겨울이 길고 뚜렷한 특징을 나타내면서 여름과 겨울이 극명하게 대립되는 특징을 지닌 지역에 오랫동안 살아오던 슬라브인들은 전반적으로 성격에 있어서도 극명하게 대립되는 특징의 '슬라브적 기질'을 나타낸다. 즉, 대체로 슬라브인들은 중용이나 절충 따위를 반기지 않으며 서로 극단적인 모순성을 지닌 양면적 성격을 나타내는 것이다. 대체로 슬라브인들은 성격이 우직하고 둔중해 보이지만 그 대신에 인내력이 강하고 용기가 뛰어난 특징을 지닌다. 이것은 여름과 겨울이 극대적으로 대립되는 기후적 환경의 영향일 수도 있고, 끝없이 광활하게 펼쳐지는 대자연의 지리적 영향일 수도 있을 것이다. 일찍이 러시아-리얼리즘의 창시자 고골은 말하기를 "슬라브족의 민족성은 큰 바다와도 같으며 비나 바람이 없는 날에는 확 트인 큰 강물처럼 조용하지만, 한 번 폭풍이 일면 곧 광란하여 천지를 뒤흔든다."고 말한바 있다. 이와 같이 온순하고 참을성 강하며 약간 미련한 곰 같이 보이는 슬라브인들이지만, 한번 광란하면 천지를 뒤흔들

듯 거세게 일어나 볼셰비키 혁명처럼 세계를 요동치게 만드는 것이다. 이것은 봄과 가을이 매우 짧고 여름과 겨울이 극적으로 대립되는 기후의 영향으로서, 슬라브인들은 이러한 극한적인 의식을 지님과 동시에 **상호모순적인 양면성**을 또한 지니고 있다. 즉, 바다와 같은 관대함이 있는 반면에 그와 정반대의 편협함이 있으며, 부처님의 자비에 비유될 정도로 약자에 대한 무한한 동정심이 있는가 하면, 반대로 무자비하게 상대를 응징하고 탄압하는 냉혹성과 무정함이 존재하는 것이다. 또한, 낙천주의가 있는가 하면 그와 반대로 극도의 염세주의가 존재하며, 노예와 같은 복종의 미덕을 지니고 있기도 하고 그 반대로 세계 최초로 사회주의 혁명을 성공시킬 정도로 반역의 정신이 흐르기도 한다. 그러기에 이러한 러시아를 가리켜 러시아의 대문호 도스또옙스끼는 '**수수께끼의 나라**'라고 일컬었다. 또한, 러시아의 유명한 시인 쮸체프는 이러한 러시아를 가리켜 다음과 같이 노래하고 있다. "이성으로는 러시아를 이해하려 하지 말라. 만국공통의 자로서는 이해할 수 없는 나라이다. 러시아에는 독창적인 특성이 있다. 러시아는 믿을 수밖에 없는 나라이다."

러시아의 철학가이며 사상가인 베르쟈예프는 슬라브인들의 민족성을 가리켜 다음의 세 가지 특성으로 요약하고 있다. 첫째, **극단적인 모순성**이다. 즉, 동양적인 것과 서양적인 것이 러시아의 내부에 항상 존재하며, 자연에 대한 원초적인 원시적 이교주의가 있는 반면에 그리스도에 대한 금욕적인 정교신앙이 존재한다는 것이다. 전체주의가 있는 반면에 무정부주의가 있고 잔인과 폭력이 존재하는 반면에 인간미 넘치는 온화함도 존재한다. 개인주의가 있는 반면에 집단주의가 있고 겸손이 있는 반면에 오만도 존재하며, 노예적 근성이 존재하는 이면에는 반역정신도 존재할 뿐만 아니라, 신에 대한 탐구 저편에는 전투적인 무신론이 자리 잡고 있는 것이다.

둘째, 슬라브인들은 **자연지리와 정신지리가 일치**하는 민족성을 지니고 있다. 즉, 서구 유럽의 자연지리가 조그만 나라들로 서로 분리되어 있음으로써 나타나는 소국적이며 편협한 기질의 분리주의와 달리, 슬라브인들은 광활하게 펼쳐지며 하나로 통일된 자연적 지리의 영향으로 대국적이며 전체

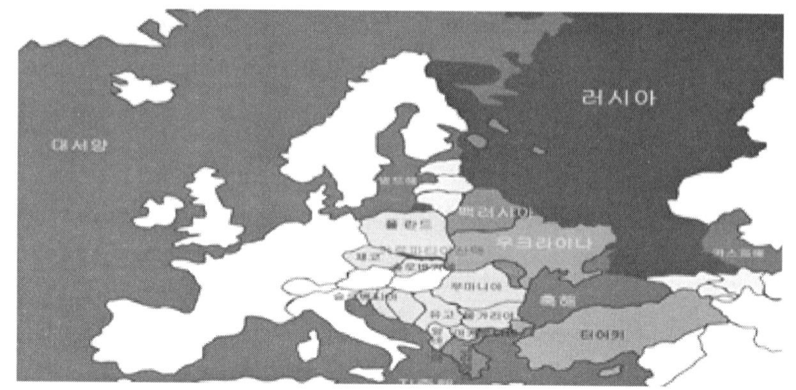

주의적인 기질의 정신세계를 지니고 있다는 것이다. 위의 지도에서 볼 수 있듯이 유럽 쪽의 자연적 지리와 확연히 구별되는 광활한 유라시아 대륙의 자연적 배경을 확인할 수 있다.

세째로 슬라브적 기질 속에는 **메시아적 의식**이 깊숙이 뿌리박고 있다는 것이다. 즉, 슬라브인들은 신의 축복을 받은 민족이라는 **선민사상**과 아울러 모스크바는 제3의 로마이며 슬라브인들은 압박받는 자를 구출하기 위한 신의 대리자라는 것이다. 이러한 사상은 슬라브 민족만이 문화적인 면에서 동서를 연결할 수 있는 범세계적 문화를 창조할 수 있는 유일한 민족이며, 따라서 소련만이 정치적인 면에서 군사적 강대국이 됨으로써 세계 분열을 막을 수 있는 유일한 국가라는 사상으로 발전하게 된다.

(3) 유라시아 대륙과 시베리아의 자원

흔히들 러시아(구소련)를 가리켜 **유라시아 대륙**이라 부른다. 유럽과 아시아를 합쳐서 부르는 개념의 명칭이다. 앞의 장들에서 살펴보았듯이 역사적으로 동슬라브 지역에 해당하는 구소련 및 현재의 러시아 지역은 유럽과 아시아를 아우르는 거대한 대륙이다. 전통적으로 이 거대한 대륙을 유럽과 아시아로 가르는 기준은 **우랄산맥**을 기점으로 하여 서쪽을 유럽 부분, 그 동쪽을 아시아 부분으로 나눈다.

그러므로 유라시아 대륙은 우랄산맥 및 카프카즈 산맥 등으로 나누어 생각하고 있는 유럽과 아시아의 양 대륙을 하나로 간주하였을 경우의 명칭이다. 면적이 5,492만km²로 세계 전육지의 40%, 인구 40억 6,300만(1993년 UN 통계연감)으로 세계 총인구의 75%를 차지하는 세계 최대의 거대한 대륙인 것이다. 이와 같이 유라시아 대륙의 대부분을 차지하고 있는 러시아를 가리켜 또한 브릭스(BRICs) 중의 최대의 자원부국으로 간주한다. '브릭스(BRICs)'라는 용어는 2003년 미국의 증권회사인 골드먼삭스 그룹 보고서에 처음 등장한 용어로서, 브라질(Brazil)· 러시아(Russia)· 인도(India)· 중국(China)의 영문 머리글자를 딴 명칭이다. 브릭스 4개국은 공통적으로 거대한 영토와 인구, 풍부한 지하자원 등 경제대국으로 성장할 수 있는 요인을 갖추고 있다. 4개국을 합치면 세계 인구의 40%가 훨씬 넘는 27억 명(중국 13억, 인도 11억, 브라질 1억 7,000만, 러시아 1억 5,000만)이나 된다. 따라서 막대한 내수시장이 형성될 수 있고, 노동력 역시 막강한 것이다. 국가에 따라 차이가 있기는 하지만, 이들 4개국은 1990년대 말부터 빠른 성장을 거듭하면서 새로운 신흥경제국으로 주목받기 시작하였다. 경제 전문가들은 2030년 무렵이면 이들이 세계 최대의 경제권으로 도약할 것으로 보고 있다. 브릭스는 현재의 경제성장 속도와 앞으로의 발전 가능성을 미루어 볼 때, 4개국의 성장 가능성이 가장 크다는 뜻에서 하나의 경제권으로 묶은 개념이다.

이러한 브릭스 4개국 가운데서도 러시아는 최대의 자원부국으로서 그 성장 가능성 또한 매우 높은 것으로 간주되고 있다. 특히, 러시아는 거대한 영토에 따른 풍부한 지하자원을 무기로 구소련과 같은 초강대국으로의 발돋움을 재기하고 있다. 러시아의 석탄 매장량은 세계 제1위이며 채탄량은 1/5을 차지한다. 유럽지역에서는 돈강 유역에 공업용 석탄이 많이 매장되어 있으며, 그 양은 러시아 전체의 약 25%에 달한다. 시베리아 최대의 탄광은 쿠즈네츠크로서 그 양은 러시아 전체 매장량의 약 22%를 차지한다. 1917년 이전만 하더라도 구소련의 석유는 카프카즈 지방 밖에 없는 것으로 알려져 왔으나 광범한 탐사 결과 볼가-우랄지역에 새로운 유전이 발굴되었다. 볼가강과 우랄산맥 사이에 위치한 이 지역은 세계에서 석유가 가장 많이 생산되는

것으로 알려져 있다. 타타르 자치공화국의 석유 매장량만도 전 세계의 약 10% 에 달한다. 제일 큰 유전들을 들자면 타타르 공화국의 로마쉬키노를 비롯하여 바쉬키르 자치공화국의 투이마지, 쉬카노보, 등을 들 수 있다. 주요한 자원 중의 하나인 **천연가스**는 북카프카즈의 스타브로폴리, 크라스노다르스크 지역을 비롯하여 서부 우크라이나의 다샤바, 우게르스코 그리고 볼가강 유역의 사라토프, 볼고그라드, 쿠이비셰프 등지에 집중되어 있다. 특히, 이처럼 러시아에서 생산된 천연가스는 자국에서의 소비에 머무르지 않고 여러 경로의 파이프라인을 통하여 유럽 각지로 수출되고 있다.

그러므로 러시아의 가스 의존도가 높은 유럽의 여러 나라들은 러시아의 자원민족주의가 팽배함에 따라 발생할 수 있는 가스공급 차단 위협에 항상 노심초사하고 있는 실정이며, 상대적으로 러시아는 풍부한 자원을 무기로 하여 구소련 시절의 공화국 및 위성국가들은 물론 유럽의 나라들에게까지 미칠 수 있는 영향력을 증대시키고 있다. 특히, 이러한 상황 속에서 러시아와 우크라이나 사이의 불편한 대외적 관계에 따라 실제로 발생한 우크라이나 파이프라인에 대한 러시아의 가스 공급 차단 위협은 유럽의 여러나라들에게 심각한 위험으로 다가가고 있는 실정이다.

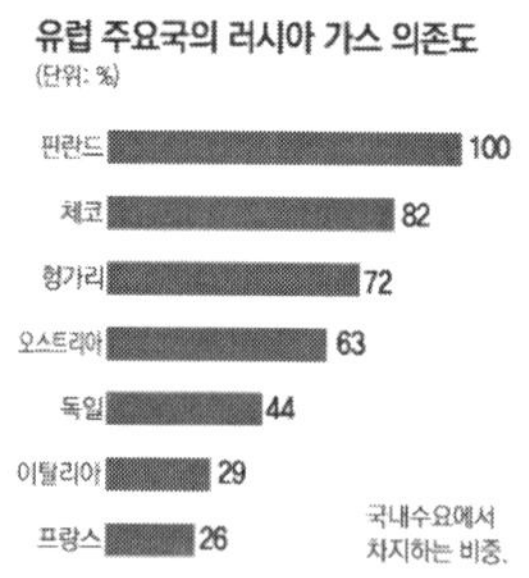

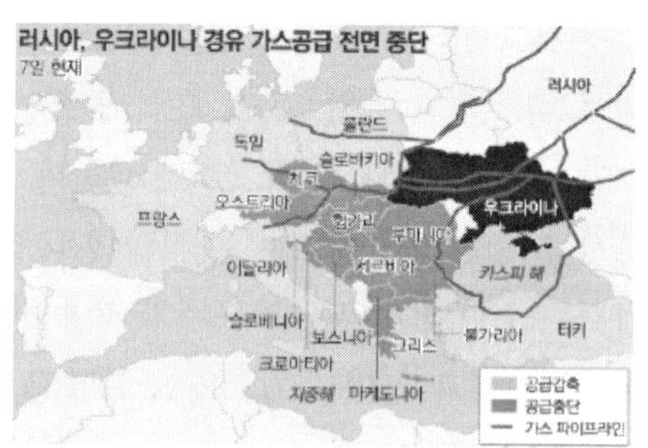

한편, 구소련의 **철**매장량은 세계 제일이다. 철매장량의 33%가 러시아 남부지역에 있으며, 그 밖에 우랄, 카자흐스탄, 중부지역, 서북부지역, 크라스노야르스크 지방, 시베리아 동부지역 및 극동지역 또한 상당량이 매장되어 있는 것으로 알려져 있다. 러시아에서 생산되는 철광의 특징은 비교적 철의 함량이 많아 정광을 별로 요하지 않는다. **망간**의 매장량 및 생산량은 세계에서 상위에 속한다. 주요 산지는 주로 남부지역에 집중되어 있다. 바쉬키르 자치공화국의 쿠시모프 광 등이 유명하다. 구소련의 **동**매장량은 세계에서 제1위를 차지한다. 동은 구소련의 여러 지역에서 채굴되고 있지만, 매상량과 채굴량에 있어 카자흐스탄과 우랄이 차지하는 양은 매우 크다. 동광산업의 오랜 역사를 갖고 있는 우랄은 중요한 위치를 차지하고 있다. 구소련에서 특히 **금**생산량이 많은 곳은 동부지역-우랄, 그리고 카자흐스탄, 동시베리아 및 극동지방이다. 지하작용으로 생긴 금광석은 주로 우랄, 카자흐스탄, 예니세이강 유역, 쿠즈넷츠, 야쿠스크 등에 분포되어 있다. 지면작용으로 생긴 금은 금성분을 가진 광석이 풍화작용에 의해서 붕괴되어 물에 씻겨 생긴 사금을 가리키며, 대체로 강변이나 해변가에 침전되어 있으며 드물게는 산에서도 볼 수 있다. 주요산지로는 레나강, 보다이보강, 알단강 등이다.

러시아 경제성장의 원동력은 **석유 · 천연가스**로 대표되는 에너지 자원과

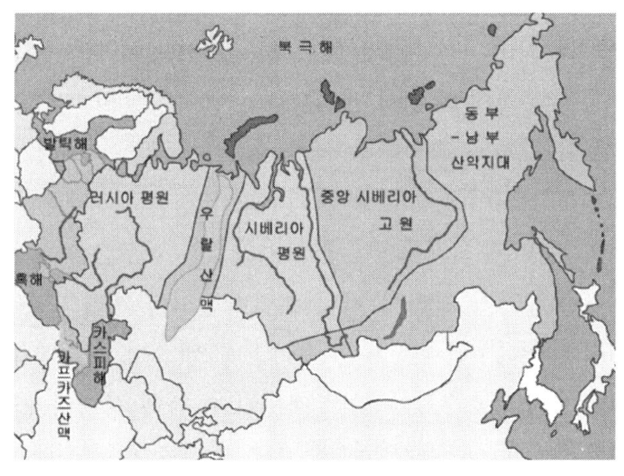

광물 등 원자재다. 원유 및 가스 등 에너지 부문과 광물이 러시아 전체 수출의 80%를 차지하고 있다. 현재 러시아의 석유매장량은 확인된 것만 744억 배럴로 세계 8위 규모이고 생산량 기준으로는 하루 955만 배럴로 세계 2위에 달한다. 천연가스는 확인매장량 48조㎥, 생산량 6409억㎥로 압도적인 1위다. 이외에도 석탄 1730톤(2위), 철광석 506억톤(1위)의 매장량이 확인됨으로써, 브릭스(BRICs)국가들 가운데 으뜸이며 세계 천연자원의 보고라 불린다.

이처럼 세계 자원의 보고라 불리는 러시아에서도 시베리아는 무한한 잠재적 가능성을 지닌 최대의 지역으로 손꼽히고 있다. 시베리아는 보통 러시아 우랄산맥에서 태평양 연안에 이르는 북아시아 지역을 가리키는 말로써, 러시아어로는 시비리(Сибирь: Sibir)라고 한다. 미국과 유럽 등 세계 여러 나라에서는 시베리아를 '우랄산맥에서 태평양 연안까지'로 생각한다. 그러나 러시아 연방에서는 자연 ·인문 양면에서 우랄 동쪽 사면에서 태평양 사면의 하천 분수령까지를 '시베리아'라고 부르고, 태평양 사면 부분을 '극동부'라고 하여 시베리아와는 명확히 구분한다. 또한, 일반적으로 예니세이 강을 중심으로 서쪽을 서시베리아, 동쪽을 동시베리아로 나누어 부른다. 러시아 연방 국민경제회의의 경제지역 구분에 의하면, '넓은 의미의 시베리아'는 우랄 · 서시베리아 · 동시베리아 · 극동지방 등으로 구분하고 있다. 즉, 러시아의 개념으로 시베리아는 동서 7,000km, 남북 3,500km, 면적 650만km²이고, 극동지방을 포함한 광의(廣義)의 개념으로는 면적 1380만 7037km²으로 아시아 대륙의 1/4을 넘는다.

이러한 시베리아 지역이 갖고 있는 자원적 특징을 살펴보면 다음과 같다. 첫째, 시베리아 지역은 러시아연방 수자원의 85% 이상을 보유하고 있으며, 극동지역과 동시베리아 지역이 지닌 수력발전의 잠재력 또한 매우 크다. 이는 시베리아 지역에 4천㎞나 되는 길이의 하천(오비, 이리티슈, 예니세이, 레나, 아무르강 등)과 호수들이 많기 때문이다. 특히 시베리아의 진주라고 불리는 바이칼 호수의 크기는 세계에서 아홉 번째로, 남북 길이가 636㎞이며 동서 평균길이는 48km, 가장 넓은 폭은 74km, 그 면적은 3만 1,500km² 에 이를 정도이다. 평균수심이 730m이며 제일 깊은 곳은 1,620m이나 되는, 세계에서 가장 깊은 호수이기도 하다. 333개의 강으로부터 유입되어 형성된 바이칼 호수는 지표면에 있는 세계 담수자원의 20%를 보유하고 있다.

바이칼 호수

시베리아에는 바이칼 호수 외에도 수많은 호수가 있으며 특히 많은 담수가 빙하에 포함되어 있는데, 시베리아 높은 산악지대에 형성돼 있는 거대한 빙하는 경제적으로 큰 의미를 지니고 있다. 앞으로 세계 곳곳이 수자원 부족으로 인해 심각한 문제를 겪게 되리라 전망됨에 따라 시베리아가 지닌 수자원의 가치는 더욱 배가되고 있다.

둘째, 시베리아 지역은 **지하자원(연료 및 원료)의 창고**이다. 연료 자원의 생산지는 주로 **서시베리아**에 집중되어 있다. 이 지역에서 생산되는 **가스와 석유**는 파이프라인을 통해 러시아 중앙지역으로 운송되고 있으며, **천연가스**는 또한 파이프라인을 통해 서유럽까지 운송되고 있다. 특히, 이르쿠츠크 가스전과 극동 사하 가스전, 그리고 사할린 가스, 석유유전 개발은 러시아뿐 아니라 전세계 국가들의 주요 관심사로 떠오르고 있다. 시베리아에는 이와 같은 연료자원 외에도 희귀한 **광물자원**이 많다. 철광석과 다이아몬드, 금, 은, 구리, 텅스텐, 안티몬, 우라늄, 니켈, 알루미늄, 붕소 등 100여 개 이상의 금속광물이 풍부하게 매장돼 있는 것으로 알려진다.

셋째, 시베리아 지역엔 **수산자원**이 풍부하다. 내륙에 위치한 호수와 주요 하천에서의 어업도 발달했지만, 인근한 북태평양 베링해와 오호츠크해, 그

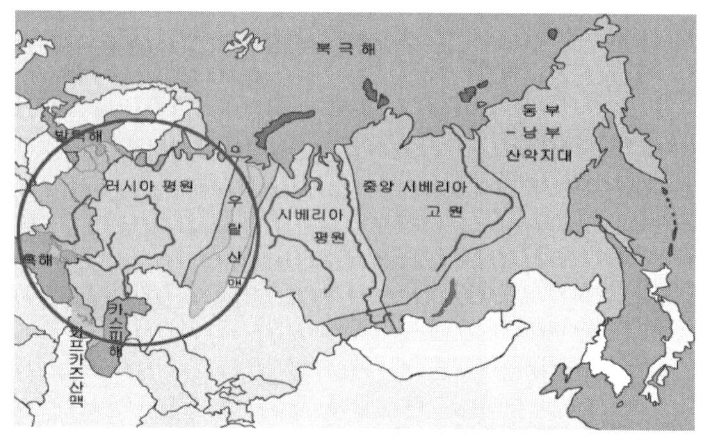

리고 동해 등은 세계의 가장 중요한 어장들 가운데 하나이다. 극동지역의 북태평양 어장의 어획량은 러시아연방 전체 어획량의 70% 이상을 웃돈다.

넷째, 러시아는 세계 북쪽에 위치한 삼림의 70%를, 시베리아는 세계 삼림 면적의 약 22%를 차지하고 있다. 특히 시베리아의 삼림은 타이가와 스텝 지대에 집중되어 있다.

다섯째, 시베리아, 특히 한반도와 인접한 극동 남부지역의 농업 잠재력은 대단히 크다. 시베리아 극동의 남부지역에는 아직 개발되지 않은 넓은 경작지와 방목지가 넓게 펼쳐져 있다.

여섯째, 시베리아는 관광 및 생태자원을 풍부하게 갖고 있다. 생태계의 보고로 다양하고도 살아 있는 자연 경관을 유지하고 있는 시베리아는 앞으로 겨울스포츠 및 생태관광을 즐길 수 있는 곳으로 각광받을 가능성이 높다. 특히, 지방정부와 주민들이 관광시설 확충과 새로운 관광상품의 개발에 관심이 높은 만큼 앞으로 발달할 가능성이 무척 큰 것으로 전망된다.

상기 지도에서 보듯이 러시아는 본래 우랄 산맥 서쪽의 러시아 평원이 동슬라브족의 주무대였고, 그 중심지가 바로 키예프였다. 앞서의 장들에서 이미 학습하였듯이, 키예프-루시가 몽고-따따르족에게 멸망당하고 다시 루시인들을 통일한 모스크바 대공국은 이반 4세 때 용감한 까자크족을 내세워 우랄산맥을 넘기 시작하였으며, 그 후 뾰뜨르 대제 때에도 이러한 시비리 정벌은 계속 되었고, 17세기 전반 미하일 로마노프 때에 이르러, 러시아는 마침내 극동의 태평양 연안에까지 다다르게 된다. 러시아가 동쪽으로 진출하는 데 있어서의 난관은 자연적 환경 이외는 그다지 큰 장애요소가 없었으며, 러시아 군사들도 점령군이라기보다는 보호인으로 간주되면서 자연스럽게 이 시비리 지역이 러시아의 영역으로 편입되었던 것이다. 특히, 연해주 지역으로 러시아가 진출하게 된 것은 1858년과 1860년 청국(淸國)과 맺은 아이훈 조약과 북경조약에서 비롯되었다. 당시 연해주 지역은 청국의 지배력이 매우 약했던 곳이었으며, 그리 많지 않은 러시아의 군대로도 쉽게 섬령될 수 있었다. 러시아로서는 크림전쟁(1853~1856)의 패배 결과 실추된 국가적 위신을 회복하고 부동항 획득의 꿈을 동아시아 지역에서 단번에 실현한 결과를 얻게 된 것이다.

문제는 러시아인 거주민이 많지 않았던 이 지역을 발전시키기 위해서는 철도를 건설하여 러시아의 심장부와 단시일 내에 연결시키는 것이었다. 그리하여 당시 미국의 대륙횡단철도에 고무 받은 러시아는 시베리아 철도 건설에 착수하게 된다. 1891년 시베리아철도위원회가 조직되어 러시아 유럽 지구와 극동지역을 철도로 잇는 계획이 구체화되었고, 매우 능력 있는 재무대신 세르게이 위테가 주축이 되어 1891년부터 철도 건설에 들어갔다. 그 당시 모스크바에서 우랄산맥까지는 이미 선로가 연결되어 있었기 때문에 우랄산맥에서 블라디보스톡까지 철도를 놓는 공사였다. 그리하여 1891년 시작된 대공사는 1916년에 드디어 완공되게 된다.

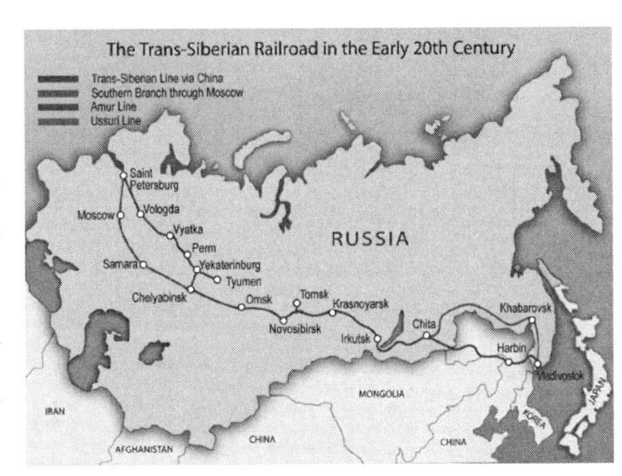

시베리아 횡단철도는 상트페테르부르크-모스크바-시베리아-블라디

보스톡을 잇는 동서 횡단철도로, 그 길이가 무려 9,289km에 달해, 서울-부산 간 거리의 22배가 넘으며 지구둘레의 3분의 1에 해당하는 어마어마한 길이이다. 열차에서 내리지 않고 줄곧 달려도 6박 7일 156시간이 걸리고, 달리는 동안 7번이나 시간대가 바뀌며 모스크바와 블라디보스톡 간의 시차는 무려 11시간이나 된다.

그러므로 러시아에서의 여행은 우리나라에서와 같이 서너 시간 갔다 오는 여행은 생각할 수 없으며, 일단 집을 나섰다 하면 기본적으로 기차에서 하루 내지 이틀 이상을 으레 잠을 자는 것으로 생각하는 장거리 기차 여행 문화가 오랫동안 뿌리 내려져 왔다. 그래서 러시아 사람들이 장거리 여행을 떠날 때에는 자신의 짐보따리를 둘러멘 상태에서 문을 나서기 바로 직전에 잠시 앉았다가 떠나는 전통적 관습이 또한 생겨나게 되었다. 이는 오랫동안 집을 비움으로써 자신이 없을 동안의 집의 안녕과 평화를 비는 의미가 있으며, 실제적으로 장거리 기차 여행에 필요한 준비물들을 다시 한 번 꼼꼼히 챙기는 마지막 기회를 제공하기도 한다.

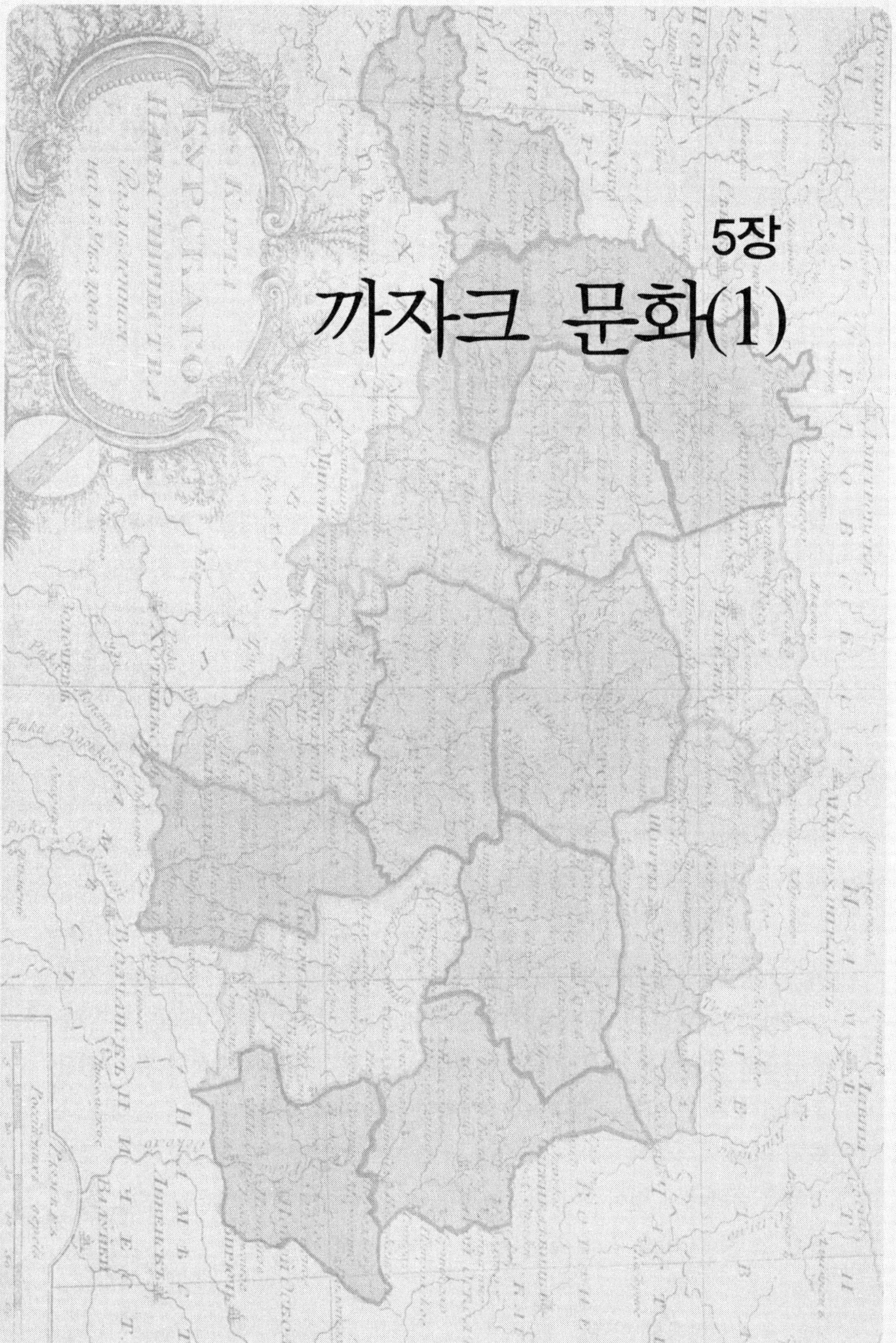

5장
까자크 문화(1)

5장 까자크 문화(1)

(1) 까자크의 생성 및 배경

'까자크'란 원래 몽고-따따르어로서 '자유로운 모험가' 정도의 의미를 가진 낱말이며 민족이나 종족을 가리키는 명칭은 아니다. 몽고-따따르족이 키예프-루시를 멸망시키고 그 땅에 킵차크 칸(한)국을 세워 통치하였는데, 15세기 후반 킵차크 칸(한)국의 해체시기에 남러시아 평원에서 자유롭게 사는 따따르인들의 자유집단이 하나 둘씩 생겨나기 시작 하였다. 이 때, 루시인(동슬라브 족)들 가운데서도 지주와 귀족들의 혹독한 탄압에 못 이겨 '자유'를 찾아 변방으로 도망치는 농민-농노들이 생겨나기 시작하였으며, 이들이 하나 둘씩 따따르인들의 자유 집단에 가세하기 시작하였다. 즉, '까자크'라 불리는 사람들은 몽고족이나 동슬라브족 모두 속박과 굴레에서 벗어나 자유롭게 살고자 하였던 사람들의 공동체이며, 이들의 가장 중요한 모토는 '자유'였던 것이다. 그런데, 15세기 후반 영주와 지주들의 횡포와 탄압이 점점 더 심해지면서 '자유'를 찾아 변방으로 도망치는 루시인들, 농민-농노의 수가 점점 더 많아지게 되었다. 처음에는 몽고-따따르족의 집단이었으나 세월이 흐를수록 루시인들, 즉 동슬라브족 농민-농노들의 수가 점점 불어나면서, 나중에는 이들이 이 자유-집단의 주체가 된다.

우크라이나인의 까자크는 주로 드네쁘르 강 중류 지역을 근거지로 하였으며, 러시아인들의 집단은 돈강 유역을 주 중심지로 하여 발전해 나아가기 시작하였다. 이들은 '무장한 자유인들'로서 자신들의 우두머리(아타만)를 중심으로 자유로운 삶을 추구하는 하나의 개별적이고 독립적인 전사 집단들이였다. 또한 이들은 같은 슬라브계 민족이면서도 지주나 영주에게 소속되지 않고 자유롭게 살아가는 특화된 슬라브족(루시인)들이었으며, 지주와 영주의 속박에서 벗어나기 위하여 이들의 통제에서 멀리 떨어진 변방, 특히 남부 스텝 지역에 주로 모여 살기 시작하였다.

이와 같이, 드녜쁘르강과 돈강 유역의 중하류, 즉 남부 러시아의 비옥한 스텝지역에 집단을 이루며 살기 시작한 까자크들(까자키)은 위치적으로 같은 남부에 살고 있던 투르크계 민족들과 혈통적-문화적으로 융합되면서 집단을 형성 해 나아갔다. 그렇다고 해서 이들을 러시아인과 다른 민족인 것처럼 취급하는 것은 크게 잘못된 해석이며, 그것은 까자키(까자크 사람들) 뿐만 아니라, 동슬라브족의 루시인들(러시아인들)은 모두 오랜 역사와 전쟁 속에서 108개가 넘는 소수 민족들과 혈통적으로 서로 융합되고 화합되면서 살아 왔기 때문이다. 또한, 이들 까자크들은 루시인들(러시아인들)과 똑같이 그리스정교(러시아정교)를 믿었으며 러시아어를 사용한 점이 인근 지역의 다른 종족들과 구별되는 차이점이었다. 그 뿐만 아니라, 이들이 위치해 살아가던 곳이 지주와 영주-귀족들의 횡포를 피해 멀리 달아난 변방 지역이었으므로, 외적이 러시아를 침공해 오면 제일 먼저 부닥뜨리는 곳이 바로 이들의 삶의 터전인 경계 지역의 변방이었고, 따라서 까자크들은 자신의 삶의 터전인 남부 러시아의 스텝지대를 지켜내기 위하여 외적과 항상 용감히 싸웠으므로, 까자크들은 주위의 다른 어떤 종족보다도 조국 러시아에 대한 강한 애국심을 지니고 있었다.

(2) 영화 <따라스 부리바>에 나타난 까자크 문화

영화 <따라스 부리바>는 러시아 소설가 고골의 소설『따라스 부리바』를 영화화한 것이다. 고골은 러시아 리얼리즘 문학을 태생시킴으로써 '러시아 사실주의 문학의 아버지'라 불리는 유명한 작가이다. 그는 특히 「코」라든지

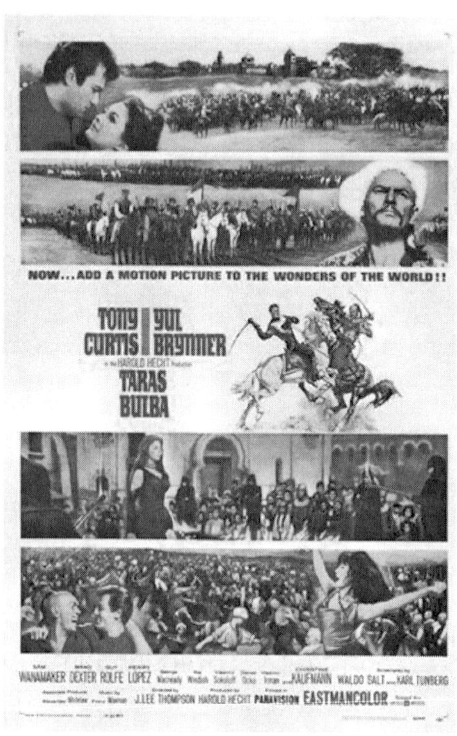

영화 <대장 부리바(*Taras Bulba*>(1962) 포스터

「외투」와 같은 괴상망측하고 우스운 이야기들을 씀으로써 학대받고 천대받던 하층민들의 삶을 풍자하였다. 『따라스 부리바』는 역사소설로서 우크라이나 태생인 고골이 당시 전해져 내려오던 까자크들의 이야기를 역사적인 안목으로 재구성한 것이다.

■〈따라스 부리바〉 영화 읽기 1

16세기 초, 오스만 터어키가 세력을 확장하며 지중해 연안을 장악해 나아가면서 서쪽으로 폴란드까지 넘보게 되자, 폴란드는 **경계지역**에 살던 **까자크들**을 동원하여 터어키와 대항하게 된다. 하지만, 폴란드는 까자크들을 이용하여 터어키 세력을 물리친 후, 까자크들의 **스텝 지역**에 그대로 눌러 앉아 까자크들을 지배하기 시작한다. 이에 배신당한 까자크 족장(아타만) 따라스 부리바는 나머지 까자크들을 이끌고 숲속으로 들어가 폴란드에 대한 복수의 칼날을 갈기 시작한다. 폴란드 군의 멘드렉 대령이 로멘스키 까자크의 아타만 따라스 부리바에게 폴란드 국왕이 용감한 까자크들을 자신의 부대 휘하에 두는 것을 허락하였다고 하자, 따라스 부리바는 자신들은 코젝(까자크)의 형제들로서 **자유**로우며 그 어디 누구에게도 예속당하지 않을 것이고, 터어키(오스만투르크)군을 물리친 것은 **자신의 땅(스텝지역)**을 쳐들어온 외적을 물리쳤을 뿐이라고 말한다. 자신들이 조상대대로 지켜온 **자유로운** 삶의 터전을 떠나면서 아타만(따라스 부리바)은 적(폴란드군)에게 복수하기 위하여 달이 바뀌기 전에 자신은 반드시

아들을 낳을 것이라고 말하며, 까자크의 옛 땅을 도로 찾을 때까지 모든 까자크들은 변발을 금지한다고 명하고 자신부터 머리 변발을 잘라 버리자 모두들 똑같이 따라한다. 이어서 모든 까자크들은 까자크의 십자가 깃발 아래 무릎을 꿇고 성호를 그으면서 하느님께 도움을 청한다. 까자크들은 모든 집과 마을을 불태우고 유일하게 나무 한 그루를 뽑아 들고서 산속의 숲으로 향한다. 산속에서 따라스 부리바의 아내가 아들을 출산하자, 따라스 부리바는 아들을 안고서 개울가로 내려가 차가운 물속에 갓 태어난 아들을 담갔다가 들어올린다. 갓난아기가 죽지 않고 큰 소리로 울음을 터뜨리자, 따라스 부리바는 안도의 한숨과 함께 기쁨을 감추지 못한다. 어느새 무럭무럭 자란 큰 아들 앙드레(안드레이)가 아빠(따라스 부리바)에게 "왜 우리는 갑옷을 입지 않지요?"라고 질문하자, 따라스 부리바는 우리의 갑옷은 믿음이라고 답하며 목에 걸고 있던 십자가 목걸이를 보여준다. 이어 태어난 둘째 아들도 무럭무럭 자라고, 따라스 부리바는 두 아들들에게 말타기와 칼쓰기를 가르치기 시작한다. 까자크 동료가 따라스 부리바에게 아들들이 까자크(코젝)처럼 말도 잘 타고 잘 싸운다고 하자, 따라스 부리바는 까자크처럼 술 마시는 법도 가르쳐야겠다고 말한다. 이어서 까자크들의 마을 축제가 벌어지며, 이미 성인으로 성장한 큰 아들 앙드레(안드레이)는 마을 까자크 축제에서 어른들과 함께 까자크처럼 술(보드카)을 마시며 춤춘다.

<따라스 부리바> 중에서

<따라스 부리바> 중에서

까자크들에 대한 폴란드의 통치 방식이 좀 유연해져서 왈쏘지방의 까자크들에게 까자크식의 변발이 허용되고 까자크의 자제들에 대한 폴란드 학교 입학이 허용된다. 자신에게도 까자크처럼 변발을 시켜달라고 하는 큰 아들 앙드레(안드레이)에게 따라스 부리바는 폴란드와의 복수 전쟁에서 이긴 후에야 가능하다고 말하고, 우선 라틴어를 배우기 위하여 폴란드 학교에 입학해야 된다고 말한다. 아들(안드레이)가 자신은 폴란드인화 되기 위하여 폴란드 학교에 입학하는 것은 싫다고 말하자, 아버지와 아들 사이에는 곧이어 예전과 같은 주먹 싸움이 벌어지며, 아버지가 아들을 우물 속에 집어 던지는 것으로 끝을 맺는다. 큰 아들 앙드레(안드레이)는 왜 폴란드 학교에 가야 되는지는 모르지만, 아버지를 우물 속에 집어 던질 수 있을 때까지는 아버지의 명령을 따르겠다고 말한다. 따라서 따라스 부리바의 두 아들은 정든 숲 속의 집을 떠나 예전 까자크들의 도시 키예프(Киев: Kiev)의 폴란드 학교로 유학을 떠난다. 떠날 때의 이별 장면에서 따라스 부리바와 그의 아내는 두 아들들을 일일이 껴안으며 볼을 세 번씩 좌우로 맞대는 슬라브족의 전통적 인사법을 보여준다. 이윽고 폴란드 학교가 있는 키예프 도시에 도착한 두 아들은 산 속에 살던 촌티를 나타내며, 때마침 멋진 마차에 올라타고 떠나가는 도지사 딸(나탈리야)를 물끄러미 넋이 나가 바라보다가 뒤늦게 폴란드 학교에 당도한다. 학교 안에 있던 폴란드 학생들에게 놀림을 받던 두 아들은 폴란드 학생들과 대판 싸움이 벌어지고 교관에게 발각되어 학교장에게 끌려간다. 형(앙드레 부리바)와 동생(엇셱 부리바)는 학교장의 명령에 의하여 웃통을 벗은 채 교관에게 채찍으로 얻어맞는 체형을 받는다. 폴란드식 기숙학교에서 생활하던 두 아들은 미사 참여를 위하여 들어가던 성당 입구에서 며칠 전에 마차를 타고 떠날 때 보았던 미모의 여인 폴란드 도지사의 딸을 다시 보게 되고 서로 눈길을 마주친다.

▸ 영화 속의 까자크 문화 살펴보기 1

15세기 동슬라브족, 즉 루시족은 몽고-따따르의 지배를 받던 시기였고,

16세기 초는 몽고-따따르의 킵차크 칸(한)국의 세력이 약해진 반면에, 남쪽에서는 **오스만투르크**가 제국을 형성하면서 강력히 부상해 올라오고 있었다. 오스만투르크는 이미 **1453년** 동로마제국의 수도 **콘스탄티노플**을 점령함으로써 1000년 이상을 끌어온 비잔틴제국을 완전히 멸망시켰으며, 이어서 지중해의 해상권을 완전 장악함으로써, 명실상부한 유럽의 패권주자로 발돋움하기 시작하였다. 오스만 해군의 함대가 1540년에 **베니스**를 위시한 유럽 연합 함대를 프레베사(Prevesa) 근해에서 무찔러 지중해의 해상권을 획득하였던 것이다. 마침내 오스만투르크는 1541년 북쪽의 헝가리를 정복하였으며, 계속하여 지중해 연안을 점령해 나아가면서 급기야는 흑해 바다 건너 **드녜쁘르강**과 **돈강** 유역의 까자크들의 본거지인 **스텝지역**까지 넘보기 시작하였다. 이러한 정복 사업의 계속적인 성공으로 1683년 오스만투르크 제국의 영토 확장은 절정에 달해, 오스트리아의 빈(Wien) 근처에서 이란 국경까지, 아라비아 반도에서는 페르시아만 지역의 북부 해안 지대와 홍해안 지역을, 아프리카에서는 모로코를 제외한 북아프리카 전역을 통합하였다. 또한, 흑해 연안을 모두 정복하여 수도인 이스탄불(구콘스탄티노플)의 안전을 도모하였다.

이러한 역사적 배경 속에서 영화 속의 16세기 초는 지중해 연안을 장악하고 헝가리 왕국을 정복한 오스만투르크가 흑해 바다 건너 스텝지대를 향하여 올라오고 있었고, 이에 위협을 느낀 **폴란드**는 변방의 경계지역에 위치한 용감한 까자크들을 동원하여 투르크에 함께 대항하면서 까자크들을 이용하기시작하였다. 16세기 초에 폴란드의 왕들이 국경지대를 방어하기 위해

까자크 (일리야 레핀 Ilya Repin)

자포로제 까자크를 군사 식민단으로 조직하였었던 역사적 사실이 있다. 하지만, 까자크들은 본래 자유를 찾아 도망친 농노들의 후예들로서 그 어디에도 속하지 않는 자유로운 삶을 원하였다. 이는 폴란드의 지배를 받을 위기에 처하자 자포로제 까자크가 1654년 그들의 자치를 존중해 줄 것을 전제로 러시아와 조약을 맺었던 역사적 사실이 증명하여 준다. 한편, 러시아도 폴란드와 마찬가지로 까자크인들을 러시아 국경의 수비대로 이용했으며, 나중에는 러시아 제국의 영토 확장을 위한 전위대로 활용하였다. 이와 같이 까자크들은 변방의 경계지역에 위치한 관계로 항상 폴란드, 투르크, 그리고 러시아의 영향과 밀접히 관련되어 왔으나, 그 본바탕은 어디에도 속하지 않는 '자유'로운 삶의 추구였고, 자신들의 스텝지역을 쳐들어온 외적은 누구든지 용감히 물리침으로써, '자유'와 '용감'이 까자크들을 나타내는 상징어가 되었다.

까자크들의 이러한 용감성은 자식을 용감한 전사로 키우기 위하여 아들을 낳으면 바로 차가운 물속에 집어넣었다가 건져 내는 전통적 의례로 나타나고 있으며, 까자크들만의 정체성을 나타내기 위하여 머리모양을 변발로 만드는가 하면, 잦은 전쟁에서 자신들의 자유로운 영토를 지켜내기 위하여 어린 아들들에게 아주 어려서부터 말타기와 칼쓰기를 가르치는 전통적 관습으로 나타난다.

<따라스 부리바> 중에서

또한, 영화 속에서와 같이 십자가 깃발 아래에서 무릎을 꿇고 성호를 그으며, 십자가 목걸이를 하고 아들의 물음에 믿음이 바로 갑옷이라고 대답하는 따라스 부리바의 모습 등은 이들 까자크들이 러시아인들과 같은 그리스정교(러시아정교)를 믿고 있음을 나타내 주고 있다.

영화 속에서 보여 주듯이 자유로운 삶을 가장 중요시 여기는 까자크들은 술과 노래와 춤에 있어서도 아주 자유분방한 모습을 보여주고 있다. 또한, 같은 그리스도교를 믿던 까자크들은 성호를 세 번 긋듯이 헤어질 때나 혹은 만날 때, 상대의 볼에 자신의 볼을 세 번 가볍게 서로 갖다 대는 슬라브족의 고유한 인사법을 따르고 있다.

▪〈따라스 부리바〉 영화 읽기 2

성당 입구에서 서로 눈을 마주쳤던 부리바의 큰 아들 앙드레(안드레이)와 폴란드 여인 나탈리야는 미사가 진행되는 동안 내내 서로 눈길을 주고받는다. 정교회의 법례에 따라 모두들 서서 미사를 드리며, 나탈리야는 성당 안의 고위직들만의 특별한 자리에 오빠와 아버지 사이에서 함께 미사를 드린다. 나탈리야가 하녀와 함께 야외로 산보를 나가 큰 나무 밑에 자리를 깔고 책을 볼 때, 사랑에 빠진 큰 아들 앙드레(안드레이)는 멀리서 동생과 함께 앉아서 나탈리야를 지켜보며, 간절한 눈길과 사랑의 속삭임을 보낸다.

이어 겨울이 오고 눈이 내리는 새해 경축일(1월 1일)에 폴란드 기숙학교 생도들은 도지사 관저 앞에서 경축일 건배 행사를 하며, 부리바의 두 아들도 같은 생도 대열 속에서 발코니에 나와 있는 도지사, 오빠, 나탈리야를 향하여 건배를 제의한다. 이때도 앙드레(안드레이)와 나탈리야는 다시 서로 눈길을 마주 친다. 나탈리야와 그녀의 오빠 일행이 세 마리 말이 이끄는 눈썰매 마차(트로이카)를 타고 하얀 눈밭 위를 달려갈 때, 저 멀리 산꼭대기에서 앙드레(안드레이)와 그의 동생이 탄 스키-눈썰매가 쏜살같이 내려와 트로이카 주위에서 나뒹군다. 이에 깜짝 놀라며 깔깔대고 웃던 나탈리야는 눈 속에 나뒹굴며 파묻힌 앙드레(안드레이)에게 다가가 그의 털모자(솨쁘카) 위에다 나뭇가지 하나를 꽂아 주고는 또한 깔깔대고 웃는다. 나탈리야의 이러한 행동에 화가 난 오빠는 굳은 표정으로 마부에게 출발하라는 제스처를 보내고, 마차는 다시 멀리 떠나가며 부리바의 두 아들은 마냥 즐거워하며 떠나가는 눈썰매 마차(트로이카)를 한없이 쳐다본다.

안드레이는 동생과 함께 걷다가 지나가는 마차가 흙탕물을 튀기는 바람에 얼굴에 진흙탕을 뒤집어쓴다. 이에 화가 나 지나쳐 가는 마차의 뒷바퀴를 손으로 잡아 세운다. 안드레이가 마부에게 달려들어 따지며 항의할 때, 마차 안에 타고 있던 나탈리야가 살포시 웃음 띤 얼굴을 내밀자, 안드레이는 언제 화를 냈었냐는 듯이 나탈리야 얼굴만을 뚫어져라 쳐다본다. 나탈리야가 건네준 손수건을 가슴에 꼭 껴안으며 안드레이는 마냥 즐거워하며, 나중에 손수건을 돌려주겠다고 하자, 나탈리야는 '디스 시장'에서 다시 사면된다고 한다. 떠나가는 마차를 물끄러미 바라보던 안드레이는 동생이 기숙학교의 문이 닫혔다고 하자 지나가던 다른 마차의 지붕 위에 뛰어 올라 담장을 넘어 들어가다가 기숙학교 훈도에게 걸린다. 다시 기숙학교 원장실로 끌려간 안드레이는 예전과 같이 채찍으로 얻어맞는 형벌을 받는다. 예전의 암묵적인 약속에 의하여 디스 시장에서 다시 만난 나탈리야와 안드레이는 시장 안을 돌아다니며 마냥 즐거운 시간을 보내며, 마침내 야외로 나가 큰 나무 밑에서 둘만의 뜨거운 사랑과 키스를 나눈다. 뒤늦게 기숙사로 몰래 잠입해

돌아온 안드레이는 아무 일 없었다는 듯이 동생 옆의 자리에 누웠는데, 곧이어 기숙학교를 순찰하러 나온 나

<따라스 부리바> 중에서

탈리야 오빠에게 발각되어 그의 명령에 따라 밧줄에 양손이 묶인 채 이열종대로 서서 채찍을 들고 사정없이 때리는 생도들 사이를 통과하는 **채찍형**에 처해진다. 벌거벗은 등에 수없이 얻어맞은 채찍으로 마침내 안드레이가 쓰러지자, 나탈리야의 오빠는 채찍형의 중지를 명령하고, 안드레이의 결박을 풀어 일으켜 세우라고 하는데, 그 사이에 뒤에서 지켜보고 있던 안드레이의 동생 엇섹 부리바가 재빨리 상대방의 칼을 빼앗아 하나는 자기가 갖고 하나는 집어 던져 형 안드레이에게 건네준다. 순식간에 벌어진 2:2의 칼싸움에서 안드레이는 어깨를 찔리는 부상을 당하고, 나탈리야의 오빠는 동생이 휘두른 칼에 목 언저리를 찔려 사망하게 됨으로써 갑작스레 돌발적인 비상사태가 발생한다.

▸영화 속의 까자크 문화 살펴보기 2

슬라브족은 비잔틴 제국으로부터 기독교를 받아들임으로써 로마교회가 아닌 동방교회 즉 **동방정교회-그리스정교**의 기독교를 받아들인 것이다. 그러므로 영화 속에서 보듯이 **정교회**의 미사에서는 **모두 서서 미사를 드리게 되어 있다**. 그리고 예전의 영주 또는 대공후, 후에는 왕이나 황제 그리고 그 가족들과 같은 고위 인사들이 미사를 드릴 때는 정면의 제단으로부터 약간 떨어진 **측면**에 따로 특별히 지정된 **발코니** 위에 올라가 미사를 드린다.

슬라브족들은 새해 1월 1일(구력: 율리우스력)을 '**노브이고드**(Новыйгод: 새로운 해)'라 하여 커다란 축일로 지낸다. 대부분 추운 겨울에 해당되는

트로이카

이날, 예전의 슬라브족들은 새 해 건승을 빌며 건배를 제의하는 풍습이 전해져 오고 있다. 영화에서는 생도들이 도지사의 관저 앞에서 새해의 건승을 비는 노래를 부르고, 이에 대한 답례로 하인들이 술잔을 나누어 주면 서로 건배를 제의하며 술을 마신다.

러시아 및 슬라브족들의 겨울철 이동 수단 중에 가장 많이 쓰이는 것이 세 필의 말이 이끄는 눈썰매 마차인 '트로이카'이다. 겨울철이면 도처가 온통 눈으로 뒤덮이는 자연적 특성상, 슬라브족들은 예로부터 겨울에 바퀴 대신에 썰매날이 달린 마차를 세 마리의 말이 이끄는 트로이카를 자주 이용하여 왔다. 본래 '트로이카'라는 명칭도 세 마리의 말을 나타내는 숫자 3을 뜻하는 '트리(Три)'에서 유래되었다. 겨울철이 아닐 때 사용되는 두 바퀴 또는 네 바퀴의 삼두마차(三頭馬車) 또한 '트로이카'라 부른다.

눈이 많이 내리고 매우 추운 지방에 사는 슬라브족들은 예로부터 혹독한 추위를 견디기 위하여 겨울이면 털로 된 모자를 필수품처럼 사용하여 왔다. 영화에서 보여주듯이 털로 만들어진 이런 모자를 가리켜 '솨쁘카(Шапка)'라 부른다. 털의 종류와 색깔이 다양하며, 흰색이나 회색 빛깔의 여우나 담비 가죽털로 만든 솨쁘카를 최고품으로 쳐준다. 추운 슬라브 지방을 처음 여행하는 사람들이 이들 슬라브족들의 겨울철 필수품인 솨쁘카를 대수롭지 않게 여기고 그냥 솨쁘카 없이 거리를 활보하였다가, 나중에 머리를 도려내는 것 같은 이상한 풍토병에 걸리는 경우가 발생하기도 하므로 매우 조심하여야 할 문제이다.

솨쁘까

또한, 영화에서 보여 주고 있듯이 슬라브족 특히, 까자크들 사이에는 특이한 **채찍형**의 형벌이 있는데, 잘못을 저지른 사람의 웃통을 벗긴 채 결박하여 지나가게 한 다음, 양옆에 이열종대로 쭉 늘어서서는 그 사이를 지나가는 죄인을 사정없이 채찍으로 내리치는 형벌이다.

■〈따라스 부리바〉 영화 읽기 3

나탈리야의 오빠가 칼에 찔려 죽는 비상사태가 발생한 상황에서 나탈리야의 아버지(도지사)는 나탈리야에게 먼 지방(우드노)으로 떠날 것을 명령하며, 이에 나탈리야는 무작정 거리로 뛰쳐나왔는데, 그 때까지 도망가지 않고 나탈리야를 만날 의향으로 주위를 맴돌고 있던 안드레이를 만나 뜨거운 포옹을 한다. 하지만, 곧 병사들한테 발각이 되고, 체포될 위기에 처한 안드레이는 **용감**하게 폴란드 병사를 따돌리며 탈출에 성공한다. 무사히 탈출에 성공한 안드레이와 그의 동생이 말을 타고 산속의 집을 향하여 달려오자, 부리바의 친구가 외적인 줄 잘 못 알고 총을 정조준하여 발사한다. 총알을 피하면서 용감하게 말을 타고 달려오는 두 아들을 아버지 부리바는 흔쾌히 맞아들이며, 곧 아버지와 큰아들 사이에는 예전과 같이 장난기 어린 주먹치기와 씨름이 벌어진다. 한 바탕의 몸싸움과 즐거움에 넘친 깊은 포옹에서 어머니가 큰아들의 부상을 발견하고 깜짝 놀라며, 곧 안드레이의 어깨 부상부위 위에 기름이 부어지고 불을 붙였다가 끄자, 안드레이는 곧 뒤로 넘어져 졸도한다.

<따라스 부리바> 중에서

곧이어 로멘스키 까자크 마을에 큰잔치가 벌어지고 까자크들은 술과 음식을 먹으며 자유롭게 춤추고 노래하며 흥겨워한다. 잔치 중간에 부리바의 옛 동료 아타만이 자신의 부하들을 이끌고 잔치에 합류한다. 새로 합류한 까자크들 가운데 가장 힘이 센 까자크 부하 한 명이 흰 말 위에 안드레이를 올라타게 한 다음, 말밑에 들어가 말을 들어 올리는 괴력을 발휘하자, 모두들 흥겨워하며 박장대소 한다. 로멘스키 까자크의 아타만 부리바와 그의 옛 동료 아타만이 전쟁에 나가게 될 것을 선언하자, 다 같이 술잔을 높이 들어 마신 후, 잔을 힘차게 집어 던진다. 한참 출정 전야의 분위기가 고조되어 가는 가운데, 따라스 부리바가 전쟁 상대는 폴란드 말고 누가 있겠느냐고 외치자, 그의 동료 아타만이 이의를 제기하며 폴란드 국왕이 발틱전쟁에 까자크들을 동원하였다고 말한다. 급격히 싸늘하게 식은 분위기 속에서 큰 아들 안드레이와 아버지의 친구 아타만 사이에 설전이 오고 가는 가운데, 말을 들어 올린 괴력을 발휘하였던 까자크 부하가 큰 소리로 "따라스가 겁쟁이 아들을 키워 놓았구나"하고 외친다. 이에 안드레이는 "아무도 코젝을 겁쟁이라고 부를 순 없다"고 말하며 하느님만이 판단하실 문제임을 밝히며 결투 의사를 피력한다. 놀란 어머니가 뛰쳐나오며 남편 부리바에게 결투를 말릴 것을 애원하나, 따라스 부리바는 굳은 표정으로 까자크는 자신의 말에 책임을 져야 한다고 말하며 결투 장소를 '악마의 계곡'으로 정한다. 곧이어 악마의 계곡에서 벌어진 결투에서 안드레이는 말을 타고 무사히 계곡을

넘었으나, 그 괴력의 소유자 까자크는 계곡을 넘지 못하고 말과 함께 계곡 아래로 추락하고 만다. 하지만 아버지 부리바는 아들에게 그는 **위대한 코젝(까자크)**이었음을 반드시 기억하라고 말하며, 주위의 까자크들에게 족장의 소집과 **전쟁 출정**을 알린다. 다시 마을로 내려온 까자크들은 예전과 같이 출정 전야의 대규모 축제 한판을 벌인다. 까자크들이 자유롭고 자유분방하게 마시고 춤추며 즐거워하는 가운데, 따라스 부리바와 아들 안드레이는 술을 끝까지 다 마신 후에, 성난 짐승 우리에 걸쳐놓은 외나무다리를 아슬아슬하게 건너는 무모한 용감성을 발휘하며 흥겨워 한다. 집으로 돌아온 안드레이와 동생은 푸른 풀밭 위에 누워 하늘을 지붕 삼아 출정 전야의 마지막 밤을 보내며, 다음 날 아침, 부리바의 세 남자들은 아내이자 어머니인 여인과의 **슬라브식의 작별 인사**를 나눈 후 전쟁터를 향하여 떠난다. 어머니는 말을 타고 전쟁터를 향하여 두 아들과 함께 떠나는 남편을 서너 걸음 뒤따라가며 남편의 허벅지 위에 자신의 볼을 살포시 갖다 대는 것으로 **마지막 이별**을 고한다. 이어 각 지역에서 소집된 까자크들이 자신들의 아타만의 영도 하에 '**코젝의 형제들**'을 외치며 스텝지대의 집결 장소를 향하여 힘차게 말을 내달린다.

<따라스 부리바> 중에서

▸영화 속의 까자크 문화 살펴보기 3

까자크들의 구성과 조직은 각각의 까자크 마을이나 지역을 대표하는 우두머리에 해당하는 '**아타만**'을 중심으로 이루어져 왔다. 그러므로 아타만은 자신의 까자크들을 책임지고 조직 관리할 뿐만 아니라, 까자크들의 출정이

<따라스 부리바> 중에서

나 출병 또는 그 외 모든 대외적 관계를 스스로 결정하는 독립적 권위를 인정받았다. 러시아 황제도 까자크들의 대외적 관계와 그 내용 등에 관해 승인할 권리만을 보유하였을 뿐, 그 밖의 외교문제에서는 까자크 군대의 수장인 아타만(ataman)이 절대적 자유재량권을 가지고 있었다. 그러므로 영화 속에서 아타만 따라스 부리바는 자신의 옛 친구인 다른 아타만과 전쟁 상대와 출정여부를 놓고 심각한 대립관계를 보여주고 있다.

까자크들을 비롯하여 슬라브족들은 자주 전쟁에 동원되었으며 수많은 외침을 물리쳐내야 했다. 그러므로 전쟁에 나가기 하루 전의 출정전야에는 다 같이 모여 전쟁에서의 승리와 결의를 다지면서 술잔을 높이 들어 건배를 제의하였다. 이때의 술은 술잔의 바닥까지 완전히 비우는 원-샷을 한 후, 술잔을 바닥에 힘차게 내동댕이침으로써 더욱 더 강한 전쟁의지를 불태웠다. 이러한 전통으로 지금도 러시아인을 비롯한 슬라브인들은 술(보드카)을 마실 때, 한 번에 끝까지 다 들이키는 원-샷을 하는 것을 원칙으로 할 정도의 관습이 있으며, 결혼식 날 신랑-신부를 위한 건배의 첫 잔은 반드시 깨버리는 전통이 전해져 오고 있다. 또한 전쟁터에 나가기 전의 출정전야에 앞으로 전쟁터에서 생(生)과 사(死)를 같이 하며 함께 '피'를 흘릴 형제들의 술잔에 피와 같은 술의 '의미'를 담았듯이, 슬라브인들은 건배를 제의하는 술과 술잔에 반드시 의미를 부여하는 관습과 전통이 있다. 그러므로 그냥 의미 없이 술잔을 부딪친다든가 또는 아무 의미 없이 '위하여'만 외치고 술을 마신다든가 하는 행위는 슬라브인들에게 매우 이상하게 보일 수 있으며, 또한 건배를 한 후 술잔을 끝까지 비우지 않는 행위 등은 때에 따라 결례가 될 수도 있다. 참고로 러시아어로 '원샷'은 '바닥까지'를 뜻하는 '다 드나(До дна)'이다.

슬라브인들은 명예를 아주 중요시 여겼으며 때로는 명예를 목숨보다 더 귀하게 여겼다. 그러므로 슬라브인들은 상대가 자신의 명예를 더럽혔을 경우에는 가차 없이 목숨을 건 결투를 신청하였다. 역사상 많은 실제 인물들이 결투에서 목숨을 잃었으며, 이러한 사실들은 수많은 문학작품 속에서 등장인물들 사이에 벌어지는 생생하고 리얼한 결투 장면으로 나타나고 있다. 앞서 설명하였듯이 까자크들에게 있어 가장 중요한 정신적 이념은 자유와 용감이었다. 즉, 자유로운 삶을 추구하는 용감한 까자크였던 것이다. 그러므로 까자크에게 용감하지 않은 '겁쟁이'라고 말하는 것은 곧 목숨을 건 '결투'를 신청하는 것과 똑같은 의미를 지닌다.

까자크의 아낙네들은 전쟁터에 나가는 낭군을 전송해야 하는 일을 자주 겪어야 했다. 그러므로 속으로 눈물을 삼키며 말없이 떠나가는 낭군의 말발굽 뒤를 따라 동네 어귀까지 나가 이제 떠나가면 언제 돌아올지 모를 낭군과의 마지막 이별을 고하여야 했다. 영화 속에서 보여주는 따라스 부리바와 그의 아내와의 이별 장면은 전쟁터에 낭군을 떠나보내는 까자크 아낙네들의 삶을 가장 전형적인 모습으로 나타내 주고 있다. 즉, 남편이 아무 말 없이 앞만을 바라보며 말을 서서히 움직여 앞으로 나가면, 아낙네는 말없이 그 뒤를 따르며 마지막으로 자신의 볼을 남편의 굳은 허벅지 위에 살포시 대면서 손으로 감싸 안음으로써 다시 한 번 마지막 이별을 고하는 장면이다.

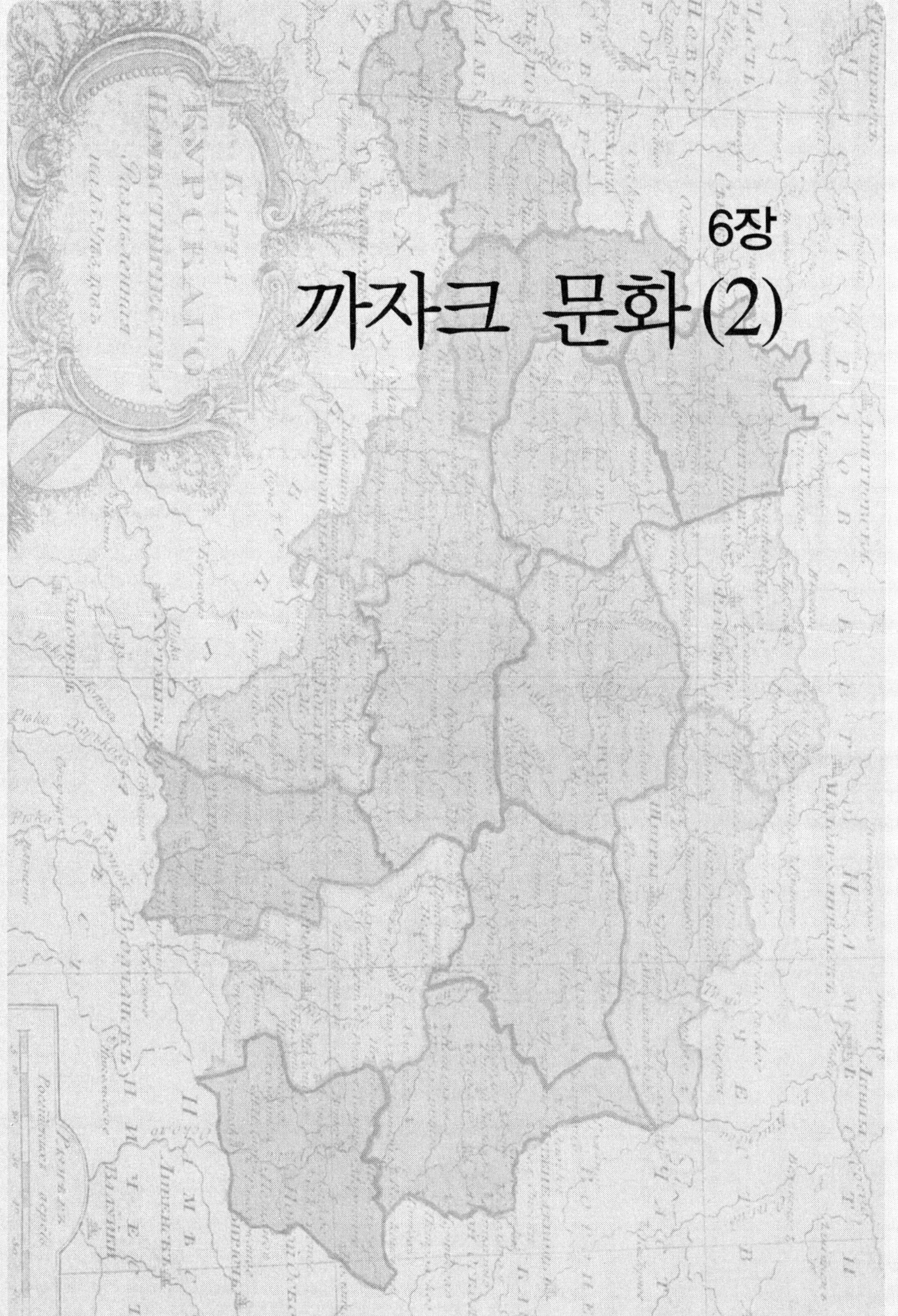

6장

까자크 문화(2)

6장 까자크 문화(2)

(1) 까자크의 발전과 쇠락

까자크들은 처음에 농사를 짓지 않고 수렵, 어로, 양봉 그리고 약탈행위로 생계를 꾸려갔으며, 활동무대는 저 멀리 흑해와 카스피해 건너편까지 이르렀다. 이들은 16세기 이반 뇌제 이후 러시아 황실로부터 봉급을 받으면서 군역에 종사하는 '특수민족'으로 발전한다. 황제정부는 까자크들에게 자치를 허용하고 물자를 제공하는 등의 여러 가지 특권을 부여하는 대신에, 이들에게 전투와 국가방위의 의무를 맡겼다. 까자크들은 변방의 경계지역에 살았기 때문에 전쟁이 잦았던 당시 외적과의 전투에 있어서 항상 제일 선봉에 설 수 밖에 없었다. 이들은 매우 용감하였으므로 자신들이 자유를 찾아 멀리 떠나와 조상대대로 살며 일구어 온 자유로운 삶의 터전을 잃지 않기 위하여 혼신의 힘을 다해 용감히 싸웠으며, 바로 이러한 까자크들의 조국애로 말미암아 러시아는 수많은 외침을 물리칠 수 있었다. 즉, 까자크들에게 지주와

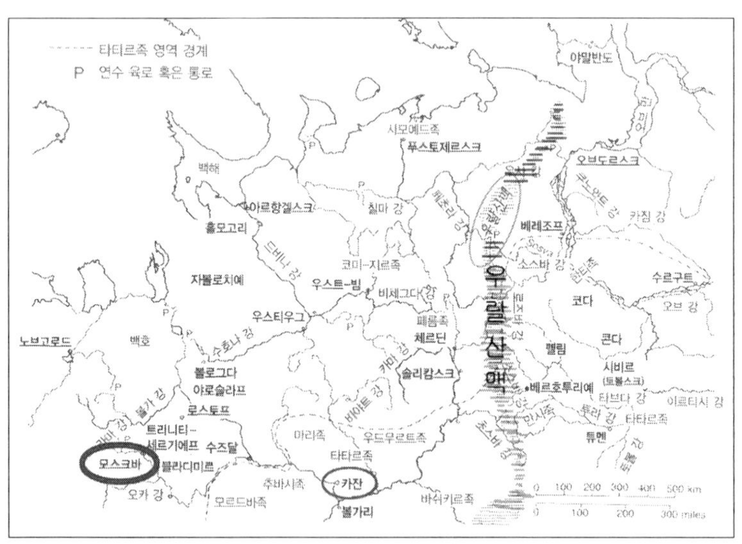

16세기 러시아와 시베리아

영주의 속박에서 벗어난 '자유'와 자신들이 어렵게 얻은 자유로운 삶을 지켜내기 위한 '용감성'이 제일 중요하게 여겨졌던 것이다. 까자크들의 이러한 용감성은 러시아를 쳐들어오는 외적과의 각종 전쟁에 나가도록 요구되었을 뿐만 아니라, 루시인들이 처음으로 우랄산맥을 넘어 시베리아를 개척하는 데에도 이용 되었다. 우랄산맥은 전통적으로 유럽과 아시아를 나누는 경계로서, 루시인들은 이 우랄산맥을 넘어 시베리아를 개척함으로써 마침내 유럽과 아시아를 아우르는 **유라시아 대륙**의 거대한 영토를 획득할 수 있게 된다. 그러므로 각종 전쟁에서 용감히 싸워 조국 러시아를 시켜 낸 것도 까자크들이며, 험난한 우랄산맥을 넘어 시베리아를 개척함으로써 오늘날과 같은 세계 최대 면적의 국가를 이룩한 것도 모두 까자크들의 공로인 것이다.

특히, 이반 4세(이반 뇌제) 때에 돈 까자크의 아타만이었던 '**예르마크 장군**'은 시베리아 원정에 나서 당시 몽고-따따르족이 세운 **시비리 한국**을 징벌함으로써, 루시족(동슬라브족)이 우랄산맥을 넘어 시베리아로 뻗어 나아갈 수 있는 발판을 닦아 주었다. 훗날 러시아의 대문호 톨스토이는 "러시아는 **까자크**에 의해서 수호되고 까자크에 의하여 건설되었다" 라고 까자크에 대하여 칭송을 아끼지 않았다.

예르마크 장군의 시비리 원정: 예르마크가 도볼강에서 쿠춤 칸의 따따르족을 무찌르고 있다. 오른쪽의 따따르족은 단지 창, 칼, 투석기, 활 등을 갖고 있는 반면, 러시아인들은 총포뿐만 아니라 대천사 미카엘의 도움을 받아 전쟁에서 승리하고 있다. 1700년경에 쓰인 레메조프의 연대기에서는 러시아인들이 예수의 깃발을 앞세우거나, 예수가 친히 나타나거나, 또는 성 니콜라스가 나타나 도움을 주는 것으로 기록돼 있다.

16세기 경에 까자크 집단들 가운데는 6개의 주요한 까자크 집단들이 있었다. 돈 까자크, 드네쁘르 까자크, 그레벤(카프 카즈 지방) 까자크, 야이크(우랄강 중류)까자크, 볼가 까자크(볼가강 유역), 자포로제 까자크 등이었다. 16세기 초에 폴란드의 왕들이 국경지대를 방어하기 위해 **자포로제 까자크**를 군사 식민단으로 조직하기 시작하였다. 16세기와 17세기 초에 이들은 자치권을 지킬 수 있었고, 1649년경 보단 크멜니츠키의 지휘하에 짧으나마 반독립국가를 이루기도 하였다. 그러나 폴란드의 지배를 받을 위기에 처하자 자포로제 까자크는 1654년 그들의 자치를 존중해줄 것을 전제로 러시아와 조약을 맺었다. 러시아도 폴란드와 마찬가지로 까자크 사람들을 러시아 국경의 **수비대**로 이용했으며, 나중에는 러시아 제국의 영토 확장을 위한 **전위대**로 이용했다. 까자크는 폴란드 치하에 있을 때보다 내적으로 더 많은 자유를 되찾았다. 이들이 러시아와 가장 미묘한 관계에 있던 **폴란드** 및 **투르크**와 협상할 때 러시아 황제가 그 내용에 관해 승인할 권리를 보유했지만, 그 밖의 외교문제에서는 까자크 군대의 수장인 **아타만**(ataman)이 자유재량권을 가졌다.

까자크들은 자신들의 특혜가 중단될 위기에 처할 때는 과감히 황제정부에 대항하여 봉기를 일으켰다. 17, 18세기에 반란을 지도했던 유명한 지도자들로 스쩬까 라진, 콘드라티 불라빈, 예멜리안 뿌가쵸프 등이 있다. 특히 예까쩨리나 여제 통치기에 발생한 **뿌가쵸프의 반란**은 그 규모와 영향이 지대하였다. 지주들의 잔인하고 가혹한 횡포와 착취가 극에 달하던 18세기 어느 무렵, 농민들 사이에는 예전의 황제 뾰뜨르 3세가 자신들에게 자유를 주려고 하다가 축출당하였으며, 황제는 아직 죽지 않고 살아있다는 소문이 나돌기 시작하였는데, 마침내 1773년 여름 우랄에 있는 야이크강(우랄강) 까자크인들 사이

뿌가쵸프

바실리 페로프(Vasilii Perov), <뿌가쵸프의 법정>, 1875

에서 바로 뾰뜨르 3세라 불리는 한 사나이가 나타난 것이다. 그는 바로 돈강의 까자크인 예멜리얀 이바노비치 뿌가쵸프였다.

전국을 방랑하며 인민들의 쓰라린 고통을 직접 눈여겨보았던 뿌가쵸프는 까자크인들과 농민들을 동원하여 지주들과의 투쟁을 벌이기로 작정하고, 군대를 조직하여 우랄과 자볼쥐예(볼가강 중하류 좌측 연안의 땅)의 광활한 지역에 걸쳐 활동하면서 많은 도시들을 점령해 나아갔다. 마침내 뿌가쵸프의 군대는 1774년 7월 까잔을 포위해서 점령하였으며, 많은 도시와 마을에서 교회의 종을 울리며 뿌가쵸프를 인민의 해방자 즉 짜리로서 맞이하였다. 1774년 8월, 정부군은 짜리쯔인 근교에서 뿌가쵸프 반란군을 겨우 격파할 수 있었으며, 뿌가쵸프는 얼마 안 되는 까자크인들을 데리고 볼가강 너머로 도주하였다가 부하들의 배반으로 체포되어 1775년 1월 모스크바에서 처형당하였다.

훗날 러시아 문학의 아버지라 일컫는 뿌쉬킨은 이 뿌가쵸프의 반란사건을 주제로 『대위의 딸』이라는 유명한 역사소설을 남긴다. 뿌가쵸프의 지휘 하에 일어난 이 반란은 농민들이 농노제에 반대하여 일으킨 가장 큰 봉기였으며, 봉건주의의 기초를 뒤흔들면서 봉건제도의 결함을 폭로시키는 계기를 마련한 대사건이었다.

이렇듯 러시아 역사에서 까자크는 중요한 몫을 담당하였지만, 때때로 중앙정부에 반기를 들고 온 나라를 소용돌이에 빠뜨리곤 하였다. 그 대표적인 예가 바로 '스까라진의 난(1670~1671)'과 '뿌가쵸프의 난(1773~1775)'인 것이다. 까자크들의 이러한 봉기들이 실패하면서 까자크들은 자신들에게 주어졌던 자치권을 차츰차츰 상실하게 되었다. 18세기말에 이르러 모든 까자크 성인 남자들에게는 20년간 러시아 군대에서 복무할 의무가 부과되었으며, 까자크의 부락들이 자체 의회를 소집할 권리는 유지했지만 수장인 아타만은 중앙정부의 임명을 받기 시작하였다. 전통적으로 평등과 토지 공동소유를 바탕으로 하던 사회구조가 파괴되기 시작하였으며, 특히 1869년 이후 까자크의 관리들에게 사적인 토지 소유와 임대가 허용됨에 따라 더욱 심해져 갔다.

19~20세기에 러시아는 혁명 활동을 진압하는데 까자크인들을 대대적으로 이용했다. 러시아 내전 기간(1918~20) 동안에 까자크는 크게 내부 분열을 겪었다. 남부 러시아의 까자크들은 백군의 핵심을 이루었으며, 내전 후 약 3만 명이 백군을 따라 러시아를 떠났다. '자유'를 중시하였던 까자크들은 이념 자체가 적군의 공산주의와는 잘 맞지 않았으므로, 수많은 까자크들이 1917년 러시아 혁명 후 벌어진 적군과 백군의 피비린내 나는 내란전쟁에서 과감히 백군편에 가담하였던 것이다. 그러므로 적군의 완전한 승리와 함께 소비에트 정권 치하에서의 까자크 공동체들은 행정단위로서의 기능을 상실해 갔으며, 구소련 교과서에는 이들 까자크들을 가리켜 '무장강도 집단'내지는 '도망친 농노 집단'등으로 왜곡하는 사례가 있기도 하였다. 하지만, 까자크들이 러시아 역사에 미친 영향은 이루 말할 수 없이 지대한 것이었으며, '러시아'라는 나라로 불리기 훨씬 이전부터 즉, 동쪽으로 이동해 온 슬라브족(동슬라브족)이 루시족이라 불리던 시대부터 시작하여 함께 살아온 같은 조상들의 후손들이며, 수많은 전쟁에서 조국 러시아를 지켜내면서 함께 살아온

같은 인민들임에는 두말할 나위가 없는 것이다. 그러므로 일찍이 러시아의 수많은 작가들은 자신들의 문학작품들을 통하여 까자크들의 자유로운 삶과 자연생활을 그려내기 시작하였다. 특히, 러시아의 위대한 시인 **뿌쉬킨**은 까자크들의 자유로운 삶을 노래하였을 뿐만 아니라, 앞서 이야기한 뿌가쵸프의 반란 사건을 제재로 한 유명한 역사소설 『**대위의 딸**』을 남겼으며, **레르몬또프** 또한 아름다운 까프카즈 산맥을 배경으로 까자크들의 삶을 그린 장편소설 『**우리시대의 주인공(현대의 영웅)**』을 저술하였다. 또한, 러시아 '리얼리즘의 아버지'라 불리는 **고골**은 우크라이나를 배경으로 한 까자크들의 역사소설 『**따라스 부리바**』를 집필하였으며, 러시아의 대문호 톨스토이는 아예 『**까자크**』라는 제목의 소설을 남겼고, 구소련 시절 노벨문학상의 작가 숄로호프는 돈-까자크에 관한 유명한 장편소설 『**고요한 돈강**』을 남겼다.

(2) 영화 <따라스 부리바>에 나타난 까자크 문화

▪〈따라스 부리바〉 영화 읽기 4

각각의 까자크 부족들이 아타만의 영도 하에 말을 타고 속속 집결 장소를 향하여 내달린다. 마침내 까자크들이 스텝지대의 한 장소에 모두 모이게 되며, 크게 두 그룹으로 나뉘어 가운데 넓은 공간을 둔 채 양쪽으로 도열한다. 왼쪽에 도열한 까자크들의 최고수장인 **메콜라**가

<따라스 부리바> 중에서

<따라스 부리바> 중에서

말을 타고 가운데로 나오고, 오른쪽 까자크들의 대표로 따라스 부리바가 또한 말을 타고 가운데로 나와 말에서 내린다. 말에서 내린 메콜라와 따라스 부리바는 슬라브식 전통 인사법에 따라 서로 볼을 맞대며 세 번 포옹을 한다. 메콜라가 터어키군과 같이 싸우게 되었다고 말하자, 따라스 부리바는 이번에는 터어키군과 싸우지 않을 것이며 폴란드와 싸울 것이라고 말한다. 따라스가 까자크 형제들의 진정한 뜻을 묻자고 제안하자, 메콜라는 까자크 전체 깃발을 뽑아 들고 말을 달려 가운데 언덕 위로 올라간다. 언덕 위에서 메콜라가 까자크 깃발을 앞세워 각 족장들에게 휘하 부대를 지휘할 것을 명령하자, 까자크 병사들이 메콜라의 까자크 깃발 주위로 몰려든다. 따라스 부리바가 혼자 단독으로 말을 몰아 언덕 위로 달려가서는 메콜라를 향하여 우리는 조국(스텝)을 찾을 때까지 함께 싸우기로 맹세하였었는데 당신이 도적질에 눈이 멀어 선악을 구별 못하고 있다고 외친다. 양쪽 진영에서 서로 총을 겨누는 일촉즉발의 위기 상황 속에서 따라스 부리바는 폴란드에 복수하기 위해서는 믿음을 칼 속에 넣고 대항하는 길 밖에 없다고 호소한다. 따라스 부리바의 호소에 까자크들이 속속 부리바의 편으로 넘어오자, 메콜라는 까자크 깃발을 부리바에게 넘겨준다. 마침내 따라스 부리바가 까자크 깃발을 움켜쥐자 모든 까자크들이 환호성을 지르며 한 그룹으로 정렬하여 도열한다. 이제 홀로 남게 된 메콜라는 자신이 살아있는 동안 까자크 형제들의 맹세 또한 살아있다고 하면서, 행군을 하려거든 자신의 뼈와 살을 밟고

지나가라고 하며 까자크 대열의 행군을 가로막고 나선다. 하지만, 따라스 부리바가 제일 선두에 서고 두 아들들이 그 뒤를 따르는 거대한 까자크 대열은 메콜라를 그냥 말발굽으로 밟아 깔아뭉개며 지나가 버린다. 이윽고 따라스 부리바가 이끄는 대규모의 까자크 대열이 키예프 성문 앞에 당도하며, 폴란드 쪽에서도 병사들이 도열한 가운데 출정식이 이루어진다. 멀리 발코니에서 이를 지켜보던 나탈리야는 서로 대치하며 도열해 다가오는 까자크 진영 가운데서 안드레이를 발견한다.

<따라스 부리바> 중에서

폴란드 진영에서의 무력시위로서 성벽에 설치된 대포가 굉음과 함께 하얀 연기를 뿜어대고, 도열한 폴란드 병사 기병대가 한 발 앞으로 전진하자, 까자크 병사들도 자신들의 칼(샤벨)을 높이 뽑아들고 환호성을 지르며 사기를 충전시킨다. 폴란드 소녀 한 명이 꽃다발 목걸이를 들고 나와 따라스 부리바의 말쪽으로 다가가자, 따라스 부리바는 말 위에서 고개를 숙이고 소녀는 꽃다발 목걸이를 따라스 부리바의 목에 걸어 준다. 곧이어 폴란드군 사령관이 빈정대는 말투로 겨우 세 개 연대 밖에 되지 않는다고 하자, 따라스 부리바의 신호와 함께 양 옆에서 대규모의 까자크 기병대들이 샤벨(칼)을 높이 뽑아 들고 괴성을 지르며 돌진하기 시작한다. 따라스 부리바가 폴란드를 없애 버릴테다 하면서 총공격을 명령하자 폴란드군은 일제히 철수하여 성문 쪽으로 도망치기 시작한다. 도망치듯이 성문 안으로 철수한 폴란드군은 성문을 굳게 잠그고 나서, 성 벽 위의 난간 위에 준비된 펄펄 끓는 유황물을 성벽 아래쪽의 까자크들을 향하여 쏟아 붓는다. 갑자기 뜨거운 물세례를

<따라스 부리바> 중에서

받은 까자크들은 대열이 흩어지며, 따라스 부리바의 후퇴 명령과 함께 급히 성곽 바깥쪽으로 날아나기 시작한다. 이어 폴란드군의 대포 공격이 이어지나, 이미 대포 사정권 거리 밖까지 무사히 후퇴한 까자크 병사들은 박장대소하며 깔깔대고 웃는다. 따라스 부리바는 폴란드군이 싸우러 성문 밖으로 나올 때까지 여기서 기다리며 머무를 것을 명령하며, 이어 까자크들은 서로 춤추고 마시고 놀면서 즐거운 시간을 보내기 시작한다. **전쟁터에서** 때 아닌 한가한 시간을 맞이한 **까자크들의 축제** 한마당이 계속 벌어지는 가운데, 아버지 부리바는 부상당한 큰 아들 안드레이를 찾아가 예전과 같이 장난기 어린 주먹싸움과 몸싸움을 건다. 몸싸움 끝에 아버지와 아들 모두 연못으로 나뒹굴어 빠지며, 연못가로 나온 아버지는 아들의 얼굴에 묻은 진흙을 닦아주며 마냥 즐거워한다. 성안에 갇힌 폴란드 진영에서는 식량이 바닥나 굶어 죽어가는 사람들이 속출하며 **전염병**까지 돌아 연일 시체 태우는 냄새가 진동하기 시작한다. 안드레이는 몰래 소 두 마리를 폴란드 성벽 쪽으로 몰고 가서는 폴란드 경계병이 쏜 총에 소 두 마리가 넘어지고, 이어서 폴란드 병사들이 소를 가져가기 위하여 성문을 열고 나오자, 폴란드 병사들 틈에 적당히 끼여 있다가 성문 안으로 몰래 **잠입**해 들어가는데 성공한다. 성안으로 무사히 잠입한 안드레이는 자신을 쫓아온 폴란드 병사를 죽이게 되고, 이어 폴란드 병사의 시체가 발각되면서 성 안에 까자크가 침입해 들어왔음이 온통 공표되고 비상사태가 선포된다. 횃불을 든 폴란드 기병대가 잠입한 까자크(안드레이)를 찾아내기 위하여 성 안의 이곳저곳

거리를 내달리기 시작한다.

▸ **영화 속의 까자크 문화 살펴보기 4**

까자크들은 **자유**를 찾아 도망친 농노들의 후예들로서 시작되었으며, 그 후 자신들의 조상 대대로 살아 온 **스텝지대**가 바로 자신들의 **조국**이었다. 조상 대대로 살아온 자신들의 땅에서의 **자유로운 삶**이 이들 까자크들이 추구하는 가장 큰 이상이었다. 그러므로 까자크들의 우두머리인 **아타만** 또한 자신의 까자크늘에 대해서는 **자유재량권**을 가진다. 까자크들은 각각 크고 작은 까자크 집단들이 아타만을 중심으로 행동하는 **독립적인 자유 집단**이었던 것이다. 그러므로 영화 속에서 전쟁 상대를 놓고도 한쪽은 **투르크족**과 싸우자고 하고, 또 다른 쪽은 **폴란드족**과 싸우자고 하는 상황이 벌어지는 것이다.

까자크들은 크고 작은 부락을 이루어 살았으며 항상 자신들의 자유로운 삶을 빼앗아 갈 외적의 침입에 대비하며 살아야 했기 때문에 같은 코제(까자크) 형제끼리의 결속과 단합 그리고 **맹세**를 매우 소중히 여겼다. 그리고 이 맹세는 자신의 까자크를 상징하는 **깃발** 아래에서 이루어졌다. 그러므로 까자크들의 맹세를 상징하는 것이 **까자크 깃발**이며, 그 깃발을 움켜잡은 **아타만**은 바로 맹세의 상징이 되는 것이다.

<따라스 부리바> 중에서

그러므로 영화 속에서 까자크 깃발을 넘겨준 아타만 메콜라는 비록 깃발은 넘겨주어 없지만, 자신의 몸은 아직 남아 맹**세의 상징**을 표시하니 자신의 뼈와 살을

조제프 브란트(Józef Brandt) <까자크의 결혼식>

밟고 지나가라고 하는 것이다.

까자크를 상징하는 상징어 2개를 든다면 단연 '자유'와 '용감'일 정도로, 까자크들은 매우 용감하였다. 까자크들의 용감성을 가장 잘 나타내는 모습은 바로 영화 속에서 보여 주듯이 말을 세차게 몰면서 한 손에 칼(샤벨)을 높이 쳐들고 적진을 향하여 괴성을 지르며 돌진하는 모습이다. 러시아 역사에서 이러한 까자크들의 용감성은 수많은 전투에서의 혁혁한 공로로 나타나고 있다.

또한, 영화 속에서 보듯이 까자크들이 얼마나 자유로운 삶을 즐기며 추구하였는지는 바로 삶과 죽음의 전쟁터 앞에서도 잠깐의 한가한 시간을 이용하여 자유롭게 마시고 춤추며 노는 자유분방한 모습에서 밝혀진다.

▪〈따라스 부리바〉 영화 읽기 5

성안에 까자크가 침입하여 폴란드 병사들이 횃불을 들고 수색에 나선 비상 상황을 알아차린 나탈리야는 곧 직감을 하고 밖으로 뛰쳐나온다. 안드레이 또한 나탈리야를 찾아 위험한 거리 상황을 무릅쓰고 이곳저곳으로 내달리기 시작한다. 마침내 성당 입구에서 극적인 상봉을 한 두 남녀 안드레이와 나탈리야는 뜨거운 포옹과 키스를 나눈다. 곧 폴란드 수색대가 횃불을 들고 다가오는 상황에서 안드레이와 나탈리야는 몰래 숨고 숨어 지나가는 마차 지붕 위에 올라타고 성 밖으로의 탈출을 감행한다. 그 마차는 죽은 시체를 성 밖으로 실어 나르는 마차여서, 전염병으로 죽은 수많은 시체들이 계속하여 마차에 실려 진다. 마차 지붕 위에 바짝 엎드려 성 밖으로 나가려는 순간, 마차 주위 건물에 화재가 발생하는 바람에 주위가 온통 대낮 같이 훤해지면서 두 남녀는 폴란드 병사에게 발각되고 만다. 한편, 성 밖의 까자크 진영에서는 싸울 것인가 아니면 계속해서 기다릴 것인가를 놓고 설전이 벌어지는 가운데, 따라스 부리바가 반대파의 아타만을 향하여 총을 겨누는 사태까지 다다르나 **최고령 노인 까자크**의 호통으로 무마되고 나머지 까자크들은 짐을 꾸려 떠나간다. 자신을 따르는 까자크 부대 3개 연대만 남게 된 상태에서 따라스 부리바는 실의에 빠져 큰 아들을 찾으나, 이미 여자를 찾아 성 안으로 들어갔다는 동생의 대답에, **까자크는** 여자를 좋아할 수는 있어도 **폴란드 여자를 사랑할 수는 없다**고 말한다. 그러는 사이, 성안에서는 나탈리야를 나뭇더미 위의 기둥에 묶어세우고 성난 군중의 아우성 속에서 **화형**에 처하려는 의식이 진행되며, 이런 장면을 창밖으로 안타깝게 바라보던 안드레이는 식량을 가져올 테니 여인을 풀어줄 것을 간청한다. 이에 폴란드 군 사령관은 까자크에게 자신의 팔을 잃었다고 하면서 안드레이에게 팔을 앞으로 쭉 뻗게 한 다음 칼을 높이 들어 내리치는 시늉을 한다. 밖에서는 화형이 계속되어 마침내 나탈리야가 묶인 나무 더미 위에 불이 붙여지고, 안드레이는 식량을 가져올 테니 제발 그녀를 풀어 줄 것을 다시 간청한다. 안드레이의 구체적인 식량 공수 작전계획에 폴란드군 사령관은 마침내 화형 중지 명령을 내리고, 안드레이는 폴란드군 병사 복장을 한 후 폴란드 군사들을 인솔하여 까자크 진영의 소떼가 있는 곳을 향하여 돌진해 가기 시작한다. 성벽 위에서

<따라스 부리바> 중에서

<따라스 부리바> 중에서

성 밖의 전투 상황을 지켜보던 폴란드군 사령관은 까자크들이 몇 개의 정예군들만 남은 채 약세인 것을 확인하고는 곧 총공격 명령을 내린다. 한편 따라스 부리바는 소떼를 가지러 말을 타고 달려가는 폴란드군 병사 복장의 안드레이를 체포할 것을 명령하며, 마침내 아버지와 아들은 군사들이 도열한 가운데 맞닥뜨린다. 아버지 따라스 부리바는 아들에게 말에서 내려 폴란드 투구를 벗으라고 한 다음, "너에게 세례를 주고 생명을 줄 때부터 난 너를 조국만큼이나 사랑했다. 너는 나의 자랑거리였다. 내가 너에게 생명을 주었으니, 이제 내가 거두어야 겠다"고 말한 후, 총으로 아들을 쏘아 죽인다. 아들을 쏜 후 깊은 슬픔과 절망에 빠져 잠시 흐느낀 따라스 부리바는 곧 말을 몰아 총공격이 시작된 전투장으로 달려간다. 따라스 부리바의 후퇴 명령에 따라 까자크들은 폴란드 군을 악마의 계곡 쪽으로 유인하면서 도망가기 시작한다. 폴란드군은 아무 것도 모른 채 도망가는 까자크들을 무작정 쫓기 시작하며, 까자크들은 도망가면서도 자신들의 계획대로 몇 몇 부대들이 대열을 이탈하여 후방 공격을 준비한다. 마침내 폴란드군 주력 부대가 악마의 계곡 근처까지 거의 다다랐을 때, 따라스 부리바의 명령에 따라 까자크들의 갑작스런 역습이 시작되며, 폴란드군은 악마의 계곡 쪽으로 계속하여 밀려나면서 계곡 아래로 추락하기 시작한다. 마침내 폴란드 군을 모두 악마의 계곡 아래로 쓸어 넣은 따라스 부리바와 까자크 전사들은 키예프 성쪽으로 서서히 말을 몰아가고, 치열한 전투가 벌어졌던 성문 앞 벌판에는 병사들의 시체가 나뒹굴어진 상태에서 한 여인(나탈리야)이 누워 있는 폴란드군 병사의 시체(안드레이) 곁에서 흐느껴 운다. 형의 시체 곁으로 다가간

<따라스 부리바> 중에서

동생이 형을 **코젝 땅**에 묻기 위해 **고향**으로 데려갈 거라고 말하자, 아버지 따라스 부리바는 이제 여기가 코젝 땅이니 여기에 묻자고 말한다. 말에 다시 오른 따라스 부리바는 **키예프 성**을 가리키며 저기가 이제 **코젝의 도시**이며, 우리는 도시를 평화롭게 통치할 것이라고 말한 후, 까자크 군대를 이끌고 코젝(까자크)의 도시를 향하여 간다.

▸ 영화 속의 까자크 문화 살펴보기 5

까자크들은 철저히 **아타만**을 중심으로 행동하였으나, 그 바탕은 슬라브족의 조상 대대로 전해져 내려오던 **농촌공동체**(미르)적인 전통을 따르고 있음을 알 수 있다. 영화 속에서 까자크들 사이에 심각한 논쟁이 벌어졌을 때, 까자크의 **최고령 노인**이 나서서 아타만 따라스 부리바를 심하게 나무라는 모습을 본다.

즉, 슬라브족들이 한 마을을 이루고 그 마을의 최고령이나 덕망이 높은 사람이 마을의 수장이 되어 조상대대로 전해져 오는 **전통**과 **관습**에 따라 마을을 통치하던 농촌공동체(미르)의 전형을 까자크들도 그대로 따르고 있는 것이다. 슬라브족들은 이와 같은 농촌공동체 속에서 조상대대로 전해져 내려오는 전통과 관습을 따르면서 서로 상부상조하고 협동하는 가운데 이상적인 '**사회주의적**' 농촌 사회를 이루어 왔으며, 이는 훗날 러시아의 진보적인 지식인들(**인텔리겐챠**)이 러시아는 서구와 달리 자본주의를 거치지 않고도

곧 바로 사회주의로 갈 수 있다는 사상과 이론을 펼치게 되는 토대가 된다.

역사적으로 러시아와 폴란드는 항상 불편한 관계가 지속될 때가 많았으며, 러시아 즉 슬라브족들의 중앙집권적 통치가 와해되거나 분열이 생겨 세력이 약화되었을 때는 예외 없이 이웃한 폴란드가 쳐들어옴으로써 대혼란을 야기시키곤 하였다. 강력한 통치를 펼쳤던 이반 4세(이반 뇌제)가 갑자기 죽고 보리스 고두노프의 통치 이후 러시아의 세력이 약화되었을 때도 폴란드의 국왕과 영주들은 가짜 드미트리 1세와 2세를 내세워 러시아를 극도의 혼란 속에 빠뜨렸었다.

영화 속에서 보여주는 장면도 이와 같은 역사적인 맥락에서 출발하고 있으며, 이는 지금도 폴란드인이 러시아인을 싫어하고 멸시하듯이 러시아인 또한 폴란드인을 별로 좋아하지 않는 사유가 되고 있다. 그러므로 영화 속에서 따라스 부리바는 자신의 조국, 스텝을 빼앗아간 배신자의 나라 폴란드를 경멸하고 증오하면서 복수의 칼날을 갈아왔으며, 자신의 아들에게 까자크는 여자를 좋아할 수는 있으나 결코 폴란드 여자를 사랑할 수는 없다는 것을 강조하고 있다.

까자크들은 지주들의 속박과 탄압, 횡포에서 벗어나기 위하여 도주와 탈출을 감행하였으며, 마침내 남부의 스텝지대에서 자신들의 땅과 자신들만의 자유로운 삶을 찾았다. 따라서 까자크들에게 있어서 자유롭게 말을 달릴 수 있는 광활한 스텝지대는 누구에게도 빼앗길 수 없는 자신들의 자유로운 영토이며 자신들의 자유로운 삶을 지켜줄 조국과 같은 것이다. 그러므로 영화 속에서 따라스 부리바는 자신을 배반한 아들을 놓고 자신은 아들을 조국만큼이나 사랑했었다고 절규하면서 아들을 향하여 총을 발사한다. 즉,

까자크에게 있어서 조국 즉 자유는 그 어느 것과도 바꿀 수없는 절체절명의 것이었으며, 사랑하는 아들의 목숨도 예외는 아니었다. 따라스 부리바는 까자크로서 아들에 대한 사랑과 조국에 대한 사랑 가운데 단호히 **조국에 대한 사랑**을 택하였던 것이다.

영화 속에서 보여주는 까자크들의 전투 장면은 매우 특이하고 고유한 모습을 나타내 준다. 즉, 까자크의 주력 부대가 후퇴하면서 가운데 대열이 날개 모양으로 펼치고 양옆으로 대열을 이탈하며 후퇴하는 것이다. 그러므로 상대 진영(폴란드)은 자신들이 쫓는 까자크의 중앙 대열이 유인하는대로 무조건 따라가는 가운데 상대 진영(러시아) 깊숙이 침투해 들어가게 되며, 그 사이에 양 옆의 날개 모양으로 펼쳐졌던 까자크들이 적(폴란드군)을 에워싸면서 역습을 감행하는 것이다.

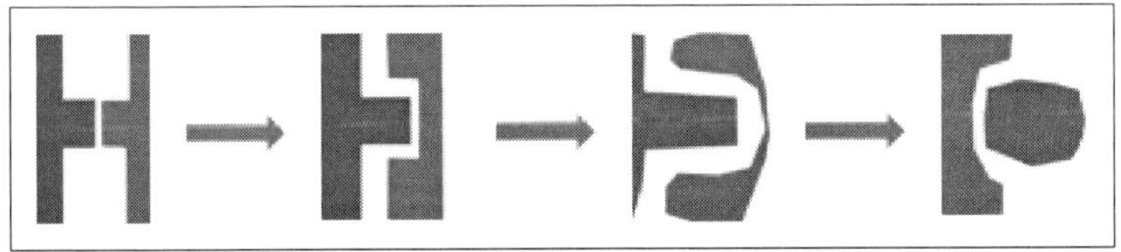

까자크의 전투대형

폴란드 입장에서는 쫓아가던 적(까자크)들이 갑자기 돌변하여 공격을 해오는 순간, 난데없이 그 전에 없었던 까자크들이 양옆과 후방에서 벌떼같이 나타나 총공격을 해오는 어처구니없는 상황을 맞이하게 된다. 즉, 앞만 보고 달리던 폴란드 병사들은 갑자기 후방에서 나타난 까자크들에 당황할 수밖에 없게 되며, 갑자기 전방과 후방이 뒤바뀌는 돌변 상황 속에서 앞뒤 분간 못하고 우왕좌왕하는 사이에 뒤로 계속 밀리고 밀려 '악마의 계곡' 속으로 추락하고 만다.

7장
이콘 문화

7장 이콘 문화

(1) 이콘의 전래

이콘(Icon, Икона)이란, 본래 우리말로 성화상 또는 성상(聖像)에 해당되는 말이다. 즉, 그리스도교(기독교)의 예수 또는 성모 마리아 및 여러 성인들의 모습을 그려놓은 그림을 일컫는 말이다. 그러므로 이콘을 가리켜 '성상화(聖像畵)'라고도 한다. 단순히 성인들의 얼굴 모습만을 그려놓은 이콘을 비롯하여 성경에 나오는 말씀과 장면들을 형상화 시켜놓은 여러 가지 종류의 이콘들이 전해져 오고 있다.

슬라브인들이 그리스도와 그리스도교를 알게 된 것은 10세기 경 이였다. 당시 동쪽으로 이동한 동슬라브족들은 '루시족'이라 불리면서 키예프를 중심으로 '키예프-루시'라는 국가를 건설하여 여러 공후들이 통치하고 있었다. 키예프-루시의 대공 블라지미르는 988년에 기독교를 국교로서 정식으로 승인하였으며, 이후 키예프-루시에는 여러 가지 복음서들과 함께 이콘들이 들어오기 시작하였다. 즉, 이콘은 슬라브족들에게 기독교의 전래와 함께 전해지기 시작한 것이다.

한편 그리스도교(기독교)는 콘스탄티누스 대제의 국교 승인 이후, 국교로서 로마 정부의 보호를 받으면서 교세를 확장하여, 로마 ·콘스탄티노플 ·알렉산드리아 ·안티오키아 ·예루살렘의 5대 교구로 나누어 관할해 오다가, 알렉산드리아 ·안티오키아 ·예루살렘의 세 교구는 7세기에 사라센 제국의 지배하에 들어갔고, 로마와 콘스탄티노플의 두 교구만이 남아 동서(東西) 양쪽에서 세력을 확보하고 있었다. 하지만 이들 두 교회는 각각 게르만족 국가와 비잔틴제국 사이의 상이한 정치상황 탓으로 서로 분리되는 경향이 나타났으며, 서방의 로마교회는 황제권과 독립적 입장을 견지한 반면에, 동방의 콘스탄티노플 교회에는 황제를 교회의 수장(首長)으로 하는 황제교황주의(皇帝敎皇主義)를 따르고 있었다. 그 후 콘스탄티노플교회는 로마교회와 완전히 갈라져 그리스정교회(正敎會)로 독립하였으며, 마침 이 때, 콘스탄티노플을 방문하였던 루시의 공후들은 처음으로 그리스도와 그리스도교를 접하게 되었고, 따라서 슬라브족들에게 전해진 기독교는 로마 가톨릭이 아닌 그리스정교회(동방정교회)가 되는 것이다.

10세기의 비잔틴제국과 슬라브족

'동방정교회'라 불리는 것은 서방(라틴)교회의 상대적 의미로 동방교회로 호칭되지만 더 깊은 뜻은 죽음에서 부활한 빛인 그리스도를 상징하는 빛나는 태양이 동방에서 떠오른다는 데 있다. '파스카'라고 하는 예수 그리스도의 부활 대축일을 서방에서는 아직도 'East Day'(동방의 날)이라고 한다. 동방정교회라고 할 때 정(正: Orthodox)이란 사도전통, 교부전통의 올바른 가르침, 올바른 믿음, 올바른 예배의 의미를 지니며, 따라서 동방정교회는 보편적 신앙의 교회이므로 그냥 정교회(Orthodox Church)라고 부르는 것이 정상이다.

본래 고대 슬라브인들은 자신들의 종교적 믿음을 가지고 있었다. 이들은 조상을 숭배하였으며 씨족의 가장 오래된 족장인 추르(чур: 시조, 조상)가 자신들의 친족을 보호해 준다고 생각하였다. 그리고 이들은 조상의 마음을 달래기 위하여 떡과 고기, 꿀, 끄바스 등을 가지고 조상의 무덤을 찾아갔다. 슬라브족 농민들의 생활은 완전히 자연에 의존하고 있었다. 이들은 자연의 힘을 어떤 살아있는 강력한 존재들로 간주하면서 이를 신성시하고 숭배하였다. 그러므로 슬라브족에게는 많은 신들이 있었다(스바로그, 뻬룬, 스뜨리보그, 벨레스 등). 이들은 숲에는 숲을 다스리는 신이 있고 물에는 물을 다스리는 신이 있으며 집에는 집을 다스리는 강력한 지배자가 각각 있다고 믿었다.

키예프-루시는 올레그가 공후가 된 882년부터 시작하여 1240년 몽고족에 의하여 수도 키예프가 함락되기 전까지 약 350년간 지속되었다. 올레그의

러시아 기독교의 역사

330년: 로마제국의 콘스탄틴 1세, **콘스탄티노플** 천도.
395년: 로마제국의 분열—동로마(비잔틴)제국
476년: 서로마제국 멸망 (622년: 이슬람교 창설)
860년: **키예프-루시**의 공후와 대귀족들이 콘스탄티노플을 방문하여 복음을 영접함.
864년: 콘스탄티노플의 포티우스 주교가 러시아의 키예프에 주교를 파송함.
955년: 키예프-루시의 **올리가 여왕**이 콘스탄티노플에서 세례 받음
988년: **블라지미르** 대공이 세례 받은 후, 정교회를 국교로 공인함
1054년: 서부유럽의 **로마가톨릭교회**와 동부유럽의 **그리스정교회**가 분열됨.
1453년: 동로마제국(비잔틴제국)의 멸망
1721년: 뽀뜨르 대제는 총대주교를 폐지하고 Holy Governing Synod(신성종무원)을 창설함.
1917년: Russian Orthodox Council(**러시아정교회**)의 창립
1940년: 교회당의 90%를 정부가 관리, 통제.
1988년: **러시아정교회 1천주년 기념.** (7000여 교회와 6천만 신도)
1991년: 뻬레스트로이카와 더불어 **종교의 자유**.

뒤를 이어 공후 **이고리**가 위세를 떨쳤으며 그가 죽은 후 그의 부인인 **올가**가 어린 아들을 대신하여 섭정을 하였는데, 이 때 그녀는 스스로 세례를 받고 러시아 최초의 그리스도교도가 됨으로써 러시아에 기독교가 전파되기 시작한다.

하지만, 처음에 백성들은 그리스도교를 거부하였고 반기독교적 분위기가 팽배해 있었다. 이를 잠재운 것이 그녀의 아들인 **스뱌또슬라브**였으며, 그는 제4대 공후로서 위엄을 떨치며 영토를 넓혀 나아가면서 중앙집권적 통치를 강행하였다. 스뱌또슬라브가 죽은 후 그의 아들들 간에 심한 권력투쟁이 일어나게 되는데 마지막으로 권력을 잡은 사람이 바로 **블라지미르 대공**이었다.

그는 **988년**에 기독교 즉 **그리스정교**를 정식으로 국교로 승인함으로써

끼예프 루시 시대의 그리스정교의 도입	
882년	올레그 이고리 부인 올가 스파또슬라브
988년	블라지미르 대공 "끼예프 루시의 황금시대" 야로슬라브
1240년	끼예프 함락

슬라브 민족의 역사에 길이 남을 매우 중요한 업적을 쌓게 된다. 그리하여 그리스정교를 통하여 **비잔틴 문화**가 흡수되기 시작하였는데, 이것은 러시아에 대한 외국으로부터의 최초의 영향이었다고 할 수 있다. 블라지미르가 죽은 후 권력투쟁이 심화되었는데 그 가운데서 야로슬라브가 권력을 잡는다. **야로슬라브**는 키예프-루시를 여러 방면에서 반석 위에 올려놓았다. 그가 죽은 후 혼란이 계속되다 키예프-루시는 몇몇의 독립된 공국들로 분열되어 나아갔으며 서서히 약화되어 갔다. 역사학자들은 988년 이후 부터 후의 야로슬라브 공후의 시기까지를 묶어서 '**키예프-루시의 황금시대**'라고 부른다.

이와 같이 비잔틴 제국으로부터 그리스정교를 수용하기 이전에 동슬라브인(루시인)들은 다른 슬라브족들과 마찬가지로 **조상신**을 믿으면서 **자연신**을 숭배하는 여러 가지 다채로운 '**이교신앙**'을 가지고 있었다. 9세기 이전 슬라브인들은 자신들의 문자가 없었기 때문에 이교신앙에 대한 정확한 기록을 남기고 있지는 않지만 대체적으로 자연의 현상을 신격화한 **다신교**였다고 할 수 있다. 이러한 자연신 숭배 사상에 젖어 있던 키예프-루시의 공후들과 대귀족들은 10세기경에 **비잔티움(콘스탄티노플)**을 방문하게 되며 그 곳에서 처음으로 기독교를 접하게 된다. 키예프-루시의 지도자들은 당시의 비잔틴 제국의 수도 콘스탄티노플을 직접 방문하여 복음을 영접하기도 하였다. 그러는 가운데 **올리가(올가)** 여공이 러시아 최초로 콘스탄티노플에서 세례를 받게 되며 **블라지미르**가 키예프-루시 국가의 공후가 되자, 그는 비잔틴 제국과의 평화적인 관계를 강화하려고 노력하면서 비잔틴 제국의 황녀 안나와 결혼을 하고, **988년** 자신의 모든 신민들에게 기독교를 믿도록 명령함으로써 키예프-루시는 비로소 새로운 기독교 국가로 탄생하게 된다. 비잔틴 제국으로부터 초빙되어 온 성직자들이 주민들에게 세례의식을 거행하기 시작하였으며 나무로 된 이교신의 우상들은 불태워지거나 강에 던져졌다. 하지만 많은 슬라브인들은 자신들의 신과 헤어지려고 하지 않았으며 이들은 울며불며 세례받기를 거부하였고 심지어 성직자들을 때려죽이기까지 하였다. 즉, 키예프-루시의 공후들이 비잔틴 제국으로부터 **그리스정교(그리스도교)**를 받아들이기 이전에 루시족(동슬라브족)들은 다른 슬라브족들과 마찬가지로 자신들만의 풍요로운 **이교신앙**을 가지고 있었으며 이들은 자신들의 신과 쉽사리 헤어질 수가 없었던 것이다.

초기에 **블라지미르 대공**은 **이교**를 장려하여 민족의 통일을 도모하였었다. 하지만 이후 '루시'를 국가적으로 **통일**하기 위해서 보다 보편적인 종교를 찾게 되었으며, 당시 유행하고 있던 동방정교, 로마가톨릭교, 이슬람교, 유태교 가운데 하나를 선택해야만 했다. 당시 아랍인들은 이슬람교를, 하자르인들은 유대교를, 그리스인들은 동방정교를, 프랑크인과 스칸디나비아인들은 로마 가톨릭교를 믿고 있었다. 블라지미르 대공이 이러한 많은 종교들 가운데서 **동방정교(그리스정교)**를 수용한 것은 무엇보다도 당시 슬라브인들의 현세지향적이고 신-인 동격체적인 **민간신앙**의 전통이 **그리스정교**와 가장 잘 맞아떨어졌기 때문이다. 이러한 점에서 슬라브인들이 받아들인 종교(그리스정교)는 처음부터 전통적인 민간신앙의 기반 위에서 받아들여졌다고 볼 수 있다. 즉, 그리스정교가 처음부터 키예프-루시 **국가 통일의 필요성**과 기존의 **민간신앙의 전통** 위에서 선택적으로 받아들여졌다는 점에서, 슬라브인들의 정교는 현세 지향적인 민족신앙의 성격을 갖고 있다고 할 수 있다. 농민들 역시 민간신앙의 연장선상에서 정교를 이해하고 받아들였으며, 정교는 나름대로 농민들의 지식 문제를 해결하는데 도움을 주었다. 도시의 귀족층과 엘리트 중심의 정교가 농촌으로 확산되면서, 정교는 농민들의 삶에 가장 중요한 문제였던 경작의 문제나 강수량의 적절한 배분, 유용한 작물의 성장, 가축의 방목 등과 같은 경제적인 문제에 대한 적절한 해답을 주었던 것이다. 과거 이러한 문제에 대한 해답을 주었던 **민간신앙**들이 차츰 정교 의례로 바뀌었고, 이 과정에서 계절주기에 따르는 농민의 **민간축제**와 **정교**

의례가 서로 뒤섞이면서 하나로 융합되기 시작하였다.

그리하여 세례받기를 거부하며 자신들의 신과 쉽사리 헤어지려 하지 않았던 슬라브인들은 처음에는 강제로 새로운 종교를 받아들이기 시작하였으나, 점차로 그리스도교에 차츰차츰 익숙해져 가기 시작하였다. 그렇지만 옛 이교신앙이 완전히 사라진 것은 아니었다. 민중들의 의식 속에서 정교는 배타적인 종교가 아니라 민간신앙과 부합되는 것으로 받아들여졌고, 새로운 것(기독교)에 옛 것(민간 신앙적 전통)을 대치하는 기독교화가 아니라, 옛 것에 새로운 것이 선택적으로 덧붙여지는 것으로 인식되었다. 세례식이 있은 뒤로도 오랫동안 여전히 점성가와 마법사들은 루시의 도시와 마을들을 돌아다니며 주민들에게 옛 종교 의식을 지키도록 호소하였으나, 슬라브인들은 점차로 옛 것 위에 새로운 것을 선택적으로 받아들이면서 차츰차츰 기독교에 익숙해져 갔다. 그리하여 슬라브인들의 민간신앙적인 옛 믿음들 가운데서 많은 것들이 보존되거나 혹은 그리스도교로 흘러 들어가 기독교화되기 시작하였다. 뇌우의 신 뻬룬은 없어졌으나 백성들은 이 신의 특성을 성 일리야에게 옮겨 놓음으로써, 일리야는 우뢰와 번개를 다스리게 되었으며, '가축'의 신 벨레스 대신에 성 블라시가 가축의 보호자가 되었다.

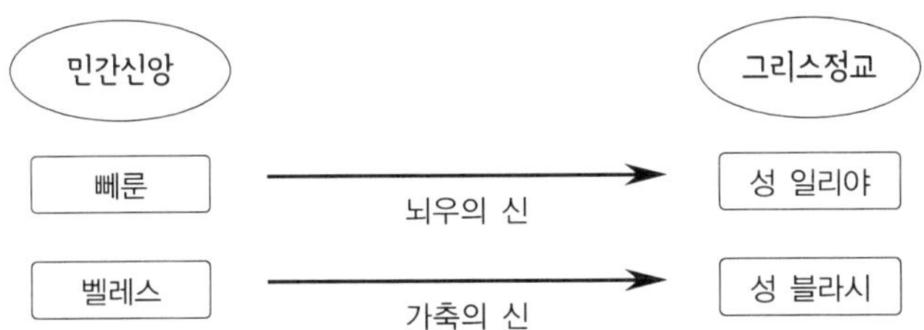

이렇게 하여 동슬라브족에게 전파된 기독교는 키예프-루시에서의 봉건관계의 발달을 촉진시켰다. 교회의 성직자들은 공후가 백성들을 하나님의 뜻에 따라 통치하는 것이라고 말하였다. 슬라브족들에게 전파된 기독교는 그리스정교(동방정교)로서 황제를 교회의 수장(首長)으로 하는 황제교황주의(皇帝敎皇主義)를 따르고 있었기 때문에, 루시의 공후들은 자신들의 통치를 더욱 공고히 하는데 있어 그리스도교를 이용하였던 것이다. 이처럼 슬라브족에게 전파된 그리스정교는 백성들에 대한 공후와 대귀족들의 권력을 강화시켜 줌으로써 봉건제도의 발달을 촉진시켰을 뿐만 아니라, 더 나아가 키예프-루시가 하나의 국가로서 더욱 더 공고히 통일되는데 있어서도 많은 공헌을 하였다. 즉, 같은 종교(그리스정교)를 믿게 된 루시인들은 다른 이민족과 달리 키예프-루시라는 하나의 국가로서 더욱 더 공고하게 통일되어 나아갔던 것이다. 또한 슬라브인들에게 기독교가 전파됨으로써 키예프-루시는 비잔틴 제국 및 서구의 다른 여러나라들과 더욱 더 활발하게 문물교류를 하게 되었으며, 루시인들도 이제 서구의 일원으로서 서구 그리스도교 문명 속에 포함되는 계기가 되었다. 이후 루시의 도시들에는 아름다운 사원과 수도원들이 속속 세워지기 시작하였으며 그리스도교 국가로서 그리스도교 문화가 발달하여 나아갔다.

이와 같이 하여 슬라브족에게 기독교가 전파되면서 성경 및 복음서들과 함께 이콘이 전해지게 되었으며, 아울러 '교회슬라브어'라 불리는 문자가 최초로 전해지기 시작하였다. 앞의 장(제1장)에서 설명한 바와 같이, 그리스의 사제 키릴로스가 당시의 남쪽 슬라브인들에게 기독교를 효과적으로 전파하기 위하여 고안해 낸 언어-문자가 교회슬라브어-키릴문자이며, 이것이 토대가 되어 고대러시아어의 기초가 되었다고 하였다. 그러므로 당시 비잔틴 제국의 수도 콘스탄티노플에서 기독교를 받아들인 키예프-루시에는 기독교의 수용과 더불어 교회슬라브어로 번역된 성경, 복음 및 전례서들이 들어오게 되었다.

그러니까, 9세기 경 키예프-루시에 살고 있던 동슬라브족들은 말은 동슬라브어로 하였으되, 문자는 남슬라브어에 바탕을 두어 만들어진 교회슬라브어-키릴문자를 사용하였던 것이다.

즉, 우리와 비교해 본 다면, 세종대왕이 한글을 창제하기 전에 우리나라 백성들이 말은 당시의 조선말로 하였으되 문자는 어려운 중국 한자나 혹은 이두문자를 사용하였던 경우와 유사하다고 할 수 있다.

(2) 이콘의 숭상

지금도 슬라브족이 사는 지역을 여행하다 보면 대부분의 가정에 조상대대로 전해져 내려오는 이콘(성상화)이 집안에 정성스레 모셔져 있는 것을 발견할 수 있다. 그냥 집안 한 구석에 방치되어 있는 것이 아니라, 양지바르고 햇볕이 잘 드는 청결한 장소에 마치 신주 단지처럼 소중히 모셔져 있는 것이다. 그리고 멀리 떠나갈 때나 혹은 먼 여행에서 집 안으로 들어올 때나 항상 제일 먼저 이콘을 향하여 성호를 긋는 모습을 종종 볼 수 있다. 이와 같이 슬라브족들은 이콘을 숭배의 대상으로서 매우 존경스러운 마음으로 대하였다. 그러므로 슬라브인들은 낡고 못쓰게 된 이콘은 파괴하지 않고 땅속에 묻거나 물에 띄워 보냈다. 또한 이콘에 대한 말도 아주 조심스레 하여, 이콘을 돈을 주고 샀더라도 '돈을 주고 샀다'고 하지 않고 '돈으로 교환하였다'고 말하였으며, 이콘이 불에 타더라도 '이콘이 불에 탔다'고 말하지 않고 '이콘이 떠나셨다'고 표현한다.

그러므로 이콘은 아주 오래 전부터 슬라브인들 사이에서는 단순한 그림이 아닌 가장 가치 있는 값진 보물 가운데 하나였으며, 이콘을 선물 받는 것은 최상의 가장 값진 선물을 받는 것이었다. 서구 유럽에서 이콘이 하나의 장식품 내지는 예술작품 정도로 받아들여지는 반면, 슬라브인들에게 이콘은 있어서는 장식품이나 예술작품에 불과한 것이 아니었다. 슬라브인들에게 있어서 이콘이 보관되는 장소는 가장 신성한 장소이며 바로 성전과 같은 곳이었다.

이와 같이 이콘이 슬라브인들 사이에서 중요한 의미를 지니게 된 데에는 정교회에 사제의 설교가 없다는 점이도 그 이유 중의 하나였다. 이콘은 사제의 역할을 대신하였으며, 특히 글을 잘 모르는 농민들에게는 성경과 같은 것으로 여겨져서, 바로 '농민들의 바이블'이라 불리게 되었다. 즉, 대부분의 신자들은 글을 읽을 줄 몰랐고 교리에 대해서도 잘 몰랐으므로 정교회의 많은 원칙들을 이해하지 못했다. 농민들은 단지 자신들이 이전에 들었던 것만을 토대로 성경과 교리의 내용을 상상하거나 유추하곤 했으며, 바로 이러한 이유 때문에 이콘(성상화)은 농민들의 바이블이나 다름없는 것이 되었고, 그 자체가 숭배의 대상이 되었다. 대다수의 슬라브 농민들은 성상화에 그려진 그림을 통해서 정교의 가르침을 느끼고 실천했던 것이다. 즉, 서구 기독교에서는 이콘이 하나의 장식용으로 사용되어 왔지만, 기독교가 슬라브족에게 전해진 이후, 슬라브인들은 이콘을 그리스도교를 상징하는 하나의 상징물로 받아들였을 뿐만 아니라, 하나님에 대한 지식을 얻는 주요한 수단으로서 여겨 왔던 것이다. 이와 같이 이콘은 슬라브인들에게 있어서 매우 중요한 기독교적 상징물이며 교육수단이었으며, 따라서 이콘에 그려지는 주제 또한 기독교성을 중요한 주제로 하여 그리스도와 성모마리아를 비롯한 여러 성인들의 모습과 삶이 정성스레 그려져 전해지기 시작하였다. 그리하여 이콘은 슬라브 문화의 상징으로서 모든 집에 걸리게 되었으며, 19세기까지 대다수의 슬라브 농민들은 자신의 오두막집 안에 성상화를 걸어두는 특별한 장소—식탁 위의 '성스러운' 구석—를 따로 정해 놓고 거룩하게 여겨 왔다. 또한 손님이 집안에 일단 들어오면 제일 먼저 성상화(이콘)를 찾았고, 그 앞에 머리를 숙이며 세 번 성호를 그었으며, 그런 다음에야 비로소 주인에게 "신의 가호가 있기를!"하고 인사를 하였다.

이콘에 그려지는 여러 가지 그리스도교적인 주제들 가운데 가장 대중적인 주제는 '성모 마리아'에 관한 주제였다. 이는 슬라브인들에게 있어서 '어머니'는 단순한 어머니 그 이상의 의미를 지니며, 자신들을 항상 보살펴 주는 어머니와 자신들을 항상 지켜주는 조국을 같은 맥락에서 파악 하였던 것과 무관하지 않다. 즉, 슬라브인들에게 있어서 조국은 어머니와 같은 것이며, 조국의 땅은 바로 어머니의 품과도 같은 것이었다. 지금도 슬라브인(러시아인)들 가운데는 '러시아의 어머니' 혹은 '대지의 어머니'와 같은 표현을 자주 사용하는 사람들을 종종 발견할 수 있는데, 이는 슬라브인들의 정신세계 속에 대대로 뿌리 내려온 어머니, 조국, 대지(땅)에 대한 같은 사고에서 연유하는 것으로 볼 수 있다. 이와 같이 이콘에 그려지는 주제는 '성모 마리아'에 관한 주제 이외에도 여러 가지 기독교적인 주제들이 있었으며, 그리스도와 그리스도의 삶에 관한 모습 이외에도 여러 성인들의 삶과 모습 그리고 성경 속에 나타난 여러 가지 이야기들에 관한 주제들이 그려졌다.

슬라브인들에게 전해진 최초의 이콘은 그리스도교의 수용과 함께 동시에 나타났다. 처음에는 이콘들을 비잔티움(콘스탄티노플)에서 직접 들여왔으며, 후에 비잔틴 제국에서 온 거장들과 화가들이 키예프-루시에서 직접 이콘들을 그리기 시작하였다. 그리스도교(동방정교)가 키예프-루시인들(동슬라브족)에게 처음 전해지기 시작하였던 10세기 경, 키예프-루시의 공후들은 자신의 세력을 과시하기 위해 유명한 화가를 직접 초청하여 이콘을 그리게 하였다. 이들 비잔틴의 거장들과 화가들은 이미 수백 년 동안 성스러운 역사의 장면들과 성자상들을 그려왔으며, 따라서 이들은 곧 슬라브인 견습생들의 스승이 되었다. 비잔틴의 화가들은 루시의 성전들과 공후들의 대저택을 색칠하고 이콘들로 장식하기 위해서 멀리 슬라브 지역의 땅까지 건너왔다. 비잔틴 거장들이 그린 최고의 작품들은 수백 년 동안 모방작의 견본이 되었으며, 그 중에서도 가장 존중되는 작품은 12세기 초에 콘스탄티노플의 무명 거장이 그린 <블라지미르 성모> 이콘이다.

슬라브인(루시인)들은 이콘의 그림판, 바탕색 물감, 안료의 제조 비결, 색칠, 회화 도구, 윤곽선의 비밀 등을 알기 위해 스스로 비잔틴 화가들의 견습생이 되었다. 이렇게 하여 그려지고 제작되어진 이콘들은 대부분이 작자 미상인 채로 공후들(귀족들) 집안의 보물이 되어 자자손손 전해져 내려오고 있는 것이다.

대개 이콘을 가리켜 '판자 위의 회화'라 부른다. 실제로도 나무판자 위에 이콘을 제작하였으며, 이 작업은 굉장히 복잡하고도 막대한 노력을 요하였다. 이콘 제작에 있어서 제일 먼저 작업에 착수하는 사람은 목수였다. 목수들은 이콘 제작을 위해 모든 종류의 나무 중에서 특히 보리수를 선호하였다. 그것은 보리수에는 잔가지가 적기 때문이었다. 하지만, 소나무와 전나무, 낙엽송도 사용되었다. 이렇게 하여 마련된 판자를 오랫동안 말렸는데, 때로는 몇 년씩 걸리기도 하였다. 그리고 나서 목수들은 도끼로 그 표면을 꼼꼼하게 다듬었다. 앞면에는 모서리를 약간 벗어나서 깊지 않은 직각의 홈을 팠다. 그 결과 중앙의 공백과 가장자리가 생겼다. 목수는 이콘이 휘지 않도록 판자 뒤쪽에 가로의 홈을 팠고, 그 속에 특별한 작은 물건인 꺾쇠를 박았다. 하나의 이콘을 만들기 위해 몇 개의 판자들을 연결할 필요가 있었을 때도 목수들은 마다하지 않고 착실히 작업을 수행하였다. 이콘들 가운데 몇 개의 이콘들은 그 크기가 가로 4미터, 세로 3미터가 훨씬 넘는 것도 생겨났다. 자신이 맡은 일을 완수한 뒤 목수는 판자를 화가들에게 넘겼다. 화가는 그 판자 앞면에 값비싼 직물을 붙였는데, 이는 나무 균열로부터 그림을 보호하는 아마포였다. 백묵가루와 혼합한 민어 부레로 만든 아교로 직물 위에 초벌칠을 했다. 크림과 유사한 이 원료를 직물 위에 여러 층 덧발랐고 광택이 날 때까지 경석, 곰의 치아, 바싹 말린 풀로 연마했다. 물감은 별도로 준비되었다. 달걀노른자로 혼합한 염료인 템페라 물감으로 이콘을 그리기 시작하였다. 염료의 색소로서는 채색한 점토와 광물을 사용했다. 광물들과 점토들을 돌절구에 꼼꼼하게 빻아서 물과 혼합했다. 물이 증발하면 침전물에서 윗부분만을 걷어낸 다음 다시 한 번 빻았다. 몇 번씩의 작업 후에 염료 색소가 완성되었고 그것을 끈끈한 달걀노른자와 혼합했다. 오늘날의 유성물감과는 달리 템페라 물감은 불투명했고 필요한 색을 얻고자 색을 겹쳐서 사용할 수 없었다. 그와 동시에 템페라는 수백 년 넘게 자기의 특성을 보존하고 있는 강렬하고 청명한 색을 지니고 있다. 판자와 물감이 준비되었을 때 이콘 작업의 가장 중요한 순간이 시작되었는데, 그것은 바로 이콘을 그리는 작업이었다.

중세에 이콘을 제작하는 일은 신의 뜻에 따르는 일로 간주되었다. 전해오는 말에 따르면 성모 성상화(이콘)를 그렸던 복음서 저자 누가는 그리스도교 역사상 최초의 성상화가였다고 한다. 진정한 성상화가는 종교의 교의에 충실한 사람이어야 했고 뛰어난 개성을 지닌 사람이어야만 했다. 즉 화가의 재능과 신학자의 지식을 가지고 있어야 했다. 따라서 결코 모든 사람들이 성상화가가 되지는 못하였다. 당시 중세의 사고와 개념에 의하면, 깨끗하지 않은 존재인 여성과 비그리스도인 이단자들은 결코 성상화가가 될 수 없었다.

성상화가들은 이콘 작업의 시작에 앞서 금식을 행하였으며, 술을 절제하였고 전날 밤에는 반드시 목욕을 한 후 깨끗한 상의로 옷을 갈아입었다. 일에 착수하면서 화가들은 자신들의 작업을 하느님께서 축복해 주실 것을 기원하면서 하나님께 간절히 기도를 올렸다. 종종 화가들은 성전의 전체 벽화와 성상화로 성전을 장식하는 주문을 받고서 화가조합에서 일했다. 맨 먼저 화가조합에서 연륜이 있는 거장이 숯으로 이콘의 전체적인 구도를 스케치하면, 다음에 수제자들이 금박을 이용하면서 바탕과 후광에 도금을 했다. 이 작업 후에 물감으로 풍경 요소와 성자들의 의복을 그렸다. 그리고 마지막에 가서야 숙련된 거장이 막대한 노력을 기울여 성자들의 얼굴, 손, 발을 그렸다. 작업이 완수되고 난 후에는 삼씨기름인 니스로 그림을 칠했다. 니스는 이콘에 생생한 광택을 부여했고 물감층을 먼지와 습기로부터 보호했다. 니스칠이 잘 마르도록 따뜻한 햇볕이 드는 계절에 몇 회에 걸쳐 말렸다.

한편, 이렇게 제작된 이콘들은 슬라브인들이 머무르는 곳의 어느 한 특별한 장소(성스러운 곳)에 하나씩 잘 모셔져서 오랫동안 슬라브인들의 마음 속 숭배의 대상이 되었을 뿐만 아니라, 성당이나 사원 또는 교회의 중앙 정면 벽 쪽에 여러 개의 이콘들이 함께 안치되어 제단 장식으로서 사용되어 왔는데, 이를 가리켜 '이코노스타스'라 부른다.

사원 내부의 이코노스타스 (키에프, 성 앤드류 성당)

(3) 여러 가지 주요한 이콘들

■ 블라지미르 성모

<블라지미르 성모> 이콘

연대기는 1155년경에 일어난 다음의 사건을 전한다. 저녁 황혼 무렵 키예프 근교에 있는 요새 브이세그라뜨의 목조 성문에서 한 무리의 기사들이 출발했는데, 그 중에는 키예프의 **유리 돌고루키** 대공(大公)의 장남 **안드레이**도 있었다. 유리 돌고루키는 키예프의 대공이자 블라지미르-수즈달 공국의 공후로서 훗날 모스크바의 모체가 되는 **모스크바 크레믈린**(요새)을 건설하는 인물이다. 사람들은 유리에게 '긴 손'이라는 뜻의 별칭 '돌고루키'를 붙여 주었다. 즉, 아들 안드레이는 아버지 유리 돌고루키의 명을 받고 기사들과 함께 아주 아름다운 **<성 모자> 성상화(이콘)**를 운반해 오고 있었던 것이다. 얼마나 오랫동안 이 운반자들이 여로에 올랐었는지는 알려져 있지 않으나, 마침내 이들은 성스러운 **블라지미르-수즈달 공국**에 도달했다. 전해 오는 말에 따르면, 블라지미르에서 멀지 않은 곳에서 이콘을 운반에 온 말들이 갑자기 멈추어 섰다고 한다. 기사들이 말들을 재촉하고 때리기도 했지만, 도저히 말들을 그 자리에서 움직이게 할 수가 없었다. 그래서 그때, 성상화가 여기에 머물고 싶어 한다는 것을 분명히 알게 되었다. 얼마 안 있어 바로 그 장소에 '하느님이 사랑하는 장소'를 의미하는 '보골류보보'라는 이름의

대저택이 지어졌고, 안드레이 공은 '보골류프스끼'라는 별칭을 얻었다. 그래서 기적을 행했던 이 성상화는 <블라지미르 성모>라고 불리게 되었다.

그 후 슬라브인(루시인)들 사이에서 <블라지미르 성모>는 그리스도교의 주요 성물 가운데 하나로 여겨졌다. 이 성상화(이콘)는 블라지미르 공국을 침입한 몽고-따따르족의 공격에서도 살아남았다. 아마 사람들이 블라지미르에서 성상화를 빼내어 안전한 장소에 숨긴 듯 했다. 1395년 루시인들에게 또 다른 위험이 닥쳤다. 아시아의 무적 장군 따메를란이 자신의 구름떼 같은 대군을 이끌고 다시 슬라브 지역 영토를 쳐들어 온 것이다. 아무도 그들의 공격을 저지할 수 없었고, 바투 한이 저지른 것과도 같은 침입을 받는 것은 피할 수 없다고 생각하였다. 돈스꼬이 황제의 아들인 모스크바의 바실리공은 위험을 알아차리고서, 블라지미르 성모 성상화를 블라지미르에서 모스크바로 옮겨오도록 명령했다. 그러자 정말로 믿을 수 없는 일이 일어났다. 따메를린의 군대는 러시아 영토를 밟자마자 방향을 돌려 자기 나라로 돌아간 것이다. 따따르족의 압제가 완전히 끝난 1480년은 러시아에 있어 매우 중요한 해였다. 이 해에 러시아인들은 기적을 행하는 이 성상화(이콘)를 러시아 영토의 수호자로서 영원히 모스크바로 옮겨와 모스크바 크레믈린 안의 우스펜스키 성당에 두기로 하였다.

우스펜스키 성당(사원)

<블라지미르 성모>의 주제는 그 자신의 생명처럼 영원하고 사랑처럼 깊은 감동을 주는 것이다. 어린 그리스도는 성모의 목을 껴안고서 감동적으로 그녀의 얼굴

쪽으로 뺨을 바짝 기대었다. 이 성상화(이콘)는 <감동 어린 성모>라고도 불려진다. 몇 배나 많이 성모상(성모 마리아상)을 추구했던 서구 예술이 이만한 감동을 주는 성상화 화술의 유형을 만들 능력이 없었다는 것은 재미있는 일이다. <블라지미르 성모>가 복원될 때, 복원가들은 네 번의 덧칠로 성상화(이콘)가 엉망이 되었다는 것을 알아냈다. 12세기 고대의 <블라지미르 성모>에서 남은 부분은 성 모자의 얼굴과 어린 그리스도의 왼손뿐이다. 하지만 그래도 가장 중요한 부분만은 남아 있었다. 성모의 얼굴은 경탄스럽고 무엇과도 비교할 수 없는 것이다. 성모의 눈에는 자신의 아들의 잔혹한 운명을 예견한 어머니의 슬픔과 깊은 고통이 떠나지 않고 있었다. 인류의 영원한 동반자인 사랑과 슬픔, 좀처럼 보기 드문 절실함을 담고 있는 이 두 감정은 비잔틴의 천재적인 거장에 의해 표현 되었다. <블라지미르 성모>는 여러 세대에 걸쳐 러시아 성상화가들에게 최고의 견본이 되어 왔다.

성자 게오르기

■ **성자 게오르기**

모스크바 크레믈린궁 안의 우스펜스키 성당 성상화벽 정면에는 유리로 덮여 있는 <성자 게오르기>라는 큰 성상화(이콘)이 걸려 있다. 슬라브인들은 오래 전부터 성자 게오르기를 매우 사랑했으며 그의 모습을 용과 싸우는 용감한 기마병의 모습으로 자주 표현하곤 하였다. 하지만, 게오르기를 그린 무명의 러시아 거장은 이전과 다른 방식을 취했다. 거장은 러시아 무사들의 보호자인 성자 게오르기를 갑옷을 입고 붉은 망토를 걸친 멋진 무사로 그렸다. 눈을 크게 뜬, 아름답고 소년 같은 얼굴은 고수머리로 에워싸여 있다. 필시 망토의 색깔은 게오르기의 순교적인 죽음에 대해 상기시키지만, 작가의 흥미를 끄는 것은 고난이라는 주제가 아니라 젊은 영웅의 무사적인 용감함이다.

▪하느님이 만드신 구세주

슬라브인들은 오래전부터 예수 그리스도를 종종 '구원자'라는 단어에서 파생된 '구세주'라 불렀다. 다양한 형태의 그리스도 이콘들 중에서 가장 널리 알려진 것은 노브고로드의 거장에 의해서 그려졌고 현재 모스크바의 뜨레찌야코프스키 미술관에 소장되어 있는 <하느님이 만드신 구세주>이다.

여기에는 다음과 같은 전설이 전해져 오고 있다. 머나먼 소아시아의 '에데사'라는 도시에서 아브가르 황제가 중병을 앓고 있었으며, 어떤 의술도 약도 황제에게 도움이 되지 않았다. 그런데 황제는 유대 지방에서 '예수'라 이름하는 전도자가 환자들을 잘 고친다는 소문을 들었다. 아브가르 황제는 그를 부르러 사람을 보냈지만 예수는 갈 수 없는 대신에 인공이 아닌 방법으로 만든 자신의 얼굴 모습을 황제에게 보냈다. 즉 예수는 얼굴에 손수건을 얹었고, 예수의 모습이 손수건 위에 기적적인 방법으로 찍혀 나온 것이다. 그리하여, 하느님이 만드신 그리스도의 초상이 담겨진 손수건이 마침내 환자인 황제를 완치시켰다는 전설이다.

하나님이 만드신 구세주

<하느님이 만드신 구세주>에서 구현된 구세주의 얼굴은 아름다우면서도 준엄하다. 눈

썹은 활 모양으로 둥글게 휘어져 있고, 큰 눈의 푹 패인 곳은 음영으로 강렬하게, 코는 가늘고 길게 묘사되어 있다. 머리다발은 금발로 얽혀 있으며, 옆으로 향한 시선, 왼쪽으로 빗겨진 땋은 머리, 다른 길이의 콧수염 등 몇몇 세부구조들이 얼굴의 죽어 있는 듯한 대칭 구조를 파괴하면서 얼굴 모습을 더 활기 있게 만든다.

금발의 천사 성상화

■ **금발의 천사**

성상화(이콘)들에 표현된 성자들의 모습에서 가장 가치 있는 것은 성자들의 **얼굴**이며, 그 중에서도 **눈**이라고 볼 수 있다. **<금발의 천사>**의 눈은 준엄하고 선하며, 슬프고 생각에 잠긴 눈이다. **눈**은 성자의 영혼을 비추는 참된 거울이다. 뻬쩨르부르그에 있는 러시아 박물관의 한 홀에 **<금발의 천사>**라는 시적인 명칭을 가진 12세기의 이콘이 걸려 있다. 얼굴의 절반을 차지하고 있는, 크고 아름다운 천사의 눈은 아주 매력적이다. 눈은 **설명하기 어려운 슬픔**으로 가득 차 있으며, 약간 기울어진 머리는 외모에 서정적인 분위기를 더해준다.

■ **야로슬라블 성모**

1919년에 야로슬라블의 구세주 수도원에 있는 어두침침한 창고 안의 먼지투성이 잡동사니 속에서 아주 커다란 **이콘**이 하나 발견되었다. 18~19세기의 졸렬한 회화가 성상화의 얼굴 면을 덮고 있었다. 후에 밝혀진 것처럼, 그

회화 밑에는 고대 러시아의 가장 훌륭한 이콘 중의 하나가 숨겨져 있었다. 13세기 초, 지방 공후의 주문에 의해서 한 수도원을 위하여 <위대한 성모상> 성상화(이콘)가 그려졌던 것이다. 성상화 화술 기법에 따르면, 이 성상화는 키예프의 소피아 성당 안에 있는 유명한 성모 성상화와 유사하지만 다른 차이점도 있었다. 즉 성모의 가슴 높이에 축복을 받으려는 몸짓으로 두 팔을 들어 올린 어린 그리스도가 그려져 있는 것이다. 아주 커다란 성상화의 크기(거의 2미터 높이), 균형 잡힌 성모의 모습, 성모의 의복의 큰 주름들, 이 모든 것들은 성상화를 장대하고 장중하게 만들고 있다. 하지만, 성모의 얼굴은 아름답고, 볼에는 엷은 홍조를 띠고 있으며, 눈 주위는 깊게 그늘져 있다. 성모의 시선은 굳어진 채 눈에는 뭔가의 슬픔이 가득 차 있다. 또한, 성모의 의복은 보석, 진주로 화려하게 장식되어 있고 금색실로 꿰매져 있는 것이 특징적이다. 아마도, 화가는 그렇게 화려하게 성상화를 만듦으로써 당시 주문자인 공후의 세련된 취향을 반영하려 했을 것이다.

<야로슬라보 성모>

이와 같이 전해져 내려오는 수많은 이콘들은 하나같이 작자미상이다. 앞에서 살펴 본 바와 같이 이름이 붙여진 유명한 이콘들도 있지만, 이름도 작자도 없는 수많은 이콘들이 슬라브인들 조상대대로 각각 전해져 내려오고 있는 것이다. 고대 슬라브-러시아 문화의 가장 큰 수수께끼들 가운데 하나는 고대

문학의 백미로 손꼽히는 '이고리 원정기'의 작자는 누구인가 하는 것이다. 그러나 작가가 알려지지 않은 걸작들의 명단이 '이고리 원정기' 하나만으로 끝나는 것은 아니다. 누가 그 아름다운 키예프의 소피야 성당과 노브고로드의 소피야 성당을 지었으며, 누가 블라지미르 도시의 부조로 장식된 드미트리 성당을 지었고, 또 누가 12세기의 그 수많은 이콘들을 그렸는가 하는 것이다. 오래 된 일이 될수록 이러한 질문들에 대한 해답은 더 적어진다. 고대에는 자신이 저자임을 내세우는 일이 받아들여지지 않았다. 땅 위에 존재하는 유일한 조물주이자 작가는 오로지 하느님이고, 사람은 단지 하느님의 의지를 수행하는 것일 뿐이라 여겼다. 그리고 제작자에 대한 비밀스런 내용들을 밝혀 줄 수 있는 많은 고문서들은 이미 분실되었다. 슬라브 지역 땅에서 성상화를 그렸던 페오판, 안드레이, 지오니시, 시몬과 같은 이름들만이 겨우 남겨져, 그들이 당시 중세 시대에 가장 재능있는 성상화(이콘)의 거장들 가운데 일부였음을 짐작케 할 뿐이다. 다음의 여러 가지 이콘들이 이를 말해 준다.

여러 가지 이콘

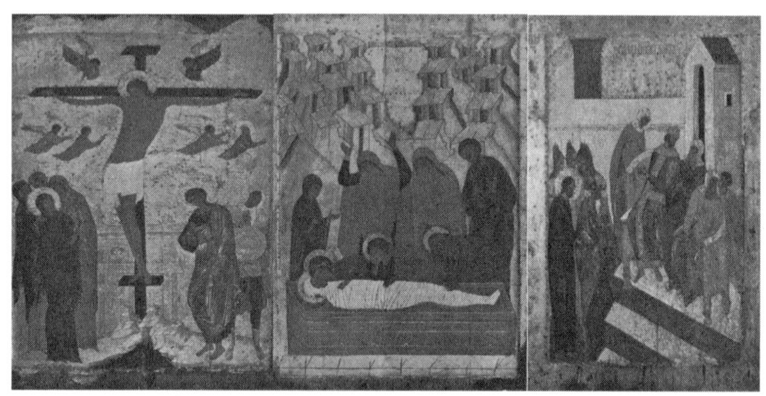

십자가 처형 | 돌아가심 | 빌라도 앞에 서심

부활을 알리는 천사 　 십자가에 매달리심 　 십자가에서 내려지심

예루살렘 입성 　 오순절 성신강림 　 열두 제자들

안드레이 루블료프의 삼위일체, 15세기 초 　 성찬식

시몬 우샤코프의 삼위일체, 1671년

시몬 우샤코프의 모스크바 공국의 나무, 1668년

8장
쉽고 재미있는 러시아어

8장 쉽고 재미있는 러시아어

(1) 러시아어의 역사

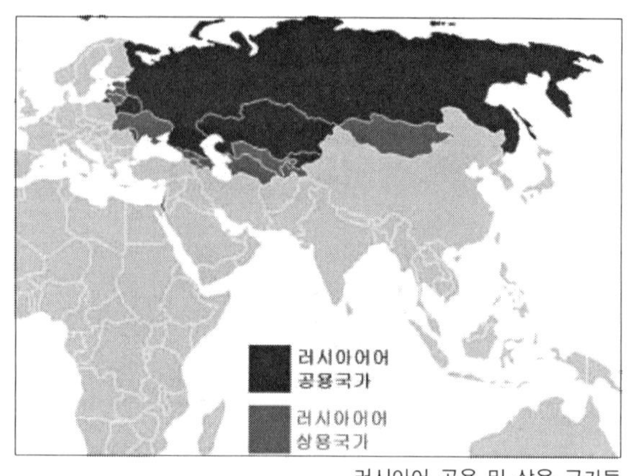

러시아어 공용 및 상용 국가들

일반적으로 러시아어라고 하면 모스크바 방언을 기초로 하는 표준어(현대 러시아文語)를 가리킨다. 유엔의 공용어로도 채택되어 있는 러시아어는 상용인구 1억 5,300만 명, 제2의 언어로 사용하는 인구는 6,130만 명으로 나타나 있다.(1980년). 이처럼 해외에서, 러시아 내의 여러 민족과 유럽 내의 여러 민족 그리고 유럽 여러 나라에서 제1외국어로도 러시아어는 중요한 구실을 한다.

러시아어는 유엔에서 정한 7개 공용어 중 하나이며 구소련의 독립국가연합에 속한 나라들과 동유럽의 여러 나라들에서 주로 사용된다. 즉, 에스토니아, 라트비아, 리투아니아, 몽골, 폴란드, 체코, 헝가리, 루마니아, 불가리아 등에서 상용어로 사용된다. 러시아어의 방언은 북부(러시아 북부에서 시베리아), 중부(러시아 중앙부), 남부(카프카스와 러시아 남서부)로 나뉘며, 표준어는 모스크바 방언을 기반으로 한다.

슬라브족은 1세기가 시작될 무렵까지는 하나의 언어를 사용하고 있었다. 이 언어적 통일이 붕괴된 것은 슬라브족의 이동과 관계가 있다. 슬라브족의 이동이 시작된 것은 1세기 전반부터인데, 먼저 서(西)슬라브인의 조상이 게르만족의 서진(西進)에 따라 비어 있던 지금의 독일(동독) 땅으로 침입하면서

슬라브어		
슬라브어	**서슬라브어**	폴란드어(폴란드), 체코어(보헤미아, 모라비아지방), 슬로바키아어(슬로바키아), 소르브어(독일의 드레스덴 북동지역) 카슈브어(폴란드의 비스와강 하류지역)
	남슬라브어	세르보 크로아티아어(유고슬라비아 및 크로아티아), 슬로베니아어(슬로베니아), 마케도니아어(마케도니아),불가리아어(불가리아).
	동슬라브어	러시아어(러시아), 우크라이나어(우크라이나) 벨라루스어(백러시아)

다른 슬라브족에서 이탈하였다. 슬라브족의 이동·영토 확장은 그 후에도 **모스크바 방언**을 기반으로 한다.

게르만족의 '민족이동'의 뒤를 이어 행하여졌으나 가장 활발하였던 시기는 **6~7세기**이며, 이 사이에 **남(南)슬라브인** 조상들이 발칸반도로 남하하고 **동슬라브인** 조상들이 유럽 러시아 땅으로 동진(東進)함에 따라 슬라브인은 동·서·남의 독립된 종족으로 분화하였다(**슬라브족의 대이동**). 동슬라브인에 관한 최초의 정확한 역사적 기록에 의한 증언은 9세기에 관한 것이다. 13세기까지 동슬라브인의 영토(**고대 루시**: 루시는 러시아의 옛 이름)에는 방언적 차이를 포함하면서도 하나의 **동슬라브어**(古期 러시아어)가 사용되고 있었다. 10세기 이전 동슬라브어의 문어(文語)는 체계적인 문자의 성립이 없었기 때문에 분명하지 않다.

학자에 따라서는 구비문학(口碑文學)이나 토후(土侯)의 사신(使臣)들에 의한 외교적 전언(傳言) 등에서 구두형식(口頭形式)의 문어가 존재하였던 것으로 가정하고, 10세기 이후 문자의 도입에 의하여 이 문어의 전통이 확립되고 발달하여 『**이고리 원정기**』(12세기), 『지난 세월의 이야기(러시아 연대기)』(12세기) 등의 문학적 내용의 원전이나 『루스카야 프라우다』(11세기)와 같은 공문서적 성격의 원전에 구현되었다고 주장하는 사람도 있다. 그러나 고기(古期) 동슬라브 문어의 기저(基底)에는 **고대교회슬라브어**의 존재가 인정되고 있다는 것이 정설(定說)이다. 즉, 988년 동슬라브인의 국가인 키예프 루시가 비잔틴제국(帝國)으로부터 그리스도교(동방정교회)를 국교로서 받아들인 이후, 고대교회슬라브어로 쓰여진 종교문헌이 불가리아를 경유하여 유입되고, 널리 퍼지게 되었다. 고대교회슬라브어는 당시 슬라브세계에서 국제어적인 구실을 다하고 있어, 루시에서도 문어로서 통용되었다. 고대교회슬라브어의 구조상 특징은 남슬라브어에서 그리스어의 통사법(統辭法: syntax)의 표현력과 유연성(柔軟性)을 섭취한 것인데, 루시에서도 그 문화환경을 소화시켜 러시아화한 고대교회슬라브어는 문학적 전달의 불가결한 수단이 되어 성자전(聖者傳) 등 원전적인 작품이 이 문어로 쓰여졌다.

고대교회슬라브어는 9세기 모라비아에서 그리스도교를 포교한 키릴로스와 메토디오스가 번역한 성서(현존하는 것은 10~11세기 때의 사본)로 알려진 언어이다. 고대교회슬라브어는 남(南)슬라브어에 속하며, 고대 불가리아어로 불리는 수도 있으나, 현대의 불가리아어가 그 직계인지는 분명치 않다. 오늘날 러시아·우크라이나·불가리아 등 슬라브 민족 간에 종교상 용어로 쓰이는 교회슬라브어와는 구별된다. 슬라브어파(語派)의 가장 오래된 문헌이며, 재건되는 슬라브 조어(祖語)의 형태에 가깝고, 슬라브어파 및 인도유럽어족의 사적 연구(史的硏究)에 있어 중요한 자료이다.

교회슬라브어는 고대교회슬라브어에서 발달하여 12세기 이후 지방적인 슬라브 문장어와 슬라브 방언의 영향을 받은 러시아 교회슬라브어·세르비아 교회슬라브어·불가리아 교회슬라브어 등과 같은 고대교회슬라브어의 새로운 지역적 변종이다. 또 후대에 국민적인 문장어가 형성될 때까지 동방정교회권 슬라브인 및 가톨릭교도 크로아티아인의 문학 활동의 주요한 표현수단이 되어, 본디 교회 전례용어가 가진 기능의 한계를 초월하게 되었다. 교회슬라브어와 고대교회슬라브어는 연대적·기능적으로 서로 다른 두 개의 언어이다. 두 언어는 역사적인 연속성과 초국가적 문장어의 성격과 종교적인 기능에 의해 밀접하게 연결되어 있다. 고대교회슬라브어는 슬라브세계에서 가장 오래된 문장어로서, 10세기와 11세기의 교회 문헌의 사본(寫本) 텍스트 형태로 현존한다. 대표적인 문헌으로, 러시아 교회슬라브어로

글라골문자

자모	Ⰰ	Ⰱ	Ⰲ	Ⰳ	Ⰴ	Ⰵ	Ⰶ	Ⰷ	Ⰸ	Ⰹ	Ⰺ
음가	a	b	v	g	d	è	ž	ʒ	z	i	i
자모	Ⰻ	Ⰼ	Ⰽ	Ⰾ	Ⰿ	Ⱀ	Ⱁ	Ⱂ	Ⱃ	Ⱄ	Ⱅ
음가	i	ǵ	k	l	m	n	o	p	r	s	t
자모	Ⱆ	Ⱇ	Ⱚ	Ⱈ	Ⱉ	Ⱋ	Ⱌ	Ⱍ	Ⱎ	Ⱏ	
음가	u	f	th	x	'w	št	c	č	š	ъ	
자모	ⰟⰊ	Ⱐ	Ⱑ	Ⱓ	Ⱔ	Ⱘ	Ⱗ	Ⱙ	Ⱛ		
음가	y	ь	ě	ju	ę	ǫ	ę, ję	jǫ	ů		

된 『오스트로미르 복음서』(12세기), 불가리아 교회슬라브어로 된 『도브로미르 복음서』(12세기) 등이 있다.

고대교회슬라브어 문헌(현재의 것은 10~11세기의 사본)에 처음으로 쓰인 문자로서 글라골문자가 등장한다. 이는 9세기 후반 그리스인 선교사 키릴로스와 그의 형 메토디오스가 마케도니아의 토어(土語)를 기초로 하여 지은 최초의 슬라브 문어(文語)이다. 고대교회 슬라브어 문헌에는 이와 더불어 키릴문자도 쓰이고 있어 양자의 관계는 오랫동안 슬라브 문헌학계에서 논의의 대상이 되어 왔다. 현재 글라골문자는 키릴로스가 863년경(또는 그 이전)에 고안한 것이고, 이에 대하여 키릴문자는 10세기에 비로소 나타난 것이라는 추측이 정설(定說)로 되어 있다.

이처럼 러시아어 및 슬라브어의 토대가 된 글라골문자(9세기 이전)와 키릴문자(10세기)를 고안해 낸 키릴은 본래 그리스인으로서 그리스의 테살로니키에서 출생하였다. 그는 고관(高官) 가정 출신으로서 당시 동로마의 수도 콘스탄티노플(이스탄불)에서 공부하고 사제(司祭)가 되어 하자르인(人)의 전도에 힘썼다. 주교가 된 뒤부터 키릴로스로 이름을 고치고, 863년부터는 형 메토디오스와 함께 모라비아의 슬라브인 전도에 종사하였다. 그는 비잔틴의 전도자로서 그리스도교를 보다 쉽게 전도하기 위하여 당시 마케도니아의 토어(土語)를 기초로 해서 슬라브인의 구어인 글라골 문자를 창안하여 성서와 기도서를 번역하기도 하였으며, 후에 그에 의해서 고안된 키릴문자는 러시아어의 토대가 된 교회슬라브어 문헌들에 나타난다. 당시 독일교회는 모라비아 지방으로의 진출을 획책하여 키릴 형제의 전도를 방해하였으며,

때문에 키릴은 로마로 가서 교황의 지지를 얻었으나, 로마에 머무는 동안 병사하였다. 현재 키릴은 형 메토디오스와 함께 '슬라브족의 사도'로 불리며, 로마 가톨릭의 성인(축일 2월 14일)으로서 추앙받고 있다.

13세기에 키예프가 몽골군의 침략을 받은 후로 키예프 루시에 의한 동슬라브의 국가적 통일이 붕괴되고, 지방적 봉건공국(封建公國)으로의 세분화가 진행되었는데, 이와 병행하여 그 때까지 통일을 유지하던 동슬라브어가 방언적으로 분화하여 러시아어 · 우크라이나어 · 벨라루스어로 형성되어 갔다. 이 방언적 분화는 14~15세기에 결정적으로 되었으며, 국어로서의 러시아어의 형성 시기는 17~18세기에 속한다. 18세기 초에는 표트르 1세의 문자 개혁을 계기로 러시아어의 문어화 · 표준어화가 굳혀졌다. 18세기 전반기는 러시아의 급격한 서구화 · 근대화 · 세속화가 시작된 시대로, 경제 · 문화의 발전이 문어의 발달을 촉진시켰다. 11세기 이후 러시아에서 사용된 고대교회슬라브어와 16세기에 모스크바공국(公國)의 흥륭과 함께 형성된 모스크바 '공용어(公用語: 공문서 · 서간 등에 사용)'의 두 가지 문어는 이미 그대로의 형태로는 새로운 시대정신을 표현하기에 적합한 형식이 아니었다. 그리하여 18세기 후반부터 19세기 초에 걸쳐 로모노소프, 카람진 등의 노력으로 모스크바 방언을 기초로 하는 러시아문어를 교회슬라브어의 문어적 전통 위에 두고 양자를 의식적으로 융합시키려는 시도가 성공함으로써 '현대 러시아문어'의 기초가 이루어졌다. 그 후 푸시킨을 비롯한 19세기의 문학자들이 열렬한 국어애(國語愛)로써 이 새로운 문어를 갈고 다듬어 유럽 근대문어에 뒤지지 않는 우수한 언어로 육성시켰다.

(2) 쉽고 재미있는 러시아어 한마디

러시아어의 특징 가운데 하나는 순서를 아무리 바꾸어 놓아도 뜻이 통할 수 있다는 것이다. 예를 들어 영어에서의 "I love you"를 러시아어로 말하면 "야 류불류 바스" 즉 '나'(야)는 '당신'(바스)를 '사랑합니다'(류불류)인데,

이를 "야 바스 류블류" 또는 "류블류 바스 야", 심지어 "바스 류블류 야" 등으로 어순을 아무리 바꾸어도 뜻의 전달에는 아무런 문제가 없다는 것이다.

Я	люблю́	вас.
(야)	(류블류)	(바스)
나는	사랑합니다	당신을

즉, "Вас я люблю́" 또는 "Люблю́ я вас" 또는 "Люблю́ вас я"등과 같이 표현하여도 의미상 아무런 차이가 없는 것이다. 만일, "낭신을 당신을 나는 사랑합니다"와 같이 '당신'을 강조하고 싶다면, "Вас вас я люблю (바스 바스 야 류블류)"로 표현하여도 된다.

나는 당신을 사랑합니다

Я	люблю́	вас.
야	류블류	바스

Вас	я	люблю́.
바스	야	류블류

люблю́	я	вас.
류블류	야	바스

또한, 러시아어의 특징 가운데 하나는 끝(억양)을 올리고 ?(의문부호)를 찍으면 그대로 의문문이 된다는 것이다. 즉 영어에서와 같이 주어와 동사를 바꿀 필요가 없는 것이다. 그러니까, "야 류블류 바스"를 "야 류블류 바스?" (↗)라고 말하면 자동으로 의문문이 되어 "내가 당신을 사랑한다고?"하는 표현이 된다.

Я	люблю́	вас ?
(야)	(류블류)	(바스) (↗)
내가	당신을	사랑한다고 ?

러시아어로 가장 평범하게 많이 쓰이는 인사말 중의 하나가 '안녕하십니

까?'이며, 러시아어로 '즈드라-스트 부이쩨'라고 발음한다. 러시아어에서도 영어의 액센트와 같은 '우다레니예(역점)'가 있는데, 즉 '액센트(우다레니예)'가 찍힌 음절은 강하고 길게 발음하여야 한다. 그러므로 '즈드라́-스트 부이쩨'에서는 '라'음절에 우다레니예가 찍히므로 '라—'를 강하고 길게 발음하여야 한다. 즉, '즈드라́-스트 부이쩨'하고 '라'를 강하고 길게 발음하는 것이다. 이 때, 상대적으로 우다레니예가 없는 음절은 약하고 짧게 발음한다. 다같이 자신감있게 큰소리로 '즈드라́-스트 부이쩨'하고 소리쳐 보자.

즈드라́-스트 부이쩨?
(안녕하십니까?)

외국어를 처음 배울 때 가장 중요한 것은 '자신감'이다. 다소 발음이 틀리더라도 큰소리로 자신감있게 발음하는 자세가 매우 중요하다. 외국인에게 욕을 하는 것도 아니고 '안녕하십니까?'하고 인사하는 것인데, 조그만 소리로 자신감 없게 인사할 이유가 하나도 없는 것이다. 다시 한 번, 큰 소리로 자신감있게 '즈드라́-스트부이쩨' 하고 외쳐보자. 혹시, 다음에 우연히 러시아인을 만나, '즈드라́-스트 부이쩨'하고 인사한다면, 그 쪽에서도 분명 즈드라́-스트 부이쩨'하고 응답해 올 것이다. 만일, '즈드라́-스트 부이'하고 '쩨'를 빼먹게 되면, 반말이 되게되어 실례가 될 수 있다. 즉, '즈드라́-스트 부이'는 '안녕'하고 가볍게 인사하는 말로서, 이것은 어느 정도 친해지거나 친구사이에 쓰지, 자신보다 나이가 많거나 처음 보는 사람한테는 대단히 실례가 되는 인사말인 것이다.

즈드라́-스트 부이?
(안녕?)

한편, 러시아어 가운데 재미있는 말로서 '감사하다, 고맙다'는 말을 '쓰빠씨이-바'라고 말한다. 우리말 어감에서는 마치 욕같이 들릴지도 모르지만 러시아어로는 아주 감사하다는 경어의 표현인 것이다. 여기에서도 액센트

(우다레니예)가 있어 '쓰빠씨이-바'하고 '씨이-'를 강하고 길게 발음한다.

쓰빠씨이—바

(감사합니다)

또 하나 재미있는 러시아어로 술을 마실 때 건배 또는 원샷의 뜻으로 '다 드나'라는 표현을 사용한다. 본래 '다(До)'는 러시아어로 '-까지'라는 뜻의 전치사이고 '드나'는 '바닥'이라는 뜻이다. 그러므로 '다 드나'는 '바닥까지'라는 뜻이 되어, 즉 술을 바닥까지 한 번에 다 마시라는 뜻이 된다. 여기서 '다 드나?'하고 의문부호(?)를 붙이고 끝 억양을 올려 버리면 의문문이 되어 '다 드나?' 즉 "다 마시라고?, 원샷하라고?"하는 뜻이 된다.

다 드나

(원-샷)

앞에서도 설명하였듯이 러시아인들(슬라브인들)은 술을 마실 때, 반드시 술잔에 의미를 달고 술잔을 끝까지 비우는 '다 드나'(원-샷)의 독특한 음주문화가 있음을 이야기한 바 있다.

끝으로 헤어질 때의 인사말 가운데 하나로서 영어의 'Good bye'에 해당하는 '다 스비다-니야'가 있다. 여기에서도 중간의 '다—'를 강하고 길게 발음한다. 본래 다(До)는 '-까지'라는 뜻이고 '스비다니야(Свидания)'는 '밀회, 면회, 만남'이라는 뜻이다. 그러니까, 직역을 하자면 '다 스비다-니야'는 '다음에 만날 때까지'라는 뜻이 된다. 즉 다음에 만날 때까지 평안히, 안녕하라는 뜻이다. 다같이 '다 스비다-니야'하고 인사를 나누어 보자.

다 스비다-니야

(안녕히, 안녕)

9장
러시아 문학

9장 러시아 문학

(1) 러시아 문예사조의 흐름

러시아의 문예사조는 10세기 키예프-루시 시대와 몽고-따따르의 압제 기간, 그리고 모스크바 공국시대와 제정러시아의 18세기 경에 이르기까지의 '중세 러시아 문학'을 거쳐, 18세기 말에서 19세기 초에 걸쳐 일어난 러시아 고전주의-감상주의-낭만주의 문학이 바탕이 되어 러시아 사실주의(리얼리즘) 문학으로 꽃 피우게 된 것으로 요약해 볼 수 있다. 또한 세기말에서 20세기 초 러시아 상징주의를 시작으로 신사실파-아끄메이즘-미래주의(미래파)의 사조를 거쳐 소비에트 사실주의 문학으로 이어져 오늘날의 러시아로 이르고 있다.

▪ 교회문학

988년 키예프-루시의 블라지미르 대공이 기독교를 수용한 이래, 키예프-루시에는 고대 교회슬라브어 문헌이 유입되기 시작하였다. 이들 문헌의 대다수는 이미 7세기에 국가 형태를 갖춘 불가리아를 통해서 키예프-루시로 들어왔다. 기독교를 갓 수용한 키예프-루시는 성서와 예배서 같은 교회 문헌이 가장 필요한 것이었기에, 10~11세기에 걸쳐 상당량의 고대 교회슬라브어 서적을 불가리아로부터 들여오게 된다. 이렇게 들어온 교회슬라브어는 동슬라브어의 언어 환경을 소화시키면서 교회문헌 뿐만 아니라 세속적인 문헌과도 융화 할 수 있는 문학어로서의 기능을 하게 되며, 더 나아가서 '고대 러시아어'의 기초를 튼튼히 마련해 주었다. 이 같은 문어체로 쓰인 가장 오래된 문헌으로 「오스뜨로미르 복음서」가 있다.

▪ 번역문학

번역 문학의 대부분은 성서의 번역으로부터 시작되었으며, 이렇게 번역된

성자전 <보리스와 글레프의 생애와 죽음에 관한 이야기> 속에 나오는 한 그림

성서들은 그리스도교 포교를 목적으로 다양하고 폭넓게 전파되었다. 당시의 번역 문학 중에서 가장 널리 활용된 장르는 '**성자전**'이었다. 교회는 당시의 신도들에게 추상적인 기독교의 내용을 이해시키는 데 있어서 보다 실용적인 형태로 교회 교리를 전파시키기 위하여, 그리스도의 고행, 생애, 그리고 전설적이고도 기적적인 그의 언행을 이상화시킨 다양한 성자전류의 문헌들을 포교에 적극 활용하였다. 또한, **브일리나(영웅 서사시)**도 불가리아어 번역을 통하여 루시인들에게 소개되었다. 전설적인 영웅담은 중세기 문학의 빼놓을 수 없는 훌륭한 테마였으며, 그 대표적인 작품으로 『**알렉산더 이야기**』가 있다. 비잔틴 세속 문학 가운데에서 루시의 문학 세계에 가장 큰 영향을 미쳤던 것은 **연대기** 장르였다. 루시의 지식인들은 세계사적 지식과 역사관을 연대기들을 통하여 얻을 수 있었다. 또한 키예프-루시에서 발달한 독자적인 문학 중에서 시기적으로 가장 빠르고 예술적으로도 가장 뛰어난 것도 바로 연대기 장르였다. 이처럼 키예프-루시는 자신의 문학적 기초를 번역문학을 통한 비잔틴 문학에서 배워 왔지만, 그러는 사이 루시의 작가들도 스스로 독창적인 문학 작품을 자연스럽게 탄생시키게 된다. 지금까지 여러 가지 연대기들이 전해져 오고 있으며, 그 중에서도 「노브고로드 연대기」, 「키예프 연대기」, 「**지난 시대 이야기**」, 「라브렌찌 연대기」, 「이빠찌 연대기」 등이 돋보인다.

■ 이고리 원정기

키예프-루시 문학을 대표하는 최고의 기념비적 작품은 단연 『이고리 원정기』이다. 작품의 제재가 지닌 역사적 배경은 비교적 간단하다. 12세기 말, 남러시아의 노브고로드 세베르스키의 **공후 이고리**가 투르크계 유목민 뾜로베쯔 족을 토벌하기 위하여 출정했다가 패배로 끝난 전쟁 이야기이다. 1185년 4월, 이고리 공은 키예프 대공 **스뱌또슬라브**의 승낙 없이 친족의 세 공후와 그 수하만을 이끌고 도네쯔강 건너의 초원 지대로 단독 원정을 감행했다. 처음 소규모 전투에서만 잠시 개가를 올렸을 뿐, 이틀째 되던 날, 이고리 공후의 군은 수적으로 우세한 뾜로베쯔 군에게 포위되어 격전 끝에 궤멸당한다. 네 명의 공후들은 각기 다른 칸(한)의 포로가 되어 서로 다른 적진으로 끌려가고, 팔에 부상을 입은 이고리 공은 체르부그 칸(한)의 포로가 되었다가, 1년 후 탈주에 성공하여 무사히 귀환하게 된다. 이 비극적인 원정담은 그 내용으로 보아 원정이 끝난 직후에 쓰인 것이 분명하지만, 불행하게도 사건이 있은 후로 약 600년의 세월이 지난 18세기 말에 와서야 비로소 세상에 알려지게 되었다. 현재 원본은 소실되고 복제 사본만이 남아 있다.

『이고리 원정기』 중 한 그림

『이고리 원정기』의 구성 내용은 대략 여섯 부분으로 나눌 수 있다. (1) 작자는 11세기 후반의 전설적인 음유시인의 시풍을 환기시키면서, 자기 스스로 시인을 모방한 동시대적 역사가의 입장에서 이고리 군의 패전을 **루시**의 영웅적인 제후들의 용맹과 대비시키면서 이야기를 시작한다. (2) 첫 전투의 승전과 두 번째 전투에서의 패배, 그리고 뽈로베쯔 군의 루시 침공, 백성들의 탄식을 묘사한다. (3) 갑자기 무대는 전장에서 키예프로 바뀌면서 스뱌또슬라브 대공으로 하여금 '황금의 말'을 하게 한다. 이고리 군의 패전과 제후들의 내분을 비난하는 한편 민족의식의 각성을 촉구하고, 통일된 루시의 이름으로 일치단결하여 민족의 적과 맞서 싸울 것을 제후들에게 호소하는 이 '황금의 말'속에는 작자 자신의 사상이 그대로 담겨 있음을 알 수 있다. (4) 다시 무대가 바뀌어 쁘찌빌리의 성벽 근처가 나오며 이고리 공의 아내 '야로슬라브나의 딘식'의 시정적인 장면이 묘사된다. 바람, 강, 태양 등 자연의 힘 앞에 남편의 무사귀환을 비는 야로슬라브나의 애가에는 고대 러시아의 구비문학적 전통을 또한 찾아 볼 수 있다. (5) 아내의 기원이 이루어진 듯 이고리 공은 온갖 자연의 힘의 도움으로 탈주에 성공한다. (6) 제후들의 영광됨을 축복하는 노래로 대단원을 맺는다.

불과 2500여 개의 단어로 쓰인 짤막한 작자 불명의 텍스트이지만, 오늘날 러시아 문학에서 이토록 논쟁과 연구를 거듭해 온 작품은 그 유례를 찾아보기 어렵다. 사본 발견의 시대와 상황, 유일한 사본의 불운한 소실, 텍스트 내용상의 불명확한 부분, 그 당시까지 루시에는 이와 유사한 장르의 작품이 전혀 없었다는 사실 등등이 문헌학자들로 하여금 이 작품에 더 많은 호기심과 끊임없는 논쟁의 여지를 불러일으키고 있다. 원작자는 이고리 공이나 키예프의 대공 스뱌또슬라브의 친위대원으로서 음유 시인의 소질을 갖춘 사람이라고 추정되며, 또한 러시아나 비잔틴 문학에 조예가 깊은 지식인이었던 것으로 판단된다. 왜냐하면 이고리 원정담은 입으로 부른 즉흥적인 노래를 그대로 옮겨 적은 것이 아니라, 글로 쓰인 것이며, 쓰인 시기는 이고리 공의 원정을 생생하게 기억하고 있다는 점에서 늦어도 1187년 봄이나 초여름으로 추정된다.

■ 자돈쉬나

모스크바 공국 시대의 대표적인 문학 작품으로 꿀리꼬보 전투의 격전

시기와 가장 가까운 때에 집필된 작품『대공 드리뜨리 이바노비치와 그의 형제 공후 블라지미르 안드레예비치에 관한 이야기: 랴잔의 수도사 소포니의 기록』을 들을 수 있다. 작가는 이 작품을 영웅 서사시적 원정담의 문학적 전통에 근거하여 기술했음을 알 수 있으며, 나아가서 작가는 두 주인공을 키예프의 대공 블라지미르의 후예라고 역설하면서, 루시인들의 과거 역사적 사실 그리고 그리스도 신앙을 신봉한 루시 공후들의 업적 등을 상기시키고 있다. 아울러 작가는 모스크바를 중심으로한 루시의 제공후들의 군사적 단결을 고무시키고 있으며, 키예프-루시를 침략한 몽고-따따르에 대항하여 모스크바 공후의 지휘 아래 주위의 제후들이 단결함으로써 조국을 수호했다는 사실을 나타낸다. 키예프 공국 시대의 공후들과의 계보를 강조하면서 모스크바 공후들의 권위를 높였다는 점, 러시아 땅의 수호뿐만 아니라 기독교 신앙의 전통을 지키기 위한 전투였다는 사실 등등은 이 작품을 모스크바적 성향이 짙은 문헌의 대표적인 예로 간주할 수 있게 해준다.

▪ 러시아 고전주의 문학

18세기의 러시아 문학을 주도한 문학 경향으로서의 고전주의의 역할은 1740년~1770년대까지로 그 기간을 설정할 수 있다. 그러나 실제에 있어 고전주의 미학의 체계화된 성격은 19세기 초반에 가서야 표출되었다. 이는 당시 러시아에서 적극적인 문학 운동으로서의 고전주의 문학은 존재했다고 볼 수 없음과 연관된다. 즉, 실제로 프랑스 문학에 있어서도 고전주의라는 용어 자체는 19세기에 와서야 비로소 생겨났으며, 낭만주의 운동이 일어나면서부터 그것과 대비시킬 필요가 있었기에 이전의 문학을 넓은 의미에서 고전주의라고 부르게 되었다. 따라서 프랑스 문학사에서는 구태여 좁은 의미에서의 고전주의 문학이라면 루이 14세 시대의 문학과 예술, 즉 몰리에르, 라신느, 브알로와 같은 1660년대에 출발한 작가들의 문학 활동 시기를 지칭하고 있으며, 그들의 공통된 경향은 고대 그리스-로마의 찬미, 엄밀한 구성, 진리와 자연스러움의 탐구, 정확한 심리분석 등을 추구하는 것이었다. 다른 유럽의 문학보다 뒤늦게 형성된 러시아 문학에서의 고전주의는 프랑스 고전주의의 미학적 원칙에 부합되면서 18세기 러시아 문학의 일반적인 내용과 형식을 구축하고 있었다. 하지만, 러시아 고전주의가 다른 유럽의 고전주의와 구별되는 중요한 특징은 그 형성 배경의 사상적 뿌리가 되는 '민족적 특성'이라고 말할 수 있다. 첫째, 18세기 초 러시아는 생산력의 증대에 따라 평민 계급, 즉 제 3계급의 역할이 중요한 위치를 점하게 되었다. 그러나 이러한 새로운 계급의 대두는 낡은 사회 제도와의 마찰을 불러일으키면서 평민계급 속의 진보적인 지식인들(19세기에 들어서는 '삽계급'[라스노친찌]으로 지칭됨)의 계몽된 사상으로 표출되었다. 이들의 역할은 나라의 경제적 성장은 물론 사회 구성의 재조직에 앞장서는 것이었다. 둘째, 뾰뜨르 대제 사후의 암흑적 반동정치 시기에 러시아 고전주의는 개혁 시대에 대한 평가 및 비판적 소리와 더불어 '풍자'라는 새로운 장르의 문학이 그 형태를 갖추기 시작하였다. 여기에 부가하여 보수주의자들에 대항하는 전투적이고도 공격적인 민중의식이 문학에 스며들면서부터 현실 참여적인 폭로 경향이 러시아적 고전주의의 근본 요소가 되었다. 셋째, 이렇게 형성된 러시아 고전주의는 러시아 민족으로 하여금 인본주의 사상을 강조하는 계몽주의적 철학을 일깨워 주었으며, 인간과 사회 계층의 평등사상을 일깨워 주었다. 넷째, 프랑스적 절대 왕정에서와 달리 러시아의 시대 사상적 갈등은 지주와 농노라는 타협 불가능한 두 계급간의 충돌에서 기인되었다. 따라서 잔인한 착취 계급으로서의 지주에 대한 혹독한 비난과 농노 및 농노제도에 관한 주제는 고전주의 발생 초기부터 나타나기 시작하여 1760년대부터는 고전주의의 공통적인 주제가 되었다. 러시아 고전주의의 주요 작가로는 수마로코프, 헤라스코프, 폰비진, 노비코프, 제르좌빈 등을 들을 수 있다.

■ 러시아 감상주의 문학

고전주의적인 사고가 개인의 경험과 인간의 감정을 문학으로부터 제외시킨 것에 비해, 감상주의 시대의 작가들은 개인의 '감수성'을 맹목적으로 숭배하였다. 게다가 고전주의적인 시각이 전반적으로 사회와 관계되는 사건들만 중요하게 바라보았던 반면에, 감상주의의 작가들은 인간 특유의 개성과 심지어 개인의 탈선까지에도 관심을 집중시키려 하였다. 즉, 사회보다는 한 개인이 문학적인 지각의 중심에 들어서게 된 것이다. 만약 고전주의 시대에 사랑과 의무라는 규범의 논란 속에서 후자가 승리해야 했던 것이라면, 감상주의 시대에서는 그와 반대였던 것이다. 비가(悲歌) 같은 보다 짧고 덜 규정화된 장르에 밀려 송시(訟詩)는 퇴색해 갔지만, 전반적으로 시장르의 우세는 계속되어 산문과의 경쟁에 맞서 자기 위치를 유지해 나아가면서 낭만주의 시대가 끝날 때까지 계속 생명을 유지해 나아갔다. 주요작가 및 작품으로는 까람진의 『가엾은 리자』, 라지쉐프의 『뻬쩨르부르그에서 모스크바까지의 여행』 등을 들을 수 있다.

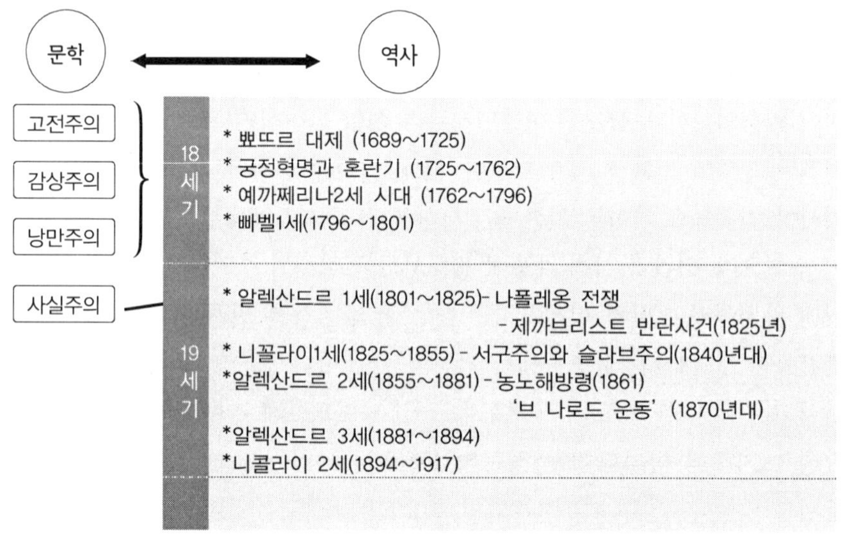

■ 러시아 낭만주의 문학

19세기 1/4분기 문학 운동의 주요한 예술적 위업은 낭만주의였다. 낭만주의는 부르주아 혁명의 결과와 부르주아적인 자본주의 체제의 확립으로 인해 배태된 다양한 사회 계층의 불만을 반영했던 복합적인 사상 및 문학의 현상이었다. 서구 유럽에서 낭만주의를 낳게 한 원인 중의 하나는 18세기 말의 프랑스 혁명과 이와 관련된 계몽주의에 대한 반동이지만, 그 기원을 보다 멀리 소급하면 16세기 종교개혁의 영향에서부터라고 볼 수 있다. 왜냐하면, 종교개혁 운동에서의 문예부흥, 인문주의, 신학문, 민족의식 등은 유형무형으로 낭만주의가 형성되는데 바탕이 된 요소들이며, 이러한 것들이 서로 가미되어 개인주의를 조장하고 감정적 신비주의를 배태시켰기 때문이다. 이처럼 개인에 대한 관심을 유발시킨 사회사적 흐름과 분위기는 이제 막을 수 없는 필연적인 관성을 동반하면서 인간의 의식을 부추기기 시작하였다. 서유럽의 세 국가(영국, 독일, 프랑스)의 상이한 배경에도 불구하고 낭만주의가 보편적인 현상으로서 나타날 수 있었던 것은 사회현실에 대한 깊은 환멸과 불만, 그리고 당시 유럽에서 성숙하고 있던 자본주의 체제에 대한 부정 등이 기본적인 동력으로 작용했기 때문이다. 뿐만 아니라 부르주아적인 사회 체제에 대한 저항은 과거 절대 봉건주의 체제로의 복귀에 대한 강렬한 항의로 나타났고, 이러한 움직임은 더욱 더 확대되어 민족의식으로까지 확산되기에 이르렀다.

이에 비하여 러시아에서의 낭만주의는 1810년 이후에야 비로소 움직임을 보이기 시작한다. 프랑스에서 혁명(1789~94년)의 결과가 야기한 각성된 의식처럼 1812년의 조국전쟁(나폴레옹 전쟁)은 러시아의 민족적 해방의식을 고양시켰다. 유럽의 정복자에 대하여 거둔 엄청난 승리는 알렉산드르 1세 치하의 봉건적 러시아를 그대로 방치시키도록 내버려 두지 않았다. 파리까지 입성했던 참전 군인과 관료들은 러시아적인 사회현실을 직시하고, 민주주의 사상과 그 기운을 감지할 수 있게 되었으며, 이들은 곧 제까브리스트 비밀 조직의 중심인물이 되었다. 이렇게 조국 전쟁을 통하여 고무된 민중과 군인 및 귀족 사회의 진보적 그룹에 나타나기 시작한 반농노제적 분위기는 부패한 사회현실에 대한 개혁의 필요성을 야기하기에 이른다. 이러한 개혁적 분위기의 고조를 타고 정부 당국에 항거하여, 마침내 지하로 스며든

귀족 혁명가의 비밀 결사가 조직되고, 혁명적인 이데올로기가 형성되어 황제 정부의 복고주의에 대한 저항은 날로 증대하여 갔다. 하지만, 이와 동시에 반농노제적 여론이 황제정부의 근본을 무너뜨릴 수 없다는 절망감에서 비관주의가 사회 전반에 만연되기도 하였다. 이러한 사회적 배경은 곧 러시아 낭만주의의 발생과 그 특성을 규정하는 요소 가운데 하나가 된다.

프랑스를 비롯하여 영국과 독일의 철학 사상, 경제 이론이 러시아로 들어오면서 러시아의 인텔리겐찌야와 상층 귀족 계급 내에서는 심각한 자각과 사회 조직의 불합리에 대한 반항적이고 부정적인 사상이 일어나게 되었다. 러시아의 낭만주의는 이처럼 유럽 제국의 낭만주의의 직접적인 영향을 받았을 뿐만 아니라 유럽 낭만주의와는 다른 사회, 역사적 배경 하에서 일어나게 되었다. 즉, 서구에서의 낭만주의는 혁명의 결과와 새로운 자본주의 사회에 대한 환멸을 표현하고 있지만, 러시아에서의 낭만주의는 러시아가 아직도 부르주아적인 변혁의 시대로 옮겨가는 과도기에서 형성되었던 것이다. 그렇기 때문에 러시아적 낭만주의 속에는 진보적인 러시아인들의 농노제적 현실에 대한 환멸, 역사 발전의 전개에 대한 낭만주의자들의 불명료한 이해가 담겨 있기도 하다. 러시아 낭만주의는 초기 낭만주의와 후기 낭만주의로 구분되어 전개되었으며, 선행한 고전주의 그리고 감상주의와의 긴밀한 연관 관계 속에서 단절되지 않고 지속되었다는 점 또한 러시아 낭만주의를 이해하는데 있어서 결부되어야 할 사항이다. 낭만주의 초기에는 시가 주류를 이루며 다양한 모습을 보이면서 발전해 가다가, '자연파'가 태동하면서 나타난 리얼리즘(사실주의)의 초기 단계에 자리를 물려줌으로써, 시에서 산문으로 이행하는 가교 역할을 하였던 것 또한 낭만주의였다. 낭만주의에 있어서 가장 중요한 점은 인간 개성의 심연을 발견해 내는 일이었으며, 그렇기 때문에 시인은 영혼과 존재의 깊이를 노래하는 사람으로 여겨지게 되었고, 그리하여 시인은 한 사람의 설교자나 또는 인류의 지도자로 격상되게 되었다. 초기 낭만주의의 주요 시인으로는 당시 '아르자마스회'라는 문학써클의 지도자로서 젊은 뿌쉬킨의 문학적 충고자이기도 하였던 주꼽스키(『류드밀라』

초기 낭만주의	- 소극적 낭만주의 —현실도피적 경향 주꼽스키, 바쮸쉬코프 등
후기 낭만주의	- 적극적 낭만주의, 시민적 낭만주의 — 현실참여, 현실타개적 경향 1816년 조직된 '러시아 문학애호가 자유협회' (문학써클) 제까브리스트 반란사건(1825)에 가담 — '제까브리스트파 시인들' 문학의 **'민중성 확보'** 와 **'비판적 현실인식'**

(1808))를 비롯하여 바쮸쉬코프, 그리고 젊은 시절의 뿌쉬킨 등을 들을 수 있다.

1816년에 조직된 '**러시아 문학 애호가 자유협회**'(문학써클)는 제까브리스트 혁명(1825년)이 있기 전부터 이미 진보적 사상을 지닌 젊은 시인들의 문학적 거점이자 중심 역할을 담당하고 있었다. 이들 젊은 시인들은 훗날 거의 모두 **제까브리스트 반란사건(1825년)**에 가담하였다가 체포되거나 시베리아 유형에 처해지게 되므로, 이들 낭만주의 시인들을 가리켜 '**제까브리스트파 시인들**'이라 부른다. 이들의 낭만주의는 러시아 사회의 진보적이고 혁명적인 그룹답게 젊은 자유주의자들의 저항적이고 자유 애호적인 사상을 그대로 반영하고 있었다. 즉 제까브리스트 시인들이 저항과 폭로의 대상으로 삼았던 것은 부패한 **전제정치**와 부조리한 **농노제도**였으며, 이러한 시 창작을 통하여 러시아 국민들의 자각을 일깨우는 동시에 민주적인 사회개혁의 단초를 이루는 것이 그들의 궁극적인 목표였다. 제까브리스트들이 지향했던 이 같은 **시민적 낭만주의**의 근본 사상이 바탕이 되어 러시아적인 후기 낭만주의가 태동하게 되며, 이러한 낭만주의적 기운이 시 문학을 통하여 작품화되기 시작하였다. 제까브리스트 낭만주의의 혁명적 전통은 이후 19세기 전체를 관통하는 러시아 사실주의(리얼리즘) 문학의 굳건한 토대를 이루게 되는데, 그것은 바로 **문학의 '민중성 확보'**와 '**비판적 현실인식**'이다. 이러한 후기 낭만주의 문학 활동은 이후 러시아 문학의 발전에 있어 엄청난 영향을 끼친다. 첫째, 19세기 초 러시아 낭만주의의 경향 속에서 '**적극적 낭만주의**'의 **확립**을 가져왔으며, 둘째, 문학의 **계몽**적 역할을 강조하면서 민중으로 하여금 사회개혁의 실천적 움직임에 직접적으로 참여할 수 있게 유도하였고, 셋째, 문학의 민중성 사상을 요구함으로써 러시아 리얼리즘 문학의 주요한 특징을 이루는 밑거름 역할을 하였다는 것이다. 이와 같이, '시민적 낭만주의' 또는 '적극적 낭만주의'로 불리는 러시아 후기 낭만주의에 속하는 주요 작가-시인들로는 르일레예프, 뀨헬베께르, 베스뚜제프-마를린스키, 오도옙스키, 글린까, 까쩨닌, 등을 들을 수 있다. 그 밖에 당시 낭만주의 시대에 활동하였던 유명한 우화작가로 이반 끄릴로프를 들을 수 있으며, 『지혜의 슬픔』을 쓴 그리보예도프를 빼놓을 수 없다.

(2) 뿌쉬킨-레르몬또프-고골의 문학

■ 뿌쉬킨 문학

알렉산드르 세르게예비치 뿌쉬킨은 흔히들 '러시아 문학의 아버지'라 일컫는다. 그는 1799년에 태어나 1837년 결투에서 총상을 입고 사망할 때까지 파란만장한 삶을 살며 러시아 문학을 '러시아적'으로 만드는데 그 누구보다도 크게 공헌하였다. 뿌쉬킨은 러시아 후기 낭만주의 문학의 예술적 완성을 실현함과 동시에 새로운 문학, 즉 러시아 사실주의 문학의 길을 열어 놓았다. 뿌쉬킨의 창작시기는 (1) 리쩨이 학교시절(1811~17) (2) 뻬쩨르부르그 거주시기(1817~20) (3) 남러시아와 미하일롭스키 유형시절(1820~26) (4) 제까브리스트 반란 사건 이후에서 1830년 가을까지 (5) 1830년~1830년대 중반까지로 구 분할 수 있다. 뿌쉬킨의 주요 작품들

뿌쉬킨

로는 우선 초기의 정치적 성향이 짙은 서정시 "자유"를 비롯하여, 진보적인 젊은 지식층과 전 러시아 국민의 반농노제적 기운을 반영한 시 "농촌"등이 있다. 또한, 1820년 여름에 발표된 서사시 「루슬란과 류드밀라」는 고전주의적 서사시와 비교할 때, 보다 새롭고 낭만적인 인간에 관한 묘사를 중시하고 있으며, 작가는 서사시의 주인공들에게 개인적인 성격과 특징을 구체적으로 부여해 주고 있다. 아울러, 급진주의적 정치성향을 띤 정치시 「바짐」이 있으며, 귀향시기의 대표작으로서 진정한 자유와 사랑, 자연, 그리고 개인의 영적 체험 등을 노래한 운문시 "까프까즈의 포로"가 유명하다. 시집 『집시들』이 있으며, 뿌쉬킨의 첫 희곡 작품인 「보리스 고두노프」는 고전주의극 형식과 대비되는 셰익스피어풍의 낭만적 비극으로 유명하다. 또한 뾰뜨르 대제 시대의 영웅적인 민중의 역사를 상기시키는 영웅 서사시적 작품들로서 「뾰뜨르 대제의 아라비아인」과 「뽈따바」 등이 있다.

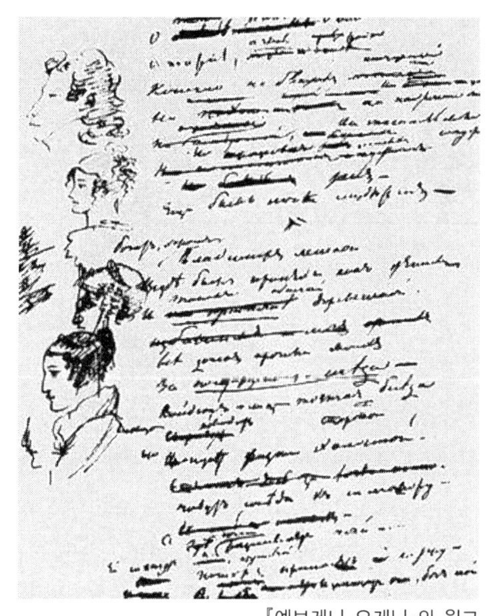
『예브게니 오게닌』의 원고

러시아 최초의 장편 운문-소설이라 일컬어지는 『예브게니 오네긴』은 1810년대 말에서 1820년대 중반까지의 당대의 러시아 사회와 문화 현상을 주인공 오네긴과 따찌야나, 그리고 렌스키의 형상을 중심으로 구현하였다. '뿌쉬킨 시대의 러시아 삶의 백과사전'이라 불리는 『예브게니 오네긴』은 동시대의 현실적인 대중의 삶을 예술적으로 재현하고 있다는 점에서, 작품이 지닌 문학사적 비중은 매우 크며, 그 의의는 다음의 세 가지로 요약될 수 있다.

(1) 『예브게니 오네긴』 속에는 그 후 1840년대 러시아 사실주의 문학을 꽃피운 '생리학적 인상기' 문학, 즉 '자연파' 문학의 내용을 예고한 주제가

일리야 레핀(Ilya Repin)의 그림 오네긴과 렌스키의 결투

이미 사용되고 있었으며, (2) 작품 속에는 동시대의 제까브리스트와 같은 젊은 인텔리겐짜들의 사상과 도덕성이 주인공 오네긴과 렌스키의 대조적인 형상 묘사를 통해 구현되어 있었다. 즉, 작가는 오네긴의 이성과 렌스키의 지성을 결합시켜 1820년대의 러시아 젊은 지식층들로 하여금 진정한 애국심과 민중을 사랑하는 정신을 갖도록 하고자 했다. 한편, 따찌야나의 형상을 통하여 작가는 당대의 귀족 교육 중심의 가식적이고도 반민중적인 교육 문화를 비판하고자 했다. (3) 작품 전체를 통해 표출된 사실주의적 요소는 인간의 사회적 삶의 역동성과 인간의 내면세계를 구체적으로 묘사할 수 있도록 했다는 점이며, 이러한 과정에서 '오네긴'과 같은 시대적 인물의 전형이 나타남으로써, 훗날 레르몬또프의 '뻬쵸린'과 같은 19세기 러시아 사실주의 문학의 전형적인 인물을 낳게 하였다.

뿌쉬킨은 본래 시인이었으나 1830년대에 들어서면서 러시아 문학의 주요 장르가 '시'에서 '산문'으로 바뀌면서, 뿌쉬킨도 소설을 주로 쓰기 시작하였다. 뿌쉬킨의 첫 산문 작품인 「벨낀 이야기」는 화자가 각각 다른 5편의 단편 이야기들인, 「한 발의 사격」, 「눈보라」, 「가짜 농군 아가씨」, 「장의사」, 「역참지기」로 구성된 사실주의적 경향이 우세한 중편 소설이다. 감상적이고도 교훈적으로 미화된 그 때까지의 소설에서 탈피하여, 사실적이고도 평범하면서 솔직한 러시아 현실 생활의 이야기를 묘사한 것으로 유명하다. 「스페이드의 여왕」은 보다 더 사실주의적 요소를 강하게 풍기는 뿌쉬킨 산문의 걸작 가운데 하나로서, 서구 자본주의 물결이 귀족 농노제하의 러시아적 현실

속에 침투된 현장, 즉 뻬쩨르부르그라는 모순된 거대한 도시의 모습을 그리고 있다. 이 소설은 훗날 고골의 **'뻬쩨르부르그 중편소설'**과 도스또옙스키의 『**죄와 벌**』의 탄생을 예고한 전형적인 **'뻬쩨르부르그 이야기'**로 분류되고 있다. 또한, 농노문제를 다룬 소설 『**두브롭스키**』는 당시 농노제 하에서의 귀족계급과 농민 계급 사이의 적대적 감정을 신랄하게 꼬집고 있다. 뿌쉬킨 말년의 대표작으로서 장편소설 『**대위의 딸**』은 농노 문제를 본격적인 주제로 삼고 있으며, 자연발생적인 농민 폭동의 적나라한 상황을 **뿌가쵸프 반란**의 역사적 자료를 바탕으로 하여 생생히 묘사한 것으로 유명하다. 한편, 뿌쉬킨의 장편 서사시 『**청동기사**』는 뻬쩨르부르그에 있는 뾰뜨르 대제의 동상을 제재로 한 것으로 유명하며, 그 후 사람들은 이 동상을 **'청동기마상'**이라 부른다.

뾰뜨르 대제의 청동기마상

1812년 조국 전쟁의 승리와 제까브리스트 사상의 대변자로서의 뿌쉬킨은 동시대의 낭만주의적 문학의 기운을 러시아 민족과 민족 문화 발전에 원동력이 되게 하였다. 1825년 제까브리스트 반란 사건의 실패 이후 러시아의 미래에 대한 회의를 느낀 시인은 향후 조국의 운명을 염려하면서 **봉건적인 농노제도의 병폐와 비인간적인 황제 정권에 대한 민중적 항거의 실질적인 대변자**가 되었다. 이는 곧 시인 뿌쉬킨이 **'러시아 국민문학의 아버지'**, **'위대한 국민시인'**이라는 후대의 존칭을 얻게 된 근본 바탕이 되었으며, 동시에 19세기 1830년대까지의 낭만주의를 중심으로 혼합된 문학 사조를 새로운 한 줄기의 문학, 즉 **사실주의 문학**으로 흐르게 한 **원천**이 되었다.

■ 레르몬또프 문학

레르몬또프(1814~1841)는 1830년대 이후의 뿌쉬킨과 마찬가지로 자기중심적인 창작 기법에서부터 사회와 시대사상 중심으로 문학창작의 기본 개념이 바뀌는 시대를 걸어온 작가이다. 레르몬또프의 시기는 개인적인 낭만주의가 강했던 당시의 시문학이 자체의 황금시대를 끝내고 이제 산문으로 그 주도권을 양도하고 있었던 시기였다. 또한 작가의 어두웠던 성장 배경은 긍정적이고도 미래지향적이며 밝은 뿌쉬킨적 성향과는 달리, 회의적이고 어두우며 자기중심적인 시인의 모습으로 나타나게 만들었다. 뿌쉬킨 문학이 반영했던 러시아 사회와 민족의식에 대한 희망과 의지의 1820년대에 비하여, 제까브리스트 운동의 좌절로 시작된 니꼴라이 1세 치하의 1830년대, 레르몬또프 시대는 허탈과 절망에 젖은 시대로서 변화를 강요당하던 시대였다. 따라서 레르몬또프 시대의 전반적인 문학 사조는 감정적인 비판의 범주를 벗어나 이성적인 현실 비판의 냉정을 되찾고 있었으며, 이는 당대의 문학을 운문 장르에서 산문 장르 중심으로 그 영역을 진일보시킨 원동력이 되었다.

레르몬또프의 주요작품들로서, 「고독」-서정시, 「오시안의 묘지」-죽음을 찬미한 시, 「봄」-비가, 「천사」, 「하늘과 별」, 「나는 살고 싶다」-현실적인 시. 「땀보프의 회계사 부인」-서사시, 「수도사」, 「악마」-장시, 『리곱스까야 여공작』-산문 소설, 『사쉬까』-운문 소설 등이 있다. 레르몬또프의 장편소설 『우리 시대의 주인공』은 「벨라」, 「운명론자」, 「따만」, 「막심 막시믜치」, 「공작딸 메리」의 각각의 단편 이야기가 하나로 연결되어 있는 것으로 유명하다. 작가는 주인공 뻬쵸린으로 하여금 유형지의 제까브리스트들과 친교를 맺게 하여 주

레르몬또프

인공을 1825년 12월 14일 이후에 나타난 러시아 사회의 절망적인 시대 상황에 대한 목격자로 만든다. 주위에서 쉽게 만나는 젊은이를 보다 객관적으로 이해할 수 있도록 작가는 인간 내면세계의 통찰을 위한 심리적인 분석을 보다 면밀하게 추적하면서, 작가 특유의 의도적인 독설법을 자유롭게 구사하고 있다. 뿌쉬킨이 동시대에 관한 최초의 **사실주의적 운문 소설**을 창조했다면, 레르몬또프는 처음으로 **사실주의적 산문 소설**의 작가였다고 말할 수 있다.

▪고골 문학

뿌쉬킨은 만년에 산문 소설에 온 힘을 기울였으나, 산문에로의 전환은 시대의 일반적인 추세이기도 했다. 뿌쉬킨을 대신하여 새로운 시대의 희망의 별이 되었던 작가는 니콜라이 바실리예비치 **고골**(1809~1852)이었다. **고골**은 보수파나 급진파로부터, 또한 슬라브주의자들이나 서구주의자들로부터 똑같이 환영을 받았고, '**러시아 문학에 있어서 고골리 시대**'라는 표현이 일찍부터 정착했듯이 고골은 한 시대의 상징이 되었다. 그의 주요 작품으로는 우선 총 8편의 중, 단편 소설들로 구성된 『**지까니까 근교의 야화**』를 들을 수 있는데, 이 작품 속에는 우크라이나의 민간전승 문학이 바탕이 된 상쾌하고 환상적인 이야기들이 수록되어 있다. 또한 이 작품 속에는 모든 이야기들에서 비록 뚜렷하게 나타나지는 않았지만 후기 고골의 작품으로 이어지는 두 가지 주제, 즉 세계는 단일의 세계가 아니라 **빛과 선이 지배하는** 세계와 인간을 파멸로 이끌어가는 **악마, 악령의 세계**와의 싸움이라는 테마가 나타난다. 그리고 이 두 가지 세계 즉, **정기의**

고골

고골의 <코>

세계와 광기의 세계는 서로 밀착되어 있어서 결코 떼어놓을 수 없다는 테마가 그 후의 고골의 작품들에서도 일관되게 다루어진다. 또한 고골의 작품으로서 『미르고로드』-중편소설집, 『옛날 기질의 지주』, 『따라스 부리바』-역사소설, 『비이』, 『이반 이바노비치와 이반 니끼포로비치가 싸운 이야기』, 『아라베스끼』-중편소설집, 『초상화』, 『넵스키 거리』, 『광인일기』등의 '뻬쩨르부르그의 소설들'이 있으며, 뻬쩨르부르그의 가난한 예술가와 말단 관리의 생활을 묘사한 단편 「코」, 「외투」 등이 유명하다.

특히, 제목부터 특이한 작품 「코」는 뻬쩨르부르그를 배경으로 이야기가 전개되기 시작하는데, 주인공 꼬발료프는 어느 날 갑자기 자신의 코가 없어진 것을 알고 필사적으로 '코'를 찾아 나선다. 결국 헛일이었다고 체념하는 순간에 코가 종전대로 제 위치를 찾게 된다는, 기상천외한 넌센스 스토리로서 괴상한 사건과 그와 상관없이 천연스럽게 전개되는 이야기가 대조를 이루어 작가 고골리다운 유머의 원천이 되고 있다. 한 가지 특기할 사항은 작품의 제목 '코'는 러시아어 'Нос'(코)라고 쓰는데, 이를 거꾸로 쓰면 'Сон'(꿈)이 된다는 것이다. 즉, 코가 사라진 날짜와 코가 제자리에 다시 돌아온 날짜가 예전의 달력(율리우스력)과 현재의 달력(그레고리력)에서 같은 날이라는 사실에서, 「코」는 '꿈'이야기라는 것을 뒷받침해 준다.

한편, 「외투」에서는 가난하고 하찮은 말단 관리, 아까끼 아까끼예비치 바쉬마치낀이 외투를 새로 맞추어 입는 것으로 이야기가 시작된다. 가난한 관리에게 있어서 외투를 맞추어 입는 일은 삶의 유일한 희망이었으며, 그는 갖은 어려움을 참고 살아오다가 마침내 온갖 노력 끝에 그 꿈을 이루게 된 것이다. 실제로 소설 속에서 뿐만 아니라, 오늘날에도 겨울이 상대적으로 긴 러시아에서의 '외투'는 겨울에 없어서는 안될 필수품으로서, 우리들이 생각하는 평범함, 그 이상의 의미를 지닌다. 그런데 소설 속에서 주인공 바쉬마치낀은 외투를 처음 입는 이른바 착복식 날에 그 외투를 강도에게 빼앗기고 만다. 외투를 찾으려고 동서남북으로 분주하게 뛰어다닌 주인공은 결국 추위와 절망으로 죽게 된다. 그런데 그가 죽고 난 후 그의 유령이 나타나 사람들의 외투를 빼앗고 다닌다는 이상한 소문이 퍼지기 시작한다.

고골의 <외투>

이 소설은 가난하고 하찮은 '**작은 인간(소시민)**'에 대한 인도주의적 동정이 넘쳐흐르는 작품으로 널리 읽혀졌고, 그 후 말단 관리를 주제로 한 수많은 소설들의 본보기가 되었다. 훗날 도스또옙스키의 출세작 『**가난한 사람들**』도 이 작품의 영향을 받은 것으로 알려지고 있다. 소설의 제재는 눈물겨운 가난뱅이의 불행한 이야기이지만, 작품 속에서 보여 준 **고골의 웃음**을 자아내는 언어의 기교는 20세기가 되어서도 형식주의의 비평가들로 하여금 작품을 다시 고쳐 보게끔 만들었고, **고골** 소설의 본질이 **웃음의 수법**을 바탕으로 이루어졌음을 논증했다. 또한 이 작품은 외투로 상징되는 정열의 파괴성, 마음을 기댈 중심을 갖지 못한 인간의 파멸적 운명, 생(生)과 사(死), 보람 있는 것과 하찮은 것의 경계가 모호해진 세계를 묘사한 점 등으로 오늘날에도 수많은 고골 문학 연구가들의 논란 대상이 되고 있다.

고골의 유명한 희곡 「**검찰관**」에서 사건의 줄거리는 어느 지방 도시에 검찰관이 찾아올 것이라는 소식을 알리는데서 시작된다. 그런데 시장을 비롯하여 평소 부정한 짓을 밥 먹듯이 하고 지냈던 관리들은 아무 보잘 것 없이 전전긍긍하던 빈털터리 **흘레스따꼬프**를 검찰관으로 오인하게 된다.

영문도 모르는 채 각별한 대접을 받은 흘레스따꼬프는 이 기회를 이용하여 관리들을 실컷 농락하다가 도망쳐 버리고, 그가 떠난 직후에 남겨진 그의 편지에서 모든 진상이 밝혀진다. 모두가 아연실색하는 가운데 진짜 검찰관이 도착했다는 소식이 전해지면서 막을 내리는 이 희곡은 당시 관료정치에 대한 사회적 풍자로서 유명하다.

고골의 유명한 장편소설 『죽은 혼』은 본래 단테의 신곡을 본떠서 지옥, 연옥, 천국의 3부작으로 구상했었으나, 작가는 꿈을 이루지 못하고 『죽은 혼』의 제 1부 지옥편만 완성한 채 세상을 떠났다. 주인공 치치꼬프는 실제로는 사망했으나 호적상으로는 살아있는 '죽은 농노의 혼'을 사들여서 이것을 담보로 잡고 은행에서 돈을 빌리려는 일확천금을 꿈꾼다. 그는 방방곡곡의 지주들을 방문하여 실제로 이 꿈을 실현시키려 한다. 치치꼬프가 찾아다니는 지주들의 모습도 각양각색으로서 감미로운 몽상가인 마닐로프, 우매한 미신가인 꼬로보치까, 거동이 침착하지 못한 떠버리 노즈드료프, 무골호인이지만 빈틈없는 사바께비치, 구두쇠인 쁠류쉬낀으로서, 이들 등장인물들은 오늘날에도 러시아 소설의 전형적인 타입으로서 독자들의 사랑을 받고 있다. 결국 제 1부는 치치꼬프의 기도가 시중의 의혹을 사게 되자 주인공이 도망쳐 버리는데서 끝이 나지만, 여기서 부정적인 형상, 인생에 잠재하고 있는 비속함을 묘출하는데 보여 준 고골의 필치는 그야말로 천재적이라 하겠다.

고골은 자신을 정신적으로 고양시킬 필요성을 느껴 종교에 귀의하며, 저주스럽고 일그러진 형상만을 즐겨 생산하는 자신의 재능에 환멸을 느껴 정확한 자료와 관찰에 바탕을 둔 심리적 작풍을 확립하여 보려고 시도한다. 하지만 『죽은 혼』 2부의 집필이 계속 지지부진해지자, 마침내 1847년 예술적 형상에 의하지 않고 직접 자신의 이상을 토로하려고 『친구들과 나눈 편지에서의 발췌』를 발표한다. 그러나 문학에 관한 에세이 등에 있어서 지금까지 보여 준 재능의 빛남은 사라지고, 그 자신이 범속한 소설의 주인공이 된 듯한 이 『친구들과 나눈 편지에서의 발췌』는 사상적으로 진보파의 노여움을 샀을 뿐만 아니라 그 오만한 어조 때문에 친구들로부터도 공격을 받는다.

예전에 고골을 극찬하였던 비평가 벨린스키마저도 등을 돌려 버렸다. 고골의 부정적이고 어두운 측면의 묘사에 대한 집념에는, 현실 세계의 부조리와 공허함을 밝힌 다음, 보다 나은 이상 세계로의 동경을 불러일으키자는 의도가 있었다. 『죽은 혼』 1부나 『검찰관』도 바로 이 같은 의도가 그 밑에 깔려 있었다. '다른 세계'의 존재를 믿고 비유로써 그 세계를 표현하려 했던 점에서, 고골리나 1840년대의 작가들의 대부분은 세계관적인 시각에서 보면 낭만주의에 가깝다고 볼 수 있다. 그러나 그 의도와 동기가 어디에 있었든 간에 그와는 별도로 고골이 심혈을 기울였던 풍속, 세부적인 것에 대한 관심, 더욱이 예전에 쓸 수 없었던 것으로 보아 왔던 비속하고 평범한 것을 소재로 삼아서 문학적 금기를 일시에 떨쳐 버렸다는 점에서 러시아 사실주의의 발전에 끼친 고골의 영향은 매우 크다고 아니 할 수 없다.

(3) 뚜르게네프-도스또옙스키-똘스또이의 문학

▪ 자연파

1846년 불가린은 『북방의 밀봉』이란 문학잡지에서 고골을 본받아 하천한 인간만을 묘사하는 문학적 경향이 유행하고 있다고 비난하면서 그 같은 경향에 대하여 '자연파'라는 명칭을 붙였다. 이로써 러시아 문학에 있어 '자연파' 또는 '자연파 작가들'이라는 말이 생겨나게 되었다. 즉, 고골의 작풍을 따라 고골처럼 작품을 쓰고자 하는 젊은 신진 작가들이 고골 이후의 러시아 문단에 대거 등장하기 시작 하였는데, 이들을 가리켜 '자연파'라 부르게 된 것이다. 그러므로 이들 자연파 작가들의 특징은 주로 고골로부터 비롯되었다. 고골의 작품에서처럼, 주제, 플롯, 주인공의 격하, 인간 멸시(주인공이 동물이나 식물과 비교되어 있는 등), 현실의 밑바닥의 더럽혀진 측면의 의도적인 과장, 일상생활의 '생리적' 현상(먹거나 마시거나 담배를 피우거나 배설하거나 코를 풀거나 하는 따위의 무의미한 동작), 더럽혀진 산문적 풍경(안개, 먼지, 흙탕물, 진창, 비 오는 뻬쩨르부르그, 잿빛의 집들 등), 인간

벨린스키

자체보다도 인간을 둘러싼 것(옷, 가구 등)에 대한 관심 등등이 '자연파' 작가들 작품의 특징이 된 것이다. 1846년부터 2년간 '자연파'에 속하는 신진 작가들이 잇따라 출현하였으며, 그리고로비치, 도스또옙스키 형제, 게르쩬, 곤차로프, 뚜르게네프, 네끄라쏘프 등이 '자연파'에 속하게 되었다. 이와 같이 고골의 작풍을 따르려는 작가들, 이른바 1840년대의 '자연파' 작가들이 추구 하는 문학적 경향의 발판 위에서 '러시아 사실주의 문학'이 태동하게 된다. 현실을 보다 많이 예술에 재현하려는 사실주의는 비현실적인 낭만주의하고는 정반대의 양식이라고 하겠다. 즉, 낭만주의는 예술의 본질에 관한 이해를 심화시켰다고 한다면, 사실주의는 예술의 임무의 문제, 예술과 생활과의 관계를 제기하였다. 이와 같은 사실주의적 문학의 흐름은 당시의 문학의 대중화와 결부되면서 성장하기 시작하였다.

한편, '자연파'에 대한 불가린의 험담을 문제 삼아 '자연파'라는 용어에 적극적이고 긍정적인 의미를 부여함으로써, 러시아 문학을 사실주의의 방향으로 이끌어 간 사람이 벨린스키이다. 벨린스키는 15년간에 걸친 문학 평론가로서의 활동을 통하여 러시아에 본격적인 문학 비평을 확립하였을 뿐만 아니라, 1830년대 후반부터 1840년대에 걸친 대표적인 작품들을 평가하였고, 게르쩬과 더불어 그 후의 러시아 사회사상의 발전에 커다란 영향을 미쳤다. 벨린스키는 러시아의 서구화, 근대화의 필연성, 러시아 국민 문학의 성립과 발전, 문학의 사회 비판적, 교육적 역할, 문학에 있어서 현실의 다면적 묘사의 필요성 등등의 문제들을 중심에 두고, 동시대와 과거의 러시아 문학을 고찰하였으며, 기본적으로는 사실주의의 문학이론, 예술이론을 바탕으로 활발한 평론활동을 전개하였다. 비평논문으로 「1847년의 러시아 문학개관」이 있으며 「고골리에게 보내는 편지」는 러시아 문학사에 길이 남을 유명한 편지이다.

게르쩬

한편, 러시아의 후진성을 미화하려는 슬라브주의 사상과의 논쟁에서 벨린스키와 더불어 서구주의자들의 사상적 지도자로서 활발한 논쟁을 진개하었던 게르쩬이 있다. 하지만, 농촌 공동체 '미르(Мир)'에서 보인 러시아 농민의 집단주의, 반개인주의적 경향의 평가에 있어서, 게르쩬의 사상은 슬라브주의와 일맥 상통한데가 있었고, 나중에 서구 사회에 대한 환멸이 깊어지자, 러시아의 농촌공동체가 장래 사회주의의 기반이 될 것이라는 '농민사회주의이론'을 주장하여 훗날 나로드르니끼 사상의 바탕을 이뤘다. 주요 작품으로 농노제 사회 속에서 살고 있는 사람들의 비극을 묘사한 사상소설, 『누구의 죄인가?』, 『의사 끄루뽀프』, 『도둑까치』 등이 있으며, 그의 대표작 『과거와 사색』은 1830년 이후의 러시아 지식인들의 지적탐구와 인간형성의 역사를, 러시아 귀족사회 및 서구 혁명운동에서 작가가 직접 부딪혔던 다양한 인간 군상들을 묘사하며 더듬어 간, 러시아 문학사 가운데서 그 유례를 찾아 볼 수 없는 유명한 회상기이다. 그 밖에 『프랑스, 이탈리아에서의 서한』, 『대안에서』, 『러시아에서의 혁명사상의 발전』 등의 작품들을 남겼다.

■ 뚜르게네프 문학

이반 세르게예비치 뚜르게네프(1818~1883)는 유년 시대를 모친의 영지에서 보내면서 부친의 바람기와 모친의 지주로서의 잔혹한 행위 등을 직접 목격하며 자라났는데, 훗날 이러한 추억들은 『첫사랑』, 『무무』 등의 작품에 그대로 반영된다. 산문작가로서의 그의 위치를 확립시켜 준 소설 『사냥꾼의

뚜르게네프 (일리야 레핀의 그림)

수기』가 있으며, 그의 4대 장편소설로서 1850년대 중반부터 1860년대 초에 걸쳐 발표된 『루진』, 『귀족의 둥지』, 『그 전야』, 『아버지와 아들』이 있다.

1840년대~1850년대 중반에 걸친 뚜르게네프 초기 창작의 특징은 크게 세 가지 부류로 나누어 볼 수 있다. 첫째, 낭만주의적 색체가 짙은 작품들로서, 『빠라샤』, 『안드레이』—이야기시, 『안드레이 꼴로쏘프』, 『세 개의 초상』, 『결투를 즐기는 사내』—산문소설 등을 들 수 있다. 둘째, 중부 러시아 지주들의 영지 생활을 묘사한 단편집 『사냥꾼의 수기』를 비롯한 『베진초원』, 『끄라시바야 메차의 가시얀』, 『가수들』, 『만남』, 『무무』, 『여인숙』 등의 작품들이다. 당시 러시아 사회의 밑바닥을 비판적으로 묘사하는 경향은 이른바 '자연파' 작가들의 공통된 성향이었지만, 뚜르게네프 작품의 특징은 그의 억제된 냉정한 필치에 있다. 『사냥꾼의 수기』에서 '사냥꾼'이라는 한 정확한 관찰자의 시점을 통하여 농노와 지주와의 대화, 생활, 그리고 이들의 개성, 감회, 세계관이 작가의 냉정한 필치로 묘사되고 있다. 셋째는 희곡으로서, 「얇은 것은 찢어지기 쉽다」, 「독신자」, 「시골에서의 1개월」, 「시골 처녀」 등의 작품들이다. 대부분이 지주의 저택을 무대로 전개되는 연애 사건을 다룬 희극으로서 여주인공의 솔직함, 강인함, 또는 우둔함이 돋보이고 있다.

1850년대 중반에서 1860년대 초에 걸친 시기는 작가 뚜르게네프에게 있어 가장 왕성한 창작기였다. 중편소설 『두 친구』, 『정숙』, 『야꼬프 뽀스인꼬프』, 『파우스트』, 『아샤』, 『첫사랑』 등의 작품들은 1830년와 40년대를 배경으로 한 야릇한 연애 사건을 묘사한 것으로, 장편과 비교하여 사회적 정황이 결여되어 있지만 작품의 매듭은 매우 뛰어난 것으로 평가된다. 또한 이 시기에 씌여진 뚜르게네프의 4대 장편소설, 『루진』(1856), 『귀족의 둥지』(1859), 『그 전야』(1860), 『아버지와 아들』(1862)에서 작가는 동시대의 사회적, 정신적 문제를 적극적으로 제기한다. 그의 대표작 『아버지와 아들』에서 작가는 두 세대, 즉 1830~40년 세대(아버지 세대)와 1850~60년 세대(아들 세대)를 대조시키면서 당시의 사회적, 정신적 문제를 제기하고 있다. 1830~40년 세대(아버지 세대)는 관념론적 철학과 낭만주의 속에서 성장하고 공상적 사회주의를 꿈꾸는 세대로서, 이상과 현실의 틈바구니 속에 무료하게 살아가는 '잉여인간'의 범주에 속하는 세대이고, 1850~60년 세대(아들 세대)는 유물론적 철학, 공리주의, 다윈 이론의 영향을 받고 자란 세대로서 구세계의 붕괴를 바라보고 있었던 세대인 것이다. 한편 이들 4대 장편소설들을 통하여 일관되게 제시되는 플롯의 중심은 연애이다. 연애에 있어서 여성은 항상 성실하고 용감하며 냉정하고 현실적인 존재로서 묘사되는 반면에, 남성은 항상 소심하고 미숙한 면을 드러내는 것 또한 특징이라 할 수 있다.

1860년 중반 이후, 거장 뚜루게네프의 현실 묘사의 붓은 점점 그 기세가 꺾이기 시작한다. 이 시기에 그는 『환상』, 『충분하다』, 『연기』, 『개』, 『황야의 리어 왕』, 『봄의 유수』, 『뿌닌과 바브린』, 『사랑의 개가』, 『끌라라 밀리치』, 『꿈』, 『낡은 초상』 등의 작품들을 남겼으며, 1870년대의 나로드니끼 운동을 취재한 장편소설 『처녀지』를 집필하였다. 특히 『처녀지』는 우리나라 문학에도 영향을 미쳐 심훈의 『상록수>와 관계있는 것으로 알려져 있다. 뚜르게네프는 예술을 논할 때 마치 자연을 이야기할 때처럼 작품 속의 인물과 적당한 거리를 유지하면서 관찰자로서 이야기한다. 이것은 그가 사상을 이야기할 때의 태도와도 공통된다. 그는 정치적 과민성을 싫어했고, 따라서 그는 어느 당파에도 속하지 않았다.

■ 도스또옙스키 문학

표도르 미하일로비치 도스또옙스키(1821~1881년)는 모스크바 자선병원 의사의 아들로 태어났다. 아버지 미하일은 나폴레옹 전쟁때 학도병 군의관으

도스또옙스키

로 참전하였던 의사였으며, 어머니는 모스크바 상인의 딸이었다. 1837년 청소년 도스또옙스키는 자신이 사랑하는 시인이었던 뿌쉬킨의 죽음과 어머니의 사망 소식을 동시에 접하게 된다. 그 후 그는 형과 함께 뻬쩨르부르그의 육군 공병 학교에 입학하였는데, 이번에는 시골영지에서 아버지가 농노들한테 피살당하였다는 소식을 접한다. 육군 공병학교를 졸업하고 나서, 약 1년간 육군 공병국에 근무하다가 퇴직한 후, 도스또옙스키는 러시아 최초의 직업적 작가의 한 사람이 된다. 1845년 『가난한 사람들』이 당대 유명한 네크라소프와 벨린스키의 절찬을 받으면서 문단에 데뷔하였다. 『분신』, 『여주인』, 『백야』 등의 작품들에서 도스또옙스키는 '자연파'의 외형적인 생리학적 기록의 수법에서 벗어나 대도시의 밑바닥에서 숨쉬고 있는 고독한 혼의 내적 생활과 그의 환상, 몽상, 이상 심리 등을 추구하기 시작하였다. 1847년부터 당시 진보적인 모임이었던 '뻬뜨라쉡스키' 써클에 가입하여 활동하던 작가는 1849년 체포, 감금되어, 사형언도를 받는다. 하지만, 다른 죄수들과 함께 처형장에서 교수형에 처해지기 일보 직전에 황제의 특령에 의하여 감형되어 시베리아 유형(10년간)에 처해짐으로써 간신히 죽음을 모면하게 된다. 작가에게 있어서 커다란 문학적 공백기였던 10년간의 시베리아 유형 생활을 끝내고, 1859년 뻬쩨르부르그로로 귀환한 도스또옙스키는 형 미하일과 함께 문학잡지 『시대』와 『세기』를 발간하면서, 러시아의 지식층과 민중과의 합일을 호소하는 '대지주의'를 제창한다. '대지주의'는 '토양주의' 또는 '토지주의'라 불리며 1860년대의 슬라브주의 일파로서 도스또옙스키와 그리고리예프 등이 주창하였던 사상이며, 종교적, 윤리적 견지에서 지식인(교양인)들과 인민(토양인)과의 접근을 시도한 사상이다. 당시에 도스또옙스키는 체르늬쉡스키 등의 혁명적 민주주의자들과 논쟁을 전개하기도 하였다. 그 후, 시베리아 유형의 체험을 엮은 『죽음의 집의 기록』을 발표하였고, 인간 심리의 어두운 '지하'를 묘사한 『지하 생활자의 수기』를 비롯하여 『겨울에 적은 여름의 인상』, 『도박』 등의 작품을 집필하였다. 아내와 형의 죽음으로 인하여 많은 부채와 친척 부양의 무거운 짐을 떠안게 된 도스또옙스키는 도박에 빠져들었으며, 이후 4년간의 서구생활은 끊임없는 도박벽의 연속이었다. 이러한 괴로운 상황 속에서도 작가 도스또옙스키는 『죄와 벌』(1866), 『백치』(1868), 『악령』(1871~2) 등의 걸작을 남겼으며, 『미성년』, 『작가의 일기』를 집필하였고, 최후의 대작 『까라마조프가의 형제들』(1879~1880)을 집필하는 도중인 1881년 1월에 갑자기 자신의 서재 책상 위에서 생을 마감하였다.

도스또옙스키의 문학은 똘스또이와 더불어 19세기 러시아 사실주의 문학의 최고봉을 형성하게 되지만, 사실주의의 대극인 낭만주의와 상징주의와의 관련도 깊다. 그의 창작을 대표하는 장편소설들은 복잡한 플롯, 정확한 시대 배경, 잡다한 계층에 속하는 주인공들이 엮어내는 사회적 일대 파노라마, 주인공마다 고유하고 다양한 문체, 생생한 심리 묘사 등 명확한 사실주의의 특징들을 갖추고 있다. 그러므로 도스또옙스키의 사실주의를 가리켜 '혼의 사실주의', '환상적 사실주의', '유토피아적 사실주의', '낭만적 사실주의', '상징적 사실주의' 등으로 불리운다.

도스또옙스키의 초기 작품들로서 데뷔작인 『가난한 사람들』을 비롯하여 『네또치까 네즈바노바』 등의 작품들이 있는데, 이러한 작품들에는 당시 고골을 비롯한 다른 작가들 작품의 다채로운 영향이 뚜렷이 나타나 있다. 뻬쩨르부르그의 하급 관리의 세계에서의 기괴한 사건, 이상 심리의 주제, 그로테스크하고 과장된 수법, 속어와 고상한 문장어의 혼합 등 많은 점에서 고골의 영향이 엿보이며, 전형적인 '자연파'의 작품으로 분류된다.

작가 도스또옙스키에게 있어서 10년 간의 시베리아 유형과 그에 따른 창작의 공백은 향후 도스또옙스키 문학에 커다란 영향을 미쳤다. 첫째, 유토피아적 사회주의 사상과 헤겔 좌파의 철학을 몸소 체득하였으며, 둘째, 1848년의 유럽 혁명을 배경으로 한 급격한 정치 운동을 직접 경험하게 되었고, 셋째, 시베리아 감옥에서의 죄수들과의 교제를 통하여 '민중'과 '지식인'의 대립을 통감하였으며, 넷째, 『죽음의 집의 기록』에서 선명하게 묘사된 민중의 유일무이한 인물상과 민중의 언어, 그리고 민중의 신앙에 눈을 떴다는 사실이다.

한편 도스또옙스키의 『죄와 벌』, 『백치』, 『악령』, 『까라마조프네 형제들』을 4대 장편소설이라 부르고, 여기에 『미성년』을 보태어 **5대 장편소설**이라 부르는데, 이러한 5대 장편소설은 다음과 같은 특징을 나타낸다. (1) 한결같이 이상한 **범죄**와 색다른 **연애**를 기본적인 골격으로 삼고 있으며, (2) 소설의 의의가 사건 및 줄거리의 진행에서 일어나는 심한 기복과 변화에 있는 것이 아니라, 그 속에서 생생하게 묘출된 잡다한 **사상의 운명**에 있다. 즉, 등장인물들의 다채로운 운명을 통하여 사회, 민족, 신, 자유, 신앙이라는 근원적인 문제와 관련된 다양한 사상을 묘사한 일종의 '**사상 소설**'인 것이다. 하지만, 대사에 의한 사상의 내용 그 자체보다는 사상을 체현한 등장인물들이 그들의 사상을 얼마만큼 살려 나아가느냐 하는 쪽이 더 중요한 관심사로 되어 있다. 이 사상들은 '**다성적**'으로 구성된 소설 세계 속에서 작가에 의해 상대적으로 독립된 자주성이 부여되었고, 상호간의 대화적 관계를 통하여 동적으로 묘사되고 있다. (3) 도스또옙스키의 소설에는 **극적인 성격**이 강하다. 즉, 극적 장면이 무대 위에서처럼 아주 긴박하고 압축된 시간 속에서 전개되는 것이다. (4) 도스또옙스키 소설에는 다른 작가의 추종을 불허하는 **심리적 사실주의의 심오함과 박진감**이 넘친다. 그의 작품에는 부친의 살해, 뻬뜨라쉡스키 서클에서의 체험, 날조된 사형과 시베리아 유형의 체험, 작가를 평생 괴롭힌 간질병, 마리야 이싸예바와 수슬로바와의 파국적인 사랑, 파멸적인 도박벽 등 수많은 자전적 요소들이 반영되어 있는데, 이러한 자전적 요소들이 도스또옙스키 작품에 **심오함과 박진감**을 불러일으키면서 도스또옙스키

창작의 사실적 요소가 되고 있다. (5) 도스또옙스키의 사실적인 소설들에는 많은 상징적인 표현들이 포함됨으로써, 그의 사실주의를 **상징적 사실주의**로 만들고 있다. 즉, 네바 강의 석경이나 혹은 비 오는 밤의 강변도로 정경은 주인공의 정신적 위기를 상징하며, 거미와 딱정벌레의 이미지는 주인공을 괴롭히는 죄의식을 상징한다. 또한 개미집과 수정관은 사회주의, 합리주의, 유토피아 등을 상징하고, 작품에 등장하는 나폴레옹은 권력에 대한 희구를 상징하는 것이다. (6) 끝으로, 도스또옙스키의 소설은 소설 전체가 하나의 거대한 이념 대립의 장(場)이 되고 있다. 즉, 니힐리스트 또는 부신론자들과 러시아 종교적 원리의 체현자들이 대립되고 있으며, 무신론과 신앙, 그리스도와 반그리스도, 신과 악마가 서로 대립되고 있는 것이다. 그러므로 도스또옙스키의 소설은 이와 같이 서로 대립되는 두 개의 원리가 서로 싸우는 하나의 장(場)이라는 상징적 의미를 나타내 준다.

▪ 똘스또이 문학

레프 니꼴라예비치 똘스또이(1828~1910)는 백작가의 4남으로 모스크바 근교의 **야스나야 뽈랴나**에서 태생하였다. 까잔 대학 법학부를 중퇴하고 어려서부터 일기 쓰는 습관을 들였던 젊은 똘스또이는 야스나야 뽈랴나에 살면서 시골 영지에서의 생활을 기록하기 시작하였는데, 훗날 이 때의 기록들이 『**지주의 아침**』에서 잘 묘사되고 있다. 그 후, 까프까즈에서 종군하고 있던 형에게로 가서 포병하사관학교를 졸업한 후 포병장교가 된다. 이 때 똘스또이는 까프까즈에서의 문

똘스또이

똘스또이의 저택 (야스나야 뽈랴나)

명에 오염되지 않은 자연과 소박한 인간에 감동하고 자유로운 까자크의 생활을 동경하게 된다. 이 때 까프까즈에서 똘스또이는 『유년시대』를 집필하였다. 크리미아 전쟁(1853~56)이 일어나자, 똘스또이는 격전지 '세바스또뽈리'의 전속을 지원하여 전투에 직접 참가하게 되는데, 전장에서 그는 『청년시대』와 『세바스또뽈리의 이야기』를 집필하였다.

1856년과 1860년, 두 차례에 걸친 서구여행은 똘스또이로 하여금 문명의 '악'을 실감케 하였으며, 마침내 야스나야 뽈랴나 영지로 돌아온 똘스또이는 루소적인 '자연'을 바탕으로 한 농민교육에 온 힘을 기울인다. 그리고 1862년 의사의 딸 소피아와 결혼한 똘스또이는 남편의 원고를 정서하면서 13명의 자식을 낳는 헌신적인 아내의 내조 속에서, 불후의 명작 『전쟁과 평화』와 『안나 까레니나』를 집필하게 되며, 이 두 장편소설을 가리켜 똘스또이의 '2대 장편소설'이라 부른다.

▸『전쟁과 평화』

이 작품의 주된 매력은 '행복한 가정생활의 찬가'라는 점에 있다. 산다는 것의 즐거움이 이토록 생생하게 쓰인 작품은 거의 드물다. 작가 자신의 부친과 모친의 가계가 소설 속의 로스또프가와 볼꼰스키가의 모델이 되었고, 이 양가를 중심으로 나폴레옹 전쟁의 역사적 경험을 축으로 하여, 러시아 국민 생활의 일대 파노라마가 선명하게 재현되고 있다.

또 이 작품을 더 부풀게 만든 것은 똘스또이 특유의 역사 철학과 나로드 사상이다. 개인의 무력함, 자유의지의 환상성, 대사건의 무상함과 숙명성

등이 나타나 있다. 똘스또이는 역사의 참된 원동력은 개인이 아니라, 비록 자각적인 것은 못 되지만 힘찬 민중의 집단정신 속에 있다고 보았다. 러시아 군사령관 꾸뚜조프 장군은 바로 이 정신을 통찰한 점에서 위대한 인물로 보았다. 이 같은 민중의 전형으로서 등장한 쁠라똔 까라따예프의 형상은 지우기 어려운 깊은 인상을 남겨 준다. 똘스또이는 자연의 생활과 마찬가지로 인간의 생활을 규정하는 '자연의 법칙'이 있다고 보고, 이 엄격한 법칙에 대한 자아의 자유 의식은 한낱 공허한 환상에 지나지 않는다고 생각했다. 『전쟁과 평화』의 기법은 훗날 '형식주의자'가 말하는 이른바 '낯설게 하기'의 기법이다. 문명과 정치의 공허함, 사교계의 위선과 천박함의 '가면을 벗기는 수법'이라 하겠다.

똘스또이의 대작 『전쟁과 평화』 속에는 '똘스또이적 역사관'이라 불리는 똘스또이 특유의 역사관이 나타나 있다. 즉, 인간의 역사는 어느 일개의 장군 혹은 영웅의 명령에 의해서 바뀌거나 변화되는 것이 아니라, 역사를 움직이는 힘이 존재하며(역사적 원동력), 그 힘의 세계는 논리적이라기보다는 도덕적 본능에 더 가까운 세계라는 똘스또이 특유의 역사관을 말한다. 작품에서 '나폴레옹 전쟁'이라는 커다란 역사의 흐름 속에 그 역사를 움직이는 힘은 나폴레옹이라는 영웅도 아니고 꾸뚜조프라는 장군도 아니었다. 마치 우주를 움직이는 질서와도 같은 눈에 보이지 않는 힘이 역사에도 존재하며, 이 힘의 세계는 논리적이기 보다는 도덕적 본능에 더 가까운 것으로서, 힘찬 민중의 집단정신 속에서 우러나오고 있다는 것이다. 즉, 똘스또이는 역사의 참된 원동력을 민중(나로드, Народ) 속에서 찾고 있다.

▸『안나 까레니나』

귀족의 가족 연대기라는 측면이 짙게 풍기는 장편이다. 그러나 소설의 핵심은 주인공 안나의 사랑의 드라마이다. 똘스또이적인 암시나 생략의 기법이 안나의 묘사에서도 많이 이용되고 있다. 역사소설인 『전쟁과 평화』과는 달리 동시대를 묘사한 이 소설에는 농노해방이 가져 온 사회의 변동, 사법제

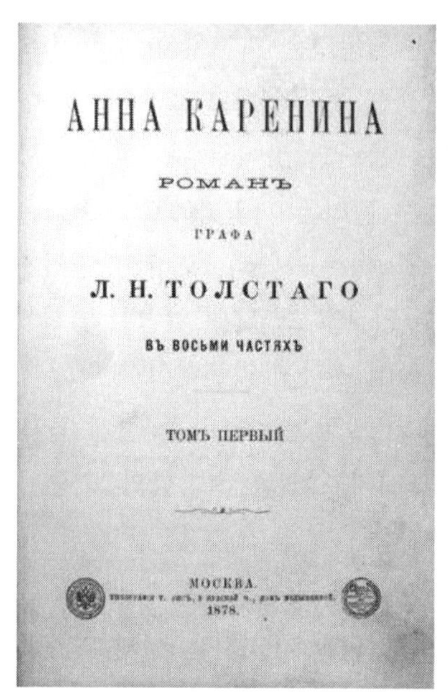

<안나 까레니나> 초판 (1878)

도의 개혁, 지주 귀족의 몰락, 슬라브 민족의 해방 운동이라는 시사적 문제에서 음악, 교육, 여성해방의 문제에 이르기까지의 온갖 신시대의 현상이 광범하게 펼쳐져 있다. 안나의 자유로우나 사회에서 받아들여지지 않는 사랑과 대조적으로 묘사된 것이 목가적인 정원의 풍경 속에서 영위하고 있는 레빈과 끼찌의 사랑이다. 대조적으로 묘사하는 것이 똘스또이적인 수법의 특징이지만, 이 소설 전체는 안나와 레빈, 도시와 농촌, 문명과 자연이라는 대비의 바탕 위에서 성립되고 있다. 똘스또이는 문명에서 비롯되는 것은 부자연스럽고 거짓이며, 농민, 자연과 결부된 것은 모두가 선이고 진실이라고 생각했다.

작가의 분신인 번뇌하는 레빈을 구제할 수 있는 것도 농민의 자연스러운 무의식의 영지라고 보았다. 소설의 첫머리에 있는 '복수는 나에게 있으니 내가 이를 행하리'라는 유명한 글귀도 쇼펜하우어의 저서 속에서 읽은 성서의 인용문 속에 있었던 것으로, 죄지은 여자는 스스로 멸망하는 것이며, 인간이 처리할 문제가 아니라 신의 뜻에 맡기자는 의미를 가지고 있다.

한편, 『전쟁과 평화』 그리고『안나 까레니나』의 2대 장편소설은 작가 똘스또이에게 커다란 명성을 가져다주었으나, 똘스또이의 마음은 허무감, 삶의 무의미함으로 가득 차 갔다. 작가는 "인간은 무엇 때문에 사는가?"에 대한 해답을 영원히 찾을 수가 없었기 때문이었다. 꺼져가는 노작가의 삶에 대한 공포는 후에 『광인의 수기』에서 잘 표현되고 있다. 정신적 위기는 더욱 더 깊어져 갔고 마침내 작가 똘스또이는 『참회』를 집필하기에 이른다. 『참회』에서 똘스또이는 자신의 과거의 삶을 모두 부정하고 고발하였으며, 자신의 문학의 의미까지도 부정하였다. '삶의 즐거움'을 기만이라고 단죄한 『참회』는 똘스또이의 이른바 '회심'의 극적인 표현이었으나, 『참회』의 집필 이후 똘스또이에게는 눈에 띄게 작가의 도덕가적인 면이 나타나기 시작한다. 그는 '산상의 수훈' 속에 '노하지 말라', '간음하지 말라', '맹세하지 말라', '폭력으로 악에 저항하지 말라', '싸우지 말라' 등의 5개의 계율을 찾아, 이것이 그리스도교의 근간이라고 했다. 이 계율에 의거하여 문명의 악에 대항하는 농민의 간소한 생활을 이상으로 삼은 아나키즘적 성격이 짙은, 이른바 '똘스또이주의(똘스또이즘)'의 교의가 생겨났다. 똘스또이는 노동을 존중했고 간소한 농민적 생활을 행하는 것을 '간소화'라고 불렀다. 간소한 생활을 하는 사람이면 '똘스또이주의자'를 가리켰다. 『참회』의 집필 이후, 똘스또이는 신학에 관한 논문이나 정치적, 도덕적 팸플릿에 모든 정력을 쏟아 부었다. 따라서, 당시에 사람들은 똘스또이가 문학을 버리고 예술가에서 사상가로, 예언자에서 성자로 변신했다고들 생각하였다. 그러나 이러한 종교적, 사회적 활동 시기에도 작가는 예술가로서의 표현 활동을 중단하지는 않았다. 모스크바 빈민층을 묘사한 『그러면 우리는 무엇을 할 것인가』, 농민을 주제로 한 작품 『어둠의 힘』, 그리고 『이반 일리치의 죽음』, 『크로이체르 소나타』, 『부활』 등의 작품들이 이 때 집필된 것이다.

야스나야 뽈랴나에 있는 똘스또이의 묘

한편, 러시아정교회는 『부활』의 제1부에 나오는 감옥 속 예배장면에 대한 묘사를 문제 삼아 똘스또이를 파문시키기에 이른다. 하지만, 노작가는 이에 굴하지 않고 『신의 왕국은 그대 안에 있다』에서 그리스도교적 아나키즘을 주장하였다. 또한, 일반적 경향을 부정하는 똘스또이의 집념이 가장 집약적으로 나타난 「예술이란 무엇인가?」에서, 똘스또이는 당시 문단의 주류로 등장한 '상징파'(데카당파)를 겨냥하여 탄핵하면서, "예술은 유희도 감정 표현도 쾌락도 아니며, 인간을 똑같은 감동 밑에서 통일시키는 인간끼리의 교류의 수단이다"라고 주장하였다. 똘스또이는 예술 활동을 '감염성'이라는 말로 대체함으로써 명쾌하게 모든 것을 처리해 나아갔다. 자신의 작품의 가치를 부정하는 등의 우상 파괴적인 논문 「예술이란 무엇인가?」는 셰익스피어마저 부정하는 논문으로서 서구에 커다란 문화적 충격을 주었다. 따라서 1901년 똘스또이는 제1회 노벨문학상에서 제외되었으며, 그 후, 1910년, 정신적 위기를 겪으며 홀로 가출한 노작가 똘스또이는 쓸쓸한 시골 간이역에서 파란만장한 생을 마감하였다.

■1880년대 이후의 러시아 문학

러시아 문학에서 뚜르게네프의 『루진』으로부터 시작하여 도스또옙스키의 『까라마조프네 형제들』로 끝나는 20여년 간을 **'러시아 소설의 황금시대'**라 부른다. 러시아 문학과 역사의 밀접한 관계를 고려하지 않더라도, 이 기간은 공교롭게 알렉산드르 2세의 치정기간(1855년~1881년)과 일치된다. 또한 역사적으로도 알렉산드르 2세의 암살(1881년)은 시대의 일대 전환점이 되었다. 바로 같은 해(1881년)에 도스또옙스키가 세상을 등졌고, 뚜르게네프도 2년 후인 1883년에 죽었다. 똘스또이는 '회심'을 맞아 문학적으로 죽은

19세기	• 알렉산드르 1세(1801~1825) 나폴레옹 전쟁(1812) 제까브리스트 반란사건(1825)	1820년대: '시의 황금시대' - 뿌쉬낀
		1830년대: 시→소설 - 레르몬또프
	• 니꼴라이1세(1825~1855) 서구주의와 슬라브주의(1840)	1840년대: 산문 '고골리의 시대' → 자연파
	• 알렉산드르 2세(1855~1881) 농노해방령(1861) '브 나로드 운동' (1870)	1855~1881: '러시아 사실주의' - 뚜르게네프 도스또옙스키 똘스또이
	• 알렉산드르 3세(1881~1894) • 니콜라이 2세(1894~1917)	

거나 다름없었다. 그러므로 위대한 세 명의 거장들의 시대가 끝난 것이다.

1880년대의 문학의 침체는 나로드니끼 운동의 좌절과 황제의 암살 후 정부의 반동 정책에 의해 혁명 조직과 진보파의 잡지가 탄압을 받게 되어, 진보적 인텔리겐찌야가 절망적인 어두운 분위기 속에 갇히게 되었던 데서 비롯되었다. 농노해방을 계기로 일기 시작한 사회의 급속한 변화와 근대화는 젊은 세대를 그 때까지 금지되었던 사회적 활동과 온갖 다양한 지적, 계몽적 활동에로 끌어들였다. 재능 있는 사람들을 모았던 문학은 이미 지적 활동의 중심이 아니었으며, 문학을 짊어졌던 지주 귀족 계급은 큰 타격을 받고 잡계급 출신의 인텔리겐찌야가 그 주역이 된 것이다. 이들의 특징은 문학적 전통을 포함한 모든 전통과의 단절에 있었다. 사제의 아들이 무신론자가 되고, 지주의 아들은 사회주의자가 되었다. 문학 기법, 기교의 전승, 습득, 계승은 경시되었다. 알렉산드르 3세의 탄압 정책에 의해 혁명파는 모두 감옥이나 시베리아, 외국 등으로 쫓겨나고, 똘스또이주의(교회나 국가에 대한 반항으로서가 아니라 무저항주의 사상)가 유행하였으며, '황혼'의 퇴영적 분위기가 팽배하여 갔다. 하지만, 이러한 세기말 황혼의 분위기 속에서도 러시아 문학의 전통은 위대한 희곡 작가 안톤 체홉에 의해서 전승되어 나아갔다. 그의 4대 희곡 『갈매기』, 『바냐 아저씨』, 『세 자매』, 『벚꽃 동산』은 지금도 러시아 방방곡곡의 극장에서 빠지지 않고 공연되는 상연목록 속에 포함되어 있다. 체홉 희곡의 특징은 줄거리를 발전시키는 굵직한 사건들이 무대 위에서 일어나지 않고, 모두 무대 뒤에서 이루어지는데 있으며, 이러한 것이 체홉 연극의 특유한 '고요함'과 '긴장감'을 낳고 있다.

(4) 20세기 러시아 문학

■ 러시아 상징주의

러시아 모더니즘 운동에서 주도적 역할을 수행한 것은 바로 문학이었으며, 그 중에서도 특히 1890년대 들어와 리얼리즘 문학의 실증주의적인 경향에서 탈피하여, 전통 사상에 의식적으로 반기를 들고 태동하기 시작하는 러시아 상징주의 시 문학 운동이다. 1890년 초엽부터 시작하는 러시아 상징주의는 세기말 서구의 문화를 지배하던 심각한 위기의식과 밀접히 연관되어 있다. 과거의 사회 질서에 대한 절망, 사회 진보 사상에 대한 부정적 평가, 도덕적 가치에 대한 불신, 인텔리겐찌야에 의한 자유사상의 대두 등을 통해 발전되어 나아갔을 뿐만 아니라, 예술을 도덕과 사회적 이상에서 해방시켜 보려는 순수 예술 의식, 즉 예술 지상주의적 사고 등을 또한 그 저변에 깔고 있다. 이러한 상징주의는 대체로 다음과 같은 세 가지의 흐름으로 특징지을 수 있다.

(1) 기독교적인 종교관과 구신사상*을 예술과 접목시키려 했던 초기의 상징주의적 경향으로 민스키, 메레쥐꼽스키, 기삐우스 등의 작가들이 있다. 이들은 러시아의 문학적 전통을 부정하고 새로운 예술적 원칙들을 세우려 시도하였다. 그러므로 이들을 가리켜 '데카당파'라고 부르기도 한다(데카당: '일정한 규범에서 벗어난'). 즉, 사실주의에 적대적인 감정을 갖는 흐름을 옹호하는 문학예술 그룹으로서, 신비스러운 종교적 지식을 반영하는 예술관, 음산한 우수, 불안한 미래 등을 시의 주제로 삼았으며, 인간 존재의 가치를 부정하기도 하였다.

(2) 새로운 예술 경향을 순수한 문학적 현상으로 파악한 시인들 그룹이 있었다. 이들은 <러시아의 상징주의자들>이라는 시모음집을 중심으로 활동하였던 발몬트, 브류소프, 솔로구프 등의 시인들로서, 시어가 갖는 문학적이고 음악적인 기능에 보다 많은 관심을 기울였다. 이들에게 있어 시인의 언어는 우주의 신비와 개인의 의식을 잇는 가교였다. 종교적이고 관념 철학적인 경향에서 벗어나 상징주의를 인상주의와 밀접히 연관된 문학의 한 일파로 국한시키기도 하였다. 눈에 보이는 외부 세계의 가시적 풍경보다는 감춰진 인간의 심오한 의식과 초월적 세계가 지금의 현실 세계를 보다 명확히 이해

* 지상에 도래한 신의 왕국과 같은 종교관과 새롭게 쇄신된 기독교의 관점 속에서 존재의 근거를 찾아야 한다는 세기말의 종교철학 사상.

할 수 있는 척도라고 생각하였다. 소리의 울림과 음악성을 통하여 '영혼의 풍경'을 마치 하나의 시적 이미지로 묘사하는 기법을 구사하였다.

(3) **후기 상징주의** 또는 '**신세대**' **상징주의**로 불리는 새로운 세대들의 시인들이 있었다. 즉, **블록**, **벨리**, **이바노프** 등과 같은 시인들로서, 이들은 서구의 영향에서 벗어나 독자적인 예술관을 확립하기 시작하였으며, 상징을 통해 우주관, 세계관을 전개하려 하였다. **상징**은 현상과 본질 사이의 대응 관계를 표현한 것이며, 상징은 '현실적인 것' 보다 '더욱 현실적인 것' 사이의 다리 역할을 한다고 생각하였다. 즉, **상징**은 현실을 초월한 피안의 세계의 의미를 이해하고자 할 때, 비가시적인 피안의 본체를 직관할 수 있도록 도와준다는 것이다. 시인은 승려이자 피안의 세계를 꿰뚫어 볼 줄 안는 신비스러운 마술사이며, 신비스러움을 전달해 줄 수 있는 매개체가 바로 **상징**이라 생각하였다. 따라서, 상징은 바로 언어에 의해 전달된다는 점을 들어 **시적언어**를 '신비스러운 로고스' 내지는 **신비스러운 종교적 언어**의 하나라고 생각하기에 이르면서, 시적언어의 중요성을 강조하였다. 이러한 러시아 상징주의 시들은 러시아 문학사에서 '**은세기**' 문학이라 일컬어진다.

■ 신사실파

상징주의는 1910년대 들어 쇠퇴의 길을 걷기 시작한다. 다가올 혁명을 예감하면서 자신의 입장을 선명히해야 할 필요가 있었으므로, 현실에서 유리된 듯이 보이는 상징주의는 자연히 사회적 변혁 속에서 쇠퇴되어 갈 수 밖에 없었다. 이 시기의 특징은 구체적인 사회적 조건 속에서 현실을 규명해 보고자 하는 것이었으며, 이것은 **사실주의의 전통**과 이에 대립되는 **상징주의**를 절충하는 양식인 '**신사실파**'의 경향으로 발전된다. 이 시기의 산문작가들은 이전의 사실주의에서는 묘사의 대상이 되지 못하였던 **사회계층**과 그 **생활상**을 그리기 시작했으며, 혁명 이후 소비에트 정권의 공식적인 문학 강령이 될 '**사회주의 리얼리즘**'의 토대를 마련한다. **꾸쁘린**, **이반 부닌**, **안드레예프**, **레미조프**, **막심 고리끼** 등의 작가들이 이에 속하였다. 특히,

막심 고리끼는 후에 전통적인 러시아의 리얼리즘과 혁명 이후에 정착되게 될 사회주의 리얼리즘 사이의 가교 역할을 맡게 된다. 훗날 막심 고리끼를 가리켜 '**사회주의 리얼리즘의 아버지**'라 불렀다. 그의 주요작품들로는 『마까르 추드라』, 『첼까쉬』, 『밑바닥에서』, 『적』 등이 있으며 대표작 『**어머니**』가 돋보이고 있다.

▪ **아끄메이즘**

사회현실의 변화에 따라 민중의 운명에 관한 문제가 대두되고 작가들 사이에서도 현실 참여의 당위성을 주장하는 분위기가 쇄도함에 따라, 러시아 상징주의는 쇠퇴의 길을 걷게 되지만, 보다 직접적인 이유는 바로 상징파가 가지고 있던 미학적 관점에 반기를 든 일군의 젊은 작가들로부터 도전을 받으면서 부터였다. 이러한 유파의 하나가 바로 **아끄메이즘***이었고, 다른 하나는 보다 적대적이었던 **미래파**였다. 상징주의의 경향 중에서도 특히 신비스러운 종교적 성질과 그 '음악정신'에 반대를 하며, 그들의 불가해한 인식과 언어관을 부정하였던 아끄메이즘은 건강한 예술을 주장하며, 자신들을 통해 예술의 '절정기'가 도래하였다고 선언하였다. 이들에게 있어서 **그리스의 문화**는 하나의 예술적 규범이 되며, **헬레니즘**과 **러시아 문화**와의 접목을 시도하기도 하였다. 문학의 목적은 아름다운 명료성의 표현이며, 태초의 아담처럼 사물을 맑은 눈으로 보고, 새롭게 이름 붙여야 한다는 의미에서 '**아담주의**'라는 별칭이 사용되기도 하였다. 아끄메이즘의 시인들은 마치 아담처럼 지상적 존재의 모든 아름다움을 새롭게 느껴야 하며, 시선에 들어오는 최초의 인상을 표현해야 한다고 생각했다. 그러나 서구의 이미지즘과 고답파를 연상시키는 아끄메이즘은 상징주의에 반동한다고는 했지만, 오히려 상징주의를 계승하는 아류로 보여졌다. **구밀료프**, **안나 아흐마또바**, **만젤쉬땀**, **꾸즈민** 등의 작가들이 여기에 속하였다.

* 아메이끄즘: 아끄메. 고대 그리스어로 '개화의 힘, 절정, 만개'등을 의미한다.

■ 미래파(미래주의) 문학

상징파에 격렬한 공격을 가한 것은 바로 미래파였다. 러시아의 미래파 운동은 과거와의 완전한 결별을 주장할 만큼 극단적인 예술관을 펼쳐 보이며, 기존의 문화와 전통에 대해 강한 반발을 보였다. 이는 러시아의 미래파가 당시 러시아의 전반적인 사회 분위기의 산물이자 세기말 불안감의 소산이었음을 나타낸다. 그들에게 있어서 과거의 문화유산은 진부하고 낡은 인습일 뿐, 결코 미래에 도래할 새로운 세계에 적합지 못한 하나의 타파 대상이었던 것이다. 1909년 프랑스의 『피가로지』에 실린 이탈리아의 시인 마리네티의 '미래주의 선언문'을 필두로 시작되는 미래파 운동은 시대말 기술과 문명의 진보에 따른 새로운 도시 미학을 예술에 반영할 것을 주장한다. 러시아의 미래주의는 부르주아 사회에서 배양된 기존의 전통을 부정하며, 예술의 실험적 형식을 중시하였을 뿐만 아니라, 문법의 무시, 신조어의 사용 등 언어 예술에 보다 많은 관심을 쏟았다. "단지 우리들만이 우리시대의 얼굴이다. 과거는 어두우며, 아카데미나 뿌쉬킨 따위는 이해하지 못할 상형문일 뿐이다. 뿌쉬킨, 도스또옙스키, 똘스또이 등을 현대라는 기선 밖으로 버리자" 라고 요구하면서, 이들은 또한 사전의 어휘를 증가시켜야 한다고 주장하였다. 이를 위하여 미래파 언어관의 중요 개념인 '자기 충족적 언어' 즉 의미보다는 지식적 기능을 수행하는데 중점을 두는 언어 기호의 사용을 또한 주장하였다. 말하자면, 내용보다도 언어의 외적 형식을 중요시하며, 언어가 갖는 감각적 특성, 언어가 지칭하는 대상 보다는 언어 그 자체에 관심을 돌렸던 이들에게 시는 실험적이고 자율적인 언어 예술이고, 시어는 삶과 현실의 소리를 구체적으로 담고 있는 리듬과 운율이 울리는 언어 형식일 따름이었다. 러시아 미래주의의 특징은 한 마디로 시의 언어에 대한 새로운 시각의 부여, 즉 시어의 자율성을 추구하는데 있다고도 볼 수 있다. 부를류끄, 흘레브니꼬프, 끄루쵸늬흐, 마야꼽스키, 보리스 빠스쩨르나크 등의 작가들이 미래주의에 속하였다.

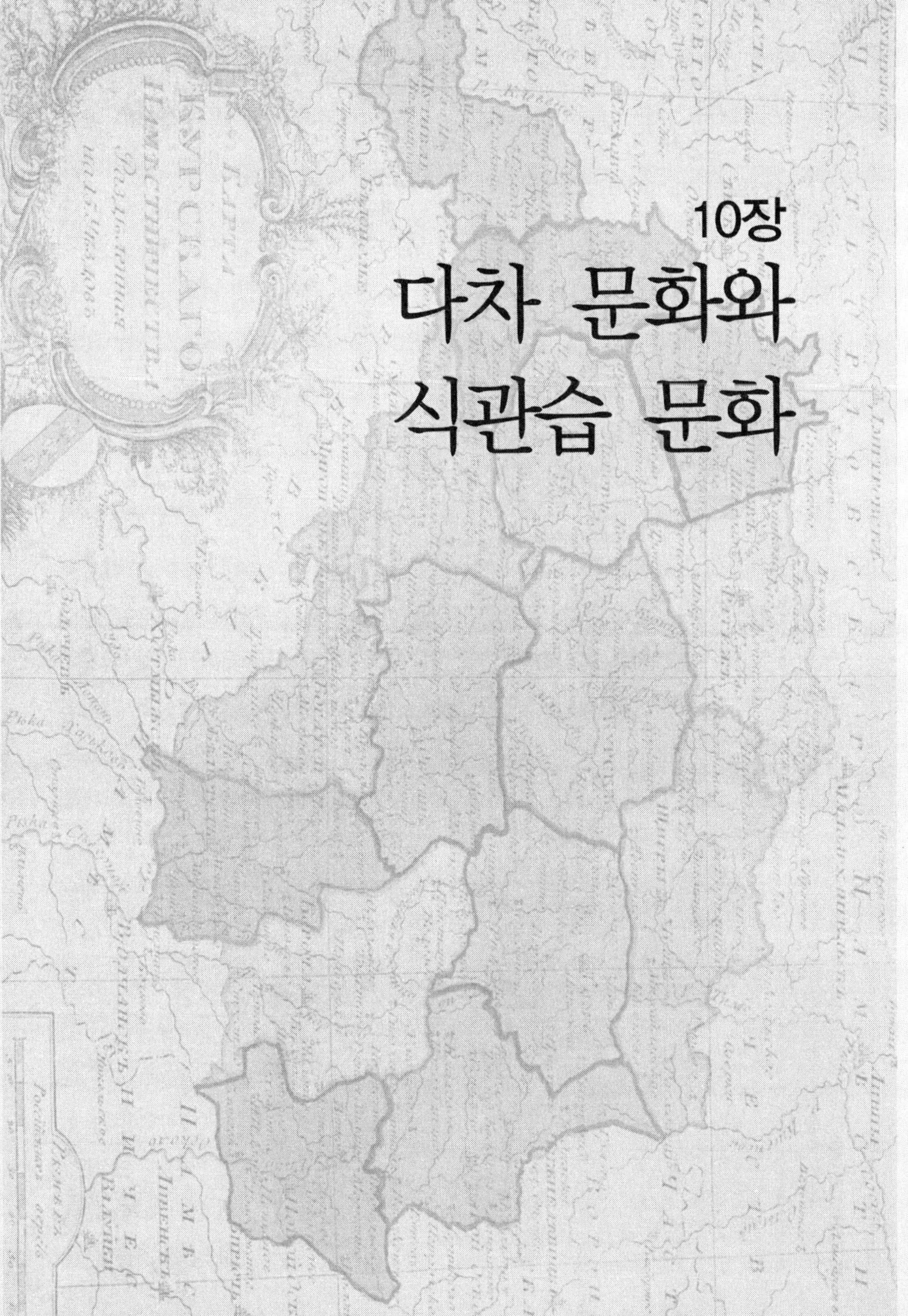

10장 다차 문화와 식관습 문화

10장 다차 문화와 식관습 문화

(1) 다차의 유래 및 발달

러시아에서는 매년 5월이면 도시가 텅 비기 시작한다. 어른 아이 할 것 없이 모두들 '다차'(Дача, Dacha)라고 하는 곳으로 떠나갔기 때문이다. '다차'는 우리말로 번역하면 '**별장**'에 해당하지만 우리가 생각하는 호화스러운 별장 보다는 **텃밭이 딸린 주말 농장**에 더 가깝다. 러시아에 '다차'가 생기게 된 것은 멀리 제정러시아 시대로 거슬러 올라간다. 앞의 장에서 이미 언급하였듯이, 1861년 **농노해방령**이 발표되고 농노제가 없어진 후에 도시 산업화가 급격히 진행되면서 지방 영지에 머물던 **귀족들**은 자신의 시골 영지를 떠나 도시로 나와 관료생활을 시작하게 되는데, 이들은 나름대로 출세 가도를 달리며 도시생활에 적응해 갔지만, 마음 한 구석에는 항상 **한가로운 시골 생활**을 동경하게 된다. 그리하여 이들 귀족들은 도시 근교에 땅을 사서 집을 지었으며, 평일에는 도시에서 관료생활을 하다가 주말이 되면 그 곳 다차에 가서 텃밭에 농사를 짓기 시작하였다. 이와 같이 다차가 러시아인들(귀족들)에게 번진 것은 19세기 후반 경으로서, 도시 교외에 채소밭을 겸한 서유럽 도시 중산층들의 별장과 같은 개념으로서 전파되었던 것이다. 물론 이들 귀족들의 전원생활은 1917년 혁명과 더불어 끝을 맺게 되지만, 러시아에서의 다차의 첫 번째 주

다차 마을

인공들은 바로 이들 향수병에 걸린 귀족들이였던 것이다.

러시아 혁명 직후 다차는 특권계층 사이에만 한정되었었으나, 다차가 일반화되기 시작한 것은 '해빙' 무드를 탄 흐루시초프 정권 때였다. "공산주의의 그릇은 풍요의 그릇이며, 그 그릇은 항상 가득 채워져 있지 않으면 안된다"며 거의 모든 가구에 **교외나 시골의 텃밭과 집터**를 무상으로 나눠주었던 것이다. 당시 소비에트 정부는 다차를 갖고 싶어 하는 도시 노동자들에게 약 600㎡의 땅을 무상으로 제공하였을 뿐만 아니라, 일률적으로 **다차 마을**을 지어서 도시 한 지역의 전체 주민들에게 동시에 공급하는 정책을 펴기도 하였다.

이로써 다차는 러시아인에 있어 **제2의 생활공간**으로서 러시아인들의 삶 속에 깊숙이 자리 잡게 되었으며, **러시아**를 알려면 **다차**를 알아야 할 정도로, 러시아인의 정서가 깊숙이 배어 있는 곳이 되었다. 오늘날 모스크바를 비롯한 도시민의 약 70%가 **다차**를 소유하고 있으며, 따라서 주말만 되면 지붕에 짐을 가득 싣고 교외로 빠져나가는 차들로 인하여 도시 외곽 도로가 혼잡해지는 모습을 종종 볼 수 있다. 특히, 모스크바 교외로 연결되는 모든 도로는 금요일 저녁이면 어김없이 교통이 정체된다. 다차로 향하는 **모스크바 주민들의 대이동**이 시작되기 때문이다. **다차 시즌**은 보통 **5월에 시작하여 10월까지** 이어지지만, 여름 휴가철이 시작되면 그 절정을 이룬다. 즉, 휴가철이 되면 대부분의 도시가 한적해질 정도로, 다차는 이제 러시아인들의 삶 속에서 빼놓을 수 없는 한 부분이 된 것이다.

통나무 다차의 모습　　　　　다차의 전형적 창문 모습

다차(Dacha)는 보통 통나무로 지은 집과 사우나 그리고 텃밭이 딸린 주말 농장으로 구성되어 있으며, 대개 도심에서 50~200㎞내에 위치해 있어, 자동차로 한 두 시간 만에 도착할 수 있는 거리에 있다. 주로 강과 호수가 있는 곳에 집중되어 있어 주위의 경관이 수려한 곳이 많다.

이와 같이 대부분의 러시아인들은 주말이면 어김없이 다차에서 생활하며 도시 생활에서 쌓였던 묵은 때를 벗기면서 달콤한 휴식을 취한다. 또한, 금요일 오후에서 일요일까지 사흘 동안 자연 속에서 흙을 만지며, 자신만의 텃밭에다 온갖 채소와 과일들을 열심히 가꾼다. 이렇게 가꾼 싱싱한 채소와 과일들은 대부분 도시로 돌아갔을 때의 가족들의 식탁 위에 올리지만, 이따금 자유시장에 내다 팔기도 한다. 그러나 러시아인들이 다차를 소유하는 이유가 생계 수단이나 부수입을 얻기 위한 경우는 소수에 불과하며, 대부분은 자연과의 만남을 통한 적극적인 휴식을 얻기 위함이거나 삶의 질과 생활수준을 향상시키기 위해서이다.

이처럼 러시아인들은 다차를 통하여 안락한 자연 속의 휴식처를 제공받을 뿐만 아니라, 다차에서 온갖 야채와 채소, 과일, 곡식들을 재배함으로써 건강한 식단을 통한 자급자족적인 식량 문제 해결을 도와왔다. 그러므로 러시아가 경제난에 시달리던 1990년대 초반 다차를 방문한 외국인들은 입을 다물지 못했다. 시내 상점에는 살 물건이 부족해 긴 줄이 늘어서 있는데, 다차에는 곡식들과 과일, 통조림 등 없는 게 없었기 때문이었다. 이처럼 다차는 웬만한 핵가족의 주식을 해결할 수 있을 정도의 자급자족적인 터전이 되기도 하였다. 따라서, 소련의 사회주의가 1990년대 초까지 유지될 수 있었던 까닭도 그나마 자본주의의 사유화 제도와 비슷한 다차 제도가 있었기 때문이라는 지적도 일리 있는 이야기이다.

다차에서의 저녁 시간은 대개 잔치 분위기이다. 야외에다 장작을 지펴 숯불을 만든 뒤, 돼지고기, 쇠고기, 양고기 등을 '샴뿌르'라고 하는 꼬치에 꿰어 구워 먹는 '샤쉴릭'을 해먹는 것이다. 본래, 샤쉴릭은 중앙아시아와 까프까즈가 본고장으로서 몽고-따따르족의 음식이었으며, 몽고가 러시아를 침공하였을 때 러시아인들에게 전해진 것이다. 양고기 토막을 꼬치(샴뿌르)에 꿰어서 둥글게 자른 양파와 함께 뜨거운 불 위에다 구워 먹는 것이다.

샤쉴릭

이러한 샤쉴릭에서 빠질 수 없는 것이 또한 러시아인들이 즐겨 마시는 '보드카'(Водка, Vodka)이다. 본래 겨울이 긴 추운 지방에 사는 러시아인들은 항상 술, 보드카를 즐겨 마셨다. 러시아의 대표적인 술인 보드카는 본래 물(Вода, Voda)이라는 러시아어 단어에서 유래되었다. 보드카는 그 종류에 따라 알코올 성분도 다양하여 90%가 넘는 매우 독한 보드카도 있으나, 보통 러시아인들은 알코올 성분이 40%인 보드카를 즐겨 마신다. 어느 문학 작품에서 보드카를 즐겨 마시는 주인공이 보드카는 40% 이상도 그 이하도 아니며 오로지 40%가 아닌 보드카는 보드카가 아니다 라고 할 정도로 러시아인들은 40%의 보드카를 즐겨 마신다. 러시아의 민중들은 아주 옛날부터 지금까지 보드카를 약이나 마취제로 사용하고 있다. 특히, 다차로 갈 때 보드카를 빼놓지 않는 것은 다차의 텃밭에서 일을 하다가 갑자기 소나기를 만났을 때 보드카가 감기 예방약으로 긴요하게 쓰이기 때문이다. 이들은 소나기를 피해 갈 겸 잠시 다차에서 젖은 옷을 말리며 보드카를 마심으로써 감기를 피해 갔다. 그래도 감기에 걸리면 우리나라 어른들이 예전에 소주에 고춧가루를 타서 마셨듯이 러시아인들은 보드카에 후추를 타서 마신다. 또한 배가 아플 때도 러시아인들은 보드카에 소금을 타서 마심으로써, 보드카는 러시아인의 삶의 일부가 되었다.

본래, 보드카는 무색, 무향, 무취이여야 하며 냉동실에 3일 이상 보관하여도 얼지 않아야 한다고 한다. 그러면 언제부터 러시아인들은 이토록 보드카를

보드카 박물관 (Mandrogi, Russia)

즐겨 마셨으며, 또한 보드카를 통하여 삶의 '즐거움'을 찾았는가? 하는 의문은 앞의 장(7장)에서 살펴본 러시아의 기독교 수용과 관련이 있다. 즉, 루시인들에게 기독교가 전파되면서 **그리스정교**는 루시인들이 이전에 믿었던 민간 신앙과 융합되면서 발전해 나아갔다고 하였다. 이러한 이교적인 전통을 끌어안은 정교회는 연회와 주연도 수용하였으며, 따라서 **종교축일**이 바로 **음주일**이 되었던 것이다. 러시아 문화에서 종교의식과 알코올 소비 사이의 밀접한 관계는 죽어서 천당문을 들어가려는 한 시골 주정뱅이에 대한 **민담**에서도 확인되고 있다. 즉, 사도 베드로는 처음에 그 주정뱅이를 돌려보내려 하였으나, "나는 술을 한 모금 삼킬 때마다 하나님을 찬양하였는데 당신은 세 번씩이나 그리스도를 부인했으면서도 천국에 있군요!"라고 응수한 주정뱅이는 결국 천국행을 허락받았다는 것이다. 이로써 하나님을 찬양하기만 하면 술을 마실 수 있고, 천국에 갈 수 있다는 관념이 러시아 민중 속에 자리 잡게 되었으며, 러시아정교회는 연중 1/3 이상을 교회의 **축일(명절)**로 정해 놓아서 자연히 술을 마실 수 있는 날이 많아졌다. 또한 마을이나 집안의 특별한 행사, 곧 결혼과 세례, 토지의 임차와 목동의 고용, 아들의 군입대와 추수감사절 등등에는 만취가 되도록 마셨던 것이다. 그러므로 샤쉴릭과의 반주로 또는 감기약 등으로 쓰이며 선행적 의미를 지녔던 보드카가 때로는 알코올 중독이라는 심각한 사회문제를 일으키기도 한다.

보드카 증류기

보드카는 증류주 중의 하나이다. 원료는 밀, 보리, 호밀 등이지만 요즈음에는 감자나 옥수수로도 만든다. 원료를 찌고 엿기름과 효모를 섞어서 발효시킨다. 이렇게 하여 만든 원액을 물로 희석해 자작나무 숯으로 만든 활성탄으로 여과하여 정제한다. 활성탄은 잡다한 맛과 냄새, 나쁜 성분을 제거해 물처럼 깨끗한 보드카를 탄생시킨다. 여과하는 횟수가 많을수록 좋은 보드카가 되는 것이다.

이와 같이, 다차에서는 텃밭에 채소와 과일을 가꾸고 샤쉴릭에 보드카를 곁들이는가 하면, 또한 사우나를 즐긴다. 사우나는 겨울이 유난히 긴 러시아인들에게 있어서는 아주 중요한 생활 방식이었다. '바냐'라 불리는 이 러시아식 사우나는 장작불로 돌을 달군 후에 자작나뭇가지로 돌 위에 물을 뿌려 나오는 증기로써 땀을 빼는 방식이다. 겨울에 다차에서 사우나로 땀을 흠뻑 뺀 러시아인들이 뜨거운 증기를 뒤집어 쓴 채 문을 박차고 나가 바로 눈밭에 알몸으로 나뒹구는 모습을 쉽게 연상해 볼 수 있다. 이처럼 러시아식 사우나는 크게 3부분으로 구성되어 있다고 볼 수 있는데, 즉 땀을 빼는 장소와 땀을 식히는 장소로서의 눈밭 또는 물(호수, 풀장)이 있으며, 그리고 사우나 중간 중간에 서로 담소를 나누며 보드카를 마시는 장소가 있다. 그러니까 러시아에서의 사우나는 단순히 우리처럼 목욕만을 하는 장소가 아니라,

바냐의 내부모습

땀을 빼는 장소(증기탕)와 땀을 식히는 장소(겨울: 눈밭, 여름: 풀장) 그리고 대화의 장소(식탁)까지를 포함하는 개념이다. 그러므로 러시아인에게서 사우나에 초대 받았을 때 우리식으로 생각하여 한 두 시간 같이 목욕하는 것으로 생각하였다가는 큰 낭패를 볼 수 있다. 러시아인들은 사우나의 세 부분(증기탕, 눈밭 또는 풀장, 식탁)을 연속 순회하며 적게는 서너 시간에서 하루 종일까지도 계속 이어지는 사우나를 주로 즐기기 때문이다.

또한 러시아인에게서 사우나를 초대 받았다는 것은 그 러시아인이 자신을 친한 관계라고 생각하고 있거나 혹은 자신과 친해지고 싶어 하는 경우, 둘 중의 하나라고 생각하면 맞을 것이다. 이것은 비록 사우나뿐만이 아니라 다차의 경우도 마찬가지이다. 러시아인들은 아주 오래 전부터 자신과 가까운 친구나 지기 또는 친지들을 자신의 다차로 초청하여 격의 없이 허심탄회하게 이야기하며 즐기는 것을 좋아하였다. 그러므로 러시아인에게서 다차, 샤쉴릭, 보드카 그리고 사우나는 같은 선상에 있는 개념이며 서로의 친분관계를 나타낼 때 반드시 등장하는 용어들이다. 특히, 사우나와 보드카는 사나이들의 우정의 징표이자 신뢰의 상징이라고 까지 이야기를 한다. 서로 사우나를 함께 하거나 보드카를 같이 마신 관계라면 상당히 우정이 돈독해질 수 있는 계기가 되거나 이미 그 관계 이상일 수 있다는 것이다.

그러므로 이러한 러시아인들의 다차와 사우나에 대한 독특한 문화적 전통은 러시아 인들의 외교에서도 종종 나타나고 있다. 우리나라와의 관계만 하더라도 우리나라 대통령들이 러시아를 국빈 방문하였을 때, 러시아 대통령들

(옐친, 푸틴 등)은 자신의 다차로 우리나라 대통령들을 초대하여 러시아 술(보드카)과 음식(샤쉴릭, 만두, 캐비어 등)을 대접하면서 격의 없는 대화를 나누는 **다차회담**의 **다차외교**를 펼치는 모습을 볼 수 있다. 이와 같이 러시아에서는 외국 원수를 맞아 공식 환영행사와 정상회담을 갖기 전에 외국원수를 다차(별장)에 초대하여 정상끼리 격의 없는 대화를 하는 전통이 있는데 이를 가리켜 다차회담이라 부른다. 제정 러시아 시대로부터 구소련 시절에 이르기까지 굵직한 정치적 결정과 국사가 주로 **다차**에서 결정되었기에 러시아에서는 '**다차정치**', '**다차문화**'라는 말이 일반화 되어 있다. 이러한 전통은 역대 공산당 서기장들이 꾸준히 지켜왔으며 현재에도 러시아 대통령들은 이를 정상외교에서 활용하고 있다. 또한 최근에는 카자흐스탄의 대통령이 우리나라 대통령을 사우나에 초대하여 서로 격의 없는 대화를 나누며 회담을 가진 것으로도 유명하다.

호수가에 위치한 러시아식 사우나

한편, 러시아의 **사우나 문화**에서 또 한 가지 특이한 사항은 러시아 **자작나무**와 관련된 것이다. 러시아에서의 자작나무는 아주 흔할 뿐만 아니라 러시아인들의 사랑을 가장 많이

바냐에서의 베닉크(비료즈키)

받는 나무 가운데 하나이며, 문학에서는 종종 러시아를 상징하는 나무이기도 하다. 다차를 향하여 가는 길 양쪽에도 하늘을 찌를 듯이 곧게 뻗은 수많은 자작나무들이 즐비하게 늘어서서 검은 반점의 하얀 뱀 같은 껍질을 뽐내고 있는 모습을 종종 볼 수 있다. 이러한 자작나무의 잎사귀가 딸린 잔가지들을 여러 개 잘라서 마치 우리나라의 빗자루처럼 한 묶음으로 엮은 다음, 사우나에서 그것을 가지고 자신의 몸을 마구 두드리는 도구로 사용하는 것이다. 러시아어로 '베닉크'(Веник 또는 '비료즈키')라 불리는 이 도구는 러시아의 사우나에서는 없어서는 안될 필수품으로서 러시아의 대중목욕탕 입구에서는 항상 어김없이 이 '베닉크'를 파는 장사꾼들을 만날 수 있다.

러시아 사람들은 자신의 건강한 혈액 순환을 위하여 비료즈키를 가지고 뜨겁게 달궈진 자신의 몸을 사정없이 후려치는 것이다. 자신의 등을 자신이 칠 수 없을 때는 우리나라 목욕탕에서 서로 등을 밀어 주듯이 비료즈키를 가지고 상대방의 등을 품앗이로 서로 때려 주기도 한다. 어떤 러시아인은 건강을 위하여 자신의 등짝이 벌겋게 되도록 맞아야 좋다고 생각하는 사람도 있을 정도이다.

이와 같이, 텃밭이 있고 친구들과 샤쉴릭에 보드카를 마시며 사우나를 즐길 수 있는 주말 농장 개념의 다차들이 러시아인들의 삶의 일부가 된 것은 오래 전부터이며, 요즈음도 다차에 대한 러시아인들의 남다른 애정은 계속 증가하여 여기저기 주변 경관이 수려한 곳에는 어김없이 다차들이 우후죽순처럼 생겨나고 있다. 예전의 다차들은 처음부터 오두막집처럼 작고 대부분 검소하며 추운 겨울을 나

현대식 다차

기에는 충분치 못한 시설 공간이었으나, 소련이 붕괴되고 자본주의가 도입된 이후 다차가 부의 등급을 결정하는 척도가 되면서 1년 내내 주거가 가능한 호화스러운 별장 개념의 현대식 다차들이 앞다투어 들어서고 있는 것이다.

이제 러시아인들에게 있어서 다차의 개념은 주말농장이나 혹은 별장에서 실제의 주거공간으로 서서히 변화해 가고 있는 추세이다. 구소련 시절에 주택난을 해소하기 위하여 일률적으로 정부가 건축하여 공급한 협소한 공간의 공동주택이나 아파트들은, 이미 오래전부터 대자연과 함께 숨쉬며 살아온 러시아인들에게는 처음부터 맞지 않았을 것이나. 즉, 요즈음에는 은퇴한 사람들은 물론이거니와 도시에 직장을 갖고 있는 사람들조차도 다차에 거주하면서 도시로 출퇴근하는 모습을 종종 볼 수 있는 것이다. 이처럼 러시아인들은 다차에서 지내는 시간을 매우 소중히 여기며, 가족끼리 달빛이 흐르는 산길을 산책하거나 장작불로 돌을 달군 후 자작 나뭇가지로 돌 위에 물을 뿌려 나오는 증기로 땀을 빼는 사우나를 함께 즐기면서 삶의 여유를 찾으려 노력한다. 그러므로 다차는 러시아와 러시아인의 삶 자체를 알 수 있는 장소이며, 또한 다차를 이해하는 것은 러시아 문화를 올바로 이해하는 첩경이 된다.

다차의 여름

다차의 가을

다차의 아침

다차의 저녁

(2) 식(食)관습 문화

앞서 우리는 러시아인들의 **다차 문화**에 대하여 공부하면서 러시아 고유의 술과 음식으로서 보드카와 샤쉴릭에 대하여 잠시 살펴보았다. 러시아인들이 다차에서 샤쉴릭을 해 먹을 때 반드시 보드카가 따라 붓듯이, 예로부터 러시아 가정의 식탁 위에는 항상 **빵**이 놓여 있었으며 그 옆에는 언제나 **소금** 그릇이 함께 있어 왔다. 이것은 러시아인들에게 있어 빵과 소금이 갖는 의미가 특별함을 나타내 준다. 본래 러시아인의 선조인 동슬라브족이 생활하였던 자연환경은 동유럽 대평원의 숲지대였다. 따라서 숲의 나무를 베어내고 나서 숲을 태운 후에 땅을 일구어 **경작**하고, 사냥과 어로와 함께 숲이 제공하는 생산물을 **채집**하는 것이 동슬라브인(루시족)이 행하였던 최초의 경제활동이었다. 그리고 오늘날까지 러시아인의 식생활에서 가장 중요한 빵과 소금은 조상들의 최초의 경제활동이었던 **경작과 채집**의 방법을 통하여 생산되고 있다. 그러므로 슬라브인들에게 있어서 빵과 소금은 조상대대로 식생활의 근본을 이루는 가장 중요한 요소로서, '**빵과 소금**'(Хлеб и Соль)이라는 러시아어의 말뜻은 바로 '**손님에 대한 지극한 환대**'를 의미한다. 따라서 빵과 소금은 예로부터 슬라브인들의 모든 길흉사에 함께 동반되었다. 지금도 슬라브인들은 가장 귀하고 유명한 손님들과 결혼식날의 젊은 **신혼부부**는 반드시 빵과 소금으로 맞이하는 전통을 따르고 있다.

빵(흘레브)

예로부터 사람들은 막 해산을 끝낸 여인에게도 **빵**을 먹였으며, 먼길을 떠나는 사람에게는 반드시 빵을 준비해 두었다가 주었다. 고대로부터 러시아에서는 구운 빵(흘레브)만이 아니라 빵을 만드는 곡물 자체도 '빵'(Хлеб: 흘레브)이라 불렀다.

밀, 호밀, 보리, 수수, 귀리가 러시아인의 기본적인 곡물이었는데, 밀로 만든 빵은 종종 진미로 활용되었으며, 매일 주식으로 먹는 빵은 주로 호밀로 만들었다. 귀리, 보리, 수수로는 주로 죽(Каша, Kasha: 카샤)을 끓여 먹었다. 하지만 모든 것의 기초가 되는 것은 항상 빵이었다. 그래서 다음과 같은 빵에 관한 격언이나 속담들이 많이 생겨나게 되었다. 즉, "빵은 모든 것의 으뜸", "빵이 있는 식탁은 성찬대의 식탁, 한 조각의 빵도 없는 식탁은 나무판자 탁자", "빵이 없으면 별 볼일 없는 식사" 등의 말이다.

카샤

한편, 빵 못지않게 죽(카샤)도 러시아인의 주식이나 다름없었다. 즉 "메밀죽은 우리의 어머니, 호밀빵은 우리의 아버지", "죽이 없는 식사는 식사가 아니다"와 같은 죽에 대한 러시아인의 표현은 죽이 러시아인의 일상 식사에서 차지하는 위치를 단적으로 설명해 주는 말이라고 할 수 있다. 고대 러시아에서는 종종 결혼식 피로연을 '죽(카샤)'이라 불렀으며, 적대적인 세력들 사이에 평화 협정을 체결할 때에도 죽을 끓였다. 동맹과 우정의 표시로서 예전에는 적대자들이었던 이들이 같은 식탁에 앉아 죽을 함께 먹었던 것이다. 그러므로 만약에 양측이 평화에 관한 합의에 이르지 못하면, "그들과 함께 죽을 끓이지 말라"고 하였다. 그리하여 지금도 이 말은 고집 센 사람들에 대하여 말할 때 사용되고 있다.

고대 루시인들에게 기독교가 전파된 이래로 러시아인들은 예로부터 식탁을 교회의 성찬대와 같은 것으로 인식하였다. 러시아 농가(Изба, Izba, 이즈바)에 들어서면 방 한 쪽 구석에 붙박이 대형 난로인 뻬치카(Печка, Pechka)가 있고, 그 대각선 방향에 이콘(성상화)이 걸려있는 성소(聖所: '아름다운 구석')가 자리 잡게 되는데, 보통 식탁은 '가정교회'라 할 수 있는 이 성소 앞에 놓여지는 것이다. 그러므로 러시아 가정에서의 식사 예절은 마치 성찬대를 대하듯이 엄격하게 지켜졌으며, 공동식사관습이 예로부터 애용되어져 왔다.

상기 그림사진에서 보듯이 혁명 이전 러시아의 농가(이즈바)에서는 가장(家長)인 노인이 앉은 뒤편에 이콘(성상화)이 걸려져 있는 모습을 볼 수 있으며, 이로써 노인의 뒤편 구석진 곳이 이른바 '아름다운 구석'이라 불리는 성소(聖所)임을 알 수 있다. 슬라브인들은 예로부터 이 곳 성소에 정성스레 걸려져 있는 이콘을 향하여 집에서 나갈 때나 또는 밖에서 들어올 때나 항상 빠지지 않고 십자가 성호를 그었다. 그러므로 이 '아름다운 구석'은 집안의 성소로서 가정교회와 같은 역할을 하였으며, 그 앞에 놓인 식탁은 슬라브인들에게 있어 정교회의 성찬대와 같은 것으로 인식되었던 것이다.

그러므로 식탁(성찬대)에서의 공동식사는 일정한 시간에 아주 엄격하게 행하여졌다. 가족 구성원들이 모두 각각의 자리가 있는 식탁 앞에 모이면, 가장(家長)이 먼저 성소(聖所)의 상석에 앉았으며 그 뒤를 이어 나머지 가족

농가(이즈바)의 '아름다운 구석'(성소)

들이 앉았다. 식사 전에 손을 씻는 것은 필수적이었으며, 식탁에 앉기 전에는 각자 반드시 십자가 성호를 그었다. 식사 규례는 아주 엄격해서 숟가락으로 식기를 두드리거나 긁는 것은 절대로 금지되었으며, 바닥에 음식 찌꺼기를 흘리거나 식사 시간에 큰 소리로 이야기하거나 웃는 것도 금기시 되었고, 식사가 끝나기 전에 일어나는 것도 금지 되었다. 요즈음도 어린 아이들이 식탁에서 빵조각이나 빵부스러기를 흘리거나 하면 어른들이 크게 나무라면서 조그만 부스러기 하나라도 소홀히 하지 못하도록 교육시키는 모습을 종종 볼 수 있다.

이와 같이 엄격한 규율이 지켜지던 러시아인의 식탁 위에 항상 빠지지 않고 등장하는 것이 있는데, 그것은 바로 차를 끓이는 기구로서 사용되는 '사모바르'(Самовар, Samovar)였다. 손님을 따뜻이 환대하기를 좋아하던 러시아인들은 자신의 집을 예고 없이 찾아온 불청객이라 할지라도 따뜻한 차(Чай: 차이)한 잔을 내놓는데 결코 인색해 하지 않았으며, 특히 추운 겨울에 밖에서 들어온 손님에게는 따뜻한 물이 끓는 사모바르(차 끓이는 기구) 주위로 손님을 안내하는 것이 인정(人情)이었다. 즉, 사모바르는 옛날 우리나라 시골에서의 화로(火爐)와 같은 역할을 하는 것으로, 추운 겨울에 밖에서 손님이 오면 따뜻한 화로불을 제공하여 불을 쬐게 하였듯이, 러시아에서도 따뜻한 사모바르 주위로 손님을 안내하여 차이(Чай)를 함께 마시면서 손님의 몸과 마음을 따뜻하게 녹여 주었던 것이다.

사모바르

사모바르(Самовар, Samovar)는 러시아어로 '스스로'(сам)와

'끓는다'(варит)에서 그 이름이 유래되었으며, 유난히 차(차이)를 즐기는 러시아인들은 예로부터 항상 식사 후 또는 손님이 왔을 때, 이 사모바르 주위에 모여 앉아 담소를 나누며 즐거운 시간을 보냈던 것이다. 사모바르는 그 자체로 차를 만드는 그릇은 아니지만 모양이 우리나라의 신선로(神仙爐)와 비슷한 **구리** 또는 **놋쇠**로 만들어졌다. 사모바르는 숯, 마른 나무 토막, 솔방울 등을 땔감으로 이용하여 **차**를 끓이고 물을 빨리 끓이며 계속 보온시킬 수 있도록 되어 있다. 사모바르의 뚜껑 위에서 작은 주전자로 진한 찻물을 끓인 다음 그것을 반쯤 채우고 사모바르의 몸통 아래에 있는 콕을 틀어 뜨거운 물을 채워서 각자의 기호에 맞게 차를 준비했다. 그런데 요즘에는 니코롬선을 사용하는 전기식 사모바르가 점차 보급되고 있다. 러시아인의 차 마시는 관습에는 좀 별다른 데가 있는데, 그것은 찻잔에 설탕을 넣지 않고 먼저 설탕 덩어리를 입에 넣고 찻물을 목으로 흘려보내는 방식이다. 오랜 세월 동안 사모바르는 러시아인의 삶과 함께 해 왔으며, 따라서 사모바르는 바로 **가정의 중심**으로서 러시아인들 가정의 **안락함**과 **행복**을 상징한다.

루시인들에게 기독교가 전파된 이래 종교축일과 관련된 여러 가지 음식들이 생겨나게 되었다. 이 가운데 가장 오래되고 대중적인 음식은 **러시아식 팬케이크**라 할 수 있는 **블린**(Блин, Blin)이다.

'블린'이란 단어는 동사 '빻다'에서 나온 명사 '믈린'의 변형이다. '믈린'은 밀가루 음식을 의미한다. 이것은 가장 경제적인 밀가루 음식이라고 할 수 있다. 가장 멀건 반죽이 사용되는 블린을 만들기 위해서는 최대한의 액체(물, 우유)에 최소한의 밀가루만 있으면 되었다. 고대 러시아인의 음식이었던 블린은 러시아에서 사람과 일생을 같이 했다.

블린

즉, 산모에게 블린을 주었고 추도식에서도 블린을 먹었던 것이다. 블린은 슬라브인들이 기독교를 받아들이기 이전의 이교도 때부터 이미 종교 의식에서 사용하던 음식으로서 '태양, 좋은 날, 풍작, 행복한 결혼, 건강한 아이들'의 상징으로 이해되었다. 고대 슬라브인들은 아주 오래 전부터 러시아판 사육제인 마슬레니짜(Масленица, Maslenitsa: 카니발) 기간 동안에 반드시 블린을 만들어 먹어야 했고, 또한 이웃에게 블린을 대접하여야 했으며, 일단 블린을 접대 받았을 때는 반드시 맛있게 먹어야 했다. 다시 말해 블린은 진지하지 못한 마음으로 일하는 중간에 먹어서는 안 되었다. 오늘날에도 러시아인들이 블린을 주로 축제때나 일요일에 요리하는 것은 우연한 일이 아니다. 즉, 겨울이 유난히 긴 슬라브 지역 땅에 살던 고대 루시인들에게 마슬레니짜(부활절 전 7주간의 대재 전주의 목요일 이후의 날)는 겨울을 보내고 봄을 맞이하는 제삿날이었다.

블린과 함께 축제 음식으로서 빠지지 않는 음식은 우리나라의 만두와 비슷한 삐로그(Пирог, Pirog)가 있다. 본래 '삐로그'라는 단어는 '연회'를 뜻하는 '삐르(Пир)'에서 유래되었다. 즉 삐로그는 처음부터 평상시에 먹는 음식이 아니고 연회나 축제 때에 먹는 명절 음식인 것이다. 밀가루를 튀긴 표피에 고기, 생선, 양파, 버섯, 곡물, 딸기, 건포도 등의 속을 층층이 넣은 다음 뻬치카(난로)에 구워서 만드는 일종의 전통적인 빵이며 우리식으로 말하면 '구운 만두'와 비슷하다. 삐로그는 지금까지도 명절 식탁의 장식으로 여겨지

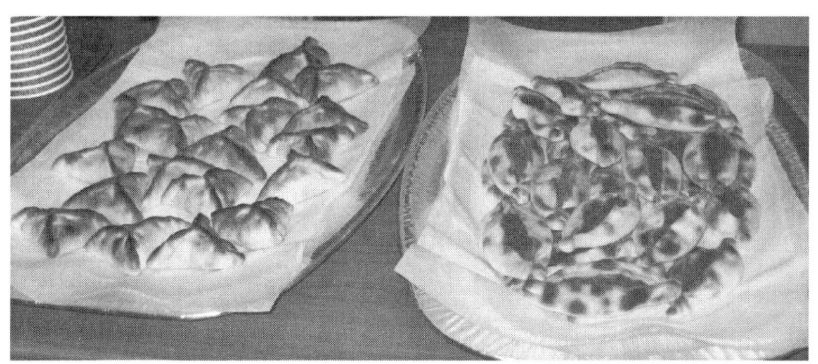

삐로그

고 있으며, 따라서 "농가는 성소(아름다운 구석)로 인해 아름답고, 식사는 삐로그로 인해 빛이 난다"라는 속담이 전해져 오고 있다.

손님을 융숭히 접대하고 또 술을 좋아하는 러시아인의 민족성은 이교신을 버리고 기독교를 수용하는 과정에서도 나타났는데, <원초 연대기>에 따르면, 키예프-루시의 블라지미르 대공이 기독교와 회교 둘 중에 하나를 선택하여야 했을 때, 회교가 알코올 음료를 금지한다는 사실을 알고서 기독교를 선택하였다는 것이다. 즉, 블라지미르 대공은 회교를 수용할 수 없는 명분을 "술 마시는 것은 루시인들의 즐거움이다", "술 마시는 기쁨이 없으면 우리는 살 수가 없다"는 사실에서 찾았다고 연대기는 기록하고 있다. 실제로 슬라브 땅에 들어온 정교회는 기독교를 전파하기 위하여 예전의 이교적인 신앙(민간신앙)을 끌어안았을 뿐만 아니라, 이교적인 전통, 연회, 주연까지도 모두 수용함으로써, 고대 루시인들에게 있어 정교회의 종교축일은 바로 술을 마음껏 마시는 음주일이 되었다. 하지만, 이러한 종교축일에는 연간 200일이나 되는 육식금지 기간이 있었다. 지난 세기까지 러시아인들은 육식금지 기간과 육식 기간을 준수하여 왔다. 이러한 육식금지 기간에는 육류와 유제품을 먹을 수 없었기 때문에 새로운 요리들이 등장했다. 생선이 중요해졌으며, 그 중에서도 러시아인들은 예로부터 '이크라(Икра, Ikra)'라 불리는 철갑상어의 알젖을 선호하였다. 영어로는 캐비어(Caviar: 철갑상어 알의 소금 절임)라 부르는 이크라는 육식금지 기간 중에 먹을 수 있는 최고급 음식이었던 것이다. 이크라는 지방이 적으며 비타민, 단백질이 많고 칼로리가 낮은 완벽에 가까운 식품으로서 러시아인들 사이에서는 오래전부터 가장 인기 있는 건강식품 가운데 하나로 여겨지고 있다.

이크라

이크라는 요즈음에도 수술 후 빠른 회복을 위해 환자들이 많이 먹고 있으며 야채를 많이 섭취하지 못하는 추운 지방의 슬라브인들에게 결핍되기 쉬운 비타민의 역할을 아주 톡톡히 대신하고 있다.

(3) 다차 관련 영화 읽기

러시아인들의 삶 속에 깊게 뿌리내린 다차 문화는 다차에 관한 많은 영화들을 탄생시켰다. 그 중에서도 <위선의 태양>과 <모스크바는 눈물을 믿지 않는다>라는 영화는 러시아인들의 많은 사랑을 받았다. 앞의 학습 설명에서 우리는 러시아의 다차 문화에 대하여 살펴보면서 이와 관련된 여러 가지 식(食)관습 문화에 대하여 알 수 있었듯이, 우리는 이러한 다차 관련 영화를 통하여 러시아의 여러 가지 문화와 전통 그리고 현대 러시아의 여러 가지 모습들을 보다 가깝게 느끼고 이해할 수 있을 것이다.

<모스크바는 눈물을 믿지 않는다>

■〈모스크바는 눈물을 믿지 않는다〉 영화 읽기 1

1958년 모스크바, 주인공 까쨔(까쩨리나)는 시골에서 모스크바에 상경하여 공장 기숙사에서 지내며 그 동안 준비한 화학기사 시험을 보았으나 2점이 모자라 낙방한다. 같은 방의 룸메이트 토냐는 까쨔에게 낙심하지 말라고 위로하며 자신의 남자친구 니콜라이와의 데이트를 위해 준비하고, 또 다른

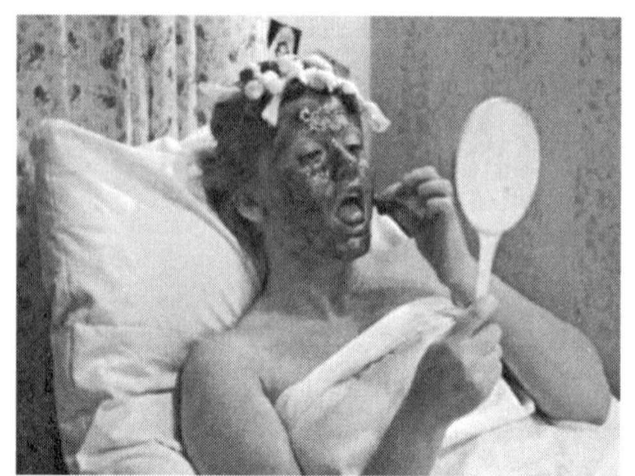
<모스크바는 눈물을 믿지 않는다> 중에서

룸메이트인 류드밀라는 침대에 누워 얼굴에 딸기 마사지를 한다. 토냐는 자신을 데리러 처녀들 셋이 사는 기숙사 방에 들어왔다가 갑자기 류드밀라의 마사지 얼굴에 놀라 기겁을 하고 밖으로 나간 니콜라이와 함께 음악회를 보러 가고, 까쨔와 류드밀라는 인기 영화배우들을 보러 '예술인의 집'으로 구경 간다. 류드밀라는 기숙사 여공에 불과하지만 상류 계층의 모스크비치(모스크바가 태생인 사람)과 사귀기를 원하는 허영심 가득 찬 아가씨이다. 그녀는 기숙사의 당직 사감 할머니(제주르나야)에게 전화를 바꿀 때도 기숙사가 아니라 자신의 모스크바 집인 것처럼 이야기하라고 강요하며, 길거리에서도 웬만한 시골뜨기 남자들의 데이트 제의는 일언지하에 거절해 버리는 당당한 아가씨이다. 반면에 까쨔는 비록 화학기사 시험에 낙방하였지만 남자 수리공 못지않게 기계를 잘 수리하고 다루는 숙련공(완성공)으로서 상사의 인정을 받는 착실하고 얌전한 아가씨이다. 한편, 니콜라이는 같은 작업장에서 일하는 토냐에게 자신의 어머니가 다차로 한번 놀러 오라고 하신다며 사실상의 청혼을 한다. 이에 토냐가 매우 겁을 내자, 니콜라이는 그러면 친구들(까쨔와 류드밀라)을 함께 데리고 가도 좋다고 제의한다. 한편, 류드밀라는 빵공장 일을 끝내고 얼른 멋쟁이 옷으로 갈아입은 후 모스크바 지하철을 타는데, 자신을 뒤

<모스크바는 눈물을 믿지 않는다> 중에서

<모스크바는 눈물을 믿지 않는다> 중에서

따라 와서 옆에 앉은 남자에게 모스크비치(모스크바 태생)냐고 물어본다. 마침내, 3명의 여공(까쨔, 토냐, 류드밀라)은 니콜라이의 자동차를 타고 그의 부모가 사는 다차(별장)로 향하여 가는데, 기숙사를 막 나서려고 할 때도 류드밀라는 미리 사귀어 놓은 모스크비치 루돌프(TV방송국 카메라 맨)한테서 걸려온 전화에 자신은 아빠와 함께 다차에 가야 된다고 하면서 자신도 진짜 모스크비치인 것처럼 거짓말을 하여 주위 친구들의 비웃음을 산다.

이윽고, 3명의 여공 아가씨들과 니콜라이가 탄 자동차는 다차(별장)에 도착하고 마중 나온 니콜라이 부모는 예비 신부(토냐)를 보고 흡족해 하는 가운데, 다차에서의 즐거운 시간이 이어진다. 장면은 바뀌어 일주일 후 일요일 아침, 기숙사 제주르나야(사감 당직)의 아침 9시 기상을 알리는 목청 소리가 복도에 울려 퍼지는 가운데, 예비신부 토냐는 이미 예비신랑 니콜라이 부모의 다차에 가서 없고, 까쨔와 늦잠에서 깨어난 류드밀라만이 남아 있다. 일요일 휴일을 맞아 까쨔는 모스크바에 살며 엄마와 육촌 간인 대학교수 아저씨의 초청을 받아 갈 예정이고, 허영심에 가득 찬 아가씨 류드밀라는 상류계층을 사귀기 위하여 일부러 레닌 도서관에 가서 책을 읽으며 주위를 살펴본다. 각자 기숙사로 돌아온 까쨔와 류드밀라는 기숙사 공동 세

<모스크바는 눈물을 믿지 않는다> 중에서

<모스크바는 눈물을 믿지 않는다> 중에서

탁실에서 빨래를 하면서 대화를 나누는데, 까쨔가 대학교수인 아저씨 부부가 한 달 동안 여행을 가서 그 집을 보아달라는 청을 받았기 때문에 한동안 기숙사에 없을 거라고 하자, 류드밀라는 대뜸 어디에 있는 어떤 아파트인지를 묻는다. 까쨔가 **혁명광장**에 있는 **고층아파트**라고 대답하자, 류드밀라는 아주 좋아하며 자기도 같이 갈 것이라고 선언해 버린다. 마침내 고층아파트에 당도한 시골뜨기 여공 아가씨들은 으리으리한 아파트에 촌티를 내며 엘리베이터를 타고 올라간다. 여행 준비에 분주한 아저씨(대학교수)는 걸려온 전화를 투덜대며 마무리하고, 그의 부인은 한 달 동안 떨어져 있을 애견 챠바와의 이별에 어쩔 줄 몰라 하며 수선을 떤다. 마침내 아파트 현관을 나서기 전에 여행 짐 트렁크 위에 모두들 걸터앉아 **자씨짐**(여행 떠나기 전에 잠시 앉았다가 떠나는 관습적 행위)을 한다. 마침내 엘리베이터에 여행 짐을 모두 실어주고 엘리베이터가 아래로 막 떠나려는 순간 까쨔는 아파트에 류드밀라와 함께 있어도 좋다는 허락을 가까스로 받는다. 이에 류드밀라는 좋아서 어쩔 줄 몰라 하며 방안으로 돌아오자마자 자신이 그동안 자신의 신분(여공)을 속이며 사귀어 놓은 모스크비치 남자들한테 전화를 걸기 시작한다. 며칠 후 류드밀라는 까쨔에게 자신의 **상류계층 남자 꼬시기** 작전 계획을 이야기 한다. 그것은 자신들의 신분을 여공에서 **대학교수의 딸들**로 위장을 하고, 류드밀라는 언니로서 정신병학을 공부하는 대학생이고 까쨔는

동생으로서 화학공대생으로 속이자는 것이다. 까쨔의 반대에도 불구하고 끈질긴 류드밀라는 자신의 허영심 가득 찬 계획을 실행에 옮겨, 마침내 교수의 고층아파트로 5명의 모스크비치 남자들을 초대하기에 이른다. 제일 늦게 도착한 루돌프(TV 방송국 카메라맨)에게 류드밀라가 자신의 여동생이라고 까쨔를 소개하자 두 사람은 동시에 눈이 맞는다.

▸ 영화 속의 슬라브 문화 살펴보기 1

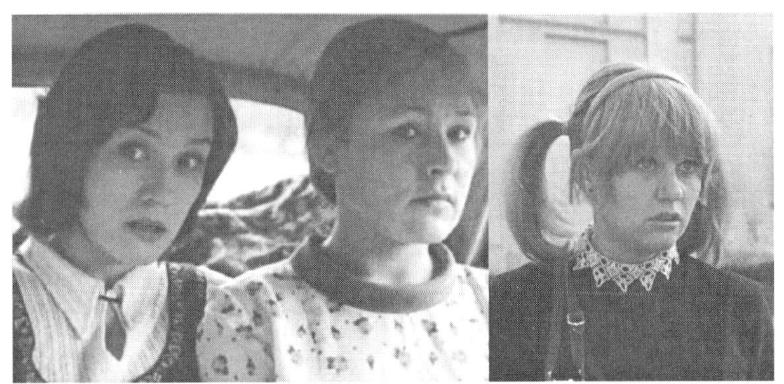

까쩨리나(까쨔), 토냐, 류르밀라(류다)

이 영화는 『세 자매(Три сёстры)』라는 소설을 영화화한 것이다. 영화의 배경은 1958년부터 시작하여 1960년대, 1970년대의 소련의 모습을 보여주고 있다.

위에서와 같이 주인공들의 이름을 어떤 때는 '까쩨리나'라 부르다가 어떤 때는 '까쨔'가 되고, 류드밀라는 기숙사의 당직 사감 할머니가 '류다'라고 부른다. 토냐의 애인이며 장차 남편이 될 니콜라이는 줄여서 '콜랴'라고 부르기도 한다. 이것은 러시아에서의 **이름의 구성**과 **애칭 사용** 때문에 일어나는 현상이다. 즉, 러시아의 이름은 크게 **이름 + 부칭 + 성**의 세부분으로 구성되어 있다. **부칭**은 아버지의 이름을 따서 부르는 이름인데 평상시에는 잘 사용하지 않는다. 그러니까 러시아의 이름은 자신의 이름과 아버지의 이름을 딴 이름(부칭), 이렇게 2가지가 있는 셈이다. 평상시에 **부칭**을 잘 사용하지 않듯이 성도 잘 부르지 않으며, 러시아인들도 다른 서양인들처럼 이름을 불러주기를 좋아한다. 그런데 그것도 그냥 이름이 아니라 자신이 좋아하는 애칭으로 불러주기를 좋아하는 것이다. 애칭이란 자신의 이름을 자신이 좋아하는 스타일로 줄여서 부르는 것이다. 러시아어 문법에서는 이를 '지소체'라 부른다. 즉, 류드밀라의 경우에는 줄여서 '류다'라 부르고 까쩨리나의 경우에는 '까쨔'라 부르며, 니콜라이의 경우에는 '콜랴' 등으로 줄여서 부르는 것이다.

＊까쩨리나 → 까쨔
＊류드밀라 → 류다
＊니콜라이 → 콜랴
＊세르게이 → 세료쟈
＊알렉산드라 → 샤샤, 알료샤 등.
＊게오르기 → 고가, 고오가, 고샤, 골랴 등.

그런데 애칭이 보통 하나인 이름도 있지만 어떤 이름은 애칭이 많은 경우도 있다. 그럴 때는 자신이 좋아하는 애칭을 이야기하거나 상대방이 선호하는 애칭을 물어서 불러주면 된다. 러시아와 같은 대국(大國), 즉 가도가도 끝이 없이 펼쳐지는 대(大) 평야 지대에서 오랫동안 살던 러시아인들은 항상 주위에 자신들과 같이 키가 크고 덩치가 큰 사람들만 보다가 상대적으로 체구가 작은 사람들을 보면 매우 좋아하듯이, 이름도 부칭에다 성까지 붙는 커다란 이름보다는 귀엽고 작은 지소체의 조그만 이름을 더 좋아하였다. 그러므로 러시아어에서 보면 뭐든지 작게 부르는 '지소체'가 발달되어 있는 것을 볼 수 있다. 즉, 러시아 사람들에게 큰 것 보다는 작은 것을 더 좋아하는 경향이 있는 것은 분명해 보인다. 하지만, 애칭을 더 좋아하는 러시아인들이지만 아무 때나 애칭을 남발하지는 않는다. 특히, 자기보다 나이로 보나 직위로 보나 윗사람의 경우에는 절대로 애칭을 불러서는 안 된다. 설사 그 사람의 애칭을 알고 있다손 치더라도 그 사람의 허락 없이 함부로 애칭을 부르는 것은 대단한 결례가 됨을 유의해야 된다. 또한 반대의 경우, 아무리나이가 어리더라도 이름, 부칭을 빼고 '성'만을 부르는 경우도 조심하여야 한다. 물론 나이 많으신 어르신이 나이가 훨씬 어린 아이한테 '얘, 김군아' 또는 '어이, 박군'하는 식으로 부르는 경우는 '성'만을 부를 수 있지만, 그렇지 않은 경우에 '성'만을 부르면 상대방을 무시하는 것으로 비쳐질 수 있다. 보통 러시아에서 평상시에는 '애칭'을 많이 사용하고 공식적인 자리에서는 상대의 나이를 불문하고 '이름 + 부칭'을 불러주는 것이 예의로 되어 있다. 만일 상대방의 부칭을 잘 모르는 경우에는 미리 상대의 부칭을 알아두는 것이 에티켓이다. 그것은 러시아에서도 똑같은 이름이 많기 때문이기도 하지만, '이름 + 부칭'을 불러주면 상대에 대한 존경과 예의의 표시이기 때문이다. 물론 이 때의 이름은 애칭이 아니라 본래의 이름이 사용된다.

영화에서 보면 허영심에 가득 찬 시골뜨기 여공 류다는 항상 상대 남자를 고를 때 모스크비치임을 묻는다. 모스크비치는 모스크바 태생의 사람들을 가리키는 말이다. 우리로 말하면 서울 태생의 사람들을 가리키는 것이며, 예전 한양의 4대문 안에 태어난 사람들을 가리키는 정도가 될 것이다. 본래 모스크바는 러시아어로 마스크바(Москва)로 발음되며 영어로는 모스코우(Moscow)이다. 그러면 왜 류드밀라는 그렇게 모스크비치의 남자를 원하는 것일까? 그것은 영화의 배경이 되는 소비에트 시절(1960~70년대)의 주택난과 연계된다. 해빙 무드를 탄 흐루시초프 정권 시절 소비에트 정부는 주택난을 해소하기 위하여 도시 근교의 땅을 무상으로 나눠줌으로써 다차와 사유지 개념의 텃밭을 허용하였다. 사적인 소유가 전혀 허용되지 않던 공산주의 시절에 소련 국민들은 자신의 사유지와 같은 텃밭을 가질 수 있게 된 것이다. 그러므로 집단 농장의 곡식들은 비가 와서 다 떠내려가도 그냥 내버려두지만, 자신의 텃밭에 심은 곡식만은 반드시 보살핀다는 사실적 이야기들이 공산주의 패망의 주요한 원인이라는 데는 이의가 없을 것이다. 영화 속에서도 당시의 이러한 사회적 배경을 잘 반영해 주고 있다. 즉, 니콜라이의 부모들은 시골의 다차에서 살고, 도시에 올라온 까쨔, 토냐, 류다의 세 여공들은 모스크바 태생이 아니기 때문에 아파트가 없어 공동기숙사에 사는 것이다.

또한 까쨔의 친척인 대학교수 아저씨는 같은 아파트가 아닌 **초고층의 고급아파트**에 산다. 프롤레타리아의 **평등**을 주창하며 출발하였던 공산주의 사회에서도 완전한 평등은 지켜지지 않은 것이다. 대신에 소비에트 정부는 평범한 모스크비치들에게는 똑같은 형태와 똑같은 평수의 아파트를 공급하였다. 그래서 지금도 그 당시에 지어진 아파트들은 덩치 큰 러시아인들이 들어가 살기에는 부적합할 정도로 좁고 협소하다. 이것은 **주택난**을 해소하기 위하여 당시 소비에트 정부는 가능한 한 많은 인원을 수용할 수 있도록 하기 위해서이기도 하였거니와 공산주의의 **평등** 이념과도 맞았기 때문이었다. 그리고 또한 **주택난 해소**를 위하여 화장실, 세탁실, 주방 등을 공동으로 사용하여야 하는 **공통주택형** 아파트들도 많이 공급 되었다. 따라서 이러한 사회적 배경 하에서 류드밀라(류다)가 모스크비치의 남자만을 고집하고 거기에다 상류계층의 남자를 원하는 것은 그녀만의 사치스러운 희망이 아니라 당연한 귀결이라고 보아야 한다. 그러므로 영화 속에 등장하는 **아파트**, **공동기숙사**(공동 주택형 아파트), 다차 등의 모습은 당시의 사회적 배경을 잘 나타내 주고 있다고 보아야 한다.

한편 영화 속에서 대학교수인 까쨔의 친척 아저씨는 넓은 평수의 초고층 아파트에 살 뿐만 아니라 1달간의 부부 동반 여행을 떠난다. 아파트를 포함하여 러시아의 건물들은 대부분 벽 두께가 우리와 비교가 되지 않을 정도로 두꺼운 것이 특징인데, 특히 영화 속에 나오는 초고층 아파트들은 스탈린 시대에 지어진 것으로 유난히 벽 두께가 두껍다. 어떤 건물들은 안에서 밖으로 밀어서 창문을 열 때, 그냥 팔 길이만 가지고 창문이 열려지지 않아 창문틀 위에 올라가 엎드려

전형적인 러시아의 아파트 모습

서 열어야 될 정도로 벽 두께가 사람의 키만큼이나 되는 건물들도 있다. 하나의 거대한 돌덩어리들을 직사각형으로 네모반듯하게 잘라서 차곡차곡 쌓은 것 같은 인상이다. 그런데 여기서 우리가 주목하여야 될 것은 까쨔의 친척 교수가 여행을 떠날 때 잠시 아파트 안에서 트렁크 위에 앉았다가 떠난다는 것이다. 이것은 러시아에서의 여행이라 함은 우리 식으로 말하면 장거리 또는 장기간 여행을 여행이라 말한다. 즉, '러시아'라는 나라는 워낙 큰 나라이기 때문에 한 번 집을 나섰다 하면 2~3일은 기본이고, 그 이상의 기간을 집을 비워야 하는 경우가 다반사였다. 러시아에서의 여행은 대부분 기차로 이루어지는데 기차에서 보통 하루 내지 이틀을 자야 하는 경우가 대부분인 것이다. 그러므로 러시아인들 사이에서는 여행을 위하여 짐보따리를 싸서 집 밖을 나가기 전에 반드시 자신의 싼 짐 보따리나 트렁크 위에 잠시 걸터앉았다가 떠나야 집안이 평안하다는 민간신앙을 믿고 있다. 이러한 전통을 러시아 말로 '자씨짐'(Засидим)이라고 하는데 이것은 '잠시 앉자'하는 뜻이다. '자씨짐'은 장기간 집을 비우는 동안의 집안의 안녕을 비는 민간신앙적인 행위도 되지만, 출발하기 전에 혹시라도 빠뜨린 것이 있나를 다시 한 번 꼼꼼히 살펴 볼 수 있는 시간을 실제로 제공하기도 한다는 점에서 매우 효용적인 전통이라고 볼 수 있다.

영화 속에서 잠시 비춰지는 모스크바 지하철 모습은 매우 주목할 만다. 본래 모스크바 지하철은 미 . 소 냉전시대에 핵전쟁을 대비하여 지어졌다고 전해진다. 영화 속에서 빵공장 여공 류다가 하루 일을 끝내고 서둘러 멋쟁이 옷으로 갈아입은 다음 가는 곳은 바로 지하철이다. 그 만큼 모스크바에서 지하철은 가장 대중적인 교통수단의 하나이다. 메트로(метро)라고 불리는 지하철은 가장 쉽고 편하게 접근할 수 있는 교통수단인 것이다. 모스크바의 지하철은 타면 탈수록 합리적이며 이용하기에 편리하고 아름답다는 것을 느끼게 된다. 그런데 영화 속에서 류다가 에스컬레터를 타고 한참을 지하로 내려가는 모습을 볼 수 있다. 이것은 당시 스탈린 시대에 소비에트 정부가 핵전쟁을 대비하여 지하, 300m~500m 이상의 깊이에 지하철을 건설하였음을

모스크바 지하철의 여러 모습

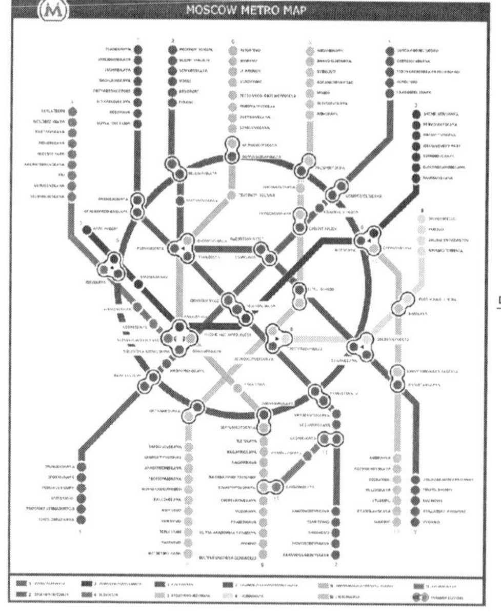

모스크바 지하철 노선도

의미한다. 그리고 각 지하철역은 마치 하나의 박물관도 같이 각자의 특색을 갖추어 건설되었다. 즉, 사람들은 지하철 안내 방송을 듣지 않아도 당도한 역이 어느 역인지 쉽게 알 수 있을 정도로 각 역마다 특색 있고 고유한 장식들로 아름답게 꾸며져 있는 것이 특징이다.

▸〈모스크바는 눈물을 믿지 않는다〉 영화 읽기 2

<모스크바는 눈물을 믿지 않는다> 중에서

모스크바의 상류층만이 사는 고층 아파트에서 까쨔와 류드밀라 두 여공은 대학교수의 딸들이 되어 5명의 상류계층 남자들과 이야기꽃을 피워간다. 5명의 남자들 가운데는 공학사도 있고 문학가도 있었으나, 류드밀라는 규칙 때문에 술을 한 잔도 못한다고 하는 유명 하키선수 구린에게 관심이 많고, 까쨔는 처음부터 서로 눈이 맞은 TV 방송국 카메라 맨 루돌프에게 폭 빠져 들어간다. 류드밀라와 구린(운동선수) 그리고 까쨔와 루돌프(TV 카메라맨) 두 쌍이 서로 부르스 춤을 추는 가운데, 루돌프가 까쨔를 방송국으로 초대하는 것으로 이 날 연회는 끝을 맺는다. 마침내 두 쌍의 남녀 관계는 발전되어 류드밀라는 운동선수 구린의 집에서 TV를 보다가 TV 화면에 크게 나온 까쨔의 얼굴을 보고 소스라치게 놀라면서 기뻐한다. 이것은 루돌프가 까쨔를 방송국의 방청객으로 초대하여 인기 코메디 프로그램이 진행되는 동안 객석에 앉아 있던 까쨔의 얼굴을 크게 클로즈업 시킨 것이었다. 한편 그 후 루돌프는 자신의 집으로 까쨔를 초대한다. 루돌프의 어머니는 까쨔를 대학교수의 딸로 알고 아주 극진하게 대접을 하며 루돌프 또한 까쨔에게 샴페인을 따라주며 애인 만들기에 공을 들인다. 장면은 바뀌어 대학교수의 아파트에서

<모스크바는 눈물을 믿지 않는다> 중에서

류드밀라는 신이 나서 교수의 서재를 청소하고 있는데, 까쨔는 잔뜩 풀이 죽어 근심어린 표정이다. 교수 아저씨한테서 전보가 왔는데, 갑자기 여행 일정을 앞당겨 이틀 후에 돌아온다는 전갈이었기 때문이었다. 위풍당당한 류드밀라는 때마침 걸려온 운동선수 세료쟈(구린)의 전화에 앞으로 내일부터는 이 전화가 없어지니 전화 걸지 말라고 당당히 이야기 하나, 까쨔는 근심이 태산 같다. 근심에 가득 찬 까쨔는 자신의 여공 신분을 솔직히 털어 놓으려고 애인 루돌프(카메라맨)의 집을 방문하게 되는데, 오히려 루돌프의 집요한 구애와 압도적인 사랑 분위기에 그만 무너지고 만다. 그리고 마침내 이들 두 아가씨들은 교수 부부가 당도하기 전에 아파트를 급히 비워 주기 위하여 짐을 챙겨 가지고 다시 공장기숙사로 돌아간다.

다시 장면은 바뀌어 마침내 니콜라이와 토냐의 결혼식 피로연 장면이 나온다. 까쨔가 유난히 신음식인 오이지를 잘 먹는 것을 발견한 류드밀라와 새 신부 토냐는 의심의 눈초리를 보낸다. 마침내 류드밀라의 추궁에 까쨔의 임신 3개월째 사실을 알게 된 새 신부 토냐는 하객들이 '고리까'를 외치며 신랑-신부의 첫 키스를 주문할 때도 그냥 신랑 니콜라이의 볼에 형식적인 키스만을 얼른 하고 나서 금방

<모스크바는 눈물을 믿지 않는다> 중에서

제자리에 앉아 버린다. 다시 장면이 바뀌어 까쨔가 일하는 기계공장이다. TV 방송국에서 마침 까쨔가 일하는 기계공장을 촬영하러 나왔고 공장장은 인터뷰 대상으로 숙련 기계공 까쨔를 지목한다. 까쨔의 반대에도 불구하고 인터뷰는 그대로 진행되었고, 이 장면을 자신이 직접 촬영한 TV 카메라맨 루돌프는 카메라 앞에 서서 자신이 교수의 딸이 아니고 여공임을 스스로 밝힌 까쨔를 발견하고 처음에는 놀라워했으나 촬영이 끝난 후에는 가볍게 작별 인사만을 하고 그대로 떠나간다. 장면은 다시 바뀌어 공징인 기숙사 방이다. 또냐는 이미 시집을 가서 없고 류드밀라와 까쨔만이 남아 있다. 류드밀라는 운동선수 세료쟈(구린)와 이미 혼인신고를 하였다고 이야기한다. 하지만, 까쨔는 임신한 채 버림받은 상태에서 침대에만 누워 있다. 마침내 공원에서 루돌프를 만나 의논을 하여 보았지만, 루돌프는 처음부터 신분을 속인 것은 너, 까쨔였다고 이야기하며, 알아서 하라는 식의 말만 남긴 채 홀연히 떠나가 버린다. 얼마 후 까쨔의 기숙사 방으로 루돌프의 어머니가 찾아온다. 류드밀라(류다)가 까쨔 몰래 루돌프의 집으로 협박 전화를 한 것이었다. 루돌프의 어머니가 자신은 아이를 책임질 수 없으니 더 이상 협박 전화하지 말라고 하면서 몇 푼의 돈을 주려 하자, 까쨔는 아무 것도 필요 없다고 하면서 단호히 거절한다. 장면은 바뀌어 산부인과 병원 앞이다. 이윽고 까쨔의 애기(딸)가 태어나 류드밀라, 토냐, 그리고 토냐의 남편 니콜라이가 각자 꽃을 들고 병원 앞에서 기다린다. 마침내 애기를 안은 까쨔가 나오자 다들 기뻐하는 가운데, 토냐의 남편 니콜라이가 아빠 대역으로 꽃을 까쨔에게 전하고 아이를 받아 안는다. 이어서 까쨔의 아파트에서 새 아가 탄생을 축하하는 모임이 벌어지고, 류드밀라의 애인 구린(운동

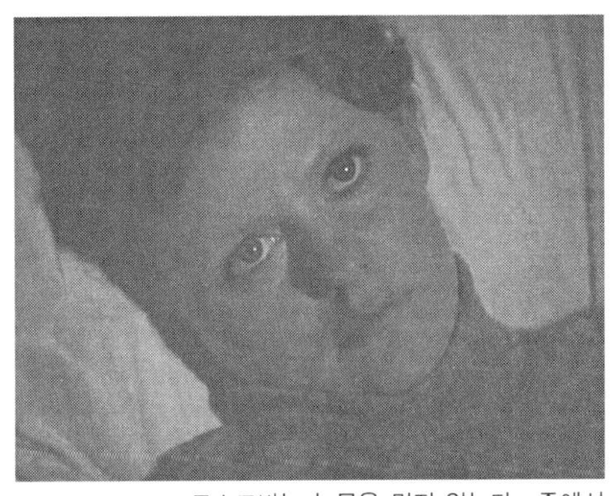
<모스크바는 눈물을 믿지 않는다> 중에서

선수)은 애기 유모차를 사온 가운데, 니콜라이(토냐의 남편)가 새아기(알렉산드라)를 위한 건배를 제의한다. 그런데 이 때 아버지 이름을 따서 부르는 부칭(이름)을 무엇으로 하느냐는 질문에 아기 엄마 까쨔는 그냥 애기 자신의 이름을 따서 알렉산드로브나로 하라고 이야기 한다. 그래서 다함께 "자(위하여) 알렉산드루 알렉산드로브누"를 외친다. 손님들이 다 돌아가고 난 후 갓난아기(알렉산드라)의 옹알이 모습이 비춰지고, 이어서 미혼모 까쨔의 우울한 모습, 우는 모습이 나온다. 이어서 침대에 누워서 다음 날 아침에 일어날 시간을 괘종시계에 맞추던 까쨔는 마침내 울음을 터뜨리고, 캄캄한 밤은 깊어만 간다. 그리고 다시 괘종시계가 요란하게 울리기 시작하였는데, 그것은 다음날 아침이 아니라 20년 후의 아침을 알리는 요란한 괘종시계 소리였다.

▸ 영화 속의 슬라브 문화 살펴보기 2

영화 속에서 신랑 니콜라이와 신부 토냐의 결혼식 피로연이 열린다. 영화 속의 결혼식 피로연 장면은 러시아인들의 전형적인 결혼식 모습 가운데 하나이다. 러시아정교회 신자들이 대부분인 러시아인들은 이러한 피로연이 있기 전에 가까운 정교회에 가서 결혼식을 올린다. 그리고는 이와 같이 영화 속에서처럼 여러 가지 전통 음식을 차려 놓고 흥겹게 한바탕 축하연을 벌이는 것이다.

그런데 한 가지 주목할 것은 영화 속에서처럼 신랑, 신부의 행복을 비는 첫 키스를 위하여 다 같이 큰 소리로 '고리카'(Горько)를 외치며 건배를 제의한다. '고리카'는 본래 '쓴 맛'을 뜻하는 형용사 '고리키'에서 파생된 것으로, 키스를 쓴 맛이 날 정도로 진하게 하라는 주문이다. 그런데 영화 속에서 토냐는 진하게 하기는커녕 간단한 뽀뽀 수준으로 얼른하고 나서 앉아 버린다. 그녀에게는 지금 둘도 없는 자매 같은 친구 까쨔의 임신 소식이 더 중요한 것이다. 옛날에 러시아인들은 신랑 신부를 위한 첫 잔은 반드시 다 드나(원 샷)를 한 후 잔을 집어 던졌다고 한다. 하지만, 요즈음에는 형식적으로 신랑과 신부만이 종종 잔을 집어 던진다. 아마도 경제적인 이유일

고리카(Горько)

수도 있고, 예전에는 귀족들이 잔을 집어 던지면 농노들이 깨진 잔들을 다 치웠겠지만, 요즈음에는 시대가 변한 탓도 있을 것이다. 하지만, 러시아에서의 '다 드나'는 지금도 철저히 지켜지고 있다. 만일 신랑 신부의 첫 잔을 위하여 건배를 한 후, 다 드나를 하지 않는다면, 곧바로 신랑 신부의 행복을 원하지 않느냐는 질문을 받게 될 것이다. 본래 러시아어로 '다 드나(До дна)'는 '바닥까지'라는 뜻이다. 그러니까 의미 있는 잔을 받아서 잔에 의미를 달았으면 그 의미를 위하여 바닥까지 다 마셔라 하는 뜻이다. 그러므로 러시아에서의 주법(酒法)은 일단 건배를 하면, 그 잔은 반드시 바닥까지 다 비워야 하는 것이 관례이다. 하지만 러시아인들이 술을 마실 때, 계속해서 연달아 다 드나를 하는 것은 아니다. 반드시 술잔에는 그 술잔의 의미를 달아서 마시고, 그 의미를 달기 위하여 어떤 이는 뿌쉬킨의 멋진 시 한 귀절을 한참 동안 암송하기도 한다. 술자리의 분위기에 따라 다 드나 사이의 시간 간격이 달라지지만, 일단 그 자리에 함께 앉은 사람들은 누구나 한 번씩 일어나서 잔의 의미를 부여한 후, 그 의미를 위하여 건배를 제의해야 한다. 그러니까 러시아인들은 단순히 술만을 나눠 마시는 것이 아니라 말할 기회를 똑같이 부여함으로써 말도 함께 나누는 것이다. 한편 예전의 구소련 시절에는 결혼식을 끝낸 신랑 . 신부들이 보통 레닌묘나 혹은 무명용사의 불을 참배하는 것이 관례였다. 구소련 정권 붕괴 후 레닌묘를 찾는 신랑·신부는 거의 없다시피 하지만, 요즈음도 무명용사의 불을 참배하는 젊은 신랑·신부들의 모습은 종종 볼 수 있다.

영화 속에서 또 한 가지 주목할 대목은 토냐의 남편 니콜라이가 까쨔의 딸(알렉산드라)의 아빠 대역을 서는 장면이다. 러시아인들은 의미 있는 날에 꽃을 선물하는 것을 아주 좋아한다. 그러므로 류다, 토냐, 니콜라이는 각자 꽃을 들고 서 있다가 까쨔가 병원 문을 나서자 달려가서 제일 먼저 꽃을 선물한다. 이 때, 아기의 아빠가 아이를 제일 먼저 안아야 하는 것이 전통 관례이나, 아빠가 없으므로 니콜라이가 대신 아빠 대역을 서는 것이다.

아기가 처음 집으로 들어온 의미 있는 날에 러시아인들이 의미 있는 술잔(보드카)을 빼놓을 수는 없다. 모두들 한 자리에 모였고, 건배를 제의할 니콜라이가 드디어 일어서서 새아기의 건강과 행복을 위한 의미 있는 잔을 높이 쳐들었다. 그런데, 여기서 아기의 아버지가 없는 미혼모의 경우에는 아기의 부칭(아버지의 이름을 따서 부르는 이름)을 놓고 문제가 된다. 이와 같이 공식적인 자리나 혹은 의미 있는 날의 건배에서는 아무리 갓난 애기라 할지라도 반드시 이름+부칭을 불러야 하기 때문이다. 그러므로 아기 엄마 까쨔는 아기 아빠(루돌프)의 이름을 따지 않고, 아기 자신의 이름(알렉산드라)을 따서 '알렉산드로브나'라고 부칭을 지어준다. 그러므로 러시아어에서 '누구누구를 위하여'라고 말할 때 '위하여'에 해당하는 말이 '자(3a)'임으로 '자 알렉산드루 알렉산드로브누'라고 소리친다. '알렉산드라'가 '알렉산드루'로 되는 것은 러시아어의 문법규칙 때문이며 부칭의 경우에도 마찬가지이다.

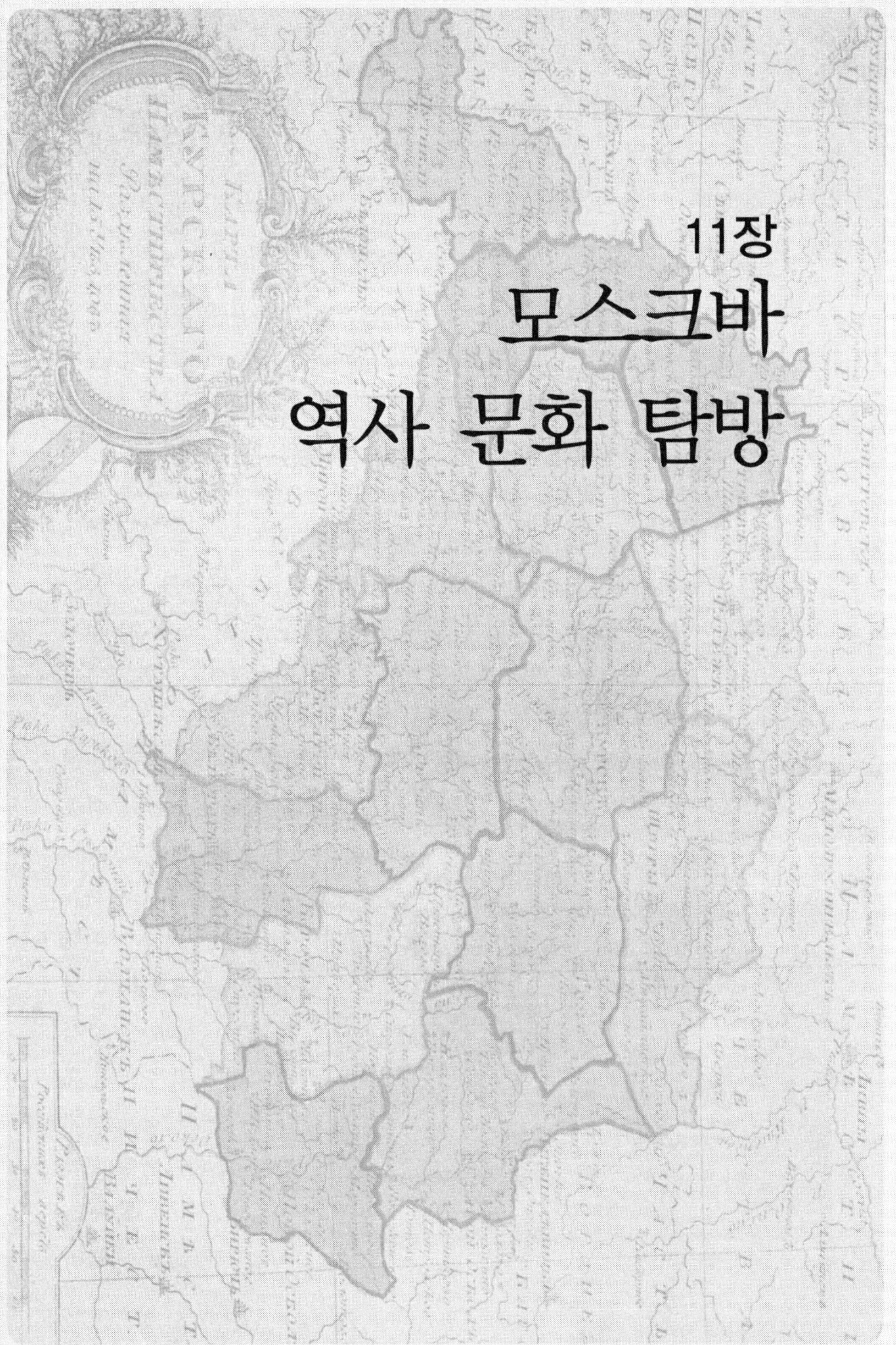

11장
모스크바 역사 문화 탐방

11장 모스크바 역사 문화 탐방

(1) 모스크바 크레믈린 탐방

모스크바는 현재 러시아의 수도이며 구소련 시절의 수도였고, 제정러시아 시대에는 뾰뜨르(피터) 대제가 수도를 뻬쩨르부르그로 천도하기 이전까지 제정러시아의 수도였다. 그 이전으로 거슬러 올라가면 몽고-따따르 족으로부터의 독립투쟁에서 항상 선봉에 섰던 모스크바 공국의 수도였고, 대몽 투쟁에 있어서는 항상 전 루시인들의 중심지 역할을 하였었다. 모스크바의 러시아식 발음은 끝 글자 '바'에 액센트가 오므로 '마스크바'로 발음한다. 또한 쓸 때는 러시아어로 'Москва'로 쓰며 영어로는 'Moscow'로 쓴다. 구소련 시절의 미.소 냉전 체제 하에서는 모스크바를 가리켜 '철의 장막' 또는 '크레믈린의 장막'이라고 불렀다. 이는 베일에 싸여 알 수 없는 구소련 공산당 집권층과 소비에트 정부의 지도부를 겨냥하여 한 말이다. 그러므로 어떤 문외한은 모스크바를 가리켜 크레믈린으로 잘못 알고, 크레믈린 자체를 모스크바로 착각하는 경우도 있었으며, 모스크바 크레믈리만이 크레믈리이고 러시아의 크레믈리는 모스크바 크레믈리가 전부 다인 것처럼 잘못 아는 경우도 있었다. 본래 '크레믈리'(Кремль)는 '성', '성채', 또는 '요새'라는 뜻이다.

모스크바 크레믈리 성외곽

즉 키예프-루시 시대에는 수도 키예프에 거대한 성(크레믈리)이 있었고, 이 성(城)을 중심으로 하여 각 변방의 중요 요소마다 경계를 지키는 요새(크레믈리)를 건설하였다. 본래 모스크바 크레믈리는 블라

지미르-수즈달리 공국의 요새(크레믈리)였다. 그러니까 키예프-크레믈리에서 볼 때, 모스크바는 동-북방에 위치한 조그만 요새 중의 하나에 불과 하였던 것이다.

모스크바 크레믈리

따라서 러시아에는 수많은 크레믈리(кремль)가 있었던 것이다. 그러므로 오늘날 러시아와 구소련 지역에 남아있는 수많은 크레믈리(키예프 크레믈리, 노브고로드 크레믈리, 블라지미르 크레믈리, 등등) 가운데, 유일하게 모스크바에 있는 **모스크바 크레믈리**만이 대문자(K)를 써서 크레믈리(Кремль)로 나타내고, 나머지는 그냥 소문자 크레믈리(кремль)로 나타낸다.

그런데 어떻게 이러한 조그만 요새에 불과하였던 모스크바 크레믈린이 전 **루시인**들의 중심지가 될 수 있었을까? 그것은 모스크바와 모스크바 크레믈린의 지리적 위치와 깊은 관련이 있다. 모스크바는 예로부터 **오카강**, **볼가강**, **드녜쁘르강**, **돈강** 등과 연결되는 **수로망의 교착지점**에 위치하여 있었으며, 특히 모스크바 요새는 오카강의 지류인 **모스크바강** 기슭의 언덕 위에 자리하고 있었다. 그러므로 몽고-따따르족의 기마부대가 **키예프-루시**의 곳곳을 유린하며 각 공후들의 크레믈린들을 괴멸시킬

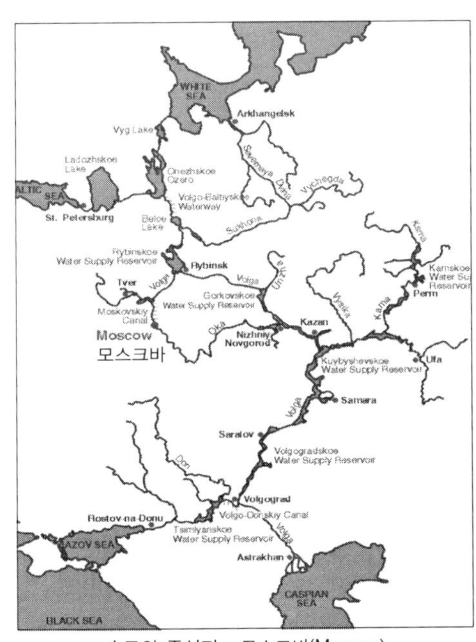

수로의 중심지 - 모스크바(Moscow)

때도 모스크바강을 낀 천연의 요새였던 모스크바 크레믈린만은 건재하였다. 즉 상대적으로 물을 두려워하였던 몽고의 기마병들은 모스크바 크레믈린 쪽을 피하여 다른 방향으로 우회하거나 보다 더 큰 규모의 크레믈린들을 공격하였던 것이다.

모스크바 강 건너의 크레믈리(Кремль)

모스크바 도시는 모스크바 크레믈린(Кремль)을 중심으로 하여 형성 되어졌다. 즉, 도시 한 가운데 크레믈린이 자리하고 그 크레믈린을 중심으로 하여 도로가 원형 고리처럼 연결되는 구조를 이루고 있다. 사람들은 이 바깥 원형의 큰고리처럼 생긴 도로망을 '잘라또예 깔리쪼'(Золотое кольцо)-'황금의 고리'라 부르고, 안쪽 원형의 도로망을 '쯔벳트느이 불리바르'(Цветный бульвар)-'꽃의 산책길'이라 부른다.

모스크바(Москва)는 13세기 중엽까지 블라지미르 공국에 속해 있었다. 블라지미르 공국의 공후이며 몽고-따따르족과의 독립투쟁에서 혁혁한 공을 세운 알렉산드르-네프스키 장군은 자신의 막내아들 다니엘에게 공국 변방의 조그만 요새 모스크바의 통치를 처음으로 맡겼다. 이로써 모스크바 크레믈린은 하나의 공국으로 독립하게 된다. 하지만, 이 조그만 요새 모스크바를 하나의 완전한 독립적 공국으로 발전시

모스크바 시청과 유리 돌고루끼 동상

킨 사람은 그의 아들 유리 돌고루끼였다. 유리는 스몰렌스크의 공후들로부터 모좌이스크 지역을 탈취하고, 이어서 모스크바 강 연안의 모든 땅을 석권함으로써 모스크바 공국의 발판을 닦았다. 그러므로 사람들은 유리에게 '돌고루끼' 즉 '긴 팔'이라는 별칭을 붙여 주었다.

유리 돌고루끼의 뒤를 이어 그의 동생 이반 다닐로비치가 모스크바의 공후가 되었다. 이반은 몽고-따따르에게 바치는 공물을 자신이 대신 바치는 등의 교묘한 수법으로 막대한 재산을 축적하여 그 돈으로 이웃의 공후들로부터 땅을 사들여 거대한 영토를 넓혀 나아갔다. 사람들은 그의 막대한 재산 때문에 그에게 깔리따(Калита) 즉 '돈 주머니'라는 별칭을 또한 붙여 준다. 이로써 그 후부터 계속하여 이반 깔리따의 후손들이 모스크바 공국의 공후가 되고 대공이 되고 또한 황제가 되었으므로, 모스크바 공국을 가리켜 '이반 왕조'라 부르기도 한다. 역사에서 '만약'이란 있을 수 없지만, 만약에 모스크바 공국의 마지막 황제 이반 4세(이반 뇌제)가 지팡이를 집어던져서 황태자를 즉사시키지만 않았더라면 아마도 러시아는 계속해서 '이반 왕조'의 치세를 이어갔을지도 모른다. 하여튼, 돈 주머니의 이반 다닐로비치가 모스크바 공국의 경제적 토대를 굳건히 세운 후에 그의 손자 드미트리-이바노비치가 모스크바의 새 공후가 된다. 용감한 무장이었던 드리트리-이바노비치는 모스크바를 점령하기 위하여 쳐들어오는 몽고-따따르군을 돈강 건너 쿨리코보 들판에서

모스크바 크레믈리

대파함으로써 러시아 역사상 유명한 쿨리코보 전투를 승리로 이끈다. 이로써 모스크바는 조그만 요새 또는 공국이 아닌 대공국이 되며, 모든 루시인들의 대몽투쟁을 위한 단결의 구심점이 되면서 전 루시인들의 중심지로서 급부상하기 시작한다. 사람들은 이와 같이 쿨리코보 전투를 승리로 이끈 드미트리에게도 돈강 너머에서 승리하였다고 하여 '돈 스꼬이'라는 별칭을 붙여 '드미트리-돈스꼬이'라 불렀다.

그 후 이반왕조는 계속되어 그의 증손자인 이반 3세는 비잔틴 제국의 황녀와 결혼한 뒤 스스로 비잔틴 황제의 계승자임과 그리스정교의 수장임을 자청하면서 모스크바를 '제3의 로마'라 하였으며, 마지막 황제 이반 4세는 강력한 중앙집권적 통치를 펼침으로써 '이반 뇌제'라는 별칭을 얻는다.

이렇게 하여 루시인들의 중심지가 된 모스크바의 중심에는 모스크바 크레믈린(Кремль)이 있다. 크레믈린은 수차례에 걸친 외침과 수난 끝에 이반 3세 치세 기간 중에 흰 벽돌로 다시 축조함으로써, 1812년 나폴레옹 전쟁 때의 모스크바 대화재 때에도 불에 견딜 수가 있었으며, 그 후 다시 수리하여 현재와 같은 모습을 갖추고 있다. 크레믈린의 둘레는 2.2km이고 넓이는 28만 평방미터이며, 성벽은 견고하게 지어져서, 성벽의 두께는 2.5m에서 6.5m까지 되고 성벽의 높이는 최하 5m에서 20m까지에 이르른다.

크레믈린의 성벽에는 20개의 탑(Tower)들이 있고 그 중 5개 탑들의 꼭대기에는 소비에트 정권을 상징하는 큰 별들이 설치되어 밤에도 빨갛게 반짝인다. 탑(타우어)들 가운데 가장 으뜸의 탑은 타우어 상층부에 커다란 시계가 설치되어 있는 스파스카야탑이다.

스파스카야탑은 이반 3세가 몽고의 지배를 완전히 벗어나면서 이것을 기념하기 위하여 건립한 탑이다. 스파스카야탑은 높이가 74미

스파스카야탑과 탑 위의 별

터인데 혁명 전에는 문 위에 이콘이 있어서 황제가 지나갈 때도 모자를 벗었다고 한다. 이 탑에는 1491년 당시에 설치된 직경 9미터, 무게 25톤의 시계가 있으며, 아직도 정확히 15분마다 차임벨이 울린다. 시계탑에서 울리는 차인벨 소리는 라디오 방송에서 시간을 알리는 소리로 쓰여서 러시아 전역에서 들을 수 있다. 또한 구소련 시절에는 이 차인벨 소리에 맞추어 매시간 마다 레닌묘의 보초 교대식이 진행 되었다. 즉, 구소련시절 레닌묘를 지키는 위병들에게 있어서 이 차이벨 소리는 근무교대를 알리는 중요한 신호였다. 또한 스파스카야탑은 일반인의 출입이 철저히 제한되고 오로지 공용인들만 출입하는 곳으로도 유명하다. 아마도 이 스파스카야탑의 문을 통과하여 들어가면 바로 오른쪽으로 대통령 집무실과 그 옆의 대통령 관저가 있기 때문일 것이다. 그러므로 일반 관광객들은 반대쪽의 트로이츠카야탑의 문을 통하여 크레믈린 내부로 들어갈 수 있다. 트로이츠카야탑의 문을 통하여 크레믈린 내부로 들어갔을 때 볼 수 있는 주요 관광 대상으로 우선 12사도의 교회와 이반

12사도의 교회

이반 뇌제의 대포

뇌제의 대포를 볼 수 있다. 12사도의 교회는 1484년~89년에 걸쳐 건축된 건물로서 황제 개인의 예배 사원이었으며, '블라고베시첸스키 사원' 또는 '아누시에이션 성당'으로도 불린다.

특히, 이반 뇌제의 대포는 이반 4세의 통치기간(1547~84년)중에 만들어진 것으로, 강력한 중앙집권 통치로서 무엇이든지 명을 내릴 수 있었던 뇌제는, 이 세상에서 제일 큰 대포를 만들라고 명하였다. 하지만, 당시 가장 큰 대포는 만들었으나 발사하는 데는 실패하여 결국 한 번도 발사되지 못하였다고 전해진다.

일찍이 기독교(그리스정교)를 받아들인 러시아는 크레믈린 궁안에도 여러 사원들을 두고 있다. 12사도의 교회를 시작으로 그 옆에 우스펜스키 사원이 있으며, 그 맞은 편 쪽으로 아르한겔스키 사원과 이반 대제의 종루가 보인다.

우스펜스키 사원

특히 우스펜스키 사원 안에는 러시아 온 국민의 사랑을 받으며 러시아 영토의 수호자로 알려진 <블라지미르 성모>가 모셔져 있다. 이 블라지미르 성모는 블라지미르 공국을 쳐들어온 몽고-따따르 족의 침략 때도 살아남았으며, 바실리 3세 때는 모스크바 공국을 쳐들어오는 몽고-

아르한겔스키 사원

따따르 족의 대군을 그대로 회군시키는 기적을 발휘하기도 하였다. 따라서 러시아 황제정부는 몽고-따따르 족의 압제가 완전히 끝난 1480년에 이 기적을 행하는 이콘 <블라시미르 싱모>를 모스크바 크레믈린으로 옮겨와 이 곳 우스펜스키 사원에 영원히 안치시켰다.

아르한겔스키 사원 옆에 위치한 이반 대제의 종루는 16세기에 건축된 모스크바에서 가장 높은 탑으로서, 높이가 80m에 이른다. 당시에는 이 이상 높은 건물을 짓는 것이 허락되지 않았다고 전해진다. 이 종루(종탑)는 고대 이반 레스뜨비치니크 교회의 자리에 세워졌기 때문에 '이반'이라는 명칭을 갖게 되었으며, 이반 대제 시대인 1505~8년에 본체가 세워졌으므로 또한 '이반 대제의 종루(종탑)'라고 불린다. 16세기 중반에 이탈리아 건축가에 의해 8면체의 종루가 증설되었으며, 1600년대 보리스 고두노프 치하에서 비로소 완성되었다. 종루 내부에는 329개의 계단이 있으며, 현재 종루에는 70톤의 우스뻰스끼 종을 비롯하여 총 21개의 종이 달려 있다. 모스크바 외

이반대제의 종탑

종의 왕 (이반 뇌제의 종)

곽 수도원들의 감시탑에서 적의 습격을 알리는 신호를 보내오면 이 종을 울려 비상사태를 알렸다고 한다.

한편 이와 같이 현재에도 사용되는 종들이 있는가 하면 한 번도 울려보지 못한 종도 있다. 역시 이반 대제 때 만들어진 종으로서 '**종의 왕**'이라 불리우기도 하고, '**이반 뇌제의 종**'이라 불리기도 한다. 대포와 마찬가지로 이반 대제(이반 4세)는 이 세상에서 가장 큰 종을 만들라는 명을 내렸고, 그에 따라 1733~1735년에 걸쳐 이반 마트린과 미하일 두 부자는 높이 6m에 무게만 200t에 달하는 **세계 최대의 종**을 제작한 것이다. 하지만 당시에 가장 큰 종을 만들긴 만들었으나, 이 역시 매다는 과정에서 떨어져 깨지는 바람에 한 번도 울리지는 못하였다고 전해진다.

한편 크레믈린 궁 안에서 **니콜리스카야탑**의 문을 통하여 바깥쪽으로 나오면 **붉은 광장**이 나온다. 하지만 니콜리스카야탑의 문 역시 일반인들에게는 출입이 통제되어 있기 때문에 들어왔던 길을 돌아서 트로이츠카야탑의 문을 통하여 밖으로 나간 다음에 붉은 광장 쪽으로 가게 되어 있다. 트로이츠카야탑의 문을 통하여 나온 후 붉은 광장 쪽으로 가는 도중에 우리는 사람들이 '**무명용사의 불**'에 헌화하는 모습을 종종 볼 수 있다.

세계 2차 세계대전 때 희생된 러시아의 무명용사들을 기념하는 '무명용사의 불'은 1년 내내 항상 꺼지지 않는 영원한 불로서 유명하다. 지금도 많은 러시아인들이 이 곳 무명용사의 불 앞에 헌화함으로써 불 앞에는 싱싱한 꽃들이 끝이지 않고 있으며 특히 갓 결혼한 신랑 . 신부들의 참배 코스로도 유명하다. 러시아를 국빈 방문하는 외국의 원수들은 반드시 이 곳, 무명용사의 불을 찾아와 헌화하는 것이 관례로 되어 있다. 무명용사의 불 앞을 지나

붉은 광장

레닌박물관 쪽으로 약간 가파른 언덕길을 올라가면 드디어 붉은 광장이 나온다. '붉은 광장'이란 바닥이 붉은 벽돌로 깔려져 있다는 이야기가 아니고, 광장 앞에 붙여진 고유명사이다. 그럼 왜 하필이면 그 많은 색깔 가운데 '붉은 색'의 이름을 붙여서 '붉은 광장'이라 부르는지에 대한 의문이 있을 수 있다. 본래 러시아인들에게 있어서 '붉은 색'은 최고의 색깔로 인식되어져 왔다. 러시아어로 '아름다운'(красивый-크라씨브이)이란 말도 '붉은'(красный-크라스니이)이란 말에서 유래되었으며, '최고이다'라는 표현도 같은 어원에서 나왔다. 따라서 러시아인들은 러시아의 10월 혁명을 가리켜 '붉은 혁명'이라고 부른다. 그러므로 러시아 최고의 광장이란 뜻에서 '붉은 광장'이 된 것이다.

10월의 붉은 혁명과 함께 시작된 구소련의 볼셰비키 정권은 매년 혁명기념일에 이 붉은 광장에서 소비에트 군대를 앞세운 대규모의 군사 퍼레이드를 벌였었다. 이 때 붉은 광장 앞의 레닌묘는 자연히 군사 퍼레이드의 사열대 단상이 되었다. 붉은 광장으로 올라오는 언덕길 바로 옆에는 레닌의 어린 시절부터 레닌의 모든 역사와 그의 혁명과업 수행과정에 대한 모든 기록들을 모아놓은 레닌박물관(역사박물관)이 있다. 현재 레닌의 인기는 구소련 시절 보다 못하지만 여전히 레닌묘에는 관광객을 비롯한 참배객들의 발길이 끊이지 않고 있다.

붉은 광장의 한 가운데에 서서 레닌묘를 정면으로 바라다보았을 때 오른편에 위치한 것이 레닌역사박물관이고 왼편에 위치한 것이 성 바실리 성당이며

레닌역사박물관 굼백화점

뒤편에 위치해 있는 건물이 모스크바에서 가장 큰 국영 백화점인 **굼백화점**이다. 그러니까 커다란 직사각형 모양의 붉은 광장을 사이에 두고 오른쪽 시계 방향으로 돌아가며, 레닌박물관, 굼백화점, 성 바실리 성당, 레닌묘가 차례로 위치해 있는 형태이다.

붉은 광장에서 레닌묘를 관람하고 난 후 광장을 가로질러 성 바실리 성당 쪽으로 가다 보면 광장 한 복판에 사람들이 많이 모여 있는 곳을 발견할 수 있다. '**로브노예 메스토**'라고 불리는 이곳은 예전의 제정 러시아 시대 때에 죄수들을 처형하였던 곳으로 알려진다. 특히 수도를 모스크바에서 빼쩨르부르그로 옮긴 뾰뜨르(피터) 대제는 어린 시절 자신의 외삼촌들이 반정에 연루되어 이 곳 로브노예 메스토에서 처형되는 장면을 직접 목격하였고 나중에 황제의 실권을 잡은 후에는, 쿠데타에 가담한 죄수들을 이곳 로브노예 메스토에 올려놓고 자신이 직접 도끼로 목을 쳐서 죽이는 잔인함을 보이기도 하였다.

레닌의 묘

그러므로 뾰뜨르 대제가 **서구화**를 성공적으로 수행하기 위하여 수도를 **빼쩨르부르그**로 서둘러 옮기기도 하였겠지만, 이러한 살육과 보복으로 얼룩진 로브노예 메스토와 모스크바에 대한 나쁜 추억들을 하루빨리 잊기 위함이었다는 이야기도 전해진다. 이와 같은 로브노예 메스토를 지나 붉은 광장을 가로질러 가면 광장 끝에 러시아를 대표하는 건축물인 성 바실리 성당이 나온다.

로브노예 메스토

성 바실리 성당은 이반 4세 때 건축된 러시아의 대표적인 건축물로서, 당시 이반 뇌제는 이와 같이 아름다운 성당을 다시는 못 짓게 하기 위하여 건축가들(포스토닉, 바르마)의 눈을 모두 뽑아 버렸다는 실화로써도 매우 유명한 성당이다. 8개의 양파머리 지붕이 불균형의 조화를 이루고 있는 것으로 또한 유명하며, 이반 뇌제가 당시 몽고-따따르의 까잔 칸(한)국을 항복시킨 기념으로 1555~1560년에 건축되었다. '바실리'라는 이름은 당시 이반 뇌제에게 큰 영향을 미쳤던 수도사 '바실리'의 이름을 딴 것이다.

성 바실리 성당

특히, 바실리 성당 앞에는 모스크바 공국을 폴란드와 스웨덴의 외세 침입으로부터 구해낸 두 명의 영웅 미닌과 뽀좌르스키 장군의 동상이 함께 서 있다. 즉, 강력한 통치를 펼쳤던 모스크바 공국 이반 왕조의 마지막 황제 이반 뇌제가 갑자기 죽고 그의 처남

미닌과 뽀좌르스키

보리스 고두노프의 통치 시기가 끝난 후에 벌어진 궁정 대혼란기를 틈타 쳐들어온 폴란드와 스웨덴의 용병들을 물리침으로써 나라를 위기에서 구해 낸 러시아의 위대한 영웅들인 것이다.

(2) 모스크바 시내 및 근교 탐방

모스크바의 면적은 약 1,000km²이고 인구는 약 900만 명(1995년)으로 되어 있으며, 유럽 러시아 중부의 오카강(江) 지류인 모스크바강 유역에 자리 잡고 있다. 볼가강과 오카강 사이에 있어 수운(水運)의 중계지로 유리한 위치를 차지했기 때문에, 일개 한촌(寒村)으로 발족하여 모스크바공국(公國)의 수도가 되고, 다시 러시아제국(帝國)의 수도가 되어 크게 발전하였다.

18세기에 뾰뜨르(피터)대제에 의하여 상트 뻬쩨르부르그(당시는 페테르스부르크)로 수도가 옮겨진 뒤에도, 모스크바는 여전히 러시아의 수공업과 상업의 중심지로서 계속 발전하였고, 역대 황제는 모스크바에서 대관식을 올리는 관례를 계속 지켜 왔다. 러시아 혁명 뒤 다시 수도가 된 모스크바는 소비에트 시대에 정치 . 경제 . 문화 . 교통의 중심지로서 급속한 발전을 거듭하였고, 1991년 이후 러시아 연방의 수도로서, 오늘날 세계 거대 도시 가운데 하나로 자리매김 되고 있다. 모스크바는 침엽수림대와 활엽수림대의 경계에 위치하여 부근에서 수공업의 발전을 자극할만한 원료가 많이 산출되고, 또 부근에 오카강, 볼가강, 드네프르강, 돈강 등과 연결되는 하천수로망(河川水路網)이 조밀하여 교통이 편리하다. 모스크바는 전체적으로 평균 해발고도 120m의 지점에 위치하여 있으며, 모스크바강의 3단의 하안단구(河岸段丘), 남서부의 '레닌 언덕'이라고 불리는 해발고도 250m 정도의 고지, 동부의 저지, 북부의 구릉 사면 등 기복이 많은 지형 위에 시가지가 확대.발달되어 있다. 기후는 심한 대륙성기후이고, 해마다 기후변동이 현저하며, 대체로 겨울은 한랭건조하며 길다. 상대적으로 봄.가을이 짧으며 4월 말부터 기온이 올라가 서서히 여름에 들어선다. 7월이 가장 따뜻하며 이 기간에 비도 많이 내린다. 1월 평균기온 −11℃, 7월 평균기온 19℃이고, 기록상의 최고기온 및 최저기온은 각각 37℃ 및 −42℃였다. 강수량은 연평균 586mm이고, 강수량이 가장 많았던 해에는 834mm, 가장 적었던 해에는 272mm를 기록하였다. 첫눈은 9월 7일에서 11월 7일, 평균 10월 12일에 내리고, 백야현상은 6월 20일이 지난 시기에 가장 현저하다.

모스크바 크레믈린 탐방 후 크레믈린에서 가장 가까운 곳에 위치한 볼쇼이 극장과 레닌도서관을 볼 수 있다.

'볼쇼이 극장'의 이름 '볼쇼이'는 본래 러시아어로 '발쇼이(Большой)'라 발음하며 우리말로는 '큰, 크다'의 뜻이다. 그러므로 '볼쇼이 극장'은 '큰 극장'이라는 말이다. 원래의 정식 명칭은 '러시아국립아카데미대극장'이며 예카테리나 2세의 명으로 1776년 건립되었으나 1805년 화재로 소실되었고, 1825년 현재의 위치에 극장을

볼쇼이 극장

레닌 도서관

건립하였다. 좌석수는 2,100여 석이며 기술적 수준이 높은 오페라단과 발레단 그리고 부속학교 등이 있다. **레닌도서관**은 구소련 시절 가장 큰 최고의 도서관이었으며, 현재에도 수많은 장서와 시설을 자랑하고 있다. 구소련 시절에는 레닌도서관의 출입증 색깔로써 이용자의 신분을 알아볼 수 있었는데, 대학교수나 박사급의 연구원들만이 혁명을 상징하는 최고의 색깔인 빨간색으로 된 출입증을 발급받을 수 있었다. 레닌의 이름을 딴 레닌도서관은 모스크바 시민들은 물론 전 러시아인들에게 알려진 유명한 도서관으로서 가장 많은 사랑을 받는 도서관 중의 하나이다.

특히, 모스크바 강변에 위치한 **노보제비치 수도원**은 그 아름다운 자태로 유명할 뿐만 아니라, 러시아를 서구 열강과 대등한 위치의 반석 위에 올려놓은 위대한 **뾰뜨르**(피터) 대제와 깊은 관련이 있는 곳이다. **소피아 공주**의 반정 음모를 진압하고 황제의 실권을 차지한 뾰뜨르 대제는 반정의 배후 주역이며 자신의 이복 누나인 소피아 공주마저 로브노에 매스토에서 처단할 수 없었다. 따라서 뾰뜨르 대제는 소피아 공주의 머리를 깎게 한 다음 이곳 노보제비치 수도원에 감금 유폐 시켰던 것이다. 예전의 수도승들은 한 번 수도원 안에 들어가면 죽을 때까지 나오지 못하였었다. 한 때 섭정(약 7년간)을 하며 러시아를 호령하였던 소피아는 수도승이 되었을 뿐만 아니라, 자신의 방 창문 너머에 목이 잘려 걸려 있는 자신의 심복 신하들의 찌그러진 얼굴들을 매일 지켜보면서 정신병으로 죽어가야 했다. 현재는 여자 수도사들의 수도원으로 사용되고 있는 이 **노보제비치 수도원** 안에는 또한 유명한 문학 작가들(**고골**, **불가코프** 등)의 묘역이 안치되어 있으며, 구소련 시절

노보제비치 수도원

잠시 해빙 무드를 조성하였었던 소련 공산당 서기장 **흐루시쵸프**도 크레믈린 장벽 묘역에 안치되지 못하고 이곳에 묻혀 있다.

모스크바 시민들은 물론 러시아 전역의 모든 러시아인들의 사랑을 받고 있는 미술관으로 단연 **뜨레찌야꼽스키 미술관**을 들을 수 있다. 혁명 후 귀중한 미술품들이 해외로 마구 밀반출되는 것을 안타까워하였던 뜨레찌야꼽스키는 자신의 전재산을 털어서 미술품들을 사들이기 시작하였으며, 그것이 모여서 오늘날의 뜨레찌야꼽스키 미술관이 된 것이다. 현재 이곳에 소장된 어마어마한 그림들을 제대로 보는 데만 며칠이 걸릴 정도로 항상 관람객이 끝이지 않는 뜨레찌야꼽스키 미술관 앞에는 뜨레찌야꼽스키 동상이 세워져 있다.

뜨레찌야꼽스키 미술관

1812년 나폴레옹은 60만 프랑스 대군을 이끌고 이 곳 모스크바를 쳐들어 왔다. 모스크바 근교의 **보로지노**에서 대격전이 벌어졌으며, 양쪽 모두 엄청난 살상자가 발생하였다. 당시 러시아군의 유명한 **꾸뚜조프** 사령관은 **후퇴**와 **모스크바 대화재**를 명하였다. 모스크바는 튼튼한 돌벽으로 지어진 크레믈린을 제외하고는 모든 것이 불타버렸다. 곳곳이 화염에 휩싸이고 퀴퀴한 연기 냄새가 진동하는 텅 빈 크레믈린을 점령한 나폴레옹은 승리감에 도취되어 '**왔노라 정복하였노라**'를 외쳤다. 하지만 그것도 잠시 러시아의 **혹독한 추위**가 몰아닥치기 시작하였으며, 아무것도 먹을 것이 없는 텅 빈 모스크바에서 프랑스군은 하나 둘 씩 쓰러져 갔다. 할 수 없이 나폴레옹은 후퇴를 명하였으며, 프랑스군은 무릎까지 차오른 눈밭 길을 헤매며 도망치듯 철수하기 시작하였다. 도망치는 프랑스군을 따라가며 러시아군이 곳곳에서 습격을 가하였으며, 결국 60만의 프랑스 대군은 2~3만으로 줄어서야 겨우 러시아를 빠져 나갈 수 있었다. 이 때 러시아군은 도망치는 프랑스군의 뒤를 쫓아서 프랑스 파리까지 진격하였으며, 그 곳에서 **프랑스 파리 개선문**을 보았다. 러시아인들에게 엄청난 영향을 미친 이 **나폴레옹 전쟁(조국전쟁)**의 승리를 기념하여 스몰렌스크에서 모스크바로 들어오는 길목에 파리 개선문과 똑같이 생긴

모스크바 개선문이 세워졌다. 그리고 그 옆에는 당시의 전쟁 상황을 처음부터 끝까지 생생하게 볼 수 있는 **나폴레옹 전쟁기념관**이 또한 세워졌다.

모스크바는 전체적으로 평균 해발고도 120m의 지점에 위치하여 있는데, 그 중에서 가장 높은 곳이 해발고도 250m 정도의 고지인 '레닌 언덕'이라

모스크바 개선문 　　　　 파리 개선문

불리는 구릉지대이다. 이곳에 올라가면 멀리 모스크바 시내를 한 눈에 바라다 볼 수 있을 뿐만 아니라, 러시아 최초의 대학교인 모스크바 국립대학교를 만날 수 있다.

1755년에 설립된 러시아 최고의 국립대학교인 모스크바 국립대학교 안에는 높이가 240m인 대학본부 건물이 있다. 본래 러시아어 정식명칭은 대학의 창시자인 로모노소프의 이름을 따서 'M.V. 로모노소프 기념 국립 모스크바 대학'이다. 뾰뜨르 대제는 여러 가지 개혁을 단행하였는데, 그 가운데는 서구식 세속학교 제도를 도입하고 학술원을 개원하여 학문을 장려하는 일이였다. 1725년에 개원된 학술원에는 3개의 학부가 있었고 부속 기관으로 대학과 김나지야가 있었다. 러시아인으로서 최초의 학술원 회원이었던 로마노소프는 그 동안 침체된 학술원 산하의 대학을 폐지시키고 1755년 새로운 모습의 모스크바 대학을 설립하였다. 이 대학에서 배출한 유명한 사람으로는 혁명적 사상가 라디시체프, 게르쩬, 역사가 그라노프스키, 평론가 벨린스키, 교육사상가 우신스키 등이 있다. 20세기 초두의 사회적인 변혁기에는 학생운동의 고조로 1911년에 대학을 폐쇄하였었다. 10월 혁명 후인 1918년에 국립으로 되어, 노동자 계급에게도 문호를 개방하였다. 창설 당시의 학부는 철학, 법학, 의학 등의 3개 학부에서 혁명 후 대폭 증설하였다. 1987년에 공학, 수학, 컴퓨터 수학 및 사이버네틱스, 아시아, 아프리카 국제연구소를 비롯하여 각종 부속 연구소와 도서관을 갖게 되었다.

모스크바 강변에는 구세주 대사원(흐람 흐리스따; Храм Христа)이 위치해 있다. 본래, 이 사원은 종교를 하나의 아편과 같은 것이라고 여겼던 구소련 시절에 한번 허물어졌다가 다시 복원된 사연을 지니고 있다. 즉, 스딸린의 종교 말살 정책에 따라 1932년 크레믈린 인근의 구세주 대사원을 허물고 높이 415m의 소비에트 궁전 건축 계획이 수립되었었다. 그러나 늪지대로서 건축에 부적합한 것으로 판명되자 계획은 취소되고, 1960년 그 자리에 직경 130m에 2,000명을 수용하는 대규모의 원형 수영장이 건립되었다. 겨울철에도 온수풀로 사용하였기 때문에 주위가 온통 수증기로 자욱했다. 하지만,

1990년대에 공산정권이 붕괴되고 종교활동이 다시 활발해지면서 사원 재건 캠페인이 벌어졌으며, 구세주 대사원을 그리워하였던 수많은 사람들의 아낌없는 성금이 모아졌다. 마침내 1997년 구세주 대사원은 재건되었으며, 문학작품들에도 수없이 등장하며 러시아인들의 사랑을 가장 많이 받았던 사원 중의 하나였던 구세주 대사원은 원래의 모습을 되찾았다.

구세주 대사원

모스크바에서 자동차로 2~3시간 정도 걸리는 거리에는 모스크바의 본래 공국이였던 **블라지미르-수즈달리 공국**의 중심지, 블라지미르와 수즈달리 도시를 비롯하여, 키예프-루시 시대 때 막강한 힘을 지녔던 노브고도드 공국이 있었던 곳으로서, 수많은 역사의 점철을 밟아온 **고대 도시 노브고로드**가 있다. 또한, 볼가강변에 위치한 고색찬란한 도시 **야로슬라블리**가 있으며, 역시 모스크바에서 2~3시간 떨어진 '**뚤라**'라는 지방에는 **똘스또이**가 살았던 장원 '**야스나야 뽈랴나**'가 있다. 한편, 제정 러시아 시대에 역대 황제들이 휴양차 자주 머물렀던 도시 **자고르스크**도 위치해 있다. 사람들은 이들 도시들이 모스크바를 중심으로 원형 모양으로 빙 둘러쳐져 있다고 해서 '**황금의 고리**'라고도 부른다.

블라지미르

노브고로드(왼편), 수즈달리(오른쪽 위), 자고르스크(오른쪽 아래)

↖야스나야 뽈랴나의 모습
↑야스나야 뽈라냐의 똘스또이 묘
←서재의 모습
↓식당의 모습

모스크바의 여러 모습들

모스크바 고리키 공원

베.덴.하, 국민경제박람회장

올림픽 경기장

뿌쉬킨 동상

모스크바 강 유람선

볼가-돈강 운하

모스크바 예술극장

소련 KGB 본부

모스크바 서커스

서커스(찌르크) 장면

아르바트 거리

아르바트의 거리화가

마뜨료쉬카 상인

마뜨료쉬카

(3) 영화 <모스크바는 눈물을 믿지 않는다>를 통해 보는 모스크바의 모습

▸〈모스크바는 눈물을 믿지 않는다〉 영화 읽기 3

20년 후 요란한 괘종시계 소리에 깨어난 **까쨔**는 이미 성장한 딸 알렉산드라를 깨운 후 급히 출근 준비를 한다. 잠에서 깬 딸 **알렉산드라**는 세수를 하고 나서 혼자 차를 마시면서 출근하는 엄마에게 자신의 친구를 초청해도 되느냐고 이야기 한다. 까쨔는 딸에게 몇 가지 당부를 한 다음 급히 차를 몰고 직장으로 출근한다. 그녀는 이미 **공장장**이다. 한편, 제일 일찍 시집을 간 토냐의 아파트에서는 장성한 큰 아들, 그리고 쌍둥이 아들 둘, 이미 중년이 된 남편 니콜라이가 식탁에 앉아서 아침을 먹는다. 그리고 이어서 운동선수 세료자 구린과 결혼한 류드밀라(류다)의 아파트가 나온다. 예전에 유명한 운동선수였으며 규칙 때문에 술을 한 잔도 못하던 구린은 어느새 **알코올 중독자**가 되어 아내 류다를 찾아와서는 술값으로 5루블을 구걸하다시피 하여 빼앗아 간다. 장면은 바뀌어 류다가 일하는 **세탁소**가 등장하는데, 류다는 멋지게 생긴 군인에게 양복을 내어주며 잠시 상상에 빠지나 곧이어 뒤에서 군인의 아내가 불쑥 나타나자 실망한다. 한편, 류다에게서 5루블을 강제로 빼앗아 간 구린은 곧바로 술집으로 달려가 술을 마시면서 자신이 왕년에 유명한 운동선수였다는 사실을 떠벌리다가 진짜로 그를 알아보는 사람을 만난다. 장면은 바뀌어 까쨔가 공장을 시찰하며 부하 간부들에게 지시를 내리고, 자신의 사무실에서는 공장장(감독관)으로서 여러 가지 명령을 내린다. 위원회 위원 신분으로 **독신자 클럽**을 방문한 **공장장 까쨔**는 클럽 센터장으로부터 독신자가 계속 늘어나고 있으며 **남성 독신자**가 여성에 비해 2배나 더 절대적으로 **부족**하다는 보고를 받는다. 이 문제를 해결하지 않으면 노동자는 줄고 **알코올 중독자**는 계속 늘어나 노동 생산성에 악영향을 미칠 것이라며, 이제 정부가 나서야 할 때라고 센터장은 목소리를 높인다. 독신자 클럽의 구체적인 성공사례를 보고할 수 있게 해달라는 까쨔의 요청에, 클럽 센터장은 보다 많은 성공사례 실적을 위해서는 **남성이 절대적으로 부족하다**

고 거듭하여 주장한다. 하지만, 까쨔도 독신 여성임을 알게 된 센터장이 좋은 독신 남자가 있다고 하며 소개시켜 주려 하자 까쨔는 거절한다. 이어서 그녀는 차를 몰아 모스크바 강변에서 신문을 보며 자신을 기다리는 중년 남성이 있는 근처로 간다. 유부남인 중년 남성은 자신의 아내가 없는 틈을 타 까쨔를 데리고 자신의 아파트로 향한다. 아파트에서 두 남녀가 분위기가 무르익어 갈 무렵 갑자기 초인종 벨이 요란하게 울려댄다.

<모스크바는 눈물을 믿지 않는다> 중에서

초인종 벨을 요란하게 계속 눌러대던 사람은 바로 그 남자의 장모였는데, 안에서 아무 인기척이 없자, 마침내 포기하고 그냥 가버린다. 정부(情夫)인 중년 남성의 만류를 뿌리치고 아파트를 뛰쳐나온 까쨔는 창백한 얼굴로 엘리베이터를 내려와 중간에 차에서 내려 장미 한 송이를 사들고 다시 차를 몰아 집으로 돌아온다. 집에는 딸 알렉산드라가 머리에 헤드폰을 끼고 음악 감상에 열중이다. 물끄러미 자신을 쳐다보는 엄마와 엄마의 손에 들려 있는 장미 한 송이를 발견하고는 어디에서 났느냐고 묻는다. 까쨔는 중간에서 샀으면서도 선물 받았다고 거짓말을 하고는 딸과 좀 이야기를 하려 하나, 딸 까쨔는 음악 감상을 방해하지 말라고 손짓하며 계속 헤드폰을 끼고 있다. 침실에서 혼자 아파트 창밖의 모스크바 밤 풍경을 바라보던 까쨔는 홀로 슬픔에 가득 차 울먹이며 침대에서 뒤척이다가 다시 괘종시계를 맞추어 놓고 잠을 청해본다. 요란한 오토바이 소리가 울리며 시작된 하루는 다시 그 옛날의 다차였다. 니콜라이는 밖에서 농기계를 수리하고 있고, 과일을 따오다가 니콜라이와 담소를 나누던 류드밀라는 예고 없이 다차로 찾아온 술주정뱅이 남편 세르게이(세료자)의 말쑥한 신사복 차림에 잠시 놀라워한

<모스크바는 눈물을 믿지 않는다> 중에서

다. 안의 부엌에서는 토냐와 까쨔가 음식을 만드느냐 분주하다. 옆에서 돕는 토냐의 시어머니는 이미 많이 늙었다. 다차의 식탁에는 어느새 아들이 성장하여 새 며느리감인 **마리나**를 데리고 왔다. 곧 시아버지가 될 **니콜라이**는 아들과 며느리한테 예비부부에 대한 교육이 한창이며, **세르게이**는 토냐의 시어머니한테 이제 다시는 술을 먹지 않기로 했다고 하며 지난날을 후회한다. 다시 20년 전의 여공 기숙사 시절로 돌아간 **세 자매 친구들**(까쨔, 토냐, 류다)은 옛 추억을 더듬으며 그 옛날의 **다차**에서 마음껏 이야기꽃을 피운다. 장면은 바뀌어 까쨔가 다차에서 도시의 아파트로 돌아오는 **교외선 기차** 안이다. 커다란 **사모바르**를 들고 중간 역에서 탄 **중년의 남성**이 까쨔 바로 맞은편 자리에 앉는다. 남성은 할머니의 사모바르를 대신 들어서 도와준 것이었다. 그 남성이 독특한 어투로 불쑥 불쑥 말을 걸어오자 까쨔 또한 싫지 않은 듯 말을 받아 넘기고 하다가 마침내 목적지 역까지 도달한다. 대화중에 자신도 독신인 그 중년 남성은 까쨔가 독신이라는 것을 짐작으로 알아맞힌다. 역에서 헤어져 집으로 가려고 하는 까쨔 앞에, 갑자기 그 중년 남성(고오가, 고샤)이 택시를 잡아타고 나타나서 까쨔를 집까지 바래다준다. 다음날 고샤는 아파트 앞에서 까쨔를 기다리다가 시장을 보아 가지고 퇴근하는 그녀 앞에 다시 나타난다. 까쨔를 뒤따라 아파트 안으로 들어온 고샤는 딸 알렉산드라와 인사하고는 집안 구석구석을 둘러보기 시작한다. 마침내 남편이 없는 집으로 확신을 한 고샤는 부엌으로 가서 냉장고를 열어 즉석에서 요리를 하여 식사를 차린다. 갑자기 엄마의 남자 친구와 식탁에 마주 앉게 된 알렉산드라는 고샤에게 이것저것을 질문하기 시작한다. 알렉산드라

는 고샤에게 먼저 엄마와 같은 직장에 다니느냐고 묻는다. 그러자 고샤는 직장은 다르지만 엄마와 항상 같이 있고 싶어 한다고 말한다. 알렉산드라가 엄마와 결혼할 거냐고 묻자, 고샤는 물론 결혼할 것이라고 대답한다. 엄마와 사귄지 오래 되었느냐는 질문에 고샤는 시계를 보며 현재까지 꼭 44시간 22분 되었다고 대답한다. 알렉산드라가 자기 엄마는 사람을 사귀는데 시간이 오래 걸려 곧 절망하게 될 거라고 하자, 고샤는 물론 이틀 만에 결혼을 결정하는 것은 무리이며 너무 서둘러서는 안 된다고 까쨔에게 이르고는, 서로를 잘 이해하기 위해 다음 일요일에는 함께 교외로 소풍을 가자고 제의하고는 곧장 아파트를 떠난다.

<모스크바는 눈물을 믿지 않는다> 중에서

▸영화 속의 슬라브 문화 살펴보기 3

러시아에는 영화 속의 까쨔와 같은 **미혼모**를 비롯하여 혼자 사는 **독신녀**들이 많다. 독신녀들이 많다 보니 자연적으로 **독신남**들도 많다. 하지만 영화에서 좀 과장된 점도 있지만 독신남이 절대적으로 부족할 정도로 독신녀가 더 많다. 이것은 예로부터 전쟁이 잦았던 슬라브족에게 있어서 그리고 최근의 전쟁에 이르기까지 많은 남성들이 전쟁터에 나가 죽었고, 또한 상대적으로 평균 수명이 여자가 더 긴 때문이라고들 말한다. 보통 러시아 사람들은 남자가 여자 보다 **두 배**나 더 적다고들 이야기 하고, 심지어는 **세 배**까지도 이야기하는 사람들도 있다. 이러한 것에 대한 정확한 통계치가 사실상 무의미한 것은, 러시아만의 독특한 **성관념**과 **결혼 관념**, 그리고 그 **변화과정**에 대한 이해에서 모든 문제가 출발하기 때문이다. 러시아 여성의 결혼과 정조에 대한 관념은 한국과 상당 부분 차이가 있다. 러시아인들은 혼인 전 처녀성의 개념을 잘 이해하지 못한다. 어떻게 사전 성관계도 없이 남녀가 결혼할 수 있느냐라는 식으로 말하는 경우를 종종 볼 수 있다. 러시아어에서도 '순결'을 뜻하는 단어는 있어도 '정조'를 뜻하는 단어는 없다. 러시아에서 순결한 여인의 대명사격으로 도스또옙스키의 장편소설 <죄와 벌>에 나오는 '소냐'를 꼽는다. 하지만 소냐는 작품 속에서 가난한 아버지와 동생들을 보살피기 위하여 거리에서 몸을 파는 창녀이다. 즉 러시아인들의 관념 속에서의 '순결'은 육체적인 의미보다 정신적인 의미, 도덕적인 의미가 더 강하다는 것을 알 수 있다. 대체로 러시아인들은 결혼 전의 배우자의 성관계에 대하여 크게 문제 삼지 않는 경향이 있다.

러시아인들의 이러한 자유로운 성관념은 슬라브족 특히 까자크들의 자유로운 성관념에서도 그 유래를 찾아 볼 수 있다. 본래 자유를 찾아 광활한 남부 러시아의 스텝 지대를 향하여 도망쳤던 까자크들은 결혼에 있어서도 자유로운 성관념을 보여 주었다. 즉, 오래전의 까자크들은 일종의 '부부교환 자유시장'을 가지고 있었다고 전해진다. 이것은 원형 경기장 같이 생긴 곳에 까자크들이 빙 둘러 앉은 다음, 자신의 여자에게 싫증을 느낀 남자가 자기 부인을 데리고 사람들 앞을 한 바퀴 빙 도는 동안에, 앉아있던 까자크 남자들 가운데 한 남자가 일어나 그 여자를 택하면, 자연스레 그 남자의 부인은 상대방의 남자를 택하게 되는 일종의 부부 맞교환 제도였던 것이다. 실제로 남부 러시아에 가면 까자크들의 이러한 자유시장이 있었던 유적지를 관람할 수 있다.

슬라브-러시아인들의 이러한 자유로운 성관념에 의하여 실제로 러시아에서는 영화 속에서 보는 바와 같은 미혼모를 비롯하여 조혼, 이혼 등으로 인한 독신녀들이 많이 생겨나고 있다. 또한 조숙한 성 경험과 자유스러운 성 접촉에 따라 러시아는 세계에서 가장 높은 낙태율을 기록하는 국가들 가운데 하나이며 이혼률도 매우 높다.

이와 같이 이혼률이 증가하게 된 것은 러시아 혁명이 가져다 준 공산주의

평등의 이념과 무관하지 않다. 볼셰비키 혁명 이전의 러시아에서는 법률로 "아내는 남편에게 복종하고, 애정과 존경을 보이며, 남편에게 헌신적으로 봉사할 의무를 진다"고 정하고 있으며, 또한 러시아정교의 영향으로 이혼이 흔치 않았었다. 그러나 사회주의 혁명 이후 결혼은 평등한 남녀의 자유로운 계약이라는 사고방식과 애정이 없는 부부 관계는 비도덕적이라는 사고방식이 일반화되었다. 따라서 혁명 후 새로운 시대의 여성해방이라는 관점에서 전통적인 결혼 윤리는 상당히 위축되었고, 한쪽의 의사로 언제든지 자유롭게 이혼할 수 있게 되었다. 스탈린 집권 시 가족 개념이 중시되어 이혼의 규제가 강화되었으나, 흐루시초프의 집권과 함께 흐지부지해지고 이혼율이 급격하게 높아졌다. 1989년 구소련의 개방은 이러한 추세를 가속화시켜, 러시아의 이혼율은 현재 미국 다음으로 높고 이혼과 결혼의 비율도 약 3분의 1정도나 된다.

또한 남녀평등의 사회주의 혁명 후, 자유스러운 이성교제가 가능하고, 남자와 동등한 지위와 수입의 직장을 구할 수 있었던 러시아 여성들은 빨리 조혼하는 경향이 생겨났다. 한편 남자와 대등한 지위와 봉급은 이혼에 대한 불안감과 거부감을 예전에 비하여 상대적으로 감소시켜 주었다. 그리고 상대적으로 남자가 여자보다 적은 통계 숫자는 여러 가지 이유로 결혼 생활에 싫증을 느낀 남자들로 하여금 보다 쉽게 다른 상대의 여자 쪽으로 떠나갈 수 있게 하여 주었다. 러시아에서는 어느 날 갑자기 남자가 사라지는 경우의 이야기를 종종 들을 수 있다. 또한 러시아에서는 처녀처럼 보이는데 실제로 아이가 있는 미혼모라는 이야기를 듣는 것이 드문 경험이 아니다.

이혼의 경우 자녀의 양육은 보통 여성이 맡는 경우가 대부분이다. 러시아인들의 어린아이에 대한 애정은 대단하다. 자기는 제대로 입지도 먹지도 못하면서 어린아이에게는 무엇이든지 해주려고 한다. 본래 러시아인의 모성은 유명하였다. 신을 낳은 어머니의 개념으로 모성은 러시아인들의 신앙의 중심이 되었다. 모성을 뚜렷하게 보여주는 예로서 러시아에 세워진 교회와 수도원 가운데 거의 절반이 예수의 어머니인 마리아에게 바쳐졌다는 점에서도 알 수 있다. 이런 점에서 러시아인들의 여성 숭배는 서구 문화권보다

보드카

훨씬 강렬하다. 특히 러시아정교에서는 **성모 숭배**로 구체화 되는데, 러시아정교는 예수의 종교가 아니라 **성모의 교회**라고 할 수 있을 정도이다. 예수의 어머니는 성모, 여주인, 가장 순결한 여인 등으로 간주되고 러시아인들은 개인적으로 **성모의 성상** 앞에서 맹세하고 화해하며, 그녀에게 도움을 청하는가 하면 국가적인 사건이 발생하였을 때도 **마리아의 은총과 보호**를 빌었다.

한편, 이혼의 경우 정식으로 이혼 등록을 하는 경우도 있지만, 대부분은 어느 날 갑자기 남자가 사라져 버리는 바람에 그냥 **사실적인 이혼녀**가 되는 경우가 더 흔하다. 그러므로 러시아에서는 이혼녀의 증가에 따른 부적절한 관계나 혹은 **사실혼**의 경우를 종종 볼 수 있다.

그런데, 이러한 **이혼의 원인**으로 남편의 **술주정**과 알코올 중독의 경우가 가장 많은 것으로 나타나고 있다. 그만큼 러시아에서의 **보드카와 알코올 중독**, 그리고 그에 따른 이혼의 문제 등은 한 동안 심각한 사회문제를 불러일으키기도 하였다. 영화 속에서도 보여 주듯이, 한 때 유명 운동선수였던 구린은 선수시절 규칙 때문에 술을 한 잔도 입에 안 대던 사람이었는데, 어느새 알코올 중독자가 되어 사실상의 독신남이 되었고, 그에 따라 자연적으로 그의 아내 류드밀라는 사실적 이혼녀가 되어 버렸다. 추운 겨울이 오랫동안 지속되는 러시아의 자연적 환경은 예로부터 슬라브-러시아인들로 하여금 술과 깊은 관계를 맺게 해 주었다. 술을 좋아하고 남(손님)을 융숭히 대접하기를 좋아하는 러시아인들의 특성 속에서 술잔을 끝까지 다 비워야 하는 '다 드나' 술문화도 러시아인들의 알코올 중독 문제에 한 몫을 한 것으로 알려지고 있다.

■ 〈모스크바는 눈물을 믿지 않는다〉 영화 읽기 4

<모스크바는 눈물을 믿지 않는다>

일주일 후 일요일 아침 고샤는 약속대로 까짜의 아파트 초인종을 눌렀고 알렉산드라는 놀라서 잠자는 엄마를 깨운다. 까짜는 딸아이의 깨우는 소리에 일요일인데 그냥 잠자게 내버려 두라고 하자, 잠은 자연 속에서 자면 된다고 하며 벌써 고샤는 까짜의 방문 앞에 서서 까짜의 옷을 들고 서 있다. 오랜만에 야외로 나온 두 모녀 까짜와 알렉산드라는 고샤의 따뜻한 보살핌을 받으며, 이어서 고샤와 고샤의 친구들이 만든 샤쉴릭을 함께 먹으며 즐거운 시간을 보낸다. 고샤의 친구가 자신의 박사학위 논문의 70% 이상이 고샤의 기계에 대한 것이었다고 말하며 고샤를 치켜세우고 나서, **고샤의 황금팔**을 위하여 **건배를 제의**한다. 이때 고샤의 완전한 이름이 **게오르기 이바노비치**임이 알려진다. 친구들과의 대화중에 오늘이 고샤의 생일이었음을 듣게 된 까짜가 생일 선물을 해야 되겠다고 하자, 고샤는 자신의 진짜 생일은 12월이고 오늘은 예행연습이라고 한다. 고샤는 또한 **남편의 지위는 높아야 하고 아내의 급료나 지위가 남편보다 높은 건 있을 수 없다**고 이야기한다. 야외에서 함께 즐거운 피크닉을 즐긴 까짜는 택시 앞자리에서 골아 떨어져 자는 딸 알렉산드라와 함께, 택시 뒷좌석에 나란히 함께 앉은 고샤와 서로 사랑의 눈빛을 주고받으며 행복감으로 가득 차 집으로 돌아온다. 다음에 장면이 바뀌어 까짜의 집무실이 나온다. 까짜는 공장장(**감독관**)이며 동시에 **위원**이다. 예전의 애인, 즉 TV 방송국 카메라맨인 루돌프가 감독관-위원을 촬영하기 위하여 까짜의 집무실에서 열심히 카메라 위치를 조정하고 있다. 마침내

감독관-위원 까쨔가 등장하고 루돌프는 까쨔와 가볍게 인사를 나누나, 그녀를 알아보지 못한다. 이윽고 카메라 앞에 앉은 감독관-위원 까쨔를 비서가 까쩨리나로 부르는 소리를 들은 루돌프는 그녀가 바로 옛날에 자신이 버린 까쨔임을 알아차린다. 그대로 촬영은 진행되어 끝나고 루돌프는 돌아가는 방송국 차안에서 상념에 젖는다. 한편 까쨔는 자신의 침대에 고샤와 함께 누워 사랑의 밀월을 즐긴다. 그녀는 마침내 자신의 사랑하는 짝을 찾은 기쁨에 젖어 있고, 고샤 또한 까쨔를 사랑하며 까쨔의 어린 시절 사진을 다음번에 꼭 보여 달라고 청한다. 이 때 알렉산드라가 돌아올 시간임을 뒤늦게 알아차린 까쨔가 깜짝 놀라하며, 둘은 곧 침대를 접고 이불과 베개를 정리하는 등 야단법석을 떤다. 알렉산드라가 방문을 막 열었을 때 고샤는 겨우 TV를 틀면서 아무 것도 아니고 그냥 TV를 보고 있었다고 거짓말을 둘러댄다. 까쨔는 루돌프의 끈질긴 전화에 20년 전에 헤어졌던 공원의 바로 그 벤치에서 루돌프를 만난다. 루돌프가 자신의 딸을 만나게 해달라고 하자, 까쨔는 거절한다. 루돌프는 까쨔와 헤어진 후 이미 두 번의 결혼에 실패했었다고 말한다.

한편 까쨔의 아파트에서는 고샤가 청소기를 열심히 수리하고 있다. 알렉산드라가 예전의 남자 친구 볼로쟈를 멀리하고 새로운 남자 친구 니키타와 가까이 지내자, 볼료쟈 패거리들이 알렉산드라와 니키타를 괴롭힌다는 이야기를 들은 고샤는 문제 해결을 위하여 출동한다. 결국 건물 지하 공터에서 벌어진 싸움에서 고샤는 패거리들을 제압하여 문제를 해결해 준다. 그 날 저녁 식탁에 마주 앉은 까쨔는 딸에게서 오늘 있었던 일을 전해 듣고는 고샤에게 어른이 아이들처럼 폭력을 휘두른 것은 잘못이라고 타박을 준다. 이에 고샤는 앞으로 이런 식으로 타박을 주면 자신은 이 집을 나갈 것이며, 자신은 어떤 문제라도 자기 판단으로 일을 결정하는데, 그것은 자신이 남자이기 때문이라고 이야기 한다. 까쨔는 곧 자신이 잘못했다고 사과하며, 이에 고샤도 앞으로는 자기에게 큰소리치지 말아달라고 하고는 서로 화해한다. 바로 이 때 밖에서 초인종이 울리고 알렉산드라가 문을 열어 주자 루돌프가 들어온다. 갑작스런 불청객 루돌프의 출현에 까쨔는 매우 냉담해 하며, 아무

것도 모르는 알렉산드라와 고샤는 어리둥절해 한다. 루돌프가 먼저 며칠 전 자신이 촬영한 까쨔의 TV 출현 이야기를 꺼내면서, 숙련공(완성공)에서부터 시작하여 감독관까지 오른 화려한 까쨔의 경력을 이야기하자, 고샤는 누가 감독관이냐고 되물으며 어리둥절해 한다. 루돌프는 20년 전에 앞으로는 TV가 모든 것을 제압하는 시대가 올 것이라고 하며 까쨔를 방송국에 초청하여 유혹했듯이, 이번에도 똑같은 말을 하며 자신의 딸인 알렉산드라를 방송국에 초청한다. 루돌프와 두 모녀와의 대화를 옆에서 가만히 지켜보며 듣던 고샤는 오늘은 일찍 잠자리에 들어야겠다고 이야기하며 아파드를 떠난다. 깜짝 놀란 까쨔가 만류할 틈새도 없이 고샤가 떠나버리자, 까쨔는 울음을 터뜨리며 그는 이제 다시는 돌아오지 않을 거라 하면서 계속 울먹인다. 그리고는 루돌프를 향하여 당신은 왜 나에게 불행만 주느냐고 말하면서, 알렉산드라 보고 이 사람이 바로 네 아빠라고 말한다. 다음 장면에서, 토냐, 토냐의 남편 니콜라이 그리고 류드밀라가 까쨔의 아파트로 급히 들이닥친다. 까쨔는 고샤가 떠나간 슬픔에 울먹이고 있다. 고샤가 집을 떠나간 지 8일째라는 이야기를 들은 니콜라이는 고샤를 찾아 나선다. 하지만, 이름이 게오르기 이바노비치이며, 애칭이 고샤, 고오가, 고오랴 등등 이고, 연구소에서 완성공으로 일하며, 몸에 맹장수술 자국이 있다는 것 밖에는 고샤에 대하여 아는 것이 아무 것도 없다. 이곳저곳을 돌아다닌 끝에 마침내 니콜라이는 고샤를 찾아내어 만난다. 고샤는 생전 처음 만난 니콜라이한테 아무 말도 없이 보드카를 한 잔 따라준다. 니콜라이 또한 아무 말도 없이 보드카를 다 마신다. 그리고 나서

<모스크바는 눈물을 믿지 않는다>

두 남자는 서로 통 성명을 한다. 고샤는 까쨔가 자신이 감독관이라는 사실을 숨긴 것에 대하여 이야기하고, 니콜라이는 그것은 오해였다고 해명을 한다. 고샤가 그녀는 사람보다 직책을 더 중요시하는 삭막한 여자라고 하자, 니콜라이는 그게 정말 맞는지 가보자고 제안한다. 마침내 니콜라이는 고샤를 찾아서 데리고 다시 까쨔의 아파트에 나타난다. 니콜라이는 이미 보드카에 만취가 되어 있다. 고샤는 까쨔의 방으로 들어가 그녀를 만난다. 둘은 한동안 서로 아무 말 없이 사랑의 눈빛만을 주고받는다. 마침내 손님들(니콜라이, 토냐, 류다)은 떠나가고 고샤와 까쨔 그리고 딸 알렉산드라만이 예전처럼 식탁에 앉아 식사를 한다. 까쨔는 고샤가 맛있게 식사하는 모습을 바라보며 재회의 행복감에 젖는다. 까쨔는 지난 8일간이 자기에게는 무척 긴 시간이었다고 이야기하며 눈물을 글썽인다. 이어 모스크바의 밤 풍경이 비춰지면서 "모스크바는 눈물을 믿지 않는다"는 제목과 함께 영화는 막을 내린다.

▸영화 속의 슬라브 문화 살펴보기 4

영화 속에서 까쨔는 여공에서부터 시작하여 공장장까지 오른 것으로 나온다. 구소련 및 러시아에 가보면 여성들의 직업이 남성들과 거의 대동소이(大同小異)함을 발견할 수 있다. 무궤도 전차(트롤레이부스)를 비롯하여 전차(트람바이), 버스 등 대부분의 공공 교통수단들은 대부분이 여성들이 운전을 하고, 각종 공장에서도 여성들이 남성과 똑같이 일하며, 박물관의 안내원, 기숙사의 당직 사감, 극장의 옷 보관소 등의 일에는 모두 여성들이 차지하고 있다. 평등을 주요한 이념으로 하는 공산주의 시대에 적어도 직업에 있어서 만큼은 남녀평등이 철저히 이루어졌음을 알 수 있다. 오히려 강인한 모성을 지닌 여성이 남성보다 활발하게 활동하는 모습들을 자주 볼 수 있다. 본래 러시아 문학에서도 보면 러시아 여인은 강인한 여인상으로 나온다. 뚜르게네프 소설의 연애 테마에서도 남성은 항상 소심하고 미숙한 면을 드러내지만, 여성은 항상 용감하고 냉정하며 현실적인 존재로 묘사된다. 사회주의 혁명 후 직업에서의 남녀평등은 여성들로 하여금 남편에게 복종하고 헌신하는 구시대의 결혼 윤리로부터 해방될 수 있는 동등한 경제력을 제공하여 주었다. 또한 여성들에게 여러 가지 다방면에 진출할 수 있는 기회를 제공하여 주었을 뿐만 아니라, 남성들과 똑같은 지위와 신분 상승의 기회도 제공하여 주었음을 우리는 이 영화를 통하여 알 수 있다.

한편 러시아에서는 영화 속의 까쨔와 고샤와 같은 독신남, 독신녀 사이의 사실혼의 경우를 종종 볼 수 있다. 즉, 조혼으로 인한 미혼모의 발생, 그리고 이혼률 증가에 따른 사실적 이혼녀의 증가 등은 자연스레 사실혼의 증가를 가져왔다.

한편, 고샤와 니콜라이의 처음 만남에서 아무런 대화가 없이 먼저 보드카를 따라주고 따라 마신 다음에 서로 통성명을 하는 장면은 매우 인상적이다. 이것은 슬라브-러시아인들에게 있어서 보드카가 갖는 남다른 의미에서 출발한다. 앞서 살펴본 바와 같이, 러시아인들에게 있어서 빵과 소금이 환영의 의미를 지닌다고 한다면, 보드카는 친교의 의미를 지닌다고 할 수 있다. 즉, 러시아인들 사이에는 서로 전혀 모르는 사람도 일단 보드카를 서로 주고받으면 '같은 편'이 되었다고 생각하는 사람들을 종종 볼 수 있다. 그리고 러시아를 여행하다 보면 초면에 몇 마디 인사만 나누었는데도 곧바로 보드카를 꺼내 '만남'을 위하여 건배를 제의하는 러시아인들을 또한 종종 만날 수 있다. 이는 전쟁이 잦았던 슬라브-러시아인들이 삶과 죽음의 갈림길인 전쟁터로 향하기 전에 같이 '피'(목숨)를 나눌 형제(전우)들과 함께 마지막으로 '피' 같은 '술'을 따라 서로 나누어 마시던 전통과도 연관된다. 그러므로 러시아인들은 반드시 술잔에 의미를 부여하며, 의미 없는 술잔은 결코 마시지 않는다. 그리고 의미가 담긴 술잔은 반드시 그 의미를 위하여 '다 드나'를 하는 것이다. 물론 술을 좋아하기 때문에 술을 많이 마시기 위하여 건배를 할 때 마다 '다 드나'를 한다고 이야기 하는 외국인들도 있을 수 있겠지만, 그것은 슬라브족과 러시아인들의 역사와 문화적 전통을 잘 모르는 무식의 소치일 뿐이다.

본 영화의 제목은 "모스크바는 눈물을 믿지 않는다"이다. 이것은 러시아

1812년 모스크바 대화재

속담에서 나온 것이다. 모스크바는 역사 이래 수많은 외침을 당하여 왔다. 키예프-루시 시대에 변방을 지키던 조그만 요새(크레믈리)에 불과하였던 **모스크바**가 루시인들의 중심 거점이 된 이래 숱한 고통과 고난을 겪으며 지내온 것이다. 60만 대군을 이끌고 러시아를 침공한 나폴레옹은 마침내 모스크바를 점령하고 크레믈린에 프랑스 깃발을 휘날리며 '왔노라 정복하였노라'를 외쳤지만, 결국은 패퇴하고 그 자신도 몰락하고 말았다. 숱한 외침과 고통, 고난, 그리고 눈물이 있었지만 모스크바는 다시 건재하고 있는 것이다. 나폴레옹 전쟁 때 꾸뚜조프 장군은 모스크바에서 철수하면서 먹을 수 있는 것은 모두 태울 것을 명령함으로써, 모스크바에는 사상 최대의 **모스크바 대화재**가 발생하여 모스크바를 송두리째 삼켜 버렸었지만, 모스크바는 다시 건재하고 있다. 이와 같은 오랜 세월의 풍파 속에서 "모스크바는 눈물을 믿지 않는다"는 속담이 러시아인들 사이에서 전해져 왔다. 즉 모스크바는 아무리 어려운 난관이 닥치더라도 절망하지 않고 다시 건재하다는 것이다.

12장

뻬쩨르부르그, 키예프, 바이칼 역사 문화 탐방

12장 뻬쩨르부르그, 키예프, 바이칼 역사 문화 탐방

(1) 뻬쩨르부르그 탐방

뻬쩨르부르그는 러시아어로 쌍트 뻬쩨르부르그(Санкт-Петербург)라 부르고 영어로는 세인트 피터스버그(Saint Petersburg)라 부른다. '쌍트(Санкт)'는 접두사로서 '성(聖)'이라는 뜻이다. 이 도시는 뾰뜨르(피터) 대제가 서구화를 추진하기 위한 발판으로 부동항을 얻기 위하여 100여개의 섬과 늪지 위에 건설한 인공 도시이다. 모스크바 크레믈린에 대하여 좋지 않은 기억이 많았던 뾰뜨르 대제는 이 곳 뻬쩨르부르그에 뾰뜨르 빠블롭스크 요새를 건설하기 시작하였으며, 요새가 다 완성되기도 전(前)인 1703년에 서둘러 수도를 모스크바에서 이곳으로 천도하였다.

뻬쩨르부르그는 현재 러시아 제2의 도시이나, 제정(帝政) 러시아 때는 뾰뜨르 대제의 천도 이후 줄곧 수도였었다. 1914년 페트로그라드(Petrograd)로 개칭되었다가, 1924년 레닌이 죽자 그를 기념하여 레닌그라드라 불렀다. 레닌은 1917년 혁명의 성공과 더불어 수도를 다시 모스크바로 옮긴다. 그 후 1980년대의 개방화가 진전되면서 1991년 러시아어(語)의 옛이름인 상트 페테르부르크(쌍뜨 뻬쩨르부르그)를 되찾았으며, 뻬쩨르부르그(페테르부르그)로 약칭하기도 한다.

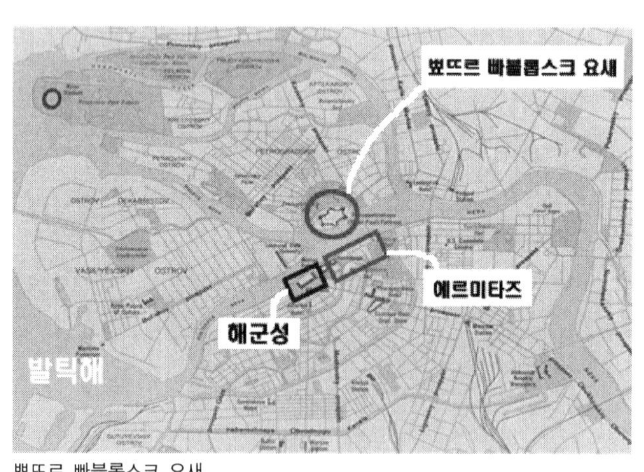

뾰뜨르 빠블롭스크 요새

뾰뜨르 대제는 얼지 않는 항구, 즉 부동항을 얻기 위하여 서쪽으로

뾰뜨르 빠블롭스크 요새

나가는 출구인 이곳 발틱해 연안에 제일 먼저 요새(뾰뜨르 빠블롭스크 요새)를 건설하기 시작하였다. 이 요새는 뾰뜨르 대제 즉위 기간에 흙과 나무로 건축되었다가, 18세기 중엽에 다시 돌로 재건축 되었다. 요새 중앙에 위치한 뾰뜨르 빠블롭스크 성당 안에는 뾰뜨르 대제부터 시작하여 마지막 황제 니콜라이 2세까지의 역대 황제들이 묻혀 있으며(뾰뜨르 2세와 론4세 제외), 또한 이 성당은 뻬쩨르부르그에서 가장 높은 건축물이기도 하다.

뾰뜨르 빠블롭스크 성당

뾰뜨르 대제는 부동항을 건설한 후, 서구 열강에 뒤지지 않는 막강한 해군력을 갖추는데 온 힘을 기울였다. 일찍이 1697년 '대사절단'의 무리 속에 끼어 황제의 신분을 숨긴 채 서유럽을 방문하였던 뾰뜨르 황제는 서구 유럽의 선진 조선술과 항해술을 자신이 직접 배우고 익히기도 하였다. 따라서

뻬쩨르부르그

뾰뜨르 대제는 마침내 해군을 창설하였으며, 1704년 이곳 뻬쩨르부르그에 해군 본부로서의 **해군성** 건물을 건축하였다. 그러므로 뻬쩨르부르그 도시는 해군성을 중심으로 하여 전체 도로가 방사형으로 뻗어 나가는 구조를 이루고 있다.

뾰뜨르 빠블롭스크 요새 건너편, 그리고 도시의 중심 출발점인 해군성 옆에는 세계 3대 박물관 중의 하나인 **에르미타즈** 박물관이 있다. '에르미타즈'는 프랑스어에서 차용된 언어로서 '**보물창고**'라는 뜻이다. 예까쩨리나 여제(예까쩨리나 2세)는 프랑스를 아주 동경하였으며 제위기간 내내 프랑스로부터 값비싼 그림과 물건들을 사들였다. 이 때 사들인 보물들을 하나 둘 씩 모아둔 창고가 오늘날의 에르미타즈(보물창고)가 된 것이다. 이처럼 프랑스를 아주 동경하였던 예까쩨리나 여제 덕분에 당시 러시아의 상류계층에서는 프랑스어를 사용하였으며, 프랑스인 가정교사가 러시아 귀족 자제들을 가르치기도 하였다. 즉, 당시의 상류 계층의 사교계에 출입하기 위해서는 적어도 프랑스어 몇 마디는 기본적으로 할 줄 알아야 했으며, 귀족들 사이에서는 프랑스어를 잘 사용하여야 고상한 상류 귀족의 대접을 받았던 것이다.

해군성

에르미타즈, 동궁(冬宮)

그러나 아이러니컬하게도 이토록 프랑스를 좋아하였던 러시아를 1812년 나폴레옹은 프랑스 대군을 이끌고 쳐들어 왔다. 즉, 1812년의 전쟁 하나만을 놓고 보면 러시아와 프랑스는 아주 적대적인 관계처럼 보일 수 있으나, 사실은 예까쩨리나 대제 때 러시아의 가장 절친한 우방 국가는 바로 프랑스였다. 예까쩨리나 대제는 또한 프랑스의 **베르사이유** 궁전을 본떠 **뻬쩨르고프 궁전**을 건설하기도 하였다.

그러므로 프랑스의 **루브르** 박물관이 세느강변에 위치해 있듯이 러시아의 **에르미타즈** 박물관이 네바강변에 위치해 있으며, 에르미타즈(동궁)에서 얼마간의 거리에 떨어져 있는 **뻬쩨르고프** 궁전의 모습은 프랑스의 루브르 궁전에서 또한 비슷한 거리에 떨어져 있는 **베르사이유** 궁전의 모습과 매우 유사하다. 이처럼 예까쩨리나 대제는 프랑스를 동경하여 수많은 값비싼 보물들을 사들이기 시작하였으며, 이 때 사들인 그림들을 보관하기 위하여 궁전 옆에 하나 둘씩 짓기 시작한 건물들이 오늘날의 에르미타즈가 된 것이다. 본래 에르미타즈는 1917년 레닌이 혁명을 일으키기 전까지는 제정러시아의 황제들의 궁전이었다. 역대 황제들은 '**동궁**(冬宮)'이라 불리는 이곳에서 주로 긴 겨울을 지냈으며, 이따금 여름에는 **여름 정원**(별궁)에서 지내거나 또는 뻬쩨르고프(별장)에서 지내기도 하였던 것이다.

동궁(冬宮)은 1762년 건축가 라스트렐리에 의해 뾰뜨르 대제의 딸인 엘리자벳의 치세 기간 동안에 지어졌으며, 그 후 예까쩨리나 여제는 동궁 옆에 보물창고를 위한 별궁들을 계속하여 늘려감으로써 오늘날의 에르미타즈가 된 것이다. 즉, 1764년 예까쩨리나 2세가 동궁(冬宮) 옆에 소(小)에르미타즈를 짓고 황실에서 수집한 미술품들을 보관한 것을 시작으로, 이후 소장품이 늘어남에 따라 증축 및 개축이 이루어져 동궁과 소에르미타즈, 구(舊)에르미타즈, 에르미타즈극장, 신(新)에르미타즈 등 5동의 건물이 연결된 지금의 규모를 갖추었다. 표트르1세와 그의 딸 엘리자베타 페트로브나(Elizaveta Petrovna) 여제를 거쳐 당대 제1의 수집가였던 예카테리나 2세에 이르러 3,926점의 회화 작품이 수집되었고, 러시아 혁명 후 국립박물관이 되면서 세르게이 시추킨(Sergei Ivanovich Shchukin)과 이반 모로조프(Ivan Aleksandrovich Morozov) 같은 대수집가들의 작품도 포함되어 소장품이 더욱 늘어났다. 2009년 약 300만 점에 이르는 소장품이 7개 부문(원시문화사, 고대그리스, 로마세계, 동방제민족문화, 러시아문화, 서유럽미술, 고화폐)으로 나뉘어 약 1,020개의 방에 전시되고 있다. 원시시대의 예술작품에서부터 르네상스와 근세에 이르는 걸작들을 망라하여 영국의 대영박물관과 프랑스의 루브르 박물관과 더불어 세계 3대 박물관으로 꼽힌다. 레오나르도 다빈치, 미켈란젤로, 라파엘로를 비롯하여 모네, 피사로, 밀레, 르누아르, 세잔, 고흐, 고갱, 드가, 쿠르베, 피카소,

에르미타주 박물관의 모습

마티스 등 거장들의 작품을 볼 수 있다.

동궁(冬宮)과 알렉산더 석주

에르미타즈, 즉 동궁(冬宮) 앞 광장의 한복판에는 하늘을 찌를 듯 높이 솟은 커다란 돌기둥이 하나 서 있다. '**알렉산더 석주**'라고 불리는 이 돌기둥은 알렉산드르 1세 때에 나폴레옹 전쟁—조국전쟁(1812년)에서 나폴레옹을 무찌르고 러시아가 승리한 것을 기념하기 위하여 세워졌다. 돌기둥의 꼭대기에는 십자가를 들고 서있는 평화의 상징, **천사의 상**이 있는데 알렉산더 1세의 얼굴을 본떠 만들어졌다고 전해진다. 높이 47.5미터, 무게 600톤의 석주 뒤에는 러시아 황제들의 공식 저택인 동궁(冬宮)이 있다.

겨울궁전, 즉 동궁(冬宮)에서 얼마 떨어지지 않은 곳에 **여름궁전** 또는 **여름정원**이라고 불리는 황제의 별궁이 위치하고 있다. 이 궁전은 1704년뾰뜨르 대제에 의해 지어졌으며, 유명한 이탈리아 조각가들의 조각상들로 아름답게 장식되어 있다. 뾰뜨르 대제 자신은 강 건너 조그만 집(**뾰뜨르의 집**)에 살면서 자신의 아내 **예까쩨리나**를 위하여 이 여름궁전을 지어주었던 것이다. 훗날 뾰뜨르 대제가 별안간 사망함으로써(1725년), 그의 아내 예까쩨리나는 이 곳 궁전에서 황위를 계승하여 **예까쩨리나 1세**가 된 것으로도 유명하다. 하

여름궁전(여름정원)

여름궁전으로 향하는 가로수길

지만 뾰뜨르 대제 사후 러시아는 피비린내 나는 궁정혁명과 혼란기를 겪게 되며 뾰뜨르 대제의 딸 엘리자벳따의 치세 기간(1741~1761)을 거쳐 예까쩨리나 2세(예까쩨리나 대제, 1762~1796) 때에 와서 비로소 다시 발돋움하기 시작하였다.

특히, 이 여름궁전(여름정원)은 고위 관료나 황제의 친인척들에게만 개방되어지다가 생긴지 100년이 지나서야 모든 사람들에게 개방되었으며, 정원으로 향하는 양 옆 가로수 길에는 유명한 조각가들의 석고상들이 즐비하게 장식되어 있으며, 나뭇잎이 새록새록 돋아나기 시작하는 봄날에는 더욱더 아름답기로 아주 유명하다.

모스크바에서 북서쪽으로 850km 떨어진 북위 60도에 위치해 있는 뻬쩨르부르그는 북극지방에서만 나타나는 '백야' 현상으로도 유명하다. 백야(白夜)는 6월 말에서 7월 말까지 한 달가량 계속되는데, 이 기간 동안에 거리는 불을 밝히지 않았는데도 낮처럼 훤하다. 해가 지지 않았기 때문이며, 해가 가장 오래 머물러 있을 때는 거의 19시간가량 되는데, 지평선 아래에 해가 머무르고 있어 책을 읽을 수 있을 만큼의 여명이 비춘다.

이와 같이 뻬쩨르부르그는 네바강(江) 하구의 101개의 섬과 함께 강 양안(兩岸)에 계획적으로 건설된 도시이기에 많은 다리들이 놓여 있으며, 특히 네바강을 가로 지르는 다리들은 발틱 함대의 출항 시간에 맞추어 여러 가지 모양으로 벌어지게 설계되어 있다. 특히 6~7월 사이에 극치를 이루는 백야를 배경으로 벌어지는 아름다운 다리의 모습은 장관을 이룬다.

또한 말라야(小)네바강, 볼샤야(大)네바강을 비롯한 수십 개의 분류(分流)들에 놓인 500여 개의 다리들과 그 밑을 미로처럼 엮여져서 흐르는 수많은 운하들은 뻬쩨르부르그를 '북방의 베니스'라 불리게 만들었다. 즉, 100여개의 섬들과 늪지대를 인공적으로 메우거나 혹은 다리로 연결하였으므로 자연스레 운하가 생기게 된 것이며, 따라서 그 모습이 마치 이탈리아의 베니스(베네치아) 같다고 하여서 붙게 된 뻬쩨르부르그의 별칭인 것이다. 그러므로 관광객들은 자동차가 아닌 조그만 모디보트를 타고 미로처럼 엮여진 운하를 따라가면서 도시 곳곳을 둘러보고 관람할 수 있다.

백야의 네바강

이와 같이 운하를 타고 가다 보면 모스크바의 바실리 성당과 비슷하게 생긴 '피의 사원'을 만나 볼 수 있다. 1870년대의 '브 나로드 운동'이 실패로 끝난 후 러시아의 진보적 인텔리겐챠들 가운데는 혁명적 민주주의를 부르짖는 급진파의 테러리즘이 고개를 들게 되며, 마침내 농노해방령(1861년)을 발표하였던 알렉산드르 2세가 암살(1881년) 당하는 러시아 역사상 초유의 일이 벌어진다.

1907년 알렉산드르 2세가 암살

빼쩨르부르그 운하와 다리의 모습

피의 사원

당한 바로 그 자리에 세워진 이 사원을 사람들은 '피의 사원'이라 부른다. 공교롭게도 황제가 암살당한 1881년 바로 그 해에 러시아 문학의 거장 도스또옙스키가 죽으며 2년 뒤 1883년에는 뚜르게네프마저 세상을 떠남으로써 러시아 문학의 황금세기는 서서히 막을 내리기 시작하였다.

뾰뜨르 대제의 동상인 청동기마상은 러시아 최초의 기념동상이다. 젊은 근위대 장교들을 동원한 궁정 쿠데타로써 자신의 남편 뾰뜨르 3세를 제거하고 황위에 오른 여걸 예까쩨리나 대제(예까쩨리나 2세)는 자신이 바로 뾰뜨르 대제의 후계자임을 과시하기 위하여 1782년에 뾰뜨르 대제의 동상을 건립하였다. '청동기사'란 이름은 뿌쉬낀의 시에서 이름을 따온 것이며, 1825년 12월 바로 이곳에서는 러시아 최초의 반란 사건인 제까브리스트 반란 사건이 일어났었다.

뾰뜨르 대제의 청동기마상 남쪽에 위치해 있는 현재의 성 이삭 성당은 같은 장소에 네 번째로 지어진 교회이다. 첫 번째는 뾰뜨르 대제의 즉위 기간에 뾰뜨르 대제의 수호성인인 '성 이삭'을 기리기 위해서 지어졌으며, 바로 이 교회에서 그의 두 번째 부인인 예까쩨리나 1세와 혼인식을 거행하였다. 부식되기 쉬운 목재 건물로

성 이삭 성당

지어졌던 성 이삭성당은 네바강의 홍수로 유실되었으며, 그 후에도 여러 번의 증축과 개축이 있었다. 알렉산드로 1세 때인 1818년부터 1858년, 그의 조카 알렉산드로 2세 때까지 3대에 걸쳐 무려 40년간 10만 명이 넘는 농민들이 동원되었다. 뻬쩨르부르그가

성 이삭 성당과, 내부 천정의 모습

습지대인 관계로 기초만 다지는데도 상당한 시간이 걸렸다. 동서 길이 111.2m, 남북 폭 97.6m, 높이 101.5m, 수용인원 1만 4천명의 규모를 자랑하고, 내부는 성서의 장면이나 성서 속의 성인들을 150명 이상이나 묘사해 놓고 있다. 모자이크화도 62점이나 되며 우랄산맥에서 생산된다는 초록색의 공작석으로 만든 모자이크 조각기둥 등은 바티칸 성당과 비교하여 내부의 화려함으로 보는 이들을 놀라게 한다. 특히, 성당의 큰 반구 모양의 지붕은 세계에서 네 번째로 큰 것으로 유명하며, 성당 외부를 장식하고 있는 112개의 화강암 기둥 군데군데에는 2차 세계대전 때 독일군이 퍼부은 포탄 자국이 아직도 선명하게 남아 있다.

까잔 성당은 로마의 산피에트로 대성당을 본뜬 네오클래식 양식의 건물이다. 스트로하노프 백작의 농노 출신 건축가 비로니킨(A. Varonikhin)에 의해 1801년부터 10년에 걸쳐 지어졌다. 네프스키 대로(Nevsky Prospekt) 쪽으로 넓혀진 반원형의 회랑에는 94개의 코린트식 기둥이 늘어서 있다. 건물 내

까잔 성당

순양함 오로라호

부에는 19세기 초의 거장들이 그린 이콘(icon)이 있고, 특히 «카잔의 마리아 상(Our lady of Kazan)»이 유명하다. 성당이 완성된 후 러시아는 나폴레옹 전쟁에서 승리를 거두었다. 성당 안에는 프랑스군에게서 빼앗은 107개의 군기와 승리의 트로피 등이 걸려 있다.

에르미타즈 건너편 네바강 위에 영원히 정박 중인 **순양함 오로라호**는 러시아 역사의 한 페이지를 간직하고 있다. 1917년 10월 혁명 당시 바로 이 배 위에서 건너편 동궁(冬宮)을 향하여 **혁명의 신호탄**을 발사한 것이다. 이 배는 실제로 러일전쟁과 1차 세계대전, 2차 세계대전에 참전하였던 배이며, 1949년 영원히 정박하여 박물관으로 사용되고 있다.

모스크바에 볼쇼이 극장이 있다면 빼쩨르부르그에는 **마린스키 극장**이 있다. 모스크바의 볼쇼이 극장 보다 더 역사가 오래된 마린스키 극장은 농노해방령을 발표하였고 러시아 최초로 암살당한 황제인 알렉산드르 2세의 왕비 '마린스키'의 이름을 따서 마린스키 극장이라 불렸다. 혁명 후에는

마린스키 극장 극장 내부

역시 1935년 암살된 혁명지도자 '키로프'의 이름을 따서 한동안 키로프 극장으로 불리다가, 1991년부터 다시 원래의 이름으로 복원되어 마린스키 극장이라 부른다.

마린스키 극장 앞에는 러시아 역사상 유일하게 뾰뜨르 대제와 더불어 '대제(大帝)'라 호칭되는 시대의 여걸 예까쩨리나 여제(예까쩨리나 2세)의 동상이 서 있다. 한 가지 특이한 것은 그녀의 제위기간 동안 그녀를 도와 함께 정치를 하였던 5명의 총신들이 그녀의 치마폭을 감싸며 공식적인 정부(情夫)로서 끝까지 예까쩨리나 대제를 지키고 있는 모습이나.

뻬쩨르부르그의 에르미타즈 박물관 앞의 배 선착장에서 배를 타고 해안을 따라 삼사십 분 가다보면 어마어마한 크기의 궁전-정원인 '뻬쩨르고프(Петергоф)'를 만날 수 있다. 1714년 뾰뜨르 1세 때부터 만들기 시작한 이 거대하고 아름다운 정원은 '뾰뜨르의 정원(Петродворец)'이란 뜻의 독일어로서 10개의 궁전과 다수의 공원 그리고 140개의 분수와 연못, 폭포들로 이루어져 있다. 프랑스의 베르사이유 궁전의 아름다운 정원 모습을 본떠서 만들었다는 뻬쩨르고프의 정원에는 수많은 갖가지 분수들로써 장관을 이룬다. 러시아 역대 황제들의 여름 별장으로도 쓰인 궁전 정면 수로의 끝에 보이는 바다가 핀란드 만이며, 그곳의 선착장으로부터 걸어 들어오게 된다.

전체 궁전-정원은 윗 공원과 아래 공원으로 나뉘어져 있는데, 중심은 아랫공원에 있다. 뻬뜨로드보레츠(뻬쩨르고프)는 분수의 궁전이라 불릴 정도로 총 140개의 각양각색 분수가 항상 물을 뿜어 댄다.

특히, 입구 정면 아래 공원에 있는 대형 분수 삼손(사자의 입을 찢고 있는 삼손)은 폭포수의 높이가 22m로서 러시아 군대가 뽈따바에서 스웨덴에게 승리한 것을 기념하여 만들어진 것이다. 스웨덴 전쟁에서 승리한 그 날이 바로 성 삼소니아 기념일이었다. 분수의 모양을 유심히 보면 성서에 나오는 삼손이 사자의 입을 찢고 있는데, 사자의 입에서 물이 뿜어져 나온다. 또한 140여개의 다양한 테마 분수와 폭포들은 여름날 더위를 시원하게 날려줄 뿐만 아니라, 지나가는 관광객의 시선을 항상 끌고 있다.

빼쩨르고프의 다양한 분수

(2) 키예프 탐방

키예프는 우크라이나의 수도로서 예전의 구소련 시절에는 모스크바, 뻬쩨르부르그에 이어 구소련의 제3의 도시였다. 러시아 역사상 키예프는 모스크바 공국이 동슬라브족의 중심이 되기 훨씬 전인 10세기에 이미 키예프-루시의 수도로서 전 루시인들의 중심지였으며, 러시아인(슬라브인)들에게 있어서는 항상 마음의 고향과도 같은 도시로서 '러시아 도시의 어머니'라고도 불린다.

키예프의 위치

키예프-루시 대공국의 수도로서 오랜 역사를 지니고 있는 키예프에는 그리스정교의 장엄한 사원들이 남아 있으며, 고대 슬라브인들의 정치, 문화, 종교의 중심이었던 시대를 지금까지 잘 전해 주고 있다. 키예프의 중심가에서 북서쪽으로 향하여 가다보면 완만한 경사의 블라디미르 언덕이 나온다. 가장 높은 곳이라도 100m 정도인 언덕이지만, 이곳에서 바라보는 경치는 매우 훌륭하다. 유유히 흐르는 드녜쁘르강은 물론 강에 걸린 몇 개의 다리, 그 위를 왕래하는 전차와 자동차, 그리고 강 건너편에 펼쳐진 공원과 키예프의 신시가지가 한눈에 보인다. 특히 언덕 위에는 루시인들에게 기독교를 처음으로 받아들이게 하고 공인한 블라지미르 대공이 오른 손에 커다란 십자가를 들고 저 멀리 유유히 흐르는 드녜쁘르강을 굽어보고 있다.

키예프를 대표하는 사원의 하나로 '소피아'란 그리스어로 예지를 의미한다. 1037년에 건립된 이 성(聖)소피아 대성당은 중세 러시아를 대표하는 건축물로서, 비잔틴 양식으로 세워진 후, 1685~1707년 바로크 양식으로 개축하였다. 내부는 프레스코화와 모자이크로 장식되어 있으며, 18세기 후반에 세운 종루는 바로크 양식에 우크라이나 전통 양식이 더해져 독특하게

페체르스카야 대수도원

장식되었다. 중앙에 있는 금빛의 큰 돔을 중심으로 좌우 5기씩 대칭형으로 녹색의 돔이 배치되어 흰색 벽면과 아름다운 조화를 이루고 있다. 이 사원을 유명하게 만든 것은 기적적으로 전쟁 속의 파괴를 면하고 원래의 상태로 남아있는 **프레스코 화(畵)**이다. 중앙의 가장 큰 돔 안에는 양손을 들어 기도하는 **성모 마리아 상**이 있는데 그 밑에는 성찬 장면이 그려져 있다. 또한 벽 한쪽에는 빈틈이 없을 정도로 **이콘**이 그려져 있다.

드녜쁘르강가의 공원 안에 있는 **페체르스카야 대수도원**은 남슬라브 지방 최대의 수도원이며 러시아 문화의 원천이기도 하다. 페체르스카야 대수도원은 고지대의 동굴 수도원으로서, 근동굴(近洞窟) 수도원과 원동굴(遠洞窟) 수도원으로 나누어져 있다. 기원은 1051년, 동굴에서 수도 생활을 하고 있던 두 사람의 수도승, 안토니와 테오도시스가 동굴 위에 사원을 지은 데서 시작된다. 즉, 11세기 중엽 드녜쁘르강 기슭 언덕 위의 동굴에서 수행을 시작한 수도사들은 계속하여 동굴을 만들었으며 동굴들은 좁은 통로로 이어지게 구성하였다. '**페체르**'는 본래 우크라이나어로 **동굴**이라는 의미가 있다. 이 수도원이 세워지던 11세기 중엽은 키예프 대공국이 파죽지세로 영토를 확장하던 시대였으며, 비잔틴 제국으로부터 전해진 **그리스정교**가 급속히 퍼져나가던 시대였다. 이러한 시대의 흐름 속에서 키예프는 **정교문화의 중심지**로서 현저한 발전을 이루어 나아갔다. 이 페체르스카야 대수도원에는 창립 이래 수 백 년에 걸쳐서 수십 개의 교회와 부속 건물들이 세워졌다. 수도원 입구에는 12세기 초에 건설된 **트로이츠카야 성당**이 있으며, 수도원에서 가장 오래된 **우스펜스키 성당**은 중세 러시아와 비잔틴 양식이 섞여있다.

성 안드레이 교회는 외부 장식으로는 키예프에서 가장 아름다운 정교회라고 말할 수 있다. 중앙의 큰 돔은 높이가 60m 정도이며, 그것을 중심으로 네 귀퉁이에 녹색의 둥근 지붕이 각각 금으로 장식되어 있다. 벽면은 밝은 파랑색을 기조로 하고 있어서 하얀 기둥과 아름다운 조화를 이루고 있다.

성 안드레이 교회

이 교회가 세워진 것은 18세기 중반으로서 당시의 여제인 엘리자벳따의 키예프 방문을 기념하여 건립되었다. 현존하는 키예프의 정교회들 가운데서는 진기하게 바로크 양식으로 되어 있으며, 내부 장식과 벽화의 색깔 등이 선명하여 신선함이 느껴진다.

자유의 여신상 (위)
끼릴로프 수도원 (왼쪽 위)
끼예프 국립대학교 (왼쪽 아래)

(3) 바이칼 호 탐방

러시아 시베리아 남동쪽, 이르쿠츠크(Irkutsk)와 브랴티야(Buryatia) 자치 공화국 사이에 위치한 바이칼 호수는 세계에서 가장 오래된 가장 장엄한 호수로서 여러 가지 '세계기록'을 보유하고 있다. 즉, 2500만 년이라는 세계에서 가장 오래된 역사를 자랑하는 호수이며, 수심 1,742m로 세계에서 가장 깊은 호수인 것이다. 또한 저수량이 2만 2,000㎦로 담수호 가운데 최대 규모이자, 전세계 얼지 않는 담수량의 20%, 러시아 전체 담수량의 90%를 차지하고 있다.

이외에도 바이칼 호수와 관련된 수치는 어느 것이든 어마어마하다. 면적은 3만 1,500km², 남북 길이 636km, 최장 너비 79km, 최단 너비 27km이며, 둘레는 2,200km에 이른다. 수심이 깊을 뿐 아니라 물도 맑아서 물밑 가시거리가 최고 40.5m나 된다. 약 330여 개의 강이 이곳으로 흘러드는데, 밖으로 나가는 수로는 앙가라(Angara)강 하나뿐이라는 것도 인상적이다. 호수 안에는 총 22개의 섬이 있는데, 가장 큰 것은 길이 72km인 알혼(Olkhon) 섬이다. 알혼 섬은 호수 내에 위치한 섬으로는 세계에서 두 번째로 큰 규모를 자랑한다. 바이칼이라는 명칭은 몽골어로 '자연'을 뜻하는 바이갈(Baigal, 러시아어로는 Байгал)에서 연유하였다.

바이칼 호수는 오랜 역사와 고립된 위치로 인해 세계에서 가장 풍부하고 이채로운 담수 동물상을 보여주고 있다. 식물이 1,080여 종, 동물은 1,550여 종에 이르며, 이중 80퍼센트 이상은 이곳에만 있는 고유종으로, 이곳의 유일한 포유류인 바이칼 바다표범이 가장 대표적이다. 이외에도 담비, 수달, 시베리아 족제비, 고라니, 흰꼬리수리, 새매부엉이 등 다양한 희귀동식물을 볼 수 있다. 이처럼 풍부한 동식물상과 독특한 위치로 인해 진화의 역사를 연구하는 데도 중요한 가치를 가지고 있어 '러시아의 갈라파고스'라 불러도 손색이 없을 정도다.

해발고도 1,500~2,000m의 산들로 둘러싸인 바이칼 호수는 자연경관 또한 일품이다. 호수가 낮은 지대에는 숲이 울창하고, 멀리 봉우리에는 만년설이 눈부시다. 40미터 깊이까지 들여다보이는 수정처럼 맑은 물을 보면 누구나 저절로 탄성이 나오지 않을 수 없다. 여름이면 갖가지 색상의 야생화들이 호숫가를 뒤덮는 장관이 연출되는 바이칼 호수는 가히 '시베리아의 진주'라 불릴만한 가치와 아름다움을 간직한 곳이다.

13장

시베리아 횡단철도와 카레이스키

13장 시베리아 횡단철도와 카레이스키

(1) 시베리아 횡단철도

러시아는 본래 우랄 산맥 서쪽의 러시아 평원이 동슬라브족의 주무대였고, 그 중심지가 바로 키예프였다. 앞서의 장들에서 이미 학습하였듯이, 키예프-루시가 몽고-따따르족에게 멸망당하고 다시 루시인들을 통일한 모스크바 대공국은 이반 4세 때 용감한 **까자크족**을 내세워 우랄산맥을 넘기 시작하였으며, 그 후 뾰뜨르 대제 때에도 이러한 **시비리 정벌**은 계속 되었고, 17세기 전반 미하일 로마노프 때에 이르러, 러시아는 마침내 극동의 태평양 연안에까지 다다르게 된다. 러시아가 동쪽으로 진출하는 데 있어서의 난관은 자연적 환경 이외는 그다지 큰 장애요소가 없었으며, 러시아 군사들도 점령군이라기보다는 보호인으로 간주되면서 자연스럽게 이 시비리 지역이 러시아의 영역으로 편입되었던 것이다. 특히, 연해주 지역으로 러시아가 진출하게 된 것은 1858년과 1860년 청나라와와 맺은 **아이훈 조약**과 **북경조약**에서 비롯되었다. 당시 연해주 지역은 청나라의 지배력이 매우 약했던 곳이었으며, 그리 많지 않은 러시아의 군대로도 쉽게 점령될 수 있었다. 러시아로서는 **크림전쟁**(1853~1856)의 패배 결과 실추된 국가적 위신을 회복하고 부동항 획득의 꿈을 동아시아 지역에서 단번에 실현한 결과를 얻게 된 것이다.

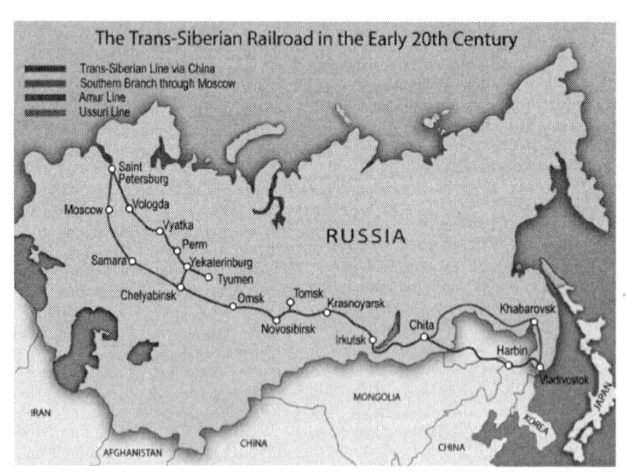

문제는 러시아인 거주민이 많지 않았던 이 지역을 발전시키기 위해서는 **철도**를 건설하여 러시아의 심장부와

단시일 내에 연결시키는 것이었다. 그리하여 당시 미국의 대륙횡단철도에 고무 받은 러시아는 시베리아 철도 건설에 착수하게 된다. 1891년 시베리아철도위원회가 조직되어 러시아 유럽지구와 극동지역을 철도로 잇는 계획이 구체화되었고, 매우 능력 있는 재무대신 세르게이 위테가 주축이 되어 1891년부터 철도 건설에 들어갔다. 그 당시 모스크바에서 우랄산맥까지는 이미 선로가 연결되어 있었기 때문에 우랄산맥에서 블라디보스톡까지 철도를 놓는 공사였다. 그리하여 1891년 시작된 대공사는 1916년에 드디어 완공하게 된다.

시베리아 횡단철도는 상트페테르부르크-모스크바-시베리아-블라디보스톡을 잇는 동서 횡단철도로, 그 길이가 무려 9,289km에 달해, 서울-부산 간 거리의 22배가 넘으며 지구둘레의 3분의 1에 해당하는 어마어마한 길이이다. 열차에서 내리지 않고 줄곧 달려도 6박 7일 156시간이 걸리고 달리는 동안 일곱 번 동안 시간대가 바뀌며 모스크바와 블라디보스톡 간의 시차도 무려 11시간이나 된다.

그러므로 러시아에서의 여행은 우리나라에서와 같이 서너 시간 갔다 오는 여행은 생각할 수 없으며, 일단 집을 나섰다 하면 기본적으로 기차에서 하루 내지 이틀 이상을 으레 잠을 자는 것으로 생각하는 장거리 기차 여행 문화가 오랫동안 뿌리 내려져 왔다. 그래서 러시아 사람들이 장거리 여행을 떠날 때에는 자신의 짐 보따리를 둘러멘 상태에서 문을 나서기 바로 직전에 잠시 앉았다가 떠나는 전통적 관습이 또한 생겨나게 되었다. 이는 오랫동안 집을 비움으로써 자신이 없을 동안의 집의 안녕과 평화를 비는 의미가 있으며, 실제적으로 장거리 기차 여

시베리아 횡단열차 (모스크바~블라디보스톡)

행에 필요한 준비물들을 다시 한 번 꼼꼼히 챙기는 마지막 기회를 제공하기도 한다.

시베리아 횡단 열차의 동쪽 끝은 **블라디보스톡**(Владивосток)에서부터 시작한다. 원래 러시아어로 '보스톡'(восток)은 '동쪽'이란 뜻이고 '블라디'는 '먼, 멀다'의 뜻이므로 '블라디보스톡'을 '**원동**(遠東)'이라고도 부르며, 또한 동방을 지배한다는 의미에서 '**동방의 지배자**'라는 뜻도 있다. 시베리아 횡단 열차의 종점이자 항구 도시인 블라디보스톡은 일찍이 1860년 제정러시아 시대 때부터 태평양 진출을 위한 교두보로서 개발되었으며, 러시아 극동함대 사령부가 있어 30여 년 간 외국인 출입이 제한되어 오다가 1922년에야 비로소 개방되었다. 19세기 후반 러시아는 이 블라디보스톡을 포함한 캄차카 반도를 놓고 중국과 심한 쟁탈전을 벌였으며, 그 결과 이 지역을 차지할 수 있게 되었다. 그 만큼 러시아의 입장에서는 매우 중요한 **군사적 요충지**로서 현재도 러시아의 극동함대 사령부가 위치하고 있다. 현재 도시 인구는 약 70만에서 80만 정도이지만, 일정한 거주지 없이 드나드는 유동 인구를 포함하면 약 100만 명에 이를 것으로 추정되고 있다. 주민의 대다수는 군인이거나 철도 종사자이며 선박회사 또는 어업, 식품가공업 등에 주로 종사한다.

블라디보스톡은 1856년 러시아인에 의하여 발견된 이후, 항구와 도시의 건설이 시작되었으며, 1890년대부터는 무역항으로서 크게 발전하였고, 1903년 시베리아 횡단철도가 완전히 개통됨으로써 모스크바와도 이어지게 되었다. 블라디보스톡은 군항일 뿐만 아니라 무역항의 기능도 가지고 있어 태평양 연안의 최대 물류거점 항구도시로 발달하고 있다. 또한 블라디보스톡은 **연해지방 최대 어업기지**이며, 포경선, 게 가공선, 냉동선의 근거지이고, 겨울

항구 도시 블라디보스톡/군사 도시 블라디보스톡

철에는 항구의 일부가 결빙되지만, 쇄빙선을 사용함으로써 1년 내내 활동이 중단되지 않고 있다. 블라디보스톡은 연해지방의 경제, 문화의 중심지로서 극동과학센터, 국립극동대학을 비롯하여 의학, 미술, 과학기술, 무역, 수산 등의 여러 대학들이 있다. 특히 국립극동대학 내에는 해외 최초의 한국학 단과대학인 한국학대학이 있다. 1995년에 설립된 한국학대학은 5년제 과정으로 한국어학과, 한국역사학과, 한국경제학과의 3개 학과로 이루어져 있다.

블라디보스톡은 위도로 보면 프랑스의 니스보다 남쪽에 위치하고 있지만, 온.한대성 기후에 가깝다. 항구도시로서 해산물이 풍부하고 불과 한두 시간만 달리면 러시아의 삼림지역으로 연결되어 있어 낚시와 사냥 등이 동시 가능한 관광지로서 개발 가능성이 매우 큰 도시 가운데 하나이다.

특히 이 블라디보스톡이 우리에게 친밀하게 느껴지는 것은 우리 민족의 숨결이 남아있기 때문으로, 일제 강점기에 항일운동의 중심지로서 조국을 되찾기 위하여 애쓰던 애국지사들의 발자취가 생생하게 남아있다. 을사조약이 체결되자 '시일야방성대곡'을 외친 장지연 선생이 주필로 활약한 '해조신문사'도 이곳에 자리 잡았었으며, 뒤이어 이상설, 신채호, 장도빈 선생 등이 이곳에서 『권업신문』을 내기도 하였다. 그 후 1910년 경술국치를 전후해 블라디보스톡은 한동안 **항일운동의 거점**이 되었었다. 1937년 스탈린에 의해 중앙아시아로 강제이주 당할 때까지 약 20만 명에 이르는 조선인들이 블라디보스톡을 비롯한 연해주 지역에 거주하였다. 당시 한인 독립운동의 본거지였던 신한촌의 발자취가 블라디보스톡에 그대로 남아있으며 신한촌 한인 독립운동 기념비가 조촐하게 세워져 있다.

하바로프스크는 시베리아의 발견자 하바로프에서 유래되었다. 1858년 아무르강 유역에 군사적 거점이 구축되었으며, 중국 쪽에서는 **흑룡강**이라 불리는 **아무르강**이 폭 2.5km, 깊이 7m로 도도하게 흐르고 있다. 이 아무르강에 있는 두 개의 섬을 놓고 러시아와 중국 사이에 종종 분쟁이 일어나고 있는 것은, 원래 러시아령인 두 개의 섬이 퇴적 현상으로 말미암아 중국 본토와 연결되고 있기 때문이다. 블라디보스톡과 마찬가지로 하바로프 역시 일제 강점기에 우리나라 독립운동가들의 본거지가 되었던 도시이다. 상하이 임시 정부의 총리를 지낸 이동휘 선생이 1918년 이곳에서 한인사회당을 조직하였다. 1917년 러시아에 볼셰비키 혁명이 일어나고 곧이어 백군과 적군(볼셰비키)의 내란이 발발하자, 하바로프스크의 조선인 사회주의자들은 항일독립운동에 대한 지원을 기대하며 당시 볼셰비키의 적군편에 서서 백군과 맹렬히 싸웠다. 지금도 하바로프스크 시내 중심가에 남아있는 '김유천 거리'가 그 당시 전사한 한인 독립운동가들의 이야기를 묵묵히 전해 주고 있다.

이르쿠츠크는 바이칼 호에 인접하여 있으며 1652년 까자크 기병대가 처음으로 이 지역을 점령한 이래 모피의 집산지로 개발되었으며, 그 후 몽골, 중국과 가까운 교통의 요지였던 이곳은 1803년에 시베리아 총독부가, 1822년에는 동시베리아 총독부가 자리를 잡았을 정도로 시베리아 개발의 중심지 역할을 하면서 지금도 **'시베리아의 파리'**라 불리고 있다. 인구 약 60만 명의 도시 이르쿠츠크는 그리 크지 않지만 변화와 생동감이 넘치며 도심을 관통하

이르쿠츠크의 기차역

는 칼 마르크스 거리에는 옛 동시베리아 총독의 백악관(1804년 건축)과 민속 박물관, 그리고 웅장한 대리석으로 지어진 옛 철도청 건물 등의 아름다운 유럽풍 건물들이 줄지어 있다. 하지만 '시베리아의 파리'라 불리는 별칭 '파리'가 이러한 도시의 유럽풍 겉모습 때문만은 아니며, 실제로 이 도시의 정신적 뿌리는 프랑스 파리라는 사실을 도시 안의 **'제까브리스트 박물관'**에서 확인할 수 있다. 즉, 1812년 나폴레옹 전쟁 때 퇴각하는 프랑스군을 쫓아 프랑스 원정에 나섰던 러시아군 청년장교들은 서유럽의 새로운 사조와 문물을 보고 놀랐으며, 프랑스에선 이미 전제 군주제가 몰락하고 의회 민주주의가 퍼져 나아가고 있었을 뿐만 아니라, 그 곳의 농민들은 이미 러시아의 농민과 같은 비참한 **농노**의 모습이 아니었음에 더욱 더 큰 충격을 받게 된다. 루소의 『민약론』과 몽테스키외의 『법의 정신』 등의 계몽사조가 서유럽을 풍미하던 때였던 당시, 새로운 조류를 접한 러시아 젊은이들은 놀라움과 충격에 휩싸인 채 러시아로 돌아왔으며, 따라서 이들은 정의감에 불타 두 주먹을 불끈 쥐고 조국 러시아의 암담한 현실을 타파하고 개혁하고자 러시아 최초의 반란사건인 **제까브리스트 반란사건**(1825년 12월)을 일으키게 된다.

이들 젊은이들은 황실 근위대나 귀족의 영예보다 차라리 프랑스 대혁명처럼 절대 왕권을 무너뜨리는 체제개혁을 열망하였으며, 1816년부터 농노제 폐지와 입헌정치의 실현을 목표로 구제동맹을 결성하고 복지동맹 등의 지하조직을 만들어 혁명의 기운을 키워왔었던 것이다. 하지만 1825년 12월의 제까브리스트 봉기는 3일 만에 황제군에 의해 무참히 진압되었고 주모자 5명은 처형되었으며 나머지 가담자 106명의 젊은이들은 시베리아로 강제유

제까브리스트 박물관

형에 처해지게 된다. 당시 이 곳 이르쿠츠크를 비롯하여 치타와 네르친스크 등지의 광산과 벌목장에서 수십 년간 강제 중노동에 시달려야 했던 제까브리스트들은 대부분 20대의 젊은 장교들이였고, 그 중에는 기혼자도 18명이나 되었었다.

당시 러시아 황실은 제까브리스트 장교 부인들에게 양자택일을 요구하였다. 즉 반역 범죄자인 남편과 이혼한 뒤 재가해 귀족의 신분으로 계속 살아가든지, 아니면 모든 특권을 버리고 시베리아로 함께 떠나라는 것이었다. 놀랍게도 제까브리스트 부인 11명이 시베리아 행(行)을 택하였다. 이들 부인들은 귀족으로 편하게 살 수 있는 길을 마다하고 남편을 따라 1만 3천리의 머나먼 죽음의 길, 즉 마차와 썰매로 40여 일 동안 북풍한설의 얼음길을 따라 가야하는 죽음의 길을 서슴없이 따라 나섰던 것이다. 철도가 없던 시절, 가마를 타고 가기는 했지만 길은 너무 멀고 험하였으며 살을 에는 혹한에 시달리다가 도중에 숨진 여성도 있었다. 목숨을 건 사투 끝에 도착한 시베리아 유형지에서의 삶 또한 참혹하였다.

귀족 신분에서 하루아침에 유형지 죄수의 아내로 전락한 제까브리스트 부인들은 팔을 걷어붙이고 직접 밭일을 하고 빨래와 청소를 하여야 했으며 뜨개질 등으로 생계를 유지해 갔다. 멀리서 어머니가 부쳐주는 돈으로 집을 장만하고 수시로 남편을 면회하기도 하였지만 6 ~7개월 이어지는 혹한 속에 질병으로 시달리다 죽어간 부인들도 속출하였으며, 부인을 잃은 슬픔과 아픔에 그리움을 견디지 못해 아내의 기일에 그 뒤를 따른 제까브리스트도 있었다. 유형 생활 7~9년이 지나자 제까브리스트들은 이르쿠츠크나 인근 시골에서 가족과 함께 지낼 수 있도록 허락 받는다. 러시아 사회의 엘리트로서 교양과 학식을 지녔던 이들은 집에서 토론회를 열거나 시낭송회와 음악회를 열곤 하였다. 당시로선 변방의 오지일 뿐이었던 시베리아 이르쿠츠크 지역에 지적 토양을 가꾸는 데 일조하기 시작한 것이다. 지금도 주말이면 도시 근교 즈나멘스키 수도원에 묻혀 있는 이들 제까브리스트와 그 부인들의 묘지에는 이들의 고고하고 순결하며 뜨거운 사랑을 본받고자 하는 신혼부부들의 꽃다발 헌화가 이어지고 있다.

제까브리스트 박물관 내부

크라스노야르스크는 블라디보스톡에서 뻬쩨르부르그에 이르는 시베리아 횡단 열차의 거의 절반에 이르는 중간 지점이다. 도시의 이름은 1628년 까자크 기병대가 개척한 '크라스니이 야르' 요새에서 비롯되었으며, 러시아어로 '크라스니이 야르'(Красный яр)는 '아름다운 언덕'이라는 뜻의 옛 러시아 말이다. 너비 2km 정도의 **예니세이강**이 도심을 관통하는데 산과 숲이 어우러져 여느 도시와는 다른 아름다운 풍광을 자랑한다.

이처럼 아름다운 예니세이강의 풍광에 대하여 일찍이 러시아의 유명한 희곡 작가 안톤 체홉은 "**볼가강**이 매혹적이며 부드럽고 애잔한 아름다움을 지녔다면, **예니세이강**은 헤라클레스 같은 젊음과 야성미를 지녔다"며, 강 언덕에 자리 잡은 크라스노야르스크야말로 시베리아에서 가장 아름답고 멋진 마을이라고 찬사를 아끼지 않았었다. 하지만 체홉이 본 것은 시베리아 횡단철도가 깔리지 않았던 때의 모습이며, 오늘날의 산업화된 도시 크라스노야르스크를 본다면 체홉 또한 결코 찬탄만 하고 있지는 않을 수도 있다. 야산 높은 곳에서 도시를 내려다보면 급속히 산업화된 도시 크라스노야르스크 하늘 위에는 스모그가 엷은 띠를 이루고 있으며, 강 건너 산업지구에는 러시아 최대의 알루미늄 생산 공장과 조선, 콤바인 제조 공장, 금속, 목재,

예니세이강

펄프, 합성고무 공장 등이 몰려 있어 저마다의 굴뚝에서 흰 연기를 계속 뿜어내고 있는 것이다. 이처럼 크라스노야르스크가 시베리아의 대표적인 **중화학 공업도시**로 발전한 것은 각종 천연자원은 물론 풍부한 전력 때문이기도 하다. 즉 러시아 최대 규모의 수력발전 시설을 갖춘 이곳의 전기료는 그야말로 '헐값'인 것이다. 크라스노야르스크 서쪽 35km 지점에 위치한 거대한 수력발전소는 예니세이강에 처음 세워진 발전소로서 최대 출력이 600만 kw이며 러시아 10루블 짜리 지폐에도 인쇄되어 있다.

특히 흥미로운 것은 댐이 강물을 가로막고 있는 데도 배가 댐의 위아래를 자유롭게 오갈 수 있다는 점이다. 댐 가장자리에 설치된 길이 120미터짜리 거대한 운반 도크가 물 위에 떠 있는 배를 통째로 싣고 레일을 따라 댐을 오르내리게 되어 있기 때문이다.

크라스노야르스크에서 동쪽으로 50km 떨어진 곳, 예니세이강변 산자락에는 **'크라스노야르스크-26'**이라는 작은 도시가 있는데, 인구 약 3만 명의 이 곳 도시 주민들은 자기네들끼리도 주거지를 드나드는 데 있어 서로 신분증을 보여줘야 하는 **러시아 1급 비밀 군수도시**이다. 미-소 냉전이 시작된 1940년대 말부터 은밀히 조성된 이 도시는 출범 이후 50여 년의 역사를 지녔지만 지도에도 표시되지 않았을 만큼 베일

크라스노야르스크 수력발전소

에 싸여 있었으며, 고르바쵸프의 개혁, 개방 이후 1990년대 초까지 바로 옆의 크라스노야르스크 주민조차도 도시 안에 도대체 무엇이 있는지 전혀 몰랐을 정도였다. 그 후 1992년 '핵도시' 크라스노야르스크-26은 핵폭탄의 원료인 플루토늄 239를 생산-재처리하던 지하 공장에서 원자로 3기 중 발전용 하나만을 남기고 2기의 핵연료봉을 영구 폐쇄하여 플로토늄 생산을 중단하였다. 온 세계 앞에 핵무기 생산 중단 의지를 과시한 1992년 9월 22일의 행사로 인류는 안도의 한숨을 쉬게 되었지만, 이 곳 지하 화학공장에서 오랜 세월 동안 함께 일해 온 러시아 과학자들과 노동자들에게는 기쁘기보다는 슬픈 날이었다. 그들의 손때가 묻은 일터가 사라졌기 때문이다.

크라스노야르스크-26

그 후 **크라스노야르스크-26** 도시의 공장 시설과 제품의 절반 이상이 평화적인 용도로 바뀌었으며, 더 이상 비밀스런 폐쇄도시가 아니라고 강조하지만, 도시를 출입하려면 주정부 관계자의 허가를 받아야 하는 절차는 여전히 존속하고 있다. 지하 도시 안에는 핵발전소와 핵폐기물 저장소가 있어 아직도 한쪽에서는 군수물자를 만들고 있으며, 지하 화학공장 일부가 민수용으로 바뀐 뒤로 TV, 스캐너 등의 가전, 전자제품, 우유 보관용 컨테이너와 플라스틱 제품 등이 생산되고 있는 것이다. 또한 지하 화학공장 외에 이곳 도시에는 러시아 우주 산업을 이끄는 '응용기술센터'가 군사용과 민간용 위성을 만들고 있으며, 민간용은 각국의 주문을 받아 통신, 항공, 측지, 기상, 과학위성 등의 용도에 따라 제조함으로써, 첨단 군수시설을 민수용으로 활용하여 외화를 벌어들인다.

노보시비르스크는 러시아어로 '**새로운 시베리아**'라는 뜻을 지니고 있을 정도로 시베리아 횡단철도가 건설되면서 새로 조성된 도시이다. 1893년 시베리아 횡단철도가 부설되면서 **오브 강**에서 철도가 통과하기에 가장 적합한 위치를 찾다가 강폭이 좁고 자갈 바닥인 이곳이 선택되었으며, 그 후 개발되어 노보시비르스크는 1925년 동서 시베리아를 관할하는 행정수도로 도약하였다. 노보시비르스크는 시베리아의 산업과 과학, 문화, 교육, 행정의 중심지로서, 도시 남쪽 30km 떨어진 곳에는 대단위 **학술연구단지**인 **아카템고로독**이 위치해 있다. 1950년대 후반 당시 소비에트 정부가 시베리아의 학문 진흥과 자원 탐구를 겨냥하여 세운 이 곳은 러시아는 물론 세계적으로도 이름난 연구도시이다. 학술연구단지에 있는 **핵물리연구소**는 입자물리학 분야에서 세계 최고 수준을 자랑하며, 입자가속기와 전자냉각기, 광충돌 장치 등 세계적인 첨단기술을 보유한 연구소는 외국 연구소나 대학에 기술을 이전하고 그 수입으로 각종 실험기기를 사들인다. 또한 연구단지 내에는 수학, 물리, 화학, 생물 등의 이공분야 이외에도 경제, 사회 분야의 연구소까지 총망라 되어 있다. 노보시비르스크 지역에는 17개 대학과 20개의 기술전문학교가 있으며, 시베리아 지역과 학자의 반수 이상이 이 곳 노보시비르스크 과학센터와 **아카뎀고로독**에 몰려 있다.

한편 노보시비르스크의 **오페라 발레극장**은 '시베리아의 볼쇼이'라고 불릴 만큼 이름이 나있다. 러시아에서 가장 큰 규모인 데다 전통 있는 극단과 발레단, 발레학교 등이 있어 수많은 배우와 무용수들을 양성한다. 1957년에 세워진 '시비리 발레학교'는 시베리아에서 가장 오래된 발레학교로서 상트 뻬쩨르부르그와 모스크바는 물론 유럽 등지까지 이 학교 출신의 유명 발레리나들이 맹활약하고 있다.

노보시비르스크 오페라 발레극장

또한 노보시비르스크를 더욱 인상적으로 만드는 것

열차 주위의 식료품상인들　　　　쿠뻬 안의 식탁

은 유명한 영화 <닥터 지바고>에 나오는 설원 장면의 촬영지이다. 주인공 지바고가 전쟁을 피해 가족과 함께 짧지만 행복한 은닉 생활을 하였던 곳이 바로 이곳인 것이다. 이처럼 시베리아 벌판을 여행하다 보면 닥터 지바고가 작은 감자밭을 일구었을 초원의 모습을 종종 발견하게 된다.

이와 같이 시베리아 횡단 열차를 타고 며칠 동안 여행을 하다 보면 처음 기차를 탈 때 가지고 탔던 '먹을거리'가 하나둘씩 떨어져 거의 바닥이 나게 된다. 물론 열차 안에는 식당차이 있어서 간단한 식사를 해결할 수도 있게 되어 있지만, 대부분의 러시아인들은 열차가 기차역에 한동안(20~30분) 정차해 있는 동안에 얼른 기차에서 내려 열차 주위에 몰려든 상인들로부터 여러 가지 '먹을거리', 즉 삶은 계란, 구운 빵, 통닭, 과일 등을 사서 기차에서 식사를 해결한다. 기차 안에는 보통 1개의 칸막이 방(쿠뻬) 안에 4개의 침대가 2층으로 설치되어 있고 가운데에는 개폐식 식탁이 설치되어 있어 4명의 여행객이 간단하게 식사를 해결할 수 있게 되어 있다.

예카쩨린부르그는 1723년 뾰뜨르 대제가 광물자원이 풍부한 우랄지역 개발을 염두에 두고 조성한 도시이다. 도시의 이름도 황제의 부인 예까쩨리나(훗날 예까쩨리나 1세)의 이름을 따서 지은 것이다. 러시아 제국의 기초를 닦은 뾰뜨르 대제는 부인 예까쩨리나를 매우 사랑하였던 것으로 알려져 있다. 하지만 황후가 바람을 피운다는 사실을 알게 되자, 상대 남자의 목을 베어 부인의 침실에 보관하게 했을 정도로 잔인하기도 하였다. 한편, 도심을 동서로 가로지르는 레닌 거리 중심에서 북쪽으로 약 500m쯤 떨어진 곳에는 제정러시아의 마지막 비운의 황제였던 니콜라이 2세(1868~1918) 일가가 숨진 비운의 현장이 있다. 황제 일가가 살해된 2층 통나무 건물은 자취도 없이 사라졌지만, 그 옆의 성당 건물과 표석이 있어 옛 역사를 생생히 증언하고 있다. 성인으로 추서된 황제 일가를 기리기 위해 2005년에 세워진 대형 성당건물 입구에는 희생자들의 동상이 세워져 있다.

황제일가의 비극은 80년이 지나서야 밝혀지게 되었다. 즉 1991년 예카쩨린부르그에서 30km 떨어진 폐광 속에서 고고학자들은 9구의 유해를 발굴한 것이다. 유해는 니콜라이 2세와 알렉산드라 황후, 공주 3명, 어의와 시종 3명의 것으로 추정되었다. 공교롭게도 황태자 알렉세이와 공주 1명의 유해는 보이지 않았다. 그러므로 그 이전부터 막내 공주 아나스타샤(1918년 당시 17세)가 구사일생으로 살아나 외국으로 도피했다는 소문이 떠돌았었다. 훗날 한 때는 베를린에서 '내가 바로 아나스타샤'라고 주장하며 어린 시절 황실 생활의 이모저모를 소개까지 하였던 어느 여성이 등장하기도 하였었다. 하지만 황실 가족의 생사를 둘러싼 논란과 갖가지 소문의 진상은 1994년 유전자 감식 등으로 확실히 밝혀지게 되었다. 이들 유해는 황제 부부 외에 세 명의 공주, 즉 올가(첫째), 타치야나(둘째), 아나스타샤(넷째)의 것으로 확인됨으로써, 일각에서 생존설이 나돌던 아나스타샤는 가짜임이 밝혀진 것이다.

1917년 3월 15일 니콜라이 2세가 폐위를 선언한 후, 황제 일가는 임시정부에 의해 유폐되었고 다시 10월 혁명 후에는 볼셰비키에 의해 이곳 예카쩨린부르그로 이송되었었다. 그러나 옴스크에 있던 백군이 이곳 철광도시 예카쩨린부르그 쪽으로 진격해 온다는 소식이 알려지자 볼셰비키들은 서둘러 황제일가를 총살하기로 결정하였다. 1918년 7월 16일 밤, 니콜라이 2세의 가족과 시종들이 유폐되어 있던 가옥에 갑자기 볼셰비키 장교 하나가 나타났으며, 그는 잠에 취해 있던 황실 가족을 깨운 뒤 이들을 허름한 지하실로 떠밀다시피 몰아넣었다. 니콜라이 2세가 혈우병을 앓는 13살 된 아들 알렉세이를

러시아의 마지막 황제 일가

데리고 들어가고 이어 부인과 딸 올가, 타치야나, 마리아 그리고 아나스타샤가 그뒤를 이었으며, 마지막으로 요리사와 하인 등 나머지 4명도 벽을 등지고 두 줄로 나란히 세워졌다. 곧이어 고막을 찢는 듯한 총성과 함께 러시아의 마지막 황실 가족이 차례로 쓰러져 갔다. 볼셰비키들은 이들의 시신을 폐광으로 옮겼다. 그들은 숨진 이들 가운데 황태자 알렉세이와 셋째 공주 마리아의 시신을 먼저 불태웠다. 그러나 시간이 너무 지체되자 다른 시신 9구는 그냥 갱 속에 묻어버린 채 도주했다. 그래서 앞서 시신들 가운데 황태자 알렉세이와 공주 1명의 시신이 보이지 않았던 것이며, 사라진 공주는 아나스타샤가 아니라 셋째 공주 마리아였음이 밝혀지게 되었다. 1998년 황제 일가의 유해는 쌍트 뻬쩨르부르그의 '피터 폴 성당'으로 이장되었다. 80년간 갱 속에 묻혀 있던 비운의 역사는 이로써 일단 수습 절차를 밟았다. 숨진 황제 일가는 2000년 8월 러시아정교회의 성인으로 추대되었다. 황제 일가가 성인으로 추대된 것은 황제에게 무슨 뛰어난 종교적 실천의 본보기가 있어서도 아니었으며, 새삼스레 왕정에 대한 향수 때문도 아니었다. 황제의 죽음은 바로 반종교적 소비에트 정권이 자행한 엄청난 살육의 서막이었기에,

예카쩨린부르그의 유럽-아시아 경계비

그의 시성(諡聖)으로 70년간 이어졌던 광란의 피바람이 끝났음을 알리는 뜻이 있었던 것이다.

한편 유라시아 대륙을 유럽과 아시아로 나누는 경계지점에 위치한 우랄지역의 예카쩨린부르그에는 유럽과 아시아의 경계를 알리는 경계비가 세워져 있다.

(2) 카레이스키의 유래와 수난사

카레이스키 또는 까레이스키(Корейский)는 구소련 및 현 러시아 영토 내에 살고 있는 한인들을 가리켜 일컫는 말이다. 본래 러시아에 우리나라가 알려진 것은 고려시대 때부터이므로 우리나라 사람을 가리켜 '고려'(Коре)의 러시아식 발음인 카레이(Корей)에 접미사 스키(-ский)를 붙여 '카레이스키(Корейский)라 불리게 되었다. 그러므로 현재에도 우리나라를 가리켜 러시아인들은 '코리아(Korea)-한국'이란 뜻의 카레야(Корея)라 부르며, 북한을 '북쪽의 카레야'라는 뜻의 세베르나야 카레야(Северная Корея)라 부르고, 우리나라-남한을 '남쪽의 카레야'라는 뜻으로 유즈나야 카레야(Южная Корея)라 부른다.

현재 약 46만 명의 카레이스키들이 구소련 및 현러시아 영토 내에 흩어져 살고 있으며, 이들은 우리와 같은 '피'를 나눈 형제-자매들이고 우리와 같은 민족이며 우리와 같은 조상을 지닌 한 동포인 것이다. 이들 카레이스키들은 크게 세 가지 부류의 사람들로 나누어 볼 수 있는데, 그 첫 번째 부류로서 구한말과 일제 때에 가난과 배고픔을 참지 못하여 연해주 등의 국경지역 너머로 이주한 농민계층과 그 후예들을 들 수 있으며, 두 번째는 일제 때 우리나라 독립을 위하여 만주 및 연해주 등지를 전전하며 항일 독립투쟁을 벌였던 독립운동가들과 그의 자랑스러운 후예들을 가리키는 부류이고, 세 번째 부류의 사람들은 친북한 내지 공산주의 경향을 나타내는 카레이스키들을 들을 수 있다.

한인들이 러시아 땅에 이주한 가장 큰 목적은 자유롭게 농사를 짓고자 함이며, 다음은 불안으로부터 자유를 찾고자하는 데 목적이 있었다. 또 한 가지 이주의 목적은 조국의 독립을 위하여 항일투쟁을 만주에서 벌이다, 일본헌병에 쫓겨서 연해주로 가기도 하였고, 계속 항일 투쟁을 위하여 한반도에서 직접 연해주로 온 사람도 많았다. 한인들은 본국에서 생활 조건이 곤란하고 일본의 탄압정치가 자유와 종교를 빼앗아 더 이상 지탱하기가 힘들었다. 그래서 이웃나라 중국과 소련으로 이주하게 된 것이다. 한인의 이주자 중 대다수는 농민계층이었다. 이들은 가족과 함께 혹은 단독으로 러시아, 연해주 등으로 분산, 이주하였다. 조선은 국경을 건너 만주나 연해주로 월경하는 백성들에 대하여 엄중한 처벌을 가하였었다. 그러므로 그러한 상황 하에서의 월경은 국경근방에 살던 백성들조차도 좀처럼 쉽게 할 수 없는 일이었다. 하지만, 국경지방에 거주하고 있던 백성들 중에 일부는 월경하여 농사를 짓고 있었던 사실을 조선왕조실록은 전하고 있다. 처음 월경민이 심하게 이주하기 시작한 것은 1864년 흉년이 들어 식량 사정이 극도로 악화되면서 백성들은 식량을 위한 길이라면 어디든지 가고자 하면서부터이다. 이렇게 하여 회령, 온성, 종성, 무산, 살수 등의 국경지방 백성들이 하나둘 차츰차츰 비옥한 만주와 연해주로 흘러 들어가기 시작하였던 것이다. 이들 국경지방의 백성들은 흉년에 대비하는 뜻에서도 더욱 더 이주민들의 대열에 합류하기 시작하였다. 이렇게 초기 이주한 사람들의 대부분은 극심한 흉년을 견디지 못하여 식량을 얻고자 이주한 단순 이주자들이라고 말할 수 있다. 1874년경 조선인 교포가 차츰 점증하면서 '신한촌'이라는 한인 촌락이 생기고 교회와 학교가 세워졌다. 그 후, 조선과 러시아간의 협약이 조인된 후로는 연해주 지방에 더욱 더 많은 조선인들이 증가하였다. 조선인의 수가 날로 증가하고 한인촌이 형성되면서 차츰 독립운동에 뜻이 있는 우국지사들도 많이 이주하기 시작하였다.

이주 상황을 보면 1869~70년에 걸쳐 수많은 한인들이 러시아 지역으로 이주하였는데, 이 때 조선 북쪽지방은 흉년이 심하게 들어 연해주로 6500여 명 정도의 한인들이 이주하였던 것으로 알려진다. 또한 이러한 한인들의 이주는 점점 증가 추세에 놓여 1897년에는 러시아 지역 내에 약 2만 4천 500명 정도의 한인들이 이주한 것으로 밝혀지고 있다. 그 후 1910년 일본이 조선을 강제 합병한 이후, 한인 이주민은 더욱 더 증가 추세에 놓였고, 1917년 러시아에 10월 혁명이 일어나고 난 이후에 러시아의 한인의 수는 무려 6만 4천여 명에 달하게 되었다. 계속 증가한 한인들 가운데는 1920년 청산리 전투가 끝난 후 러시아를 독립기지의 한 방편으로 생각하고 이주한 사람들도 많았다. 그리하여 3년 후인 1923년에는 무려 10만 여 명이 되었으며, 1925년 경에는 약 12만 명이 러시아에 거주하게 되었다. 국적은 소련국적을 갖게 된 사람들도 있었지만, 국적이 없는 사람들도 상당수 있었다. 재소 한인들 가운데 많은 사람들이 거주 허가증을 발급받지 못한 채 그대로 거주하고 있었다고 말한다.

재소 러시아 한인들은 오랫동안 고국 망향의 동산을 그리워했다. 조선땅을 떠나온 한인들은 농사를 짓고 목축을 하면서도 조국에 살고 있는 가족 생각을 잊어버리지 못하였다. 그리고 조국의 해방이 빨리 실현되기만을 바라고, 그 어떤 어려움과 고통도 참고 지내며 조국의 소식에 항상 귀를 기울였다. 동토에서의 삶은 춥고 배고픈 나날이었지만, 누구도 따뜻한 위로의 말이 쉽지 않았으며, 언어의 장벽과 풍속의 이질감 그리고 생김생김이 다른 상황 속에서의 조선인들의 생활은 이국의 정을 찾아보기 매우 힘들 정도로 역겨웠다. 북위 40도의 추운 원동지역에서 조선인들은 구원의 생명을 의지하였다. 그러나 어려서부터 흙을 밟고 살아온 조선인은 흙의 순수함을 알았고 생명의 보금자리의 천리도 깨달았다. 추운 겨울이 지나면 따뜻한 봄이 오고, 심으면 식물이 자라서 식량이 생산되던 지난날의 일들을 회상하였다. 그래서 원동지방에 이주한 조선인들은 벼 재배, 보리 심기, 옥수수 심기에 본토인들보다 더 먼저 일어나 흙을 일구고 파종하는 부지런한 농부가 되었다. 그래서 시베리아에 살고 있던 한인들(까레이스키들)은 농촌에서 차츰 안정이 되어가고 생활도 차츰 윤택해지기 시작하였던 것이다.

하지만, 이러한 안정과 윤택함도 잠시, 스탈린의 강제이주 정책이 실시되면서 카레이스키들은 엄청난 시련 속에 놓이게 된다. 스탈린은 오직 국가 통치의 효과적인 수단 하나만을 생각하고, 조선인과 일본인의 유사성을 전쟁의 장해 요소로 간주하였으며, 곧 한인들의 강제 이주 정책을 추진하기 시작하였다. 스탈린의 명을 받고 원동(시베리아 지역: 하바로프스크 부근)에 온 당시 극동지역 위원장 리우시코프는 한인들을 아예 불신하였으며, 접경 지역에 살고 있던 한인들은 간첩의 소지가 있다고 판단하여 일본인과의 상시 접촉을 원천 봉쇄하는 정책의 필요성을 강력히 건의하였던 것이다. 즉, 당시 연해주 지역의 살고 있던 약 18만 명 이상이나 되는 한인들을 중앙아시아 지역으로 강제 이주시키는 정책이 입안되고 있었던 것이다. 원래 한인들의 이러한 이주의 비극은 소련과 일본의 전쟁관계에서부터 시작이 되었다. 일본 사람과 유사하여 일본과의 전쟁에 있어서 방해 요인이 될 수도 있다는 점에서 일본과 내통을 한다는 구실이 초점이 되었다. 이는 조선인들이 일본인과 유사한 사실을 인정하고 간첩활동을 할 것이란 추측 때문이었다. 이와 같은 이주정책은 극비밀리에 진행되었으며, 당시 한인들은 이러한 강제이주 사실을 이주 실행 1~2일전에서야 알게 되었다. 즉, 카레이스키들을 운반할 차량이 도착한 후에야 그 사실이 공포되었던 것이다. 당시 러시아 공산당이 공포한 내용은 다음과 같았다.

1) 모든 재산(동산, 부동산)은 그대로 두고 떠나야 한다.
2) 논밭에 있는 곡식은 아직 수확을 했든 못했든 간에 불문하고 제자리에 남겨두고 떠나야 한다.

3) 이주민은 친척방문, 학교방문, 직장 등 어느 곳에 있든지 그 자리에서 승차하여 이주한다. (친척 방문차 외지에 갔던 사람도 그 곳에서 승차하여 출발한다는 것)

4) 식량의 준비는 2~3일 동안 할 수 있는 분량만 휴대하며, 식료품은 최소량의 분량만 휴대하기를 허락한다.

이처럼 하루아침에 자신이 살던 정든 땅의 집과 밭, 논 등을 그대로 내버려 둔 채 머나먼 여행길에 오른 카레이스키들을 실어 나른 것은 다름 아닌 앞에서 살펴 본 시베리아 횡단열차였다.

하지만, 카레이스키들이 타고 가는 기차는 보통 때, 소나 말 또는 곡물, 석탄 등을 운반하는 차량이었다. 매 차량에는 4세대씩 나누어 타게 하였다. 그런데, 2세대는 널빤지로 만든 위층에 승차하고, 2세대는 아래 마룻바닥에 승차하였다. 물론, 이 곳간차에는 화장실도 없었고, 물을 사용할 수 있는 수도시설도 없었으며, 위생시설도 전혀 없었다. 왜냐하면 이 차량은 가축을 운반하기 위하여 설비되었던 것으로 있을 리가 만무 하였다. 그러므로 방음장치는 더더욱 설비되지 않았다. 카레이스키들의 여로는 이러한 악조건 가운데 진행되었으니 너무도 안타깝기만 하였다. 여로의 일정은 알려주지도 않았고 알 수도 없었다. 겨우 1~2개월 정도 지나서 목적지에 도착한 다음에서야 알게 된 것이다. 한인 이주민들은 기차가 급정거하면 위층에 있던 사람이 아래층으로 떨어져 상처를 입기도 했으며, 또한 옷과 몰골이 말이 아니었다. 또한 여성들은 즉흥적인 상황에서 강자에 의하여 강간당하기가 일쑤였다. 노약자와 어린이는 배고

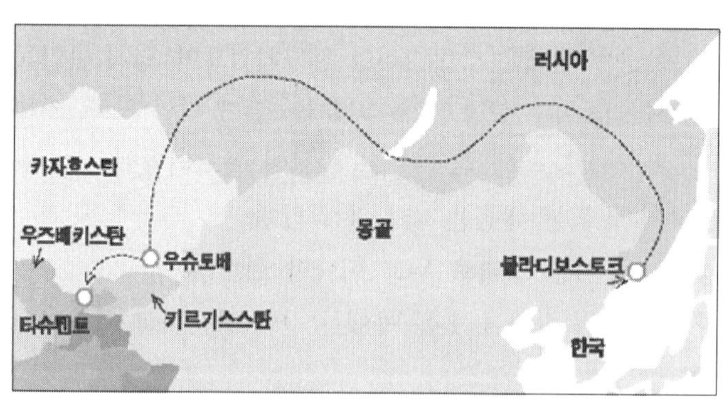

픔을 견디지 못해 죽어갔고 병들어 쓰러져 버렸다. 카레이스키들은 음식을 제때에 먹을 수도 없었거니와 배설조차도 어려웠다. 때로는 기차 곳간이 식당이고 변소가 되었던 것이다. 그래서 이상야릇한 냄새, 썩는 냄새, 그리고 악취가 가득한 가운데 그날그날을 죽지 못해 보내야만 했다. 사람이 죽어도 차는 계속해서 달렸고, 어쩔 수 없이 열차의 문을 열고 밖으로 내던지는 일이 부지기수였다. 한인들은 열차가 쉬는 시간을 이용하여 물과 식수를 얻어야 했고, 짧은 정차 시간에 운이 좋은 사람만이 물을 얻을 수 있는 행운이 있었다. 물을 얻으러 갔다가 만약 동작이 느려 기차를 타지 못하면 넓은 눈 덮인 광야에 동장군과 함께 이 세상을 하직하고 말아야 했다. 그래서 누군가 잽싸게 물을 구해 오면, 서로 얼굴을 쳐다보며 군침을 삼키고 물을 주기만을 바라는 눈빛이 여기저기에 역력하였다. 대개 한 차량에 32명 혹은 35명 정도가 탔는데 그 중에는 노약자, 어린아이, 병든 환자, 그리고 임산부도 있었다. 열차 안에는 언제나 컴컴했다. 달리는 동안이나 정류장에 멈추어 있어도 항상 깜깜한 곳에서 살아야 했다. 임산부가 산달이 차서 순산을 하면 곳간차가 산실이 되는 경우도 있었고, 난데없이 어떤 남자는 자기 부인도 아닌 여성의 아이를 받아 산파역을 하는 일도 있었다. 가는 도중 열차 내에서 사람이 죽으면, 때로는 그대로 차창 밖으로 버리는 경우도 있었고, 때로는 기차 정류장에서 기차가 잠시 멈추는 동안 두 세 명이 내려서 관도 없이 그냥 시체를 매장하였다. 하지만, 이들은 다음 기차를 타고 가야 했기 때문에 자기 가족을 따라잡지 못하고, 영영 만나지 못하게 되었던 사람들도 있었다.

이러한 강제이주정책으로 1937년 18만 명의 카레이스키들은 강압에 의하여 중앙아시아 지역으로 이주하였으며, 대부분 카자흐스탄과 우즈벡스탄으로 이주하게 되었다. 7만 4천 500명 정도가 우즈벡스탄에 이주하고 나머지는 카자흐스탄 및 레닌그라드 등의 여러 지역으로 분산 되었다. 이렇게 이주한 한인들은 1937년부터 1945년까지 공민증에 제한성을 기록하고 거주이전과 자유왕래의 권리를 박탈당하였다.

카자흐스탄과 우즈벡스탄 등지에 도착한 카레이스키들은 낯선 공화국 땅에서 황무지 개간에 동원되었으며, 새로운 고난과 역경의 삶이 시작되었다. 사람이 살아가는데 자연과 기후는 아주 중요하기 때문에 더욱 더 개척자의 시련은 더욱 가중되었다. 이주한 곳은 그들이 살던 곳과 기후가 틀렸고, 생활양식과 관습이 달랐다. 즉, 러시아적 요소에서 우즈벡크적인 생활 상태로 변모해야 했다. 첫 번째 고충은 기후였다. 이 지역은 여름에는 아주 건조하고 더우며 겨울은 심하게 추웠다. 기후의 변화는 노인들과 아이들에게는 아주 고통스러운 것이었다. 두 번째 고통은 새로운 민족적 인종 문제였다. 원동(시베리아)에는 언어가 기본적으로 러시아어이고 인종은 러시아인과 우크라이나인으로 구성되었었다. 그래서 러시아어만 능통하면 모든 사회생활에 불편한 점이 없었다. 하지만, 이곳의 원주민인 우즈벡크인 또는 카자흐인과의 사이에 새로운 언어 장벽은 물론이거니와 문화적, 인종적 마찰이 시작되었던 것이다. 아이들을 잃는 가정이 하나 둘 늘어가기 시작하였다. 대부분의 이주민 가정 전체가 그러하였다. 이러한 비극의 체험은 아주 극심하였다. 대체로 아주 무더운 여름기후와 강추위가 엄습하는 겨울이 교체되는 대륙성 기후는 자연 어린아이들과 허약한 노인들에게는 견디기 어려운 기후가 아닐 수 없었다. 또한 심장 질환자도 견디기 어려웠다.

카레이스키들은 집단농장이나 탄광촌에서 일역 잡부 또는 농부로서 일하였다. 이주 한인들에게 있어서 가장 주요한 첫째 문제는 주택에 관한 문제였다. 도착한 이주민들은 우선 임시로 각자 <땅굴막>을 건축하여 살기 시작하였다. 당시 건축자재와 물품들이 보급되지 않아 한인들은 부득이 추위를 막기 위하여 도착지에서 <토굴>을 파서 생활하기 시작하였던 것이다. 땅을 깊이 파고 윗부분을 덮는 원시사회에서나 봄직한 주택에서 피나는 고통과 함께 하루하루를 연명해 갔던 것이다. 우즈베크인들은 될 수 있는 한 카레이스키들을 이해하고 동정심을 베풀었다. 우즈베크 지방민들은 이주자에게 큰 도움을 주었는데, 그것은 주택건설에 필요한 도구였다. 이들은 삽, 괭이 등과 목재들을 지원하여 주었다. 그래서 <토굴>을 만드는데 도움이 되었다. 토굴은 깊이 땅을 파고 그 속에서 생활을 할 수 있을 만큼의 평수를 마련하여야 했다. 그리고 토굴 주위에는 배수로가 만들어졌다. 집단 농장에 배정받은 카레이스키들은 낡은 합숙소에서 공동생활을 하였다. 1938년 9월 까지도 이주민들은 임시로 만든 합숙소에서 거처할 수밖에 없었다. 이나마 합숙소에도 못 들어간 이주민들은 수리되지 않은 집, 비가 새는 집과 천막 등에서 합숙하였다. 말이 합숙이지 많은 사람들이 한 천막에서 같이 살아야 했던 것이다.

이러한 어려운 상황 속에서도 카레이스키들은 농촌 경제활동, 공장노동자, 그리고 탄광에서 열성적으로 생산증가에 노력하였다. 농업경리 자물들의 생산향상을 위한 전연맹적 경쟁에 적극적으로 참가하였다. 여기에는 어린이들, 여자들, 노인들도 총동원되었다. 당시 건강상태가 나빠서 노력동원에서 제외되었거나 나이가 많아 노령 노동으로 제외되었던 한인 노인들도 전쟁과업에 열심히 참가하였다. 이러한 노력의 결과, 카레이스키들 가운데는 소련 정부에서도 인정받는 '노동영웅'이 탄생하게 되었다. 즉, 남다른 지도력을 발휘한 회장(**김병화**)은 '노력영웅'의 칭호를 받아 훈장이 수여되었다. 이는 경제 문화 건설 분야에서 특출한 인물을 표창한 것이었다. 집단 농장(콜호즈)의 건설책임자로 입회한 김병화는 타고난 근면과 성실 그리고 뛰어난 지도력으로 자신의 콜호즈를 우수 집단 농장으로 건설하였던 것이다. 콜호즈 총회에서 회장으로 선출된 김병화는 철저하게 회원들과 함께 노동하며 같이 동고동락하였다. 회원들과 같이 김매기에 참여하였고 목화순을 자르는 노동에도 직접 참가하였다. 그는 항상 지도자의 모범과 솔선수범으로 자신의 삶을 살아갔던 것이다. 1940년 김병화는 농촌 소비에트 대의원으로 피선되었으며, 그는 농촌에 학교, 목욕탕, 도서관 등 문화시설을 건설하기 시작하였다. 1961년 중앙소련 최고 소비에트 상임위원회는 김병화에게 사회주의 **노동영웅** 칭호를 수여하였다. 한국인의 얼을 어김없이 이어 받은 김병화는 거대한 나라 소련에서 '영웅'의 명예스러운 칭호를 받았다. 그가 1974년 세상을 등지자, 콜호즈 회원들은 물론 많은 노동자들이 그의 영웅심을 오래 기리기 위하여 콜호즈의 명칭을 '**김병화 콜호즈**'로 바꾸어 부르기로 하였으며, 인접 부락의 경치 좋은 거리를 '김병화 거리'로 명명할 것을 결의하였다.

또한, 목화재배업에서 과학이 달성한 최신 성과들과 선진적 경험들을 도입하여 아주 높고 확고한 수확고를 달성함으로써, 황만금은 1958년 소련 최고 소비에트 정령에 따라 소련 사회주의 노동영웅 칭호를 수여 받았다. 그는 그 외에도 3번이나 레닌 훈장, 10월 혁명훈장 등을 수여 받았다. 영웅훈장 수여받은 황만금은 카레이스키들에게 상징적 존재로 존경 받았다.

이와 같이 카레이스키들은 타고난 근면성과 성실함으로 황무지와도 같은 중앙아시아의 척박한 땅에서 불굴의 한인정신을 발휘하였으며, 특히 높은 교육열로서 가난을 극복하고 대부분이 잘 사는 계층에 속하게 되었다. 상당수의 카레이스키들이 구소련 및 현 러시아 전역의 여러 분야에서 두각을 나타내고 있는 모습을 종종 발견할 수 있으며, 그 중에는 러시아의 지방 및 중앙 정계에 까지 진출한 카레이스키들도 찾아볼 수 있다. 또한 경제적으로도 크게 성공하여 매우 윤택한 생활을 하는 카레이스키들도 상당수 발견할 수 있다.

그러나 구소련이 붕괴되고 각 공화국이 하나의 국가로 독립하면서 각 지역에 팽배하기 시작한 민족주의는 카레이스키들에게 또 다시 제2의 수난과 고통을 안겨 주고 있다. 즉, 각 지역에서 발흥한 민족주의는 소수민족 카레이스키에 대한 배타적 민족주의로 발전해 나아가고 있는 것이다. 특히 구소련 붕괴 이후 종종 내전에 휩싸인 체첸과 타지크스탄 지역에 살던 카레이스키들은 또다시 하루아침에 전재산을 잃고 도망치듯이 이웃 지역으로 피난 나와야 하는 제2의 수난을 겪고 있다. 앞서 카레이스키 1세대들이 스탈린의 강제이주 정책에 의하여 겪어야 했던 수난을 카레이스키의 제1차 수난이라 한다면, 구소련 지역내 내전으로 인한 수난은 카레이스키의 제2차 수난이라 할 수 있다.

그러므로 이러한 분쟁 지역의 카레이스키들을 비롯한 상당수의 카레이스키들은 자신의 부모들, 즉 카레이스키 1세대들이 살았던 연해주 및 사할린 지역으로 다시 이주하는 경향이 늘어나고 있다. 즉, 자신의 부모들과 할아버지, 할머니들이 강제로 태워져 짐짝처럼 실려 왔던 그 시베리아 횡단 열차를 타고 다시 역으로 이주해 가고 있는 것이다. 이들에게 있어서 연해주 및 사할린 지역은 자신의 부모들과 조상들이 살았던 '마음의 고향'이라 해도 과언이 아닐 것이다. 특히 사할린 지역에 거주하는 카레이스키 1세대들은 일제 때 강제징용으로 끌려갔다가 해방 후 사할린이 소련에 귀속되는 바람에 영영 돌아오지 못하고 그대로 머무르게 된 한 많은 사연의 동포들이다. 원래 북해도에서 50km 떨어진 사할린은 제2차 세계대전 전까지 절반을 일본이 점유하고 있던 곳이었다. 이곳이 전쟁 종결과 더불어 냉전의 역사적 산물이 되어 버린 것이다. 즉, 유지노 사할린스크는 사할린의 주요도시로 일제 때 강제징용, 강제이주, 그리고 자의적으로 따라 갔던 우리 동포들이 세계 냉전의 희생물이 되어 이산가족의 아픔을 겪고 있는 곳이다. 지금도 하바로프스크에는 사할린에 살다가 이곳으로 이주하여 온 수많은 카레이스키들을 만나 볼 수 있다. 사할린에 살고 있는 카레이스키들은 남북 분단과 냉전의 희생양이 되어 가족끼리 서로 생이별을 당한 채 마음 속 응어리진 아픔과 망향의 한을 달래고 있었다. 1991년 고르바초프의 페레스트로이카와 글라스노스찌 정책의 영향으로 개방과 변화의 붐이 일어났고, 1992년 옐친의 정책적 배려에 따라 사할린의 카레이스키들은 꿈에 그리던 조국의 땅에 흙냄새를 맡으며 고국을 방문할 수 있었다. 또한 많은 한국인들이 연해주와 사할린 등지를 방문하여 카레이스키들의 한 맺힌 가슴 속에 태극기의 얼을 심어 주었다. 소련은 외국인에게 이 지역에 거주하는 한인교포를 방문하지 못하도록 50여 년 동안이나 어둠의 장막을 덮어 왔었던 것이다. 그 동안 우리와 같은 피를 나눈 카레이스키들의 삶과 고통은 이루 말로 다 표현할

1차 체첸 내전시의 모습

수 없으리라 본다. 한국정부는 춘천에 사할린 할아버지와 할머니들이 휴식을 취할 수 있는 보금자리를 만들었다. 때 늦은 감은 있지만 다행스러운 일이 아닐 수 없으며, 이와 같은 사업이 계속적으로 이어지고 확대되어 민족애의 따뜻한 인정이 카레이스키의 가슴 속에 영원히 살아 숨쉬기를 바라야겠다.

대체로 구소련 및 현러시아 영토 내에 거주하고 있는 카레이스키들은 타슈겐트에 약 20여만 명, 알마아타에 약 10만 명, 하바로프스크에 약 7만 명, 모스크바에 약 6만 명, 뻬쩨르부르그에 약 3만 명, 그 외 기타 도시들에 약간씩 분산되어 약 46만여 명이 살고 있는 것으로 알려지고 있다. 하지만 앞서 말하였듯이 카레이스키의 2차 수난과 민족주의의 발흥으로 인하여 수많은 카레이스키들이 자신의 1세대 부모들이 살았던 고향 연해주(하바로프스크, 블라디보스톡, 사할린 등)로의 이주를 꿈꾸고 있으며, 실제로 상당수의 카레이스키들이 이주해 가고 있는 실정이다.

그 동안 멀리 이국땅에서 우리와 같은 피를 나눈 동포(카레이스키)들이 탄압과 고통을 받아가며 어떤 쓰라린 민족적 차별을 당하고 있었던가를 생각하면 가슴이 저림을 피할 수 없을 것이다. 또한 우리 카레이스키들이 법적인 지위도 제대로 받지 못한 채 수많은 고통과 탄압을 받아가며 생활하였었다는 사실만을 생각하면 가슴을 도려내는 듯한 아픔이 느껴온다. 하지만 구소련의 붕괴와 더불어 미소 냉전체제가 종식되고 하루가 다르게 급변하고 있는 세계정세와 세계화의 물결 속에서 마냥 과거의 한 맺힌 사연에만 빠져 있는 것은 또 다른 우를 범하는 지름길이 될 것이다. 다행히도 1993년 4월 1일 러시아 최고회의 민족원(하원)에서는 56년 만에 <한인명예회복법안>의 법률안이 통과되었다. 강제로 추방된 한인들의 정치적 명예회복이 주요 내용이 된 이 법률안 <재러시아 한인명예회복법안>을 러시아 의회에서 통과시킨 것이다. 이 법안 내용은 1937년 원동지방에서 죽음, 고통, 그리고 굶주림과 탄압의 갖은 핍박을 다 받으면서 강제추방 당하게 하였던 소련지도층의 잘못된 정치적 정책을 시인하고 긍정적으로 평가하였다는 점에서,

그 동안 탄압 받아오던 한민족의 한이 백일하에 밝혀진 역사적 사실이었다. 이 법안이 완전히 실행에 옮겨진다면, 재소 한인 50만의 명예회복이 이루어지고 카레이스키들의 연해주 지방 이주 문제가 해결될 것이며, 카레이스키들을 위한 법률적 제반문제들 또한 해결될 것이다.

구소련 및 현 러시아 영토 내에 살고 있는 카레이스키 1세대들은 이미 고령화로 안타깝게도 하나둘씩 세상을 떠나고 있다. 그리고 더욱더 안타까운 사실은 카레이스키 1세대 이후 2~3세대 그리고 4세대로 넘어갈수록 모국어(한국어)를 전혀 모른다는 것이다. 예전에 구소련 정권은 러시아어만을 국어로 사용하여 카레이스키들에게 한국어 사용을 엄격히 제한하였었다. 따라서 한국어를 잊고 살아가는 카레이스키들이 점점 늘어나기 시작하였으며, 이러한 현상은 카레이스키 1세대들이 이미 죽거나 노령화되어 가고, 교포사회가 2세대, 3세대 중심으로 이어지면서 더욱 더 두드러지게 나타나고 있다. 카레이스키들이 가장 많이 살고 있는 우즈벡스탄의 경우, 약 18만여 명의 카레이스키들 가운데 모국어가 한국어라고 알고 있는 사람은 56%에 불과하며, 러시아어가 모국어라고 대답한 사람이 43%, 우즈베크어가 모국어라고 답한 사람이 나머지 1%였다(1989년 조사자료). 또한, 이러한 통계 숫자는 해마다 감소 추세에 있으며, 특히 카레이스키 2세대, 3세대로 내려갈수록 한국어를 아는 사람의 숫자는 아주 희박해지고 있는 실정이다. 즉, 카레이스키 후손들이 얼마나 한국에 대한 이해가 부족하며, 또한 한국의 역사 및 전통에 대한 교육이 얼마나 필요한가를 역으로 말해 주는 대목이다. 연령적으로 고령인 노인들과 사할린 동포들은 그래도 우리의 말과 풍속을 유지하고 있지만 이제는 점점 잊혀 가고 있다는 점에서 카레이스키들에 대한 새로운 시각과 그에 따른 적극적인 대책 마련이 시급하다 아니할 수 없다

(3) 빅토르 최와 아니타 최

카레이스키 1세대들이 머나먼 타국 땅에서 망향의 한을 품은 채 하나

둘 씩 사라져 가는 반면, 카레이스키 2세, 3세대들은 타고난 근면성과 높은 교육열로 구소련 및 러시아 전역에서 여러 가지 분야에 걸쳐 두각을 나타내는 것을 종종 발견할 수 있다. 그 가운데 특히 **빅토르 최**는 구소련 시절 모든 국민의 사랑을 받았던 영웅적인 인물이었다. 그는 1962년 당시 레닌그라드(현 뻬쩨르부르그)에서 러시아계 어머니와 한국계 아버지 사이에서 태어났다. 어려운 가정 형편상 기숙사 지하 보일러실에서 화부로 일하면서도 음악에 대한 열정을 잃지 않고 꾸준히 곡을 썼으며 자신의 노래 세계를 추구해 나아갔다. 그가 추구한 음악 세계는 핵전쟁을 반대하는 반핵에 관한 주제를 비롯하여 체제에 대한 변화와 자유의 물결 등을 노래하는 것이었다. 그의 이러한 노래가사들은 당시 변화를 요구하던 모든 소련인들의 심금을 울리기 시작하였으며, 곧 **페레스트로이카**(개혁)의 물결을 타고 전국민의 사랑을 받는 영웅적 가수가 되게 만들었다.

특히 **빅토르 최**가 1981년 결성한 락 그룹 **키노**(KINO)는 인기절정에 이르러 1990년 6월 24일 모스크바 올림픽 경기장에서 공연을 가졌으며, 이 때 소련 공연사상 최대 관중인 10만 관중이 모여들었고 모스크바 올림픽 이후 10년 만에 처음으로 올림픽 성화가 타오르기도 하였다. **빅토르 최**는 또한 아버지의 조국인 한국에 대하여도 높은 관심을 드러내어 내한 공연을 계획하기도 하였다. 하지만, 그의 내한 공연은 끝내 이루어지지 못하였으며, 1990년 8월 15일 휴가 중이던 빅토르 최는 불의의 교통사고로 갑자기 사망하였다. 한동안 그의 갑작스런 사고와 죽음에 대하여 페레스트로이카를 반대하던 구소련 보수주의자들과 KGB에 의한 암살 음모설이 나돌기도 하였다. 빅토르 최가 갑자기 사망한 후 그의

빅토르 최

장례식에는 러시아 전역에서 모여든 그의 수많은 열성팬들과 지지자들의 발걸음이 끊이지 않았으며, 지금도 매년 8월 15일에는 빅토르 최를 추모하는 애도의 물결이 이어지고 있다.

빅토르 최의 묘지

빅토르 최에 대한 구소련 시민들의 사랑과 애정이 어느 정도였었는지는 그가 죽은 후 여기저기에서 나타났다. 그와 영혼결혼식을 하였다는 여인이 나타나는가 하면, 그의 무덤에 매일 같이 꽃과 담배를 바치는 **무덤지기**를 자처하는 사람들이 끊이지 않고 모여든 것이다. 그가 화부로 일하였던 기숙사 지하 보일러실은 빅토르 최의 3집 앨범 '**캄차트카**'로 불리며 러시아 전역에서 모여든 그의 열성팬들로 장사진을 이루어 러시아 **락의 성지**가 되었다. 특히 모스크바의 **빅토르 최 거리**에는 그를 기리는 거리 제단이 만들어지고 제단 주위에는 항상 그의 노래를 즐겨 부르는 젊은이들을 만나 볼 수 있다.

빅토르 최 거리의 낙서들

이와 같이 빅토르 최는 러시아인들 곁을 떠나갔지만 그의 노래는 아직 살아남아 러시아인들 가슴 속에서 항상 함께 숨 쉬고 있음을 발견할 수 있다. 매년 8월 15일 뻬쩨르부르그의 빅토르 최 무덤가에서 열리는 **빅토르 최 추모 음악회**에 참석하기 위하여 2~3일 전부터 러시아 전역에서 모여드는 젊은이들의 끊이지 않는 물결이 이를 증명해 주고 있다. 이들은 빅토르 최가 생전에 즐겨 입었던 **검은색 옷**에 빅토르 최 뺏지를 달고 기타를 치면서 빅토르 최의 노래를 목청껏 소리 내어 부른다. 또한 빅토르 최의 제단에는 그가 생전에 즐겨 폈던 담배가 항상 불 붙여져 꽃과 함께 놓인다. 머나먼 이국 땅 러시아에서 우리와 같은 피를 나눈 형제(카레이스키)를 그토록 애도하는 추모의 물결이 끊이지 않는 것을 보면서 새삼 콧날이 시큰해져 옴을 느끼지 않을 수 없다. 그 동안 우리들의 관심 분야에서 멀리 떨어져 있었던 빅토르 최와 같은 카레이스키들에 대하여 이제 우리는 적극적인 관심을 표명해야 될 때임을 새삼 느낀다.

아니타 최

빅토르 최는 러시아 및 구소련의 모든 시민들에게 그가 한국계 소련인 카레이스키라는 사실을 알려 주었다. 빅토르 최의 뒤를 이어 등장한 아니타 최 역시 불굴의 의지로서 대형 가수로 성장하여 구소련 전역에 카레이스키 문화를 알리는 국민가수로 활동하고 있다. 특히 그녀가 부른 노래 '마마(Мама)'는 커다란 인기를 얻었으며, 그녀의 노래 '비상'등은 **아니타 최**가 이제 더 이상 아마추어 가수가 아님을 확인시켜 주었다.

14장

서슬라브족과 남슬라브족 국가들

14장 서슬라브족과 남슬라브족 국가들

(1) 서슬라브권의 여러 나라들

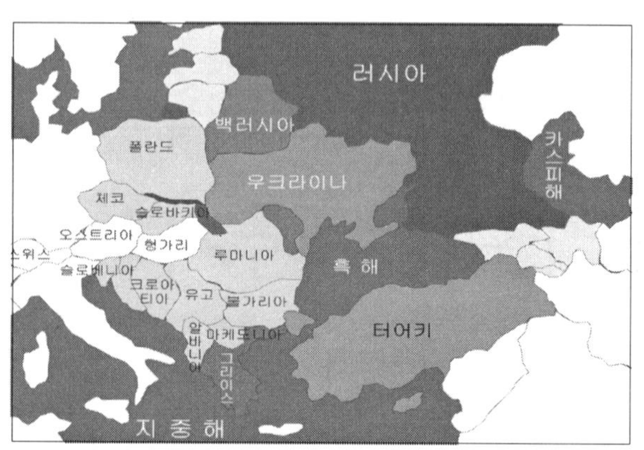

서쪽으로 이동한 슬라브족을 가리켜 **서슬라브족**이라 부르며 이들 서슬라브족에 속하는 나라들에는 **폴란드**와 **체코** 그리고 **슬로바키아**가 있다.

(A) 폴란드

10세기 경, **폴라니에족**을 중심으로 나라가 형성되어 민족과 국토의 명칭이 생겨났다. 966년 가톨릭을 받아들이며 **피아스트 왕조**가 성립되었고 **크라쿠프**가 정치적 중심지로 발전했다. 200여년의 공국 분할 시대를 거쳐 중앙집권 국가를 이루었다. 1385년, 피아스트 왕조에 이어 폴란드-리투아니아의 연합 왕조인 **야기에오 왕조**가 탄생하였다.

1410년 그룬발트 전투에서 독일군을 격파, 발트해로 통하는 길이 열리며 16세기에는 유럽의 곡창 지대로 최대 전성기를 맞았다. 1573년 야기에오 왕조가 끝나고, 귀족들이 국왕을 선출하는 일종의 귀족 공화정이 등장하였고 1596년에 수도를 크라쿠프에서 **바르샤바**로 이전했다. 투르크, 스웨덴과 전쟁 등으로 국력이 쇠퇴, **프로이센**, **러시아**, **오스트리아** 3국이 점진적으로 폴란드를 침입해 1795년 폴란드를 분할하여, 나폴레옹에 의한 바르샤바 공국 시대(1807~1815) 외에는 1795년부터 1918년까지 **3국의 지배**를 받게 되었다. 그의 맞서 1830년 독립을 위한 혁명 정부를 조직, **봉기**로 이어졌으나 **독립투쟁**은 실패했다. 이후 1차 세계대전 중 윌슨 대통령이 제창한 민족자결주의 원칙에 따라 1918년 독립하였다. 그 뒤 바르바니파르토 소장이 지휘하는 군인이 쿠데타를 일으킨다. 1939년 나치 독일과 소련의 침략을 받고 서부지역은 나치 독일에, 동부는 소련에 분할 점령되었다가 1945년 해방되었다. 해방 후 1947년 총선 결과 노동자당의 압승으로 공산당 정부가 수립되었고,

폴란드 지도

냉전을 거치며 소련의 강한 영향력 하에 있었다. 그러나 경제 실정과 지도층의 부패로 노동자 파업이 일어났고, 1981년 바웬사가 이끄는 자유노조는 전국적으로 확산되었다. 이후 민주화를 이루며 1990년 바웬사는 첫 민선 대통령이 되었다. 1999년에 NATO, 2004년에 EU에 각각 가입하였다.

국토 대부분이 유럽의 평야 지대에 위치해 있어 지형은 대체로 완만한 편이다. 국토는 동서로 689km, 남북으로 649km 뻗어 있는데 북쪽은 발트해와 접한다. 남쪽 국경에 있는 수데티와 카파시안 산맥을 제외하고는 100m 이상인 곳이 드물며, 중남부의 타트리 산맥에는 해발 2,499m의 폴란드 최고봉 리시산이 있다. 중부 및 남부의 일부 지역은 토질이 비옥하고, 북부와 서부에는 황지와 이탄지가 많다. 폴란드에서 가장 긴 강인 비스와강은 국토 중앙을 가로질러 흐르고, 오드라 강은 서쪽 국경을 따라 흐른다. 서유럽의 해양성 기후와 동유럽의 대륙성 기후 사이의 점이 지대에 위치해 있으며, 강수량은 가장 많은 남부 국경 산악지대가 1,000~1,100mm, 가장 적은 중부가 평균 600mm이다. 기온은 초봄과 가을에 0~5°C, 봄·가을에 5~15°C, 여름에 15°C 이상, 겨울에 0°C 이하로, 연평균기온은 7~10°C이다. 삼림도 서유럽의 활엽수림으로부터 동유럽의 침엽수림 사이의 점이 지대로, 삼림 면적은

국토의 약 1/4을 차지한다.

인구는 약 3,800만 명으로 동유럽에서 러시아와 우크라이나 다음으로 많으며, 그 중 약 98%가 폴란드인이다. 이전에는 다민족국가였으나, 제2차 세계대전의 결과 현재와 같은 거의 단일민족국가가 되었다. 그 외 소수파로 독일인, 벨라루스인, 우크라이나인, 유태인 등이 있다. 전 인구의 95%가 로마 가톨릭교회 신자이며, 폴란드의 가톨릭교회는 정부에 대해 큰 영향력을 행사하고 있다.

모든 교육기관은 국립으로 교육비가 무료이며, 의무교육은 유아원 3년, 초등학교 6년이다. 예전의 수도 크라쿠프에는 오랜 역사와 전통의 야기엘론스키대학이 있다. 코페르니쿠스, 쇼팽, 마리 퀴리, 요한 바오로 2세 등이 이 학교 출신이다. 마리 퀴리를 비롯하여 다수의 노벨상 수상자를 배출하였다.

폴란드의 수도 바르샤바에 있는 성 십자가 성당은 유명한 음악가 쇼팽의 심장이 묻혀있는 것으로 또한 유명하다. 바르샤바에서 태어난 쇼팽은 19살 때 바르샤바 음악학교 성악과의 콘스타치아라는 여성에게 반했지만, 사랑을 고백하지 못했다. 쇼팽은 지독한 상사병 끝에 그녀를 잊기 위해 프랑스, 이탈리아로 여행을 떠났는데 그 길로 영영 폴란드에 돌아오지 못했다. 여행 중 폴란드에서는 독립 혁명이 일어났고 러시아 군대에 의해 진압되었다. 쇼팽은 그 진압에 분개하여 러시아 법을 거부하며 정치적 망명자의 길을 택했고 두 번 다시 폴란드로 돌아갈 수 없었다. 남은 생을 타지에서 보낸 쇼팽은 폐결핵으로 39세에 요절하였다. 그가 폴란드를 떠나던 이십여 년 전 그의 친구들은 조국을 잊지 말라는 의미로 그에게 한 줌 흙을 주었다. 쇼팽은 그

성 십자가 성당

흙을 파리의 자기 묘지에 뿌리고 자신의 심장은 고향 바르샤바로 보내라는 유언을 남겼다. 유언대로 쇼팽의 심장은 바르샤바 성 십자가 성당에 안치되었다. 폴란드인들은 나라를 끔찍이도 생각하였던 쇼팽의 심장이 묻혀 있는 성당 안 돌기둥 아래에 연일 꽃을 바치며 경의와 축복을 보내고 있다.

쇼팽의 심장

폴란드의 옛 수도 크라쿠프에는 바벨성이 있다. 크라쿠프 남쪽 비스와강(江)의 상류 둔치에 있는 바벨성은 로마네스크 · 고딕 · 르네상스 · 바로크 등 다양한 양식이 혼합된 건축물로서, 1000년 크라쿠프 주교에 의해 처음으로 건설되었다. 이후 알렉산데르(Alexander)왕과 지기스문트(Sigsmund) 1세 때인 1504년부터 1535년까지 전면적으로 개조되면서 르네상스 양식이 많이 가미되었고, 이 때 비로소 현재와 같은 모습을 갖추었다. 11세기 중반부터 17세기 초까지 폴란드 통치자들의 거주지로 사용되었고, 특히 르네상스 양식의 성격이 강하다. 지금은 박물관으로 사용되고 있으며, 성 외에 바벨대성당과 주변 건물들, 커다란 정원으로 이루어져 있다

크라쿠프의 바벨성

바벨대성당

전체적으로는 타원형이며, 건너편 비스와강에서 볼 때 정면으로 가장 멀리 보이는 붉은색 지붕을 한 건물이 **바벨성**, 성 왼쪽 앞에 2개의 첨탑이 솟은 건물이 **바벨대성당**이다. 성 주위에는 아름드리나무들이 줄지어 늘어서 성을 에워싸고 있다. 성 내부는 71개의 홀이 있고, 각각의 홀은 고딕식 회랑으로 연결된다. 성 안에는 15세기에서 19세기까지의 각종 진귀한 유물들로 가득하다. 또 고딕 양식으로 지어진 바벨대성당에는 20개의 예배당이 있는데, 이 가운데 황금색 돔으로 덮인 **지기스문트 예배당**이 가장 아름답다. 성당 안에는 폴란드 왕의 석관과 예술품들이 많고, 지하에는 왕과 영웅들의 무덤이 있다. 지붕에 있는 **지기스문트 종(鐘)**은 음색이 맑고 음폭이 넓은 종으로 유명하며, 성 위에서는 비스와강과 크라쿠프 전경을 한눈에 볼 수 있다. 특히 14세기에 건설된 **바벨대성당**은 역대 폴란드 왕들의 대관식이 거행되었던 곳이다. 또한 폴란드 왕가 무덤의 역할도 해 지금도 왕가의 석관을 볼 수 있다. 요한 바오로 2세가 교황이 되기 전 사제생활을 한 곳이기도 하다.

폴란드 남부 크라쿠프에서 서쪽으로 50㎞ 지점에 위치한 **아우슈비츠**는 문명을 배반한 야만의 극치이며 인류가 저지른 가장 잔혹한 행위의 흔적이다. 나치가 저지른 유대인 학살의 상징인 강제수용소로 잘 알려져 있는 아우슈비츠는 원래 인구 5만 명의 작은 공업도시로, 폴란드어로는 **오슈비엥침**

이라고 한다. 이 도시의 외곽에 있는 **아우슈비츠 강제수용소**는 겉으로 보기에는 평화로워 보인다. 하지만 수용소 안으로 들어서는 순간 생지옥을 만나게 된다. 학살한 시체를 태웠던 소각로, 카펫을 짜기 위해 모아둔 희생자들의 머리카락, 유대인들을 실어 나른 철로, 고문실 등이 끔찍했던 광기의 역사를 전해 준다. 1940년 봄, 친위대 장관인 하인리히 힘러가 주동이 되어 가시철망과 고압전류가 흐르는 울타리, 기관총이 설치된 감시탑을 갖춘 공포의 강제수용소를 세웠다. 그 해 6월 최초로 폴란드 정치범들이 수용되었고, 1941년 히틀러의 명령으로 대량살해시설로 확대되었으며, 1942년부터 대학살을 시작하였다.

아우슈비츠 정문

아우슈비츠 고압철책선

열차로 실려 온 사람들 중 쇠약한 사람이나 노인, 어린이들은 곧바로 공동샤워실로 위장한 **가스실**로 보내 살해되었다. 이처럼 가스, 총살, 고문, 질병, 굶주림, 심지어는 인체실험을 당하여 죽은 사람이 **400만 명**으로 추산되며, 그 중 3분의 2가 **유대인**이다. 희생자의 유품은 재활용품으로 사용했고, 장신구는 물론 금니까지 뽑아 금괴로 만들었으며, 머리카락을 모아 카펫을 짰다. 뼈는 갈아서 골분비료로까지 썼으니 사람의 몸뚱이 중 버릴 것이 하나도 없었다.

아우슈비츠 1수용소에서 얼마 떨어지지 않은 **비르케나우**에는 아우슈비츠 2수용소가 있다. 비르케나우는 아우슈비츠의 수용인원이 넘치자 새롭게

아우슈비츠 가스실

아우슈비츠 교수대

지은 제2수용소이다. 아우슈비츠와 비교할 수 없을 정도로 크며, 약 53만 평에 300동 이상의 건물(아우슈비츠 28동)이 들어선 최대 규모의 수용소였다. 하지만 퇴각하는 독일군은 증거 인멸을 위해 불을 질러 약 70여 개의 건물만이 남아있다. 타고 부서졌지만 굴뚝만은 앙상하게 남아있는 건물 잔해들이 그 잔인한 흔적을 짐작케 해준다.

1945년 1월, 전쟁이 막바지에 이르자 **나치**는 대량학살의 증거를 없애기 위해 막사를 불태우고 건물을 파괴하였다. 그러나 소련군이 예상보다 빨리 도착해 수용소 건물과 막사의 일부가 남았다. 제2차 세계대전이 끝난 후, 1947년 폴란드의회에서는 이를 보존하기로 결정했다. 희생자를 위로하는 거대한 **국제위령비**를 비르케나우에 세웠으며, 수용소터에 **박물관**을 건립하였다. 또한 나치의 잔학 행위에 희생된 사람들을 잊지 않기 위해 유네스코는 1979년 아우슈비츠를 세계문화유산으로 지정하였다.

비르케나우 제2수용소

(B) 체코

체코 지도

체코를 동서로 나누어 동부를 체코명으로 모라바(모라비아)라 부르고, 서부를 체히(Cechy)라 부르는데, 이 체히를 라틴어로 보헤미아, 영어로 보헤미아, 독일어로 뵈멘(Böhmen)이라 한다. 체코명의 체히는 체코를 의미할 때와 보헤미아를 의미할 때가 있다. 보헤미아는 기원전에 이 지방에서 산 켈트인 부족 보이(Boii)에서 비롯되는 역사적인 명칭이다. 보헤미아는 사방이 산맥으로 둘러싸인 마름모꼴의 커다란 분지로, 라베(엘베)강과 그 지류인 블타바(몰다우)강의 유역에 전개된 지역이다. 기름진 농지와 풍부한 광산자원이 있고, 수도 프라하를 비롯하여 많은 공업도시가 발달해 있으며, 체코의 정치 · 경제 · 산업 중심부를 이루고 있다. 이 지방에서 처음으로 살았던 켈트계 보이족은 기원전후에 남쪽으로 떠나고, 그 뒤를 이어 게르만계의 마르코마니족 등이 침입해왔으며, 6세기부터는 슬라브계의 체코인(人)이 침입하여 이곳을 점거하였다. 즉, 서쪽으로 이동해 간 서슬라브족(族)이 5~7세기에 현재의 체코 · 슬로바키아 지역으로 이주하여 정착한 것이다.

체크슬라브족(族)은 보헤미아와 모라비아 지방에, 슬로바크슬라브족(族)은 슬로바키아 지역에 각각 정착하였다. 이 두 종족은 A.D. 833년 일종의 연방국인 대(大)모라비아왕국을 세웠다. 모라비아왕국은 번창하여 그 판도가 보헤미아로부터 슬로바키아를 거쳐 헝가리 서부, 폴란드에 이르렀다.

A.D.906년 헝가리의 마자르족이 모라비아왕국을 침략하여 슬로바키아를 점령한 이후, 슬로바키아 지역은 1,000여 년 동안 체코와 분리된 채로 헝가리

의 지배 아래 놓이게 되었다. 이에 대하여 체코인들은 모라비아제국이 쇠락하기 시작한 9세기말(895) 즈음 프르셰미슬 제후 밑에 결집하여 프라하를 중심으로 한 보헤미아 · 모라비아 · 루테니아 · 슐레지엔을 포함하는 지역에 독자적인 국가, 즉 **보헤미아왕국**을 세웠다. 프르셰미슬가(家)의 군주들이 독일의 동방 진출에 대한 방어와 군주제 확립을 위해 신성로마 황제를 추앙하는 동시에 적극적으로 그리스도교 도입에 노력한 결과, 1158년 체코 군주는 황제로부터 왕조 세습을 승인받고, 1204년에는 왕국의 독립도 인정받게 되었다. **보헤미아왕국**은 프르셰미슬 오타카르 2세 치하에서 번성하여 당시 영토가 오데르강(江)으로부터 아드리아해(海)까지 확대되기도 하였다. 1307년 바츨라프 3세가 사망함으로써 프르셰미슬왕조의 지배가 끝나고, 룩셈부르크왕조의 지배가 시작되었다. 제2대 왕 **카를 4세**는 뛰어난 통치능력으로 1346년에 신성로마제국의 황제로 선출됨과 함께 프라하를 신성로마제국의 수도에 걸맞은 도시로 건설하여 당시의 체코, 즉 보헤미아는 정치적·문화적으로 크게 번창하였다. 15세기 중엽, 비잔틴제국을 섬멸한 오스만투르크제국이 헝가리 동쪽 지역까지 진출하게 되자 이에 대항하여 1526년에는 오스트리아 합스부르크가의 페르디난트 1세가 체코인(人) 헝가리 국왕을 겸임하게 되었다. 즉, **보헤미아**는 오스트리아의 합스부르크가(家)의 손에 넘어갔으며, 체코의 신교 귀족(파니)이 이에 대항하여 **30년 전쟁**을 일으켰으나 신교 귀족의 패배로 합스부르크가의 지배가 강화되었다. 그 후 1627년에는 독립왕국의 지위를 잃고 오스트리아의 속국이 되었으며, 20세기까지 합스부르크가가 세습적으로 보헤미아왕의 지위를 차지하였다. 즉, 독일인(人) 제왕의 통치가 계속되어 결국 체코의 전 영토가 1918년까지 300여 년간 **합스부르크왕가**의 **오스트리아-헝가리제국**의 속령이 되었다.

1915~1916년 민족지도자 마사리크(Masaryk)와 그 제자인 베네시는 파리에서 '체코슬로바키아 국민회의'를 결성하고 독립운동을 전개하였다. 1918년 제1차 세계대전의 종결과 베르사유조약에 따라 오스트리아-헝가리 제국이 붕괴하자, 체코슬로바키아는 같은 해 10월 28일 독립을 선포하고 공화국

이 되었다. 1938년에는 영국 · 프랑스 · 독일 · 이탈리아가 체결한 '뮌헨 협정'에 의거하여 수데텐란트 지역이 독일에 할양되고 게다가 소수민족 자결권을 주장하는 폴란드와 헝가리에도 땅을 빼앗겨 체코슬로바키아의 면적과 인구는 1/3로 줄어들었다. 1939년에 나치스군(軍)의 침공을 받은 체코슬로바키아는 독일의 통치를 받게 되자 1940년 베네시 대통령은 런던에 망명정부를 수립하고 독립운동을 전개하는 한편, 1943년에는 소련과의 동맹조약을 체결하였다. 1945년 제2차 세계대전에서 독일이 패망하고 프라하가 구소련군에 의해 해방되자, 체코슬로바키아는 루테니아 지역을 소련에 할양한 채 다시 독립하게 되었고, 공산당과 비공산주의자 간의 연립정부가 구성되었다. 1946년을 전후하여 최초의 자유총선이 실시되어 공산당이 37.9%의 득표율로 제1당이 되었다. 공산당 주도의 연립내각이 성립되었으며, 2년 후 공산당은 무혈쿠데타로 1당 독재의 권력을 장악하였다. 1960년에는 사회주의 헌법이 채택되었고 국명도 '**체코슬로바키아 사회주의공화국**'으로 개칭되었다.

1968년 8월 공산당 제1서기 둡체크에 의해 '**프라하의 봄**'이라 불리는 자유화개혁운동이 추진되었으나 소련에 의해 좌절되었다. 그동안 내부적으로 커다란 문제였던 체코와 슬로바키아 간의 불평등한 관계가 청산되기 위한 첫 번째 시도로서 1969년 1월 체코사회주의공화국과 슬로바키아사회주의공화국으로 구성된 연방제 국가가 새 출발을 하게 되고, 1977년 1월에는 극작가 바츨라프 **하벨** 등이 중심이 된 반체제 지식인들이 체코공산당의 인권 억압에 저항하여 '77헌장'을 선언하였다. 1988년 고르바초프에 의한 구소련의 개혁 바람이 동구권에 불어닥치자, 체코슬로바키아 내에서도 같

프라하의 봄, 바츨라프 광장

프라하의 카를교-블타바강

은 해 11월 민주세력 '시민포럼'이 중심이 된 시민들의 민주화개혁 요구 시위가 대규모로 발생함에 따라 12월에 공산정권이 퇴진하고, 1989년 시민포럼의 지도자 바츨라프 **하벨**이 체코슬로바키아 41년 역사상 처음으로 비공산주의자 대통령으로 취임하였다. 1990년 3월에 체코슬로바키아 의회는 국명을 '**체코슬로바키아 연방공화국**'으로 변경하였으며, 1990년 6월에는 신헌법에 따라 자유총선을 실시하여 새로운 민주정부를 구성하였다. 1992년 6월 자유총선을 실시하였고 같은 해 12월 16일 자유민주주의 국가체제를 지향하는 신헌법을 채택하였다. 1993년 1월 1일 체코슬로바키아 연방공화국은 1992년의 연방의회 승인에 따라 **체코**와 **슬로바키아**, 두 개의 공화국으로 분리되어 오늘에 이른다.

체코의 수도 **프라하**는 낭만적 야경으로 유명하다. 프라하의 야경 가운데 특히 밤의 **카를교**는 단연 으뜸으로 손꼽힌다. 밤의 카를교에서 색색의 조명으로 빛나는 **프라하성**을 볼 때의 기분은 이루 말로 표현하기 힘들 정도이다. 또한 카를교는 항상 사람들로 북적인다. 아마도 프라하에서 카를교보다 사람이 더 많은 곳은 없을 것이다. 카를교는 **보헤미아 왕국**의 최전성기를 이끈 **카를 4세** 때 건설되었다. 다리는 무척 아름다우며 고전미 넘치는 30여 개의 조각상이 빈틈없이 어긋난 돌길 위를 장식하고 있다.

프라하의 최고의 명소로 프라하성을 꼽는다. 프라하성은 9세기에 시작되

프라하성

어 18세기에 완공된 거대한 성으로서 마치 작은 마을처럼 보인다. 성 안에는 900년을 아우르는 다양한 건축 양식과 역사가 새겨있다. 즉, 로마네스크에서 초기 고딕, 후기 고딕을 거쳐 르네상스에 이르고 다시 바로크 시대에 이르기까지의 실로 다양한 양식들이 서로 조화를 이루며 그 웅장함과 아름다운 자태를 뽐내고 있는 것이다. 이처럼 프라하성은 아름다운 외관 덕에 낭만의 상징이었다. 하지만 프란츠 카프카와 같은 냉소적인 작가는 프라하성을 관료주의의 상징이자 인간의 실존적 불안을 상징하는 곳으로 묘사하기도 하였다. 그러나 그렇다 치더라도 천 년을 거치며 겹겹으로 둘러싸인 의미의 충돌들, 시간의 흐름과 흔적들은 분명 매력적인 것임에 틀림이 없을 것이다.

성 비투스 대성당의 스테인드글라스

프라하성 안의 성 비투스 대성당은 925년에 첫 건축을 시작하여 천 년 가까이 양식을 바꾸며 변형되다 1929년에야 현재의 네오고딕 양식으로 완성되었다. 인간 집념의 결정체이자 프라하성을 상징하는 대성당은 큰 규모와 화려한 내부로

쿠트나 호라의 고딕양식 분수대

항상 보는 사람을 압도한다. 육중한 첨탑은 위협적이기까지 하며 창문마다 장식된 화려한 스테인드글라스는 몽환적이기도 하다.

프라하 동쪽 약 6 km 지점에 위치한 **쿠트나 호라**는 번영과 쇠락을 거친 **은의 도시**로 유명하다. 13세기 초부터 16세기 초에 걸쳐서 유럽 최대의 은광산(銀鑛山)이 있어서, 이곳에 왕실 조폐소(造幣所)가 설치되는 등 **프라하**와 맞먹는 대도시였으나, 후스 전쟁과 30년 전쟁으로 황폐해졌다. 즉 **쿠트나 호라**는 **보헤미아** 지방 서쪽 분지에 세워진 도시로서 13세기 후반 은광맥이 발견되어 대도시로 발전하였었다. 14세기에는 유럽 최대의 은 산출지가 되었으며, 이곳에서 주조된 **은화**(프라하 그로센)는 국제통화로 인정받았다. 14~15세기의 번영기에는 은으로 축적한 부로 도시 곳곳에 화려하게 장식된 궁전과 성당 등이 세워졌다.

성 바르바라 성당

체코를 대표하는 후기고딕 양식의 **성 바르바라 성당**은 1388년 무렵 착공하여 1512년 완성하였다. 1개의 신랑(身廊)과 4개의 측랑으로 구성되어 있으며, 교차 모양의 리브 볼트로 이루어진 높은 내부 공간을 갖추고 있다. 건물 외벽에는 본체 볼트의 무게를 분산하고 벽체 구조에 경쾌감을 주는, 고딕 양식 구조물인 플라잉 버트레스를 설치하였다.

체스키 크룸로프는 블타바강 만곡부(灣曲部)에 있는 도시로서, 봉건귀족 비데크가(家)의 보호를 받아 14~16세기에 수공업과 상업으로 번영하였다. 옛 시가지에는 **체스키 크룸로프성**을 중심으로 중세의 자취를 간직하고 있는 고딕 양식과 르네상스 양식의 건축물들이 잘 보존되어 있다. 13세기에 창건한 **체스키 크룸로프성** 안에는 영주가 살던 궁전과 예배당·조폐소 등이 있다. 16세기에 르네상스 양식으로 개축하였는데, 개축 당시 둥근 지붕이 덮인 탑과 회랑을 만들었다. 궁전에 있는 가면의 방은 로코코 양식으로 만들었으며 아름다운 풍경화로 장식해 놓았다.

체스키 크룸로프 성

(C) 슬로바키아

슬로바키아는 **카르파티아산맥** 서단부와 이어지는 **타트라산맥**에 걸쳐 있어 국토의 대부분이 750m 이상의 **높은 산지**이다. 타트라 산맥에는 아름다운 호수와 계곡이 많고 최고봉은 켈라초브스키산으로 높이가 2,655m에 이른다. 이에 따라 평야가 적다. 평야는 바흐강

슬로바키아 지도

브라티슬라바 성

(江)을 비롯한 도나우강(江)의 여러 지류가 발달한 남서부 및 동부 지역에 약간 분포하고 있다. 기후는 대체로 **대륙성기후**에 속해 한서의 차가 심한 편이나 지역에 따라 약간씩 다른 기후를 나타낸다.

브라티슬라바는 슬로바키아의 수도로서 동유럽의 다른 도시들과 마찬가지로 중세와 사회주의, 자본주의가 묘하게 엉켜있다. 브라티슬라바는 **다뉴브강**(두나이 강)이 도시 가운데를 통과한다. **브라티슬라바성**은 다뉴브강이 내려다보이는 카르파티아(Carpathian)산 남쪽언덕(해발 150m)에 있다. 이 성은 **대모라비아왕국** 시대에는 중요한 정치적인 업무를 수행하였으며, 대모라비아왕국 소멸 이후 헝가리 정부의 국경요새로 역할을 했다. 1811년 완전히 소실되어 폐허가 되었다가 1953년 재건되었다. 공산주의 시대에는 체코슬로바키아 대통령의 브라티슬라바 거처이자 슬로바키아 국회의사당으로 이용되었다. 현재에도 일부분은 슬로바키아 의회로 사용되고 있다.

브라티슬라바를 흘러가는 다뉴브강

(2) 남슬라브권의 여러 나라들

남쪽으로 이동한 슬라브족을 가리켜 **남슬라브족**이라 부르며 이들 남슬라브족에 속하는 나라들에는 **슬로베니아, 크로아티아, 세르비아, 보스니아, 마케도니아, 불가리아** 등의 나라들이 있다.

(A) 슬로베니아

6세기에 남하한 **남슬라브족** 중에서 일부가 사바강 유역을 중심으로 627년 **슬로베니아 왕국**을 건설하였다. 이들을 **슬로베니아인**이라고 부른다. 8세기에는 바이에른과 프랑켄에 속했으나 그후 카롤링거왕조의 **프랑크왕국** 치하에서 가톨릭으로 개종하고 서유럽문화권에 편입되었다. 슬로베니아는 10세기에 신성로마제국, 14세기에는 오스트리아의 합스부르크가(家)의 지배를 받았다.

제1차 세계대전 당시 **오스트리아-헝가리 제국**의 지배하에 있던 슬로베니아는 영국과 러시아의 연합국에 가담한 세르비아, 몬테네그로와 전쟁을 치렀다. 오스트리아-헝가리 제국이 전쟁에서 패배하자 오스트리아제국의 제약으로부터 벗어날 수 있는 호기임을 알아차리고 **남슬라브족**임을 내세워 오스트리아로부터의 민족해방운동에 가담하였다. 같은 남슬라브족인 세르비아-크로아티아와 함께 종교적 다민족국가인 **세르비아-크로아티아-슬로베니아 왕국**을 세웠다. 1918년 12월 베오그라드에서

슬로베니아 지도

왕국의 성립이 정식으로 선포되었다. 이른바 베오그라드왕국의 영토에는 과거 오스트리아로부터 독립해 있던 세르비아, 몬테네그로를 비롯하여 보스니아-헤르체고비나, 크로아티아, 보이보디나, 달마티아, 마케도니아와 함께 슬로베니아도 편입되었다. 1929년에는 유고슬라비아로 불렸고 제2차 세계대전 중에는 독일에 점령되었으나, 대전 후 유고슬라비아 사회주의연방의 성립과 함께 그의 일원이 되었다.

1989년 9월 슬로베니아는 구유고슬라비아 사회주의연방으로부터의 이탈을 명시한 공화국 헌법 개정안을 채택하였다. 1990년 4월 슬로베니아 공화국 최초의 자유선거에서 공산당이 패배하여 5월에 비(非)공산정권이 발족하였다. 슬로베니아와 크로아티아의 두 공화국은 연방 최대 민족인 세르비아 민족에 대한 반감과 경제적으로도 몬테네그로 등 농업중심의 연방 남부 공화국에 대한 경제 부담이 컸다. 그래서 1990년 7월에는 주권을 선언하고 12월 국민투표 결과 90%가 독립을 지지하여 1991년 6월 독립을 선언하였다. 이를 계기로 연방을 유지하려는 세르비아와의 대립이 격화되어 구유고슬라비아 연방군이 슬로베니아를 침공, 슬로베니아 방위군과의 격렬한 전투가 벌어져 수도 류블랴나 공항을 연방군이 폐쇄하였다. 그러나 곧 휴전으로 10월에 연방군이 철수하였다. 1991년 12월 독일이 슬로베니아와 크로아티아의 독립을 승인하고, 1992년 1월에 EU도 독립을 승인하였다. 5월에는 크로아티아, 보스니아-헤르체고비나와 함께 UN에 가입하고, 8월 신유고슬라비아 연방이 슬로베니아의 독립을 승인하여 12월에는 독립 후 최초의 대통령 및 국회의원 선거를 실시했다.

슬로베니아의 전체 인구는 약 200만 명으로 이중 약 10%가 수도인 류블랴나에 모여 살며, 종교는 가톨릭교도가 절반을 넘어선다. 슬로베니아는 구유고연방에서 독립할 때 다른 나라에 비해 긴 내전을 겪지 않았다. ‘10일 전쟁’ 끝에 세르비아가 사실상 독립을 눈감아 주었다. 슬로베니아인이 80%가 넘는 상황에서 독립을 막을 명분이 없었기 때문이다. 다른 발칸 반도의 국가와 비교되는 슬로베니아의 눈부신 경제성장을 두고 신자유주의자들은 철저한 시장 경제 도입 덕이라고 주장한다. 하지만 슬로베니아는 발칸의 다른 나라들과는 출발부터 달랐다. 사회주의 시절부터 일찌감치 마련된 경제 기반에 짧은 내전, 서유럽과 인접한 지리적 혜택 등을 생각해 보면 다른 발칸 국가와 슬로베니아를 비교하는 것은 부당하다고 볼 수 있다.

슬로베니아의 수도 류블랴나

슬로베니아의 수도 류블랴나는 다른 어떤 도시보다 이름에서 풍기는 뉘앙스가 사랑스럽다. '사랑스럽다'는 슬로베니아어가 '류블레나'이니 언어학적 일치에서 오는 느낌 또한 크다고 본다. 슬로베니아는 거대한 왕국이었던 적이 단 한 번도 없었다. 그러므로 류블랴나에 있는 류블랴나 성 또한 한 나라 수도의 성 치고는 너무 소박하고 초라하기까지 하다. 어느 성에나 있는 그 흔한 근위병도 넓은 정원도 하늘을 찌르는 첨탑도 없다. 하지만 성의 망루에 올라서면 류블랴나가 한눈에 들어오며, 오밀조밀하게 모인 붉은 지붕 몇 개를 제외하면 도시 전체에 현대적인 건물들이 즐비해 있고, 저 멀리 눈 덮인 알프스 산맥 또한 아름답게 보인다.

블래드 성과 호수

슬로베니아의 블레드는 아름

블레드 호수 안의 작은 섬과 교회

다운 호수의 도시로서 유명하다. 알프스의 서쪽에 위치하고 있는 블레드는 자연의 아름다움과 역사적인 흥미를 모두 가지고 있는 매력적인 도시이다. 블레드의 이미지는 "성, 거대한 호수, 호수 가운데의 작은 섬"으로 잘 알려져 있으며, **블레드 성**에서 내려다보는 도시 전경은 그야말로 장관이라 아니할 수 없다.

이곳은 관광객으로 북적대는 다른 유럽의 도시와는 달리 고요하고 평화로운 힘을 느낄 수 있는 곳이다. 또한 **블레드 호수** 위에는 작은 섬이 있는데 그곳에는 오래전부터 이곳을 지켜온 작은 교회가 자리 잡고 있다. 슬로베니아 젊은이들에게 있어서 이 작은 교회는 최고의 결혼식 장소로 손꼽히는 곳이기도 하다.

(B) 크로아티아

크로아티아의 선주민은 일루리아족으로 기원전 3세기에 해안지방에서는 로마와 접촉을 가졌고 내륙지방에서는 켈트족과 관계를 맺고 있었던 것으로 보인다. 4세기 초에 고트족, 5세기 전반에 훈족의 침입을 받았다는 사실 이외에는 불분명한 점이 많다. 6세기에는 북쪽에서 슬라브인과 아바르인이 들어왔고, 7세기에는 **슬라브인이 대량으로 이주**하여 왔으나 당시 이들에 의한 사회적· 정치적 통일은 실현되지 않았다. **9세기**에 들어와 **슬라브**라는 이름과 함께 **크로아티아**라는 이름이 처음으로 나타나기 시작하였다. 그러나 7~9세기에 북부는 프랑크왕국, 동부는 동로마제국의 지배를 받아오다가 925년 크로아티아의 트미슬라브공(公)이 왕위에 오르면서 비로소 **크로아티아 왕국**

의 통일이 이루어졌고 가톨릭으로 개종하였다. 1102년 헝가리왕을 통치자로 하는 **헝가리-크로아티아 국가**가 성립되었으며, 1202년에는 이탈리아의 **베네치아**가 크로아티아의 해안산지인 달마티아의 일부를 차지하였다. 더욱이 15세기 후반부터 오스만투르크의 공격이 끊임없이 계속되었고 남(南)헝가리의 모하치 전투에

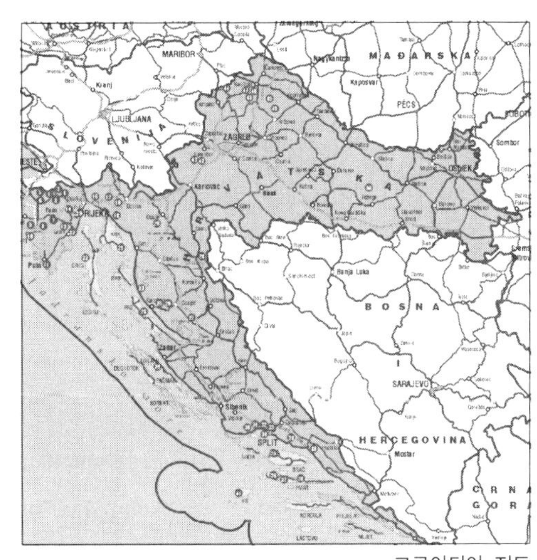

크로아티아 지도

서 헝가리 · 체코 · 슬로바키아 · 슬로베니아 · 크로아티아 연합군이 투르크군에게 패하였다. 16세기부터 1918년까지 크로아티아는 사실상 **합스부르크가(家)**의 보호를 받았으며, 러시아-투르크전쟁에서 러시아가 승리하자 **합스부르크가(家)**의 페르디난트 1세가 크로아티아의 왕위를 차지하였다. 19세기 전반에 이르러 헝가리의 통치에 반대하는 운동이 일어났고, 1868년 **오스트리아-헝가리제국**의 일부로 편입되었다. 제1차 세계대전 결과 오스트리아가 패배하자 크로아티아는 오스트리아에서 벗어나 1918년 이후 세르비아-크로아티아-슬로베니아왕국(일명 **베오그라드 왕국**, 1929년 이후는 유고슬라비아왕국)의 일부가 되었다. 1941년 독일이 침공하여 약 35만 명의 세르비아인, 유태인 등의 집단 학살이 자행되었고, 2차 세계대전 중 약 100만 명이 크로아티아와 보스니아에서 사망한 것으로 전해진다. 1945년 제2차 세계대전 직후 **구유고슬라비아 사회주의연방공화국**의 하나가 되었다. 동유럽의 자유화 물결과 구소련의 해체로 인하여 1990년 4월 크로아티아 공화국 최초의 자유선거가 실시되어 공산당이 퇴진하고 비공산 민족주의 정권이 탄생하였다. 구유고슬라비아 사회주의연방으로부터 이탈을 시도하려는 **크로아티아**와 슬로베니아는 연방 최대인 **세르비아** 공화국과 민족적으로 강하게 대립하였

고, 특히 경제적으로 농업 중심의 남부 각 공화국에 대한 경제 부담이 커 불만이 쌓여왔다. 1991년 5월 주민투표에서 '주권국가에 의한 국가연합'에 대한 찬성이 94%에 달해 1991년 6월 독립선언을 하였다. 결국 크로아티아는 연방 유지를 지향하는 세르비아 공화국과의 대립을 피할 수 없게 되었다. 이에 맞서 연방 이탈에 반대하는 세르비아와 전쟁상태에 돌입하였고, 국내의 세르비아인들은 따로 '크라이너'라는 공화국을 수립하여 크로아티아측과 맞섰다.

1991년 6월에 연방군대가 크로아티아에 본격적으로 개입하여 내전에 돌입하였고 9월에는 연방군이 크로아티아에 대공세를 가하였다. 약 7개월 동안 계속된 이 전쟁으로 크로아티아는 약 1만 명이 죽고 70만 명이 난민이 되는 참혹한 희생을 치러야했다. 한편 12월에 세르비아인의 크라이너 자치구가 크로아티아로부터 독립을 선언하였고 역시 12월에 독일이 슬로베니아와 크로아티아의 독립을 승인한 것을 시작으로 1992년 1월 EU도 이들의 독립을 승인하였다. 하지만 크로아티아 내의 세르비아인들은 크게 반발하며 크라이너 자치구 내의 크로아티아계 주민들에 대한 잔인한 '인공청소'를 자행해 약 8만 명의 크로아티아계 주민들을 강제 추방하고 그 중 일부를 살해하였다. 이에 UN은 3월 크로아티아 내 세르비아인 지구인 동·서슬라보니아와 크라이너 세 지구에 30개국 1만 4,000명의 국제연합 평화유지군을 파견하여 정전감시활동을 전개하였다. 크로아티아는 5월에 슬로베니아, 보스니아-헤르체고비나와 함께 UN에 가입하였다. 1993년 1월에는 크로아티아군이 정전을 파기하고 크라이너 자치구를 침공하여 발발한 내전으로 1만 명 이상이 사망하였다. 크로아티아 군대가 크라이너 자치구인 세르비안 크라이나 공화국(RSK)을 공격하여 크로아티아 내 세르비아계를 제압한 후 약 15만 명에서 20만 명에 이르는 세르비아계를 강제 추방하였다. 이 과정에서 또한 세르비아계 시민들에 대한 집단 학살과 약탈, 그리고 강간 등의 잔인한 '인공청소' 보복이 다시 자행되었다. 이로 인해 크로아티아 군대의 책임자들은 헤이그 전범재판소에 기소를 당했지만 군 통수권자였던 크로아티아 초대 대통령

투지만은 이미 죽은 후였다. 1994년 1월 크로아티아는 신유고연방측과 관계 정상화 협정에 조인하였고, 같은 해 3월 크라이너 지역 세르비아계와 휴전 협정에 서명하여 오늘에 이른다.

크로아티아의 전체 면적은 한반도의 약 1/4 정도로서 인구는 약 450만 명 정도이며 전체 인구의 약 88%가 크로아티아인이며 나머지 4.5%는 세르비아인이고, 그밖에 보스니아인 · 회교인 · 헝가리인 · 체코인 · 이탈리아인 · 슬로베니아인 등이 살고 있다. 크로아타아인은 9세기 말에 로마가톨릭으로 개종하였다. 그래서 선체 국빈의 87.8%가 로마가톨릭을 믿고 있으며, 그 외 세르비아인을 중심으로 세르비아정교를 믿고 있는 비율은 4.4%이고, 무슬림 1.3%, 기타 기독교 0.4%를 차지한다. 크로아티아의 수도는 현재 자그레브이며, 아드리아해 연안을 따라 고대 로마의 흔적이 많이 남아있는 크로아티아 관광도시 폴라를 비롯하여 스플리트, 두브로브니크 등의 아름다운 도시들이 즐비해 있다.

크로아티아의 남서단에 위치한 항구도시 폴라는 아드리아해에 면한 최대의 군항(軍港)으로 철도의 종점이기도 하다. 조선 · 시멘트 · 목재가공 · 화학 · 담배 · 피혁 · 구두공장 · 해군병기공장 등이 있다. 시(市)에는 BC 178년 로마인(人)에 의해 건설된 원형극장, 고대의 사원 등 로마의 유적이 많다. 1798~1918년에는 오스트리아-헝가리 제국령, 1919~1947년에는 이탈리아령(領)이었다.

폴라

크로아티아의 수도 자그레브는 도나우강(江)의 지류 사바강에 면한 하항(河港)이다. 기계 · 섬유 ·

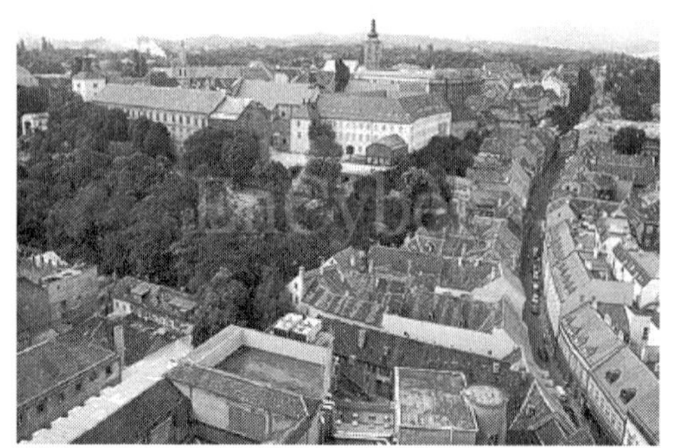
크로아티아의 수도 자그레브

전기 · 목재가공 · 제지 · 피혁 · 담배 등 공업이 성하며, 빈·부다페스트·베오그라드 방면과 연결되는 철도의 요지이다.

자그레브는 오랫동안 오스트리아 · 헝가리제국의 지배를 받았기 때문에 게르만적 문화를 계승했다. 언덕 위의 구시가에는 고딕 양식 · 바로크 양식의 성당 · 수도원 · 궁전 등 13～15세기의 건축물이 남아 있다.

스플리트는 크로아티아에서 두 번째로 큰 도시로서 해상 무역의 중심지이다. 스플리트는 그리스인들의 식민지로 역사를 시작했다. 하지만 스플리트를 유명하게 만든 사람은 로마의 황제 디오클레티아누스이다. 디오클레티아누스 궁전은 로마황제 디오클레티아누스가 자신의 은퇴 후 여생을 보내기 위해 295년부터 10년에 걸쳐 건설한 거대하고 웅장한 궁전이다. 로마네스크 교회 및 중세요새가 있으며 15세기 고딕풍 궁전, 르네상스, 바로크풍의 건축물 등이 현존한다. 궁전에 사용된 재료와 기술은 로마제국의 건축기술을 잘 보여준다. 총면적 3만㎡에 이르는 궁전은 아드리아해 연안에 남아 있는 최대의 로마 유적지로 초호화 궁전인 동시에 군사요새 형태를 갖추었다. 재료는 스플리트에 있는 섬들에서 채취한 석회암과 이탈리아 · 그리스에서 수입한 대리석을 사용하였다. 거대한 규모의 궁전은 로마군 진영의 구조로 이루어졌으며 부지 중앙을 동서와 남북으로 나눠 넓은 도

스플리트의 디오클레티아누스 궁전

로가 지나게 함으로써 전체를 4구역으로 나누었다. 성벽 높이는 25m나 되며 삼면은 육지, 한면은 바다와 접해 있다. 성문을 갖추었고 북 · 서 · 동쪽에 감시탑을 세워 궁전을 보호했으며 군사들도 배치했다. 궁전 안에는 약 9,000명이 거주했었으며, 궁전의 개인공간에서는 물이 내려다보이게 했다. 황제의 알현실로 통하는 궁전의 열주랑은 원주 16개가 반원형 아치를 떠받치고 있는데 이는 로마 건축물에서는 흔히 볼 수 없는 건축형태이다. 기둥들 사이로 로마시대 황제의 영묘였던 대성당이 보인다.

두브로브니크는 크로아티아 아느리아해(海)에 변한 달마티아 해안에 있는 작은 도시이다. **아드리아해의 진주**로 불리는 아름다운 해안 도시 두브로브니크는 7세기에 도시가 만들어져 **라구사(Ragusa) 공화국**이 되어 이탈리아의 베네치아와 경쟁한 아드리아 해안 유일의 해상무역 도시국가였다. 9세기부터 발칸과 이탈리아의 무역 중심지로 막강한 富(부)를 축적했으며, 11~13세기에는 금 · 은의 수출항으로 번영하였다. 십자군 전쟁 뒤 **베네치아** 군주 아래 있다가(1205~1358) **헝가리-크로아티아 왕국**의 일부가 되었다. 이 때 도시가 요새화되고 지협의 각 측에 2개의 항구가 세워졌다. 15~16세기에 무역의 전성기를 맞았고 엄격한 사회계급 체계를 유지하며 유럽에서 처음으로 노예매매제를 폐지(1416)하는 등 높은 의식을 가진 도시였다.

1667년 큰 지진으로 도시의 많은 부분이 파괴되었다가 나폴레옹 전쟁 때 다시 옛날의 번영을 누렸다. 1815년 빈 의회 결의안에 의해 오스트리아 제국(1867년 **오스트리아-헝가리**)에 합병되었다가 1918년 세르

두브로브니크

두브로브니크의 골목길

비아-슬로베니아-크로아티아 왕국에 편입되었다. 1945년 유고슬라비아 연방의 일부가 되었다. 1991년 10월, 크로아티아가 유고슬라비아 연방으로부터 독립을 선언하자 세르비아군이 3개월에 걸쳐 총공격을 해와 도시 전체가 파괴되었다. 1994년 구시가지가 국제연합교육과학문화기구(UNESCO)에 의해 세계문화유산에 지정되었다. 1999년부터 도시 복원작업이 시작되어 성채, 왕궁, 수도원, 교회 등 역사적인 기념물 가운데 가장 크게 손상된 건물들이 복원되었고 옛 명성을 되찾을 만큼 아름다운 해안 도시로 거듭나고 있다.

오노프리오 분수는 두브로브니크 구시가지 도시성벽의 정문 근처에 있다. 1448년에 오노프리오 데 라 카바(Onofrio de la Cava)가 만들었으며 분수에 그의 이름을 붙였다. 중앙에 커다란 돔 모양의 석조물이 있고 그 아래는 16면으로 되어 있으며 각 면에서 물이 나오도록 설계되었다. 원래는 돔 위에 커다란 쿠폴라와 조각상이 장식되었으나 1667년의 대지진으로 파괴되었다. 규모가 크고 지리적으로도 도시 중심부에 위치해 있어 많은 관광객들이 찾는다.

오노프리오 분수

분수의 물은 약 20km 떨어진 리예카 두브로바츠카(Rijeka Dubrovacka)

에 있는 우물에서 공급받는데, 둘 사이에 놓인 수로는 크로아티아에서 건설된 최초의 수로이며 당시로서는 멀리 떨어진 곳으로부터 물을 공급받는 시설 자체가 획기적이었다.

(C) 몬테네그로

정식명칭은 몬테네그로공화국(Republic of Montenegro)이다. 발칸반도 남서부에 자리 잡고 있으며 북쪽으로는 보스니아-헤르체고비나, 동쪽으로는 세르비아, 서쪽으로는 보스니아-헤르체고비나와 아드리아해에 면하고 남쪽으로는 알바니아와 국경을 접한다. 국명은 세르비아어로 '검은 산'을 뜻하며 디나르알프스산맥의 경사면에 가려 어두운 산지가 많기 때문에 붙여졌다. 이곳에 거주하여 온 슬라브족은 동로마제국으로부터 제타강, 스카다르호, 보카만 일대를 봉토로 받아 10세기까지 반(半)독립국가 형태의 듀클리아(Duklja) 공국을 형성하였다. 비잔티움제국의 보호 아래에서는 보이슬라프(Voislav)가 통치하였으며, 1077년 교황 그레고리오 7세가 독립국가로 인정하였다. 제타(Zeta) 후국(侯國)이 12세기 후반까지 남서부의 제타 지방을 중심으로 독립 국가를 이루었는데 이것이 근대 몬테네그로의 기원이 되었다.

제타 후국은 세르비아에 편입되었고, 1371년 독립을 쟁취하지만 1389년 세르비아가 투르크에 패한 뒤 투르크·알바니아 등의 지배에 저항하다가 1516년 이후에는 동방정교회의 대주교를 통치자로 하는 봉건적 신정(神政)을 세웠다. 러시아-투르크 전쟁 때 러시아에 가담하여, 1878년 베를린회의

몬테네그로

에서 세르비아와 함께 독립국으로 승인되었다. 발칸전쟁 때는 세르비아와 협력하여 투르크와 싸우고, 제1차 세계대전 중에도 세르비아를 도와 오스트리아-헝가리제국과 싸우다가 점령되었다. 제1차 세계대전 종전 후인 1918년 세르비아-크로아티아-슬로베니아 왕국(1929년 유고슬라비아 왕국으로 국명 변경)에 무력으로 강제 흡수되어 독립적 지위를 상실했으며, 제2차 세계대전 동안에는 이탈리아 군대에 점령당하고, 1941년~1944년에는 독일군에 점령당하였다. 1992년 세르비아와 함께 신유고연방을 결성하였다. 하지만, 세르비아가 보스니아 등 주변국 내전에 개입하고 코소보사태와 인종청소 등의 문제를 일으키며 국제사회로부터 고립되고 경제제재를 받자, 같은 연방국인 몬테네그로도 경제적 어려움이 심해졌고 이것이 신유고연방을 해체하고 독립하게 된 계기가 되었다. 2003년 베오그라드 협약에서 외교와 국방만을 묶는 느슨한 형태의 세르비아-몬테네그로 국가연합으로 바꾸고 3년 후 독립선택권을 보장받는 데 합의했다. 그러므로 3년 뒤인 2006년에 독립한 몬테네그로는 지구상에서 가장 어린 나라에 속한다. 그러나 전체 인구의 30% 이상을 차지하는 세르비아계 주민들은 신유고연방의 잔류를 희망함으로써 독립을 둘러싼 갈등은 아직 해결되지 않은 상태이다.

코토르는 몬테네그로 코토르(Kotor) 만에 위치한 해안 도시이다. 이곳은 고대 로마시대 부터 사람들이 정착해 살았고, 유스티니아누스 1세 때 이곳에 요새가 건립되었다. 1002년 제1차 불가리아제국의 통치를 받았고 1420년~1797년 베네치아공화국의 지배를 받았으며, 1538년~1571년과 1657년~1699년에는

코토르

오스만투르크 제국의 통치를 받았다. 이후 오스트리아-헝가리제국 등의 지배를 받았고, 제2차 세계대전 당시는 이탈리아에 통합되었다. 1945년 이후 유고슬라비아공화국의 몬테네그로 도시로 편입되었다.

코토르는 몬테네그로에서 가장 잘 보존된 중세도시 중의 하나로서 유네스코 세계문화유산으로 지정되었으며, 베네치아공화국의 오랜 통치를 받아 도시 곳곳에서 이 시대를 반영한 건축물들 볼 수 있다. 주요 유적으로는 1166년에 건립된 성 트뤼폰(St. Tryphon)성당을 비롯하여 4.5km에 달하는 고대 성벽, 그리고 여러 작은 섬들과 구시가지(old town) 등이 있다.

(D) 보스니아-헤르체고비나

보스니아-헤르체고비나는 고대에는 로마제국의 지배를 받았으나 7세기 즈음 슬라브인이 이주해오면서 북부지방의 보스니아는 12세기에, 남부지방의 헤르체고비나는 15세기에 각각 독립하였다. 두 지방은 15세기에 들어와 오스만투르크에 저항하였지만 결국 병합되어 오스만투르크의 한 주(州)가 되었다. 이에 따라 보스니아-헤르체고비나는 다수가 동방교회이지만 이슬람의 영향을 받게 되고 특히 슬라브 계통에 속하는 보스니아인들이 이슬람교로 많이 개종하였다. 1875년 투르크 지배에 대한 농민의 반란이 일어나자 러시아-투르크 전쟁의 발단이 되었으며, 러시아가 승리한 뒤 1878년 베를린회의의 결과 두 주의 행정권은 오스트리아 제국에 위임되었다.

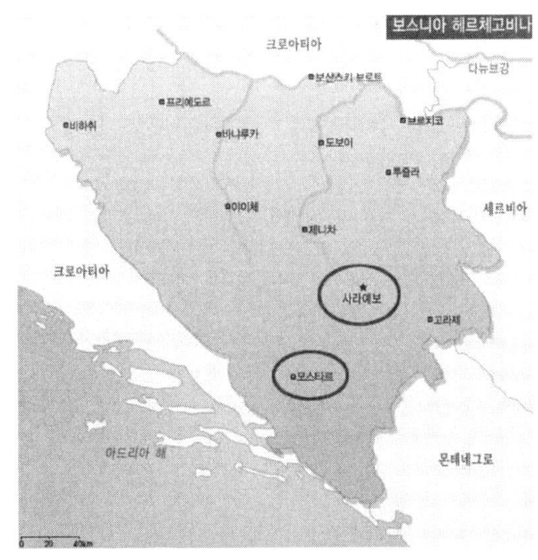

그러나 이 지방에서 오스트리아에 저항하는 민족운동이 일어나기 시작하였다.

남(南)슬라브족의 통일을 부르짖는 민족주의 운동은 세르비아와의 결속을 한층 강화시켰지만 이로 말미암아 오스트리아에 대한 저항을 촉발하는 구심점이 되었다. 1908년 오스트리아가 두 주를 병합한 후, 세르비아인들이 반(反)오스트리아 비밀결사의 활약을 강화하면서 1914년 6월 보스니아의 수도 사라예보에서 오스트리아의 황태자 프란츠 페르디난트를 암살하여 보스니아는 제1차 세계대전의 발화점이 되었다. 제1차 세계대전에서는 오스트리아-헝가리가 패배하고 민족해방운동이 더욱 활발해져 다민족국가인 세르비아-크로아티아-슬로베니아 왕국이 형성되고 1918년 12월 1일 베오그라드왕국의 성립이 정식으로 선포되었다.

세르비아와 몬테네그로를 비롯하여 오스트리아-헝가리 제국에 속해 있던 남슬라브인들의 땅, 이른바 크로아티아, 슬로베니아, 보이보다나, 달마티아, 마케도니아가 베오그라드왕국의 영토에 편입되었다. 이때 보스니아-헤르체고비나도 이 왕국 영토의 일부가 되었다. 구소련이 전승국이 된 제2차 세계대전 후에는 티토에 의하여 구유고슬라비아 사회주의연방이 출범하고 보스니아-헤르체고비나는 이를 구성하는 공화국의 하나가 되었다.

그러나 그것은 다민족 공화국으로서 갈등의 씨앗을 내재하고 있었다. 1990년 7월 보스니아-헤르체고비나 의회 선거에서 공산당이 패배하여 1991년 10월 주권국가의 독립선언을 하게 되자 이를 계기로 내전이 촉발되었다. 1992년 2월 슬라브계 이슬람교도와 크로아티아인의 지도부가 공화국 독립의 국민투표를 실시하고 독립을 결정하자, 세르비아인은 투표를 거부하였다. 구연방 내에서 다수를 차지하고 남부슬라브인의 자존심을 지켜온 세르비아인들에게는 연방의 해체는 600여 년 전인 1389년에 코소보전투에서 이슬람에 패배한 일과 맞먹는 비극이었다.

이렇게 되자 이슬람교 · 세르비아정교(세르비아인) · 가톨릭(크로아티아인)의 3종교가 민족주의와 결부되어 분쟁이 한층 격화되었다. 4월에 EU(유럽연합)가 보스니아-헤르체고비나의 독립을 승인하자 세르비아인은 북부를 중심으로 '세르비아 공화국' 설립을 선언하였다. 5월에 UN 안전보장이사회는 보스니아의 내전 및 외부개입의 즉각적인 정지를 결의하였다. 7월 세르비아, 크로아티아가 함께 UN에 가입하였고, 7월 크로아티안 세력이 '헤르체크 보스나 크로아티아 자치구' 설립을 선언하였다. 이에 세르비아 세력은 전쟁에 돌입하였다.

EU와 미국은 분쟁의 배후를 조정하던 신유고연방의 세르비아 정부를 비난, 세르비아세력의 팽창을 막는 무력행사 용인을 결의하였고, 1993년 6월 UN은 유엔보호군의 무력용인 결의를 채택하였다. 그러나 내전해결의 실마리는 풀리지 않았고 8월 크로아티아인 세력이 '헤르체크 보스니아 공화국' 수립을 선언하였다. 이후 이슬람교도 · 세르비아인 · 크로아티아인 간 내전이 각 세력의 '인종청소'로 이어지는 등 매우 격렬해지자 국제사회의 개입으로 1995년 12월 데이턴평화협정을 체결하여, 보스니아-헤르체고비나연방(이슬람계-크로아티아계 연방)과 스르프스카공화국(세르비아계 공화국)으로 이루어지는 1국가 2체제를 수립하였다.

보스니아에서 이루어진 공식적 마지막 인구 조사인 1991년 통계에 따르면, 당시 보스니악(보스니아 무슬림) 43%, 세르비아계 35%, 크로아티아계 18%의 분포를 이루고 있었다. 이 민족적 구분은 애초엔 종교구분이나 마찬가지였다. 이들의 외모나 언어가 꼭 닮았기 때문이다. 보스니악은 이슬람, 세르비아계는 동방정교, 크로아티아계는 가톨릭이다. 즉 종교로 인한 구분이 민족 구분으로 자리 잡은 셈이다. 이러한 종교 분포는 역사적 결과였다. 즉 보스니아는 오랫동안 역사의 각축장이었던 것이다. 7세기 즈음, 일군의 슬라브족들이 이 땅에 들어와 터를 잡았는데 이들이 바로 보스니아인들의 조상인 것이다. 이들은 다른 슬라브족과 마찬가지로 동방정교를 믿었으며, 12세기

에 보스니아 왕국으로 자치를 이루며 15세기(1463년) 오스만 제국에 점령되기 전까지 전성기를 누렸다. 남쪽의 헤르체고비나 지방은 귀족의 영지로 관리되다가 역시 15세기(1482년)에 오스만 제국에 점령당하였다. 오스만 제국이 헤르체고비나를 보스니아에 통합해 관리함으로써 오늘날의 보스니아-헤르체고비나가 만들어졌다. 오스만 제국의 지배는 400년 이상 지속되었으며, 이 기간 동안 많은 보스니아인들이 이슬람으로 개종하거나 이슬람 문화에 동화되면서 보스니악이 탄생하였다. 그 후 1878년 오스만 제국이 러시아와의 전쟁에서 패배하면서 이 땅은 오스트리아-헝가리 제국의 지배하에 들어가며, 1914년에는 이 지역의 사라예보에서 발생한 사건이 도화선이 되어 제1차 세계대전이 발발함으로써 다시 역사의 소용돌이에 휘말리기 시작한다.

크로아티아 두브로브니크에서 북서쪽으로 150㎞ 떨어진 이슬람의 도시 모스타르(Mostar)는 '보스니아 & 헤르체고비나' 남서부에 위치한 도시다. 크로아티아 국경에 인접한 이곳은 유럽에서 '작은 터키'로 불리는 헤르체고비나 연방의 수도다. 세르보크로아티아어로 '오래된 다리', '낡은 다리'라는 뜻을 가진 모스타르는 하루에 다섯 번씩 이슬람의 코란이 울려 퍼지는 무슬림의 도시다. 동유럽의 한복판에서 모스크의 첨탑을 볼 수 있다는 점이 이 도시의 또 다른 매력이다. 네레트바(Neretva)강 하나를 사이에 두고 북쪽에는 가톨릭을 믿는 크로아티아인들이 살고, 남쪽에는 이슬람을 믿는 무슬림들이 문화를 공존하며 살아간다. 모스타르는 사라예보와 크로아티아의 넓은 포도밭으로 둘러싸여 있고, 15세기 오스만투르크족에 의해 400년간 지배를 받았던 도시다. 인구 약 12만 명 중 50%가 무슬림이고, 세르비아 정교를 믿는 세르비아인과 가톨릭을 믿는 크로아티아인이 각각 17%를 차지하고 있다. 나머지는 헝가리인, 알바니아인의 소수민족으로 구성돼 있다. 보통 모스타르 하면 무슬림들이 거주하는 모스크 주변을 말한다. 10여 년 전 모스타르의 많은 모스크가 크로아티아군에 의해 파괴되었고, 이 도시의 상징인 아치형의 다리 '스타리 모스트'도 부서졌다. 아직도 건물 곳곳에 전쟁의 상처가 남아 있는 구시가지 중심에는 터키의 국기가 휘날리고, 여성들은 머리에 히잡을 쓰고 있으며, 건물에 새겨진 '알라만이 유일한 신이다'라는 코란의 글귀가 작은 터키의 이미지를 보여준다.

네레트바 강을 끼고 있는 모스타르는 로마시대 때 지어진 성과 성당, 1556년에 건설된 석조 다리 스타리 모스트, 터키령 시대에 건축된 여러 개의 모스크 등 서로 다른 종교 유적지가 많은 곳이다. 하늘에서 촬영한 모스타르의 사진을 보면 동양과 서양의 문화가 충돌한 이스탄불처럼 동서양의 독특한 건축문화를 한눈에 볼 수 있다. 그래서 유네스코는 다양한 문화, 민족, 종교 등이 혼재된 이 도시를 세계문화유산 지역으로 선정했다. `작은 터키`라는 별명답게 모스타르에는 오스만투르크족의 가옥 형태, 지중해풍의 집, 서유럽의 다양한 양식의 건축물이 도시 곳곳에 남아 있다.

모스타르에 도착하면 눈에 제일 먼저 들어오는 것이 모스타르 주민들의 자긍심이 녹아 있는 스타리 모스트다. 러시아어로도 '스타리 모스트(Старый Мост)'는 '늙은 다리, 낡은 다리, 오래된 다리'라는 뜻이다. 폭이 좁고 물살이 매우 빠른 네레트바강 위에 세워진 이 다리는 원래는 나무다리였다. 15세기 투르크족이 이곳으로 온 후 목조다리는 이스탄불의 유명한 건축가 신난에 의해 폭 4m, 길이 30m, 높이 27m의 석조다리가 되었다.

유럽에서 이슬람 양식으로 지어진 다리 중 가장 아름답다고 평가받는 스타리 모스트는 단순히 강을 건너기 위한 다리의 기능보다 더 큰 의미를 가지고 있다. 이 지역은 같은 슬라브족들이 살고 있지만 강을 중심으로 서로 다른 종교와 문화가 공존하는 곳

모스타르의 스타리 모스트

이다. 다리 왼쪽(서쪽)의 가톨릭의 크로아티아인과 다리 오른쪽(동쪽)의 이슬람의 보스니아인이 다리를 통해 서로의 문화를 공유하고 때로는 갈등과 전쟁으로 서로에게 상처를 주기도 했다.

모스타르는 유고연방 시절 산업과 관광의 중심지로 호황을 누리던 도시였다. 하지만 보스니아 내전으로 만신창이가 되었다. 특히 모스타르는 내전 중에 또 다른 내전에 시달리는 이중의 비극을 경험했다. 애초 모스타르를 공격했던 건 세르비아계인 유고연방의 군대였다. 보스니아가 독립을 선언한 후 유고연방군은 모스타르를 18개월 동안 포위한 채 공격을 퍼부었다. 크로아티아계와 보스니아악은 힘을 합쳐 저항했고 마침내 유고연방군은 모스타르에서 물러났다. 하지만 또 다른 비극이 시작되었다. 이번에는 크로아티아계가 모스타르 내 보스니아인들에게 공격을 퍼부었다. 크로아티아 정부의 지원을 받은 크로아티아계 민족주의자들이 유고연방과의 전쟁이 끝나자 보스니아를 차지하기 위하여 모스타르에서 보스니아악을 몰아내고자 하였던 것이다. 특히 다리 왼편의 모스타르 서쪽을 장악한 크로아티아계는 이곳에 살던 수천 명의 보스니아악을 강제로 추방시켜 버렸으며, 이 과정에서 잔인한 '인종청소'가 이루어지고, 모스타르의 상징인 스타리 모스트도 정밀 포격에 의해 산산조각 나버렸다.

내전이 끝난 후 모스타르는 자그마한 네레트바강을 사이에 두고 동서로 완전히 갈라졌다. 서쪽은 크로아티아계, 동쪽은 보스니아악의 세상이다. 지난 1996년 내전이 끝난 후 서로의 종교와 문화를 인정하면서부터 도시는 안정을 되찾았고, 다시 복원된 스타리 모스트를 보기 위해 유럽 전역에서 하루에도 수천 명의 관광객들이 모스타르를 찾는다. 관광 성수기 때 다리 위는 사람들로 인산인해를 이뤄 앞으로 나아가기가 매우 어렵다. 여름철에는 관광객을 상대로 멋진 다이빙을 선보이며 돈을 버는 사람도 있다. 다리의 진면목을 감상하기 위해서는 강 주변에 즐비하게 들어선 카페나 레스토랑을 찾아야 한다. 그곳에서 보면 다리는 한 장의 멋진 엽서처럼 아름다운 풍광으로 눈에 들어온다.

보스니아-헤르체고비나의 수도 사라예보

스타리 모스트 다리에서 메흐메드 파샤 모스크(Mehmed Pasha`s Mosque)가 있는 길로 들어서면 모스타르의 중심인 브라체 페지카(Brace Fejica) 거리가 나온다. 이 거리는 이스탄불의 골목을 연상시킬 만큼 이슬람풍의 노래가 흐르고 널찍한 카펫과 터키 국기가 바람에 휘날리고 있다. 작은 터키의 이미지가 한눈에 그려질 만큼 사람들의 복장이나 생김새도 투르크 전사들의 모습이다. 휘어진 칼이나 기하학적으로 새겨진 문양 등이 아랍이나 터키를 떠오르게 할 만큼 동양적 색채가 강하다. 강을 따라 50m도 채 되지 않는 짧은 거리지만 이곳이 풍기는 향기는 매우 이색적이다. 그래서 사람들은 **모스타르**의 색다른 이미지 때문에 동유럽에서도 변방인 이곳을 찾는다.

사라예보는 현재 보스니아-헤르체고비나의 수도이다. 이곳은 1914년 6월 발생한 오스트리아 황태자의 암살사건(**사라예보 사건**)이 제1차 세계대전의 도화선이 된 역사적으로 유명한 곳이다. 시내를 흐르는 미리야크 강(江) 강변에는 이 사건을 기념하는 작은 박물관이 있고 시내에는 이슬람풍의 거리와 시장, 다수의 모스크·성당 등

라틴 다리

이 있다.

사라예보의 라틴다리 위에서 벌어진 사라예보 암살사건은 남(南) 슬라브 민족의 통일을 부르짖고, 황태자를 그 장애물로 본 세르비아의 민족주의적 비밀결사의 계획에 의한 것이었다. 사라예보는 현재 보스니아-헤르체고비나에 있지만, 당시에는 1908년 오스트리아에 합병된 후, 보스니아주(州)의 중심 도시였다. 당시 사라예보를 순찰 중이던 오스트리아의 프란츠 페르디난트 황태자 부부는 세르비아의 청년 가브릴로 프린시프가 쏜 총격에 의하여 라틴 다리 위에서 사망하게 된다. 오스트리아 정부는 이 사건에 세르비아 정부가 관련되었다고 하여 즉각 세르비아에 최후통첩을 보내고, 7월 28일에 세르비아에 선전포고를 함으로써 제1차 세계대전이 발발하게 된다.

보스니아-헤르체고비나는 1992년 3월 유고슬라비아로부터 분리 · 독립하였으나 그 과정에서 발생한 이슬람계 · 세르비아계 · 크로아티아계 민족 간의 분쟁으로 사라예보는 내전의 중심지가 되었다. 보스니아 내전 동안 사라예보는 3년 반 이상을 철저하게 포위되었다. 보스니아가 독립을 선언한 직후인 1992년 4월 6일, 유고연방의 지원을 받은 세르비아계 군대는 수도 사라예보를 포위하였다. 세르비아계 군대는 도로를 차단한 채 음식, 물, 전화, 전기, 난방 공급을 모조리 끊어버렸다. 세르비아계는 연일 사라예보 시내에 포격을 퍼부어댔다.

사라예보의 공동묘역

사라예보 내전의 흔적

사라예보 내 세르비아인들 역시 보스니악들에게 잔인한 인종청소를 당했고 도시에서 추방되었다. 사라예보의 포위는 1995년 10월에야 간신히 끝났지만, 3년 7개월 계속된 포위로 1만 2천명 이상이 죽어나갔고 5만 명 이상이 중상을 입어, 도시 인구는 64퍼센트나 감소하게 되었다.

(E) 세르비아

세르비아는 원래 일루리아 민족의 땅이었으나, 6~7세기에 슬라브족의 남슬라브계에 속하는 세르비아인이 이주하여 발칸반도의 주요 세력이 되었다. 9세기에 그리스도교를 받아들이고, 9~10세기에는 불가리아, 11~12세기에는 비잔틴 제국의 보호 아래 있었으나 12세기에 단독으로 세르비아왕국을 세웠다. 그 후 오스만투르크의 발흥에 맞서 1389년 세르비아와 불가리아가 연합군을 형성하여 대항하였으나 코소보 싸움에서 투르크군에 패하고, 15세기(1459년)에는 오스만투르크의 지배하에 들어갔다. 19세기에 들어서면서 민족해방운동이 일어나, 1817년에 밀로시 오브레노비치공(公)이 자치국을 세웠다. 1876년 보스니아-헤르체고비나의 대투르크 반란을 계기로 투르크와 싸우고 다시 1877~1878년 일어난 러시아-투르크 전쟁에서 러시아가 승리하자 불가리아 등과 함께 1878년의 베를린회의에서 국제적으로 독립을 승인받았다.

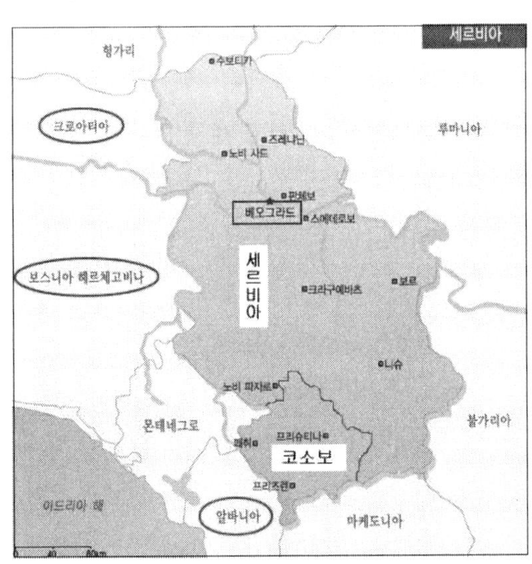

1882년에 세르비아는 오브레노비치가(家)가 통치하는 왕국이 되었으나, 1903년에 알렉산드르 오브레노비치가 암살되고 카라게오르게비치가(家)에 의해 통치되었다. 제2차 발칸전쟁에

서 승리하였으나, 이후 세르비아는 오스트리아-헝가리 제국의 제국주의 팽창 위협을 받아왔다. 그러던 중 보스니아의 사라예보에서 세르비아의 자객 G. 프린치프가 오스트리아의 황태자 페르디난트 부부를 사살하면서 제1차 세계대전이 발발하였다.

제1차 세계대전에서 승리한 세르비아는 1918년에 세르비아 - 크로아티아 - 슬로베니아 왕국(일명 베오그라드 왕국)의 일원으로 편입되고, 1926년에는 유고슬라비아 왕국이 되었다. 1941년부터 1945년까지 나치 독일의 점령과 분할에 맞서 싸웠으나 내부의 다양한 민족과도 군사적 투쟁이 계속되었다. 독일과 크로아티아 분리주의자들이 제2차 세계대전에 패배하면서 티토가 이끄는 군사정치적인 세력이 유고슬라비아를 장악하게 되었다. 1946년에는 크로아티아· 마케도니아 등과 함께 유고슬라비아 사회주의연방을 이루었다. 유고슬라비아는 남슬라브라는 뜻으로 슬라브민족의 유대를 보여주는 것이다. 티토와 그의 추종자들은 바르샤바조약과 서방세계 사이를 45년간 넘나들면서 독자적인 길을 잘 걸어왔다. 세르비아 민족주의를 견제하던 티토가 사망하고, 1989년 동부유럽의 자유화물결 속에 세르비아공화국의 대통령이 된 슬로보단 밀로셰비치는 세르비아 민족의 발칸 지배를 향한 초민족적인 선언을 함으로써 민족적 분열을 야기하였다.

1991년 구소련이 붕괴되면서 1991년 슬로베니아, 크로아티아, 마케도니아가 독립을 선언하여 연방체제가 붕괴되었고 1992년에는 보스니아마저 독립하였다. 세르비아는 이에 맞서 1992년 4월 같은 동방정교 문화권인 몬테네그로와 함께 신(新)유고연방(FRY)을 결성하였다. 밀로셰비치 대통령은 이웃 국가에 있는 세르비아인에게 "대세르비아 결속"을 외치며 군사적인 행동을 촉구하였다. 그는 보스니아-헤르체고비나 · 크로아티아 내전에 개입하여 각 지역의 세르비아인들에게 무기 등을 지원하였다. 1992년 UN(국제연합) 안전보장이사회가 내전을 종식시키기 위해 세르비아에 대한 경제제재조치를 취하자 외교적으로 고립되고 경제난이 가중되었다. 1998년 코소보 메토히야 자치주에서 신유고연방으로부터의 분리 · 독립을 요구하는 알바니아계 코소보 주민과 세르비아 정부군 사이에 코소보 사태가 일어나고, 이어 밀로셰비치의 묵인 아래 알바니아계 주민에 대한 무자비한 인종청소작전을 펼치자 유엔은 무기금수조치를 취하고 EU(유럽연합)도 경제제재를 결의했다. 국제사회에서 완전 고립된 세르비아는 1999년 2월부터 3월 말까지 서방측과 코소보 평화협상을 가졌으나 실패로 끝났다. 3월 24일 NATO(북대서양조약기구)는 신유고연방을 공습하였고 세르비아는 6월 3일 UN의 평화계획을 승인하였다. 이어 1999년 OSCE(유럽안보협력기구) 회원자격을 회복하고 UN에도 8년 만에 복귀했다. 밀로셰비치는 2001년 4월 선생범죄, 학살죄, 반인도적범죄 혐의로 체포되어 전범재판을 받던 중 2006년 3월 11일 감옥에서 사망했다.

2003년에는 연방의 일원이었지만 독립을 요구해온 몬테네그로와 베오그라드 협약을 맺고, 기존의 유고연방에서 외교와 국방만을 묶는 느슨한 형태의 세르비아-몬테네그로 국가연합으로 전환하며 3년 후 독립 선택권을 보장하는 데 합의하였다. 2006년 5월 21일 몬테네그로가 국민투표에서 분리 독립을 결정하자 세르비아도 투표결과에 승복했으며, 이로써 몬테네그로가 공식적으로 독립하게 되었다. 유고연방은 결성된 지 60년 만에 완전히 해체되었고, 원래의 6개 국가인 세르비아공화국 · 몬테네그로공화국 · 크로아티아공화국 · 슬로베니아공화국 · 보스니아-헤르체고비나공화국 · 마케도니아공화국으로 되돌아갔다. 2006년 10월 세르비아 의회는 국민투표에 의하여 확정된 새로운 공화국 헌법을 승인하였다.

세르비아는 인구가 약 1,000만 명 정도이며 세르비아인이 약 66%, 알바니아인이 17% 그리고 헝가리인 3.5% 정도 차지하고 있다. 2004년부터 UNMIK(유엔 코소보 임시행정부)과 NATO(북대서양조약기구)의 직할 통치를 받고 있는 코소보메토히야 자치주에서는 독립에 대한 요구가 더욱 거세지고 있다. 주민의 다수를 차지하는 알바니아계 주민이 세르비아계 주민을 공격하면서 세르비아계 주민들이 대규모로 탈출하는 등 새로운 민족 갈등이 나타나고 있으며, 그 결과 인구가 180만 명에서 2006년 현재 160만 명(알바니아계 150

세르비아의 수도 베오그라드

만, 세르비아계 10만)까지 줄어들었다. 미국과 EU 등 강대국들이 독립을 지지하는 가운데 독립 협상이 진행되고 있지만, 동방정교회를 믿는 세르비아인에게도 그곳이 종교적 성지인 곳이라 어려움이 예상되고 있다.

베오그라드란 '하얀 도시'라는 뜻으로, 오스트리아와의 국경 방면에서 동쪽을 향하여 흐르는 사바강(江)이 도나우강에 합류하는 지점 우안에 위치한다. 칼레메그단이라고 부르는 성채(城砦)가 있는 석회암 대지를 중심으로 펼쳐져 있다. 좌안쪽의 저지대에 있는 제믄 지구도 편입시켜 이 지구에 신도시인 노비 베오그라드가 건설되었다. 철도 · 도로 · 항공 등 교통의 중심지로, 도나우강의 하항으로 발전하였다. 피혁 · 섬유공업을 비롯하여 기계 · 화학 · 식품공업 등이 활발하며, 과학 아카데미 · 대학 · 동식물원 · 극장 · 박물관 등과 옛 궁정(宮廷)이 있다. 시(市)가 창건된 역사는 BC 4세기로 발칸 제민족 항쟁의 중심지였으나 1521년 터키가 점령한 후 1867년까지 오스트리아와 헝가리로부터 터키 공격의 목표지였다. 그 이후는 세르비아의 수도가 되었다. 제1차 세계대전 때에는 오스트리아와 헝가리에 의해 2회에 걸쳐 점령되고, 1918년 연합국과 헝가리 간의 휴전조약이 이곳에서 체결되었다. 이때부터 세르비아 · 크로아티아 · 슬로베니아 왕국의 수도가 되고 급격한 발전을 이루었다. 제2차 세계대전 때는 1941년 4월 나치스 독일에 점령되어 피해가 컸으나, 시민들은 이에 적극 저항하고, 1944년 10월 소련군과 티토 수상이 이끄는 유고슬라비아 해방군에 의하여 해방되었다. 1945년 11월에 독립을 선언하고, 다시 수도로서 정치 · 경제의 중심지가 되었다.

칼레메그단 요새

칼레메그단은 세르비아의 수도 베오그라드에 있는 공원으로서 사바강과 도나우강의 합류지점인 스타리그라드의 높이 125.5m 지대에 위치한다. 칼레메그단은 세르비아에서 가장 유명한 역사적 장소 가운데 하나로서 2000년의 역사를 지닌 요새이다. 터키어로 '칼레'는 '요새', '메그단'은 '전장(戰場)'을 뜻한다. 이 지역에는 BC 3세기에 켈트족이 최초로 정착하였고 이후 지정학적 중요성에 의해 군사요새가 여러 번 건설되거나 증축되었다. 로마제국에 의해 정복된 후 사바강·도나우강 합류지점 옆 구릉에 요새화된 군사진영이 구축되었다. 중세시대 이후에는 성벽 내에서 마을이 발전하고 인구가 집중해 살았으며 이를 토대로 베오그라드의 도시형태가 수립되었다. 공원 안에는 동로마제국의 유스티니아누스 1세 시절인 535년경 지어진 요새 등 로마시대의 요새 흔적과 함께 진단문(Gate Zindan), 산책로, 동물원, 무기박물관, 승리자의

코소보의 주도 프리슈티나

코소보 난민 수용소

탑(또는 빅토르 동상), 투쟁의 분수, 모스크, 제2차 세계대전 당시의 프랑스에 대한 감사기념비, 예술가들의 흉상 등이 있다.

코소보 지역은 고대부터 로마, 비잔틴 제국, 세르비아 왕국, 불가리아 왕국의 지배를 번갈아 받던 지역이다가, 13세기 초에는 세르비아 왕국의 땅이 되었다. 14세기 세르비아 왕국의 전성기를 이끈 슈테판 두산 왕은 코소보의 도시 프리즈렌을 세르비아 왕국의 수도로 만들기도 하였다. 하지만, 14세기(1389년) 코소보 고원에서 있었던 코소보 전투에서 세르비아왕 라자르공(公)이 지휘하는 세르비아, 불가리아, 알바니아, 보스니아 등의 연합군은 무라드 1세가 인솔하는 오스만투르크군에게 패함으로써, 발칸 반도에서의 투르크 지배 기초가 구축되게 된다. 16세기 오스만 제국이 이 지역을 완전히 차지한 후에는 300년 이상을 투르크의 지배를 받음으로써 아직도 곳곳에서 터키의 흔적을 볼 수 있다. 이 기간 동안 주민 중 상당수가 이슬람으로 개종하였고, 남쪽에 접한 지역에는 알바니아계 사람들이 대거 유입되었다.

그러므로 코소보에는 알바니아계가 전체 주민의 90% 이상을 차지한다. 오스만 제국에게 패한 후 세르비아인들은 사실상 코소보를 포기하였으며, 그 후 슬라브족이 정착하기 이전부터 이 땅에 살았던 일리아족의 후손인 알바니아인들이 들어와 자리를 잡은 것이다. 그래서 주민의 절대 다수를 차지하는 알바니아계 주민들은 그동안 세르비아로부터의 분리독립을 바라고 있었다. 1998년 3월 초 코소보의 알바니아 분리주의 반군들이 세르비아 경찰을 공격하면서 코소보 사태가 시작되었다. 보스니아 내전의 종식으로 한 동안 잠잠하던 발칸반도가 다시 전화(戰火)에 휩싸이게 된 것이다. 세르비아 경찰은 즉각 반격에 나서 반군은 물론, 반군 거점지역의 주민들을 대량학살하였다. 이에 맞서 알바니아계 주민들은 코소보해방군(UCK)을 중심으로 게릴라전을 전개하였다. 1998년 3월 31일 국제연합(UN)은 유고연방에 대한 무기금수조치를 내렸으며, 1998년 4월 세르비아의 탄압에 대한 알바니아계 주민의 시위가 확산되었다. 세르비아는 1998년 5월 3일 대규모 소탕작전을 전개하여 수십 명의 알바니아계 반군을 사살하고, 알바니아계 주민들을 대상으로 이른바 인종청소작전을 펼쳤다.

코소보의 독립은 세르비아의 입장에서는 노서히 용납될 수 없는 일이였다. 왜냐하면, 세르비아인들에게 있어서 코소보는 '성지'로 여겨졌기 때문이다. 즉 14세기 슈테판 두산 황제는 코소보에 터를 잡고 세르비아 왕국의 전성기를 이끌었었다. 19세기 세르비아에 불었던 세르비아 민족주의 운동은 코소보 전투의 패배에 자신들을 투사하며 오스만 제국에 대한 적의를 높이는 수단으로 이용하였다. 그러므로 세르비아 민족에게는 겨우 되찾은 '성지'를 다시 내놓는 것은 죽기보다 더 싫은 일이였다. 즉 600년 전 14세기의 코소보 전투는 20세기 코소보 사태의 중요한 원인 중 하나가 된 것이다.

1998년 코소보 사태로 인하여 코소보로부터 탈출하는 알바니아계 주민들이 러시를 이루었고, 난민수는 1999년 1월 현재 30만 명에 이른 것으로 추정되었다. 1998년 6월 코소보 사태에 대한 개입을 선언한 미국과 유럽연합은 나토(NATO) 병력을 코소보 주변에 배치하고 코소보로부터의 세르비아 병력의 철수, 잔혹한 인종청소의 중단을 촉구하였다. 그러나 세르비아군은 이를 무시하고 1998년 8월 코소보해방군의 주요거점을 함락시켰다. 1998년 10월 나토는 세르비아에 대한 무력 사용을 결정하였다. 그러자 세르비아의 밀로셰비치 대통령은 1999년 2월부터 3월 말까지 몇 차례에 걸쳐 서방측과 코소보 평화협상을 가졌다. 그러나 협상은 모두 실패로 끝나고, 3월 24일 나토는 유고연방에 대한 공습을 시작하였다. 6월 3일 마침내 세르비아 의회가 유엔(UN)의 평화계획을 승인하였다. 6월 5일부터 나토와 유고연방 간에 군사회담이 열렸고, 9일에는 군사협정이 체결되었다. 이로써 나토의 유고공습이 시작된 이래 11주간 계속된 **코소보 사태**는 수습되고 평화안 이행에 들어갔다.

(F) 마케도니아

마케도니아는 고대 알렉산더 대왕의 **그리스 왕국** 일부였다. 그러나 현재의 마케도니아인은 고대 그리스계가 아닌 6~7세기에 이주한 **남슬라브인** 계통이다. 동로마제국의 지배하에 있을 당시 많은 주민들이 그리스도교로 개종하였다. 9세기에는 **불가리아의 지배**를 받아오다가 11세기에는 **비잔틴제국**의 지배를 받았다. 그 후 중세에는 불가리아 · 세르비아의 지배를 받아오다가 14세기(1355년) **오스만투르크**에 정복되어 오랫동안 지배를 받아왔다. 18세기 말에 이르러 자본주의가 대두함에 따라 **남슬라브민족들**은 외국의 지배자에 대항하여 민족해방운동을 벌이기 시작하여 오스만투르크의 지배를 받아왔던 그리스 · 세르비아 · 몬테네그로 · 불가리아가 독립하고 자치권을 인정받았다. 이러한 가운데 독립하지 못했던 **마케도니아**는 인접 국가들의 영토 확장의 목표가 되었다. 1878년 제정러시아는 **러시아-투르크전쟁**(1877~1878)에서 승리한 후, 산 스테파노(San Stefano) 조약에 의해 마케도니아를 불가리아에 이양하였다. 제정러시아가 발칸반도의 중심에 강력한 기지를 세우는 것에 두려움을 느낀 서방 강대국들은 불가리아에게 마케도니아를 오스만투르크에 반환하도록 강요하였다. 이에 1893년 마케도니아 민족주의자들은 오스만투르크로부터의 **독립투쟁**을 개시하였다.

1912년 그리스 · 세르비아

· 불가리아가 연합하여 오스만투르크에 대항했던 **제1차 발칸전쟁**이 발발하여 오스만투르크가 패배하고 **1913년 제2차 발칸전쟁** 때는 그리스와 세르비아가 불가리아를 배척하고 마케도니아를 분할했다. 이런 결과에 실망한 마케도니아는 세르비아 왕권파에 대한 투쟁을 계속하였고 베오그라드의 전시정부는 마케도니아 언어는 물론 마케도니아란 이름의 사용을 금지하였다. **1918년** 세르비아 - 크로아티아 - 슬로베니아 왕국이 성립되어 1929년 **유고슬라비아 왕국**으로 개칭되었다. 제2차 세계대전 당시 마케도니아는 유고슬라비아 사회주의연방 정권 하에서 완전한 공화국의 지위를 갖게 된다는 것에 1943년 동의하였다.

제2차 세계대전 후 유고사회주의 정권하에서 마케도니아인이 처음으로 민족으로 인정받아 스스로 공화국을 형성하여 구유고슬라비아 사회주의연방공화국 내의 일개 공화국이 되었다. 1952년 최초로 마케도니아어 문법서적이 출판되었고 독자적인 **마케도니아 정교회**의 설립이 허가되었다. 현재의 마케도니아공화국은 제2차 발칸전쟁 후 세르비아에 속했던 지역만으로 구성되어 있다. **1991년** 유고연방의 붕괴 이후, 9월 8일 마케도니아에서 실시된 국민투표의 결과 주민의 95%가 독립을 원하여 마케도니아 정부는 구유고슬라비아로부터 완전한 독립을 선언하였고 같은 해 11월 헌법이 발효되었다. 1992년 3월에 유고슬라비아 연방군이 완전히 철수하였고 분할이 평화적으로 이루어졌다. 11월에는 알바니아계 주민이 세르비아의 코소보 자치주와의 통합을 요구하면서 자치확대 · 분리독립운동을 전개함으로써 내전이 발발하자 UN(국제연합)은 12월 천여 명의 평화유지군을 파견하였다.

한편 마케도니아는 그리스의 지방명이라고 주장하는 그리스가 마케도니아라는 국명 사용에 강력하게 반대함으로써 국제사회의 승인이 늦어졌으나 EU(유럽연합)의 중재로 타협되어 **1993년** UN은 **'구유고슬라비아 마케도니아 공화국'**이라는 잠정적인 국명으로 승인하고 4월에 UN에 가입하였다. 그리스와의 국명문제는 UN 안전보장이사회에서 1993년 6월에 양국에 대해서 9월까지 해결하도록 하는 결의가 있었으나 아직 합의에 이르지 못하고 있다.

마케도니아의 수도 스코페 전경

마케도니아의 수도 스코페는 바르다르강(Vardar R.)상류에 위치해 있고, 중부유럽과 아테네 사이를 잇는 중요한 통로역할을 하고 있다. 마케도니아에서 제일 큰 도시로서 정치, 문화, 경제 및 학문의 중심지로 마케도니아 인구의 25% 이상이 이곳에 거주한다. 제2차 세계대전 이후 빠르게 성장하였으며, 1963년 대지진으로 이러한 성장이 다소 주춤했으나 오늘날 다양한 문화유산을 보유한 근대도시로 성장해왔다. 특히, 금속처리, 화학, 목재, 직물, 가죽관련 산업이 발전했으며 이러한 산업의 발전으로 무역과 금융업이 동반 성장하였고 문화와 스포츠도 발전하였다.

기원전 3500년경부터 사람들이 이곳에 거주해왔으며, 이러한 흔적들은 오래된 칼레(Kale)요새에서 발견된 석기시대 유적을 통해서 알 수 있다. 서기 395년부터 비잔티움제국의 지배하에 들어갔으며 7세기 말에 슬라브족의 침입을 받았다가, 다시 비잔티움제국의 통치를 받게 되었다. 14세기부터 오스만투르크 제국의 통치가 시작되었고, 많은 이슬람 문화가 유입되면서 여러 사회문화적인 변화를 겪게 되었다. 20세기 오스만투르크 제국에 대한 저항운동이 일어났고 제1, 2차 세계대전을 겪은 후 1944년 유고슬라비아 공화국에 통합되었다. 1991

마케도니아, 스코페에 위치한 스베티 스파스 교회

년 유고슬라비아공화국에서 독립되면서 마케도니아의 수도가 되었다.

무스탑하 파스하(Mustapha Pasha) 이슬람 사원은 1492년에 건립되었으며 마케도니아에서 가장 아름다운 이슬람 건축물로 꼽힌다. 또한, 고대 로마양식 수로와 바르다르강에 놓여진 오스만투르크 제국 당시에 지어진 돌다리 등이 있다.

무스탑하 파스하 이슬람사원

(G) 불가리아

불가리아 지역의 선주민은 주로 트라키아인이었고, BC 15년부터 로마의 영역에 속하여 지배를 받았다. AD 6~7세기경 북쪽에서 이주하여 온 **슬라브인**이 발칸반도 전체를 점유하였으나, 7세기 후반에 들어와 볼가강 유역의 거주민 투르크족 불가리아인이 발칸반도로 진출하여 **불가리아와 슬라브** 두 민족의 혼합국가인 **제1불가리아왕국**(681~1018)이 탄생하였다. 불가리아 제국은 비잔티움제국(帝國)과 오랫동안 전쟁을 하면서 마찰을 빚었으나, 양국 간에 문화 교류도 이루어져 865년 보리스 1세 때는 **비잔티움 그리스도교**를 받아들였다. 이때 내부적으로 봉건적 관계도 형성되기 시작하였으며, 시메온 제왕(893~927) 시절에는 제국(帝國)의 최전성기를 맞이하였다. **투르크 타타르계**의 주민과 원주민인 **슬라브인**의 혼혈이 계속되는 가운데 10세기가 되자 반(反) 봉건운동이 광범위하게 일어났다. 1018~1185년 동안에는 비잔티움제국에 정복되었으나 1185년 북부 도시 **투르노보**를 중심으로 한 봉기에서 승리하여 **제2차 불가리아왕국**(1186~1396)을 성립시켰다. 봉건체제의 붕괴는 실현되었지만 남쪽 터키에서 발흥한 오스만투르크족에 굴복, **14세기**(1393)부터는 **투르크의 지배**하에 들어갔다. 투르크는 불가리아의 귀족

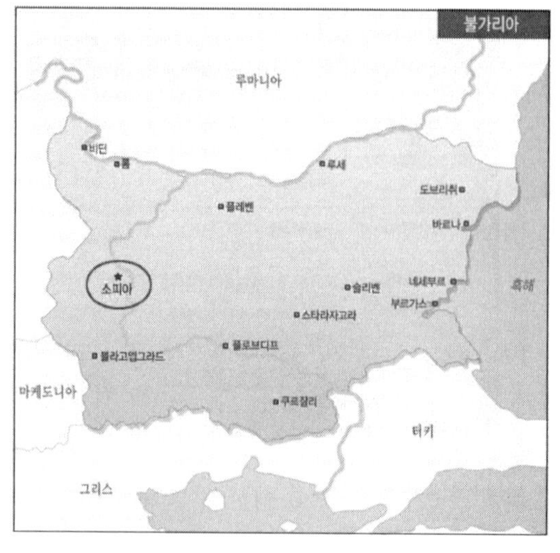

을 살해하고 이 지방의 지배를 확립하였다. 이때부터 500년간의 암흑시대가 시작되어 불가리아의 독립이 지연되었다.

16세기에 오스만투르크 세력의 약화를 틈타 몇 차례의 민족 봉기가 일어났으나 모두 진압되었다. 1876년 불가리아 민족해방 투쟁이 재현되어 다시 심한 탄압을 받았으며, 이 때문에 촉발된 제정러시아-투르크의 전쟁(1877~1878)의 결과로 불가리아는 오스만투르크의 지배에서 벗어나게 되었고 자신들의 불가리아적 정통성을 지키게 되었다. 1885년에는 슬라브계 인접국인 세르비아와 싸워 승리하였다. 이 무렵부터 자본주의가 발달하기 시작하였다. 1912년에는 오스만투르크에 대항하는 발칸동맹이 성립되고 불가리아는 대(對) 투르크전(제1차 발칸전쟁)에서 승리하였으나, 이듬해 제2차 발칸전쟁에서는 영토를 고수하기 위하여 제1차 때의 동맹군과 투르크군을 상대로 싸워 패전함으로써 많은 영토를 잃었다.

1914년에 일어난 제1차 세계대전 때는 독일·투르크 쪽에 서서 세르비아, 그리스 공격을 위한 독일군의 진주(進駐)를 허가하였다. 제1차 세계대전에 패한 뒤 농민당·공산당·군부 사이에 정권투쟁이 계속되다가 1930년대에 들어서자 파쇼국가와 접근하였으나, 제2차 세계대전에서는 독일의 압력으로 추축국 측에 가담하였다. 곧 전세가 불리함을 깨닫고 1944년 8월 영세중립국을 선언하였으나, 1944년 9월 소련이 불가리아에 선전포고를 하고 영내로 침입하여 파시즘 정권은 쓰러지고 공산정권이 개혁에 착수하였다.

1945년 게오르기 디미트로프 공산당 서기장이 집권한 후 1946년 3월 토지

개혁, 9월 8일 왕제(王制) 폐지에 이어, 9월 15일 불가리아 인민공화국이 선포되었다. 1947년 12월 공산당식 헌법이 채택된 후 공산당을 중심으로 하는 국가체제가 계속되었으나, 1989년 11월 민주화를 요구하는 전국적인 시위가 있은 후 일당독재를 포기하였다. 1990년 11월 국명이 불가리아 인민공화국에서 불가리아 공화국으로 변경되었다.

불가리아의 인구는 약 720만 명이며 수도는 소피아이고 주민의 대다수(82.6%)는 불가리아정교를 믿는다.

불가리아의 수도 소피아는 불가리아 서부 소피아 분지에 있으며, 해발고도 550m 지점에 위치한다. 도나우강(江)으로 흘러드는 이스쿠르강의 두 지류가 시내를 흐르며, 배후에 산을 등지고 있어 경치가 아름답고, 푸른 숲이 우거진 공원이 많아 '녹색의 도시'로 알려져 있다. 유럽에서도 가장 오래된 도시의 하나로, 고대에는 트라키아인(人)의 식민지였다.

29년 로마에게 점령된 후 트라야누스 황제 치하에서는 군사근거지가 되었으며, 당시 교통의 요지로 발전하였다. 그 후 고트족(族)과 훈족에게 파괴되었으나, 6세기에 유스티니아누스 황제에 의해 재건되었으며, 특히 이곳은 슬라브족의 공격을 대비하기 위한 성채로 큰 몫을 하였다. 809~1018년 불가리아 제1왕국, 1194~1386년 비잔틴, 14세기 말부터는 투르크의 지배하에 놓여 발칸 반도에서 가장 중요한 전략지점이 되었다. 1877년 러시아-투르크 전쟁으로 러시아에게 점령되었고, 이듬해 불가리아인에게 넘어가 1879년 수도가 되었으며, 행정·사법의 중심지를 이루었

불가리아의 수도 소피아

알렉산드르-네프스키 성당

다. 러시아-투르크 전쟁에서 죽은 러시아 병사들을 기리기 위해 만든 거대한 알렉산드르-네프스키 성당이 있다.

불가리아의 고도(古都) 벨리코 투르노보(옛 이름은 투르노보)는 소피아에서 동쪽으로 240km 떨어진 얀트라강(江) 상류에 있다. 제2차 불가리아 왕국(1185~1396)의 수도였으며, 아센 2세(1218~1241)시대에는 슬라브 문화의 중심지가 되어 '불가리아의 아테네'라고 불렀다. 14세기(1393년) 오스만 제국의 침략으로 왕국은 멸망하였으나, 이후 5세기에 걸쳐 문화 · 교육의 중심지로 번창하였다. 19세기(1867년)에는 오스만에 저항하는 무장봉기의 중심지가 되었고, 제2차 세계대전 때에는 반(反)파시즘 운동의 최대 거점이었다. 주변에 비옥한 농경지가 펼쳐져 식육 · 제당 · 통조림 · 우유가공 · 포도주 제조 등의 식품공업이 활발하다. 그 밖에 섬유 · 기계제작 · 금속 · 목재가공 · 제지 · 화학 등의 공업도 이루어진다. 14세기에 세워진 성베드로 교회와 성바오로 교회, 고고학박물관 · 사관학교 · 종합대학 등이 있다.

불가리아의 벨리코 투르노보

슬라브문화의 이해

문제편

중간정리 및 중간고사

1. 다음 (　　　) 속에 들어갈 적당한 말을 써 넣으시오.

> 키예프-루시 시대 → 몽고-따따르의 지배시기 → ( )공국시대 → 제정러시아 → 혁명 → 소련(소비에트 연방 공화국)

2. 다음 중 남슬라브족이 아닌 사람을 하나 고르시오.

① 불가리아인　② 세르비아인　③ 슬로바키아인
④ 보스니아인　⑤ 크로아티아인

3. 다음 중 동슬라브족이 아닌 사람을 하나 고르시오.

① 러시아인　② 백러시아인　③ 우크라이나인　④ 폴란드인

4. 다음 중 서슬라브족이 아닌 사람을 하나 고르시오.

① 폴란드인　② 체코인　③ 슬로바키아인　④ 로베니아인

5. 다음 중 슬라브족 대이동의 방향과 종족 이름이 아닌 것은?

① 동쪽 → 동슬라브족　② 서쪽 → 서슬라브족
③ 남쪽 → 남슬라브족　④ 북쪽 → 북슬라브족

6. 키예프-루시인들에게 기독교가 전파된 해는 언제인가?

① 688년　② 998년　③ 988년　④ 1098년　⑤ 788년

7. 다음 중에서 남슬라브족이 아닌 사람을 하나 고르시오.

① 세르비아인　② 몬테니그로인　③ 크로아티아인
④ 루마니아인　⑤ 마케도니아인

8. 다음 중에서 동슬라브족을 하나 고르시오.

① 폴란드인　② 체코인　③ 슬로바키아인
④ 우크라이나인　⑤ 크로아티아인

9. 다음 중에서 슬라브족이 아닌 민족을 둘 고르시오.

① 불가리아인　② 보스니아인　③ 헝가리인　④ 마케도니아인
⑤ 슬로바키아인　⑥ 루마니아인　⑦ 슬로베니아인　⑧ 크로아티아인

10. 다음의 역사 시대 서술 중에 ( ) 속에 들어갈 적당한 말을 적어 넣으시오.

키예프-루시 시대 → (   ) 지배시기 → 모스크바 공국시대 → 로마노프 왕조시대 → 혁명

11. 동쪽으로 이동한 동슬라브족이 세운 최초의 국가 키예프-루시는 다음 중 어느 종족에게 멸망하였는가?

① 하자르족　　② 바이킹족　　③ 폴란드와 스웨덴
④ 타타르족　　⑤ 카자크족

12. 동쪽으로 이동한 동슬라브족이 세운 최초의 국가를 무엇이라 부르는가? (5글자)

(　　　　　　)

13. 루시인들에게 그리스도교를 효과적으로 전파하기 위하여 수도승 끼릴과 메포지가 남슬라브어를 바탕으로 만든 언어를 무엇이라 부르는지 쓰시오. (6글자)

(　　　　　　)

14. 본래 '소련'이란 명칭은 '(　　　　　) 사회주의 연방 공화국'의 약칭이다. (　　　　　) 속에 들어갈 적낭한 말을 쓰시오. (4글지)

15. 수도승 끼릴과 메포지에 의하여 만들어진 고대 교회슬라브어는 다음 중 어느 언어에 바탕하여 만들어졌는가?

① 동슬라브어　　② 서슬라브어　　③ 남슬라브어　　④ 그리이스어
⑤ 라틴어

16. 슬라브족은 (　　　)세기~(　　　)세기에 걸쳐 대이동을 하였다. 다음 중 (　　　) 속에 들어갈 적당한 아라비아 숫자를 하나 고르시오.

① 1-2, 4　　② 4, 9　　③ 4-5, 10　　④ 5-6, 9　　⑤ 5-6, 12

17. 카르파티아 산맥에 위치해 있던 슬라브족이 각각 세 그룹으 로 나뉘어 이동해 간 역사적 사실을 가리켜 무엇이라 부르는지 쓰시오. (8글자)

(　　　　　)

18. 1812년 나폴레옹은 60만 대군을 이끌고 러시아를 침공한다. 결국 나폴레옹의 몰락을 가져온 이 전쟁은 러시아 역사상 가장 큰 전쟁 가운데 하나로서, 러시아 사람들은 이 전쟁을 가리켜 '조국전쟁'이라 부른다. 훗날 이 전쟁은 러시아의 대문호 톨스토이에 의하여 다시 역사소설로 태어나게 되는데, 이 대작(大作)의 이름은 무엇인가? (5글자)

(　　　　　　)

19. 다음 (　　　) 속에 적당한 말을 써 넣으시오. (4글자)

> 키예프-루시 시대 → 몽고-따따르의 지배시기 → 모스크바 공국시대 → (　　　)왕조시대(제정러시아) → 혁명 → 소련.

20. 다음 중 레닌과 가장 관계가 깊은 조직체는 어느 것인가?

① 사회혁명당　② 혁명적 민주주의자들　③ 볼셰비키　④ 멘셰비키
⑤ 입헌민주당　⑥ 인민주의자들

21. 다음 중 레닌이 주도한 역사적 사건은 어느 것인가?

① 1905년 피의 일요일 사건　② 1917년 2월 혁명
③ 1917년 10월 혁명　④ 1904년 러일전쟁
⑤ 1914년 제1차 세계대전

22. 다음 (　　)속에 들어갈 말들이 순서대로 배열된 것을 하나 고르시오.

> 키예프→ (　　　)시대 → 몽고(　　)지배시기 → (　　　)공국시대 → (　　　) 왕조시대 → 혁명 → 소련(소비에트 연방 공화국)

① 루시 → 따따르 → 로마노프 → 모스크바
② 루시 → 따따르 → 모스크바 → 로마노프
③ 공국 → 따다르 → 모스크바 → 로마노프
④ 공국 → 킵차크 → 로마노프 → 모스크바
⑤ 루시 → 킵차크 → 모스크바 → 러시아

23. 다음 중 레닌이 주도한 역사적 사건이 아닌 것은?

① 1917년 2월 혁명　② 1917년 10월 혁명
③ 1917년 7월 대봉기　④ 1905년 모스크바-소비에트 무장봉기
⑤ 1914년 제1차 세계대전 참가 반대 운동

24. 다음 (　　)속에 들어갈 공통적인 말을 써 넣으시오.

> 러시아 사람들은 역사상 크고 작은 전쟁들을 수없이 겪으며 살아왔다. 러시아인들이 겪은 수많은 전쟁들 가운데 가장 큰 전쟁 2개를 꼽는다면, 나폴레옹이 쳐들어온 나폴레옹 전쟁과 제2차 세계대전을 꼽는다. 그러므로 러시아인들은 나폴레옹 전쟁을 가리켜 (　　)전쟁이라 부르며, 제2차 세계대전을 가리켜서는 대(　　)전쟁이라 부른다.

25. 러시아 최초의 반란 사건인 '제까브리스트 반란 사건'은 다음 중 언제 발생한 사건인가?

① 1812년 12월　② 1812년 11월
③ 1825년 12월　④ 1825년 10월
⑤ 1830년 9월

26. 다음 사진 속의 역사적 인물을 가리키는 말이 아닌 것을 하나 고르시오.

① 이반 바실리예비치
② 이반 뇌제
③ 이반 대제
④ 이반 깔리따

27. 다음 사진 속의 황제가 이룩한 업적들과 거리가 먼 것을 하나 고르시오.

① 젬스키 사보르
② 오쁘리치나
③ 강력한 중앙집권국가
④ 시비리 정벌
⑤ 북방전쟁의 종식
⑥ 성 바실리 성당

28. 다음은 제정러시아의 역대 주요한 짜리들의 통치 순서를 배열해 놓은 것이다. 올바른 것을 하나 고르시오.

① 로마노프 → 뾰뜨르 대제 → 예까쩨리나 여제 → 알렉산드르1세 → 빠벨1세 → 니콜라이1세 → 알렉산드르2세
② 로마노프 → 예까쩨리나 여제 → 뾰뜨르 대제 → 빠벨1세 → 알렉산드르1세 → 니콜라이1세 → 알렉산드르2세
③ 로마노프 → 뾰뜨르 대제 → 예까쩨리나 여제 → 빠벨1세 → 알렉산드르1세 → 니콜라이1세 → 알렉산드르2세
④ 로마노프 → 뾰뜨르 대제 → 예까쩨리나 여제 → 빠벨1세 → 알렉산드르1세 → 알렉산드르2세 → 니콜라이1세

29. 다음 중 제1차 러시아 혁명은 어느 것을 말하는가?

① 1905년 피의 일요일 사건
② 1917년 2월 혁명
③ 1917년 10월 혁명
④ 1917년 4월 테제
⑤ 1918~20년 적군과 백군의 내란 전쟁

30. 레닌은 소수정예의 노동자 계급 전위대에 의한 혁명을 주창하였다. 다음 중 레닌의 이러한 혁명노선을 따랐던 그룹을 가리켜 무엇이라 불렀는가?

① 사회혁명당
② 멘셰비키
③ 볼셰비키
④ 나로드니키

31. 다음 중 레닌과 볼셰비키들이 혁명의 완수를 위하여 발행하였던 당기관지가 아닌 것을 하나 고르시오.

① 이스끄라 ② 브뻬료드 ③ 프라우다
④ 프롤레타리아트 ⑤ 젬스트보

32. 다음 중 모스크바 공국의 통치자가 아닌 인물을 하나 고르시오.

① 유리 돌고루끼 ② 이반 깔리따 ③ 드미트리 돈스꼬이
④ 이반 바실리예비치 ⑤ 드미트리 1세

33. 나폴레옹은 60만의 프랑스 대군을 이끌고 러시아를 언제 쳐들어 왔으며, 당시 나폴레옹을 막아 용감히 싸운 러시아군 총사령관의 이름이 올바로 짝지어진 것은?

① 1812년 → 뽀좌르스키 ② 1825년 → 꾸뚜조프
③ 1812년 → 꾸뚜조프 ④ 1825년 → 뽀좌르스키
⑤ 1812년 → 알렉산드르 네프스키

34. 1870년대 러시아의 대학생들은 조국의 암담한 현실을 걱정하며 조국의 미래를 개혁하고자 농촌 속으로 뛰어 들어가 '브 나로드 운동'을 전개하였으며, 당시 많은 젊은 대학생들은 투옥된 혁명사상가 체르늬쉡스키의 농민 혁명사상에 심취되어, 당시로서는 금서로 지정되어 금기시 되던 그의 책을 비밀리에 열심히 읽었다. 당시 수많은 젊은 대학생들의 우상이며 스승이였던 체르늬쉡스키가 쓴 이 책의 이름은 무엇인가? → (　　　　)

35. 1870년대 러시아의 혁명적인 성향을 지닌 인텔리겐차들이 펼쳤던 농촌계몽운동을 가리켜 무엇이라 부르는지 다음 중에서 하나 고르시오.

① 브 나드로 운동 ② 브 드로드 운동 ③ 슬라브주의 운동
④ 브 나로드 운동 ⑤ 계몽주의 운동 ⑥ 범슬라브주의 운동

36. '라즈노친찌'에 대한 다음 설명 중에서 올바른 것을 하나 고르시오.

① 인민을 계몽하고자 농촌 속으로 뛰어 들어갔었던 '브나로드 운동'의 주창자들을 가리키는 말이다.
② 농촌공동체(미르)를 중심으로 러시아를 개혁하고자 하였던 '농민사회주의자들'을 가리키는 말이다.
③ 19세기 50년대~70년대에 나타난 귀족 출신이 아닌 자유민주주의 지식계급 소시민을 가리키는 말이다.
④ 제까브리스트 반란사건에 가담하였던 혁명적 민주주의자들을 가리키는 말이다.

37. 1870년대 러시아의 혁명적 성향을 지닌 인텔리겐챠들이 펼쳤던 대대적인 농촌계몽운동을 가리켜 (　　　　)운동이라 부른다. (　　　) 속에 들어갈 적당한 말을 써 넣으시오.

38. 게르쩬이 주창한 사상-이론으로서 러시아는 이미 고대로 부터 '농촌공동체'라는 사회주의적 토양이 잘 갖추어져 있으므로, 서구와 달리 자본주의를 거치지 않고서도 곧 바로 사회주의로 갈 수 있다는 사상-이론을 가리켜 '(   )이론'이라 부른다. (6글자)

39. 다음 중 러시아 혁명사상의 발전과정에서 주창자와 사상 및 운동이 잘못 짝지어진 것을 하나 고르시오.

① 게르쩬 → 농민사회주의이론　　② 나로드니키 → 계몽주의사상
③ 체르늬쉡스키 → 농민혁명사상　　④ 인민주의자 → 브 나로드 운동

40. 다음 중 러시아어 번역 말이 잘못 짝지어진 것을 하나 고르시오.

① 라즈노친찌 → 삽계급시식인들　　② 니로드니끼 → 인민주의자들
③ 브일리나 → 영웅서사시　　④ 미르 → 농촌공동체
⑤ 크레믈린 → 장막

41. 다음 중 뾰뜨르 대제의 서구화 정책과 거리가 먼 것을 하나 고르시오.

① 유럽의 선진기술 도입　　② 교회의 개혁과 사상의 변화
③ 뻬쩨르부르그의 건설　　④ 뿌가쵸프 반란 사건의 진압
⑤ 뽈따바 전투의 승리　　⑥ 생활 문화의 개혁

42. 다음 중 역사적 사건들의 순서가 올바르게 배열된 것을 하나 고르시오.

① 나폴레옹 전쟁 → 제까브리스트 반란사건 → 서구주의: 슬라브주의 → 농노해방령 → 브 나로드 운동.
② 나폴레옹 전쟁 → 제까브리스트 반란사건 → 서구주의: 슬라브주의 → 브 나로드 운동 → 농노해방령.
③ 제까브리스트 반란사건 → 나폴레옹 전쟁 → 서구주의: 슬라브주의 → 농노해방령 → 브 나로드 운동.
④ 나폴레옹 전쟁 → 제까브리스트 반란사건 → 농노해방령 → 서구주의:슬라브주의 → 브 나로드 운동
⑤ 제까브리스트 반란사건 → 나폴레옹 전쟁 → 서구주의:슬라브주의 → 브 나로드 운동 → 농노해방령

43. 러시아의 진보적 인텔리겐챠들은 줄기차게 전제주의 타도를 외치면서, 아울러 이 제도의 폐지를 강력히 주장하였다. 마침내 1861년 이 제도의 폐지가 발표되었지만, 그것은 형식적인 것에 불과하였으며 오히려 지주와 귀족들을 위한 것이었다. 이 제도는 무슨 제도인지 답하시오. (3글자) (   )

44. 다음 중 게르쩬이 주창한 농민사회주의 이론과 가장 관계가 깊은 것을 하나 고르시오.

① 계몽주의　　② 슬라브주의　　③ 농노제　　④ 농촌공동체

45. 다음에서 '슬라브주의자들'이 주창한 내용과 거리가 먼 것을 하나 고르시오.

① 자유주의적 사상을 발표하였다. ② 농노제와 짜르 정부를 비판하였다.
③ 군주제와 지주적 토지소유제를 옹호하였다. ④ 뾰뜨르 대제의 개혁에 찬성하였다.
⑤ 러시아 역사의 특이성을 주장하며 봉건적 관계와 농촌공동체를 이상화하였다.

46. 다음에서 '서구주의자들'이 주창한 내용과 거리가 먼 것을 하나 고르시오.

① 서구와 같은 자본주의 발전단계를 주장 ② 전제주의 반대 ③ 지주제 폐지
④ 뾰뜨르 대제의 개혁에 찬성 ⑤ 농촌공동체의 부활 ⑥ 봉건제도의 폐지

47. 다음은 러시아 혁명사상의 발전과정 및 방향을 적어 놓은 것이다. 그 순서가 올바르게 된 것을 하나 고르시오.

① 혁명적 민주주의 → 농민사회주의이론 → 인민주의 → 농민혁명사상 → 테러리즘.
② 혁명적 민주주의 → 농민혁명사상 → 농민사회주의이론 → 인민주의 → 테러리즘
③ 농민사회주의이론 → 혁명적 민주주의 → 농민혁명사상 → 인민주의 → 테러리즘
④ 혁명적 민주주의 → 농민사회주의이론 → 농민혁명사상 → 인민주의 → 테러리즘

48. '라즈노친찌'에 대한 다음 설명 중에서 거리가 먼 것을 하나 고르시오.

① 잡계급 지식인들을 가리키는 말이다.
② 귀족 출신이 아닌 자유민주주의 지식계급 소시민을 지칭한다.
③ 바야르와 드보랸으로 구성되어 있다.
④ 소지주, 중소상인, 수공업자들도 여기에 속한다.

49. 19세기 중엽 러시아의 진보적 인텔리겐챠들은 항상 인민들을 생각하며 조국의 미래를 걱정하였다. 당시 대다수의 농민들이였던 '인민'을 가리켜 러시아어로 무엇이라 부르는가?

(3글자) → (   )

50. 다음 중에서 '나로드'와 관계가 먼 것을 하나 고르시오.

① 농민사회주의이론 ② 농민혁명사상 ③ 인민주의
④ 브 나로드 운동 ⑤ 나로드니끼 ⑥ 러시아 사회민주주의

51. 다음의 구소련 지도에서 가리키는 번호와 공화국명이 일치하지 않는 것을 하나 고르시오.

① 5 → 백러시아
② 4 → 러시아
③ 11 → 에스토니아
④ 12 → 우즈벡스탄
⑤ 13 → 투르크메니스탄
⑥ 15 → 키르키즈스탄

52. 다음의 러시아 지도에서 러시아를 크게 동부와 서부의 2개 지역으로 나눌 때, 지도의 어느 강을 중심으로 나누는 지, 강의 위치(번호)와 이름이 일치하는 것을 고르시오.

① 1 - 볼가강
② 2 - 예니세이강
③ 2 - 오브강
④ 3 - 예니세이강
⑤ 3 - 레나강
⑥ 4 - 레나강

53. 다음의 지도는 러시아가 우랄산맥을 넘어 시베리아를 개척하기 전의 영토를 그려 놓은 것이다. 이 지도에 나타나 있지 않으며 거리가 먼 곳을 하나 고르시오.

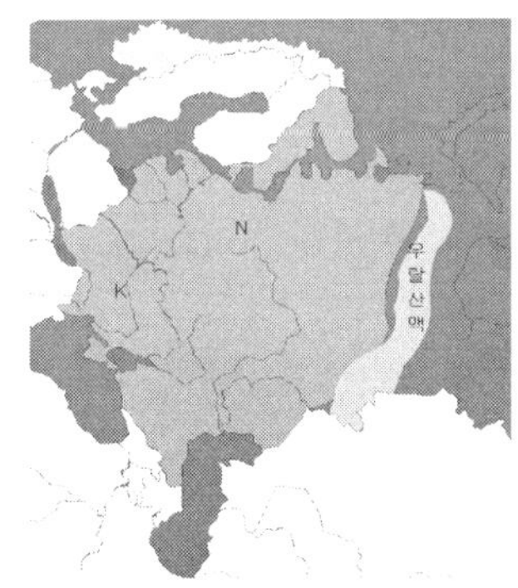

① 돈 강
② 흑해
③ 카스피해
④ 바이칼호
⑤ 볼가강
⑥ 드녜쁘르강

54. 다음의 러시아 지형에 대한 이야기 중에서 틀린 것을 하나 고르시오.

① 러시아는 대체로 동남쪽이 높고 서북쪽이 낮은 형태로 되어 있다.
② 러시아의 강은 대부분 남북방향으로 흐른다.
③ 러시아 지형은 크게 2개의 주요지역으로 나누어, 예니세이 강을 경계로 서부와 동부로 나눌 수 있다.
④ 러시아는 대체로 동남쪽이 낮고 서북쪽이 높은 형태로 되어 있다.
⑤ 러시아는 전통적으로 우랄산맥을 기점으로 하여 유럽 부분과 아시아 부분으로 나누어진다.

55. 구소련의 15개 공화국 중에서 발틱 3국에 해당되지 않는 나라를 하나 고르시오.

① 에스토니아 ② 라트비아 ③ 몰다비아 ④ 리투아니아

56. 다음의 지도를 보고 번호에 맞는 국가의 이름을 (　　　) 속에 써 넣으시오.

① 5번 국가의 이름 → (　　　　　　　)
② 6번 국가의 이름 → (　　　　　　　)
③ 11번 국가의 이름 → (　　　　　　　)
④ 12번 국가의 이름 → (　　　　　　　)
⑤ 13번 국가의 이름 → (　　　　　　　)
⑥ 14번 국가의 이름 → (　　　　　　　)
⑦ 15번 국가의 이름 → (　　　　　　　)

57. 다음의 지도에서 11 ~ 15번 국가들을 가리켜 '(　　　) 지역'이라 부른다. (　　　) 속에 적당한 말을 써 넣으시오.

58. 다음 중에서 구소련의 15개 공화국이 아닌 나라를 하나 고르시오.

① 라트비아　② 키르키즈스탄　③ 슬로베니아
④ 그루지야　⑤ 아제르바이잔　⑥ 아르메니아

59. 다음은 러시아 지형을 5개 지역으로 나눈 것이다. 틀린 것을 하나 고르시오.

① 러시아 평원　② 우랄산맥 지역　③ 시베리아 평원
④ 중앙시베리아 고원　⑤ 중앙아시아 지역　⑥ 동부와 남부 산악지대

60. 슬라브인들의 기질 가운데 극단적인 모순성의 특징은 다음 중 어느 것과 제일 관계가 있다고 보는가?

① 지형 ② 기후 ③ 대자연 ④ 지리 ⑤ 민간신앙

61. 다음은 유럽 여러나라들의 러시아 자원 의존도를 나타낸 도표이다. 도표에서 가리키는 러시아의 자원은 무엇인가?

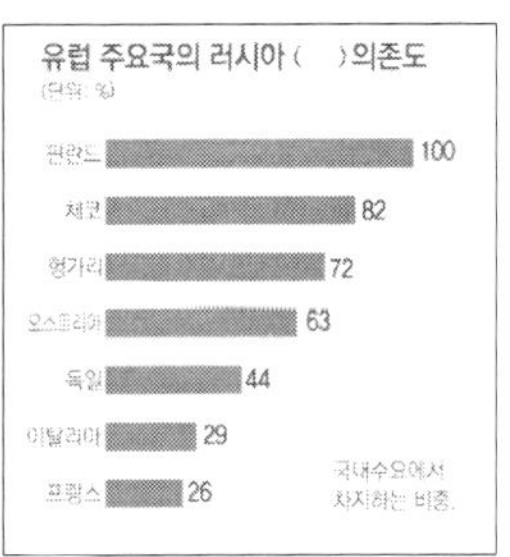

① 석유
② 석탄
③ 철광석
④ 가스
⑤ 금, 은
⑥ 동파이프

62. 다음의 러시아 강들 가운데 흐르는 방향이 나머지 강들과 다른 강을 하나 고르시오.

① 볼가강 ② 돈강 ③ 예니세이강 ④ 레나강 ⑤ 아무르강

63. 다음 지도에 나타난 러시아 강들 가운데 번호와 강이름이 틀린 것을 하나 고르시오.

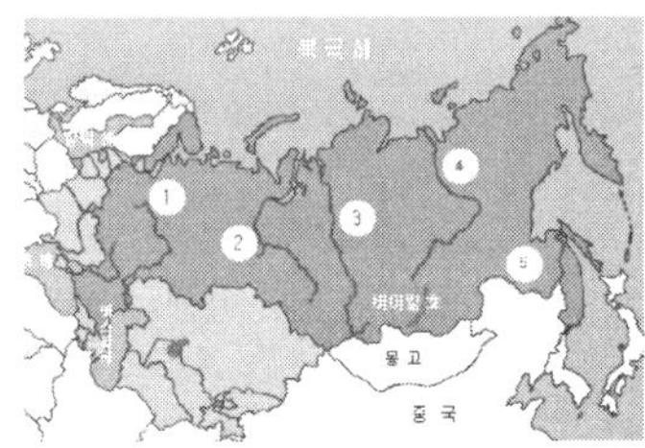

① 1 → 볼가강
② 2 → 오브강
③ 3 → 예니세이강
④ 4 → 돈강
⑤ 5 → 아무르강

64. 다음 지도에 나타난 강들 가운데서 러시아인들의 사랑을 가장 많이 받으며 '어머니의 강'이라 불리는 강은 어느 강인지 적당한 번호를 고르시오.

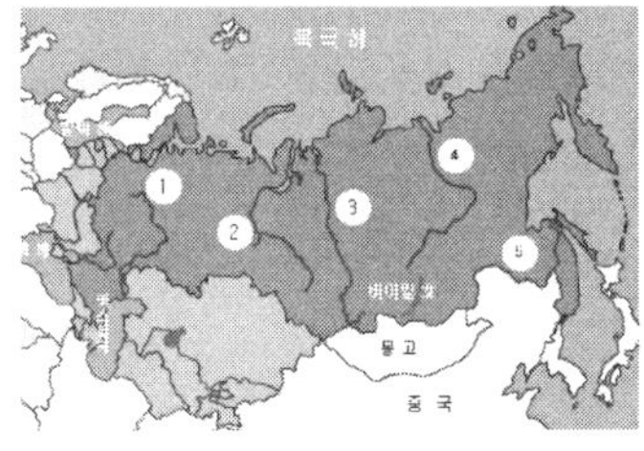

① 1
② 2
③ 3
④ 4
⑤ 5

65. 다음 지도에 나타난 강들의 이름을 번호에 맞게 (　　)속에 써 넣으시오.

① 1 → (　　)강
② 2 → (　　)강
③ 3 → (　　)강
④ 4 → (　　)강
⑤ 5 → (　　)강

66. 다음 중 슬라브적 기질과 거리가 먼 것을 하나 고르시오.

① 극단적인 모순성　　② 자연지리와 정신지리의 일치성
③ 메시아적 의식　　④ 자유로운 모험가 기질

67. 브라질, 러시아, 인도, 중국의 4개국을 가리켜 무엇이라 부르는지 쓰시오.

(3글자) → (　　　)

68. 다음 (　　) 속에 적당한 말을 써 넣으시오.

까자크를 상징하는 단어는 크게 (　　)와 (　　)이라고 말할 수 있다.

69. 까자크들의 수장으로서 자신의 부족을 책임지는 족장을 가리켜 무엇이라 부르는가?

(3글자) → (　　　)

70. 영화 <따라스 부리바>는 러시아 문학작품을 영화화한 것이다. 이 작품의 원작자는 누구인지 쓰시오. (　　　)

71. 다음 중 까자크 족에 대한 정체성을 나타내는 표현 중 잘못된 것을 하나 고르시오.

① 러시아 정교를 믿는다.　　② 러시아어를 사용한다.
③ 러시아에 대한 애국심이 남달리 강하다.　④ 러시아족이 아닌 변방의 특수민족이다.

72. 영화 <따라스 부리바>에서 아타만 부리바는 아내의 출산 후에 아들임을 확인하고 나서 곧바로 어떠한 행동을 취하였는지 다음 중에서 고르시오.

① 갑옷을 입은 폴란드군 모형에 대고 정조준하여 총을 쏘았다.
② 아들의 장래를 위하여 고향에서 뽑아온 나무를 심었다
③ 아이를 안고서 물가로 간 다음, 잠시 물속에 아이를 집어넣었다가 빼내었다.
④ 까자크 깃발을 향하여 성호를 그었다.
⑤ 마을로 내려가 큰잔치를 벌이며 마음껏 술을 마시었다

73. 영화 <따라스 부리바>는 러시아 문학작품을 영화화한 것이다. 이 작품의 원작자는 누구인지 다음의 러시아 작가들 가운데서 고르시오.

① 도스또옙스키 ② 고골 ③ 톨스토이 ④ 뿌쉬킨

74. 영화 <따라스 부리바>에서의 전쟁은 결국 러시아의 까자크족과 어느 나라 사이의 전쟁을 말하는 것인가? → ( )

75. 다음의 명칭들 가운데 나머지 것들과 다른 것을 하나 고르시오.

① 까자크 ② 코젝 ③ 코사크 ④ 코삭 ⑤ 까자흐

76. 영화 <따라스 부리바> 속에서 '겁쟁이'라는 말 한마디 때문에 목숨을 건 결투가 벌어지고 난 후의 장면에 대한 다음 설명 중 올바른 것을 하나 고르시오.

① 아타만의 군대 소집이 알려지고 다 같이 마을로 내려가 출정준비를 하였다.
② 아들을 시험해 보기 위하여 아버지 부리바는 우물가에서 아들과 한판 승부를 겨뤘다.
③ 다 같이 까자크 깃발 아래서 머리 위의 변발을 칼로 잘라 버리고 전열의 의지를 다졌다.
④ 다 같이 마을로 내려가 술과 춤의 출정전야 축제 한마당을 펼쳤다.
⑤ 결투에서 죽은 용감한 까자크 전사를 위하여 성대한 제사를 지냈다.

77. 다음 ( ) 속에 적당한 말을 써 넣으시오. (3글자)

톨스토이는 일찍이 말하기를 러시아는 ( )에 의하여 수호되고 ( )에 의하여 건설되었다고 말하였다

78. 영화 <따라스 부리바>에서 부리바의 두 아들이 폴란드 학교에서 갑자기 집으로 돌아오게 된 이유를 고르시오.

① 궁 안에 갑자기 전염병이 창궐하였기 때문이다.
② 큰아들 안드레이가 폴란드 여인과 몰래 데이트하는 것이 발각되어, 학교장으로부터 호된 채찍형을 받아 어깨부위에 심한 부상을 입었기 때문이다.
③ 폴란드 여인과 놀아났다는 이유로 채찍형을 당한 것에 분개하여 몰래 탈출한 것이다.
④ 결투에서 동생이 폴란드 대장의 목 부위를 칼로 찔러 대장이 그 자리에서 즉사하였기 때문이다.
⑤ 적진에 침투할 때 죽인 폴란드 병사의 시체가 뒤늦게 발견되었기 때문이다.

79. 까자크들 가운데 우크라이나 까자크는 주로 ( )강 유역을, 러시아 까자크는 주로 ( )강 유역을 근거지로 그 세력을 확장하여 나아갔다. ( ) 속에 들어갈 강의 이름이 올바르게 순서대로 짝지어진 것을 하나 고르시오.

① 드녜쁘르 강 → 볼가 강 ② 드녜쁘르 강 → 돈 강
③ 돈 강 → 드녜쁘르 강 ④ 볼가 강 → 돈 강

80. 다음 까자크에 대한 설명 중에서 진실과 거리가 먼 것을 하나 고르시오.

① 자유로운 삶을 추구하였다.
② 용감히 싸우는 전사집단이었다.
③ 농노들의 후예로서 무장 강도집단이었다.
④ 변방을 지키는 특화된 특수민족이었다.
⑤ 시베리아 개척의 선봉대였다.

81. 다음은 영화 <대장 부리바>의 주요 장면들을 설명하여 놓은 것이다. 사실과 다른 것을 하나 고르시오.

① 까자크족의 상징은 '용감'이므로, 아무도 까자크를 '겁쟁이'라고 부를 수 없다.
② 안드레이한테 '겁쟁이'라고 불렀던 까자크 용사는 결국 결투에서 계곡 아래로 떨어져 죽었다.
③ 맏아들 안드레이는 폴란드 여인과의 사랑을 위하여 결국 적진에 몰래 잠입하여 들어간다.
④ 마지막에 폴란드군을 모두 섬멸한 계곡은 처음에 맏아들 안드레이가 결투를 벌였었던 '악마의 계곡'이다.
⑤ 아버지 부리바는 아들 안드레이를 총으로 쏴 죽였다.
⑥ 터어키와 싸울 것을 주장한 아타만 니콜라이는 까자크 족 깃발을 부리바에게 순순히 넘겨주고 난 후에 어디 론가 말을 타고 유유히 사라졌다.

82. 러시아식 풀네임의 순서는 '이름 + 부칭 + 성'의 순서로 되어 있다. 여기서 '부칭'이란 다음 중 누구의 이름을 따서 부르는 이름인가?

① 아버지 ② 어머니 ③ 자기 자신
④ 좋아하는 사람의 애칭 ⑤ 자신의 애칭

83. 러시아인들의 완전한 호칭의 순서는 먼저 자신의 이름이 나오고 그 다음에 아버지의 이름을 딴 이름이 나오며 마지막으로 성이 나온다. 그러므로 '이름 + ( ) + 성'의 순서이다. ( ) 속에 들어갈 적당한 말을 써 넣으시오.

84. 다음 중 까자크들의 종교는 어느 것인가?

① 이슬람교 ② 기독교 ③ 그리스정교 ④ 불교 ⑤ 범슬라브주의

85. 다음의 사진에서 주인공 안드레이가 머리에 쓰고 있는 슬라브식 털모자를 가리켜 무엇이라 부르는지 적당한 것을 하나 고르시오.

① 사모바르
② 샤쁘카
③ 트로이카
④ 샤벨
⑤ 아타만

86. 다음 그림에서와 같이 슬라브인들의 오래된 교통-이동 수단으로서, 세 필의 말이 이끄는 눈썰매 마차를 가리켜 무엇이라 부르는지 쓰시오.

87. 다음 중 까자크 관련 문학작품이 아닌 것은?

① 우리시대의 주인공　② 대위의 딸　③ 까사크
④ 고요한 돈강　⑤ 이반 바실리예비치

88. 구소련 시대의 교과서에 까자크를 가리켜 '무장 강도 집단'이니 '도망친 농노집단'이니 하며 왜곡하는 사례가 있었는데, 이것은 까자크들이 다음 중 어디에 가담하였기 때문에 일어난 일이였는가?

① 볼셰비키　② 토지와 자유　③ 적군　④ 백군
⑤ 멘셰비키　⑥ 공산당

89. 다음의 책과 관련 있는 역사적 인물을 한 명 고르시오.

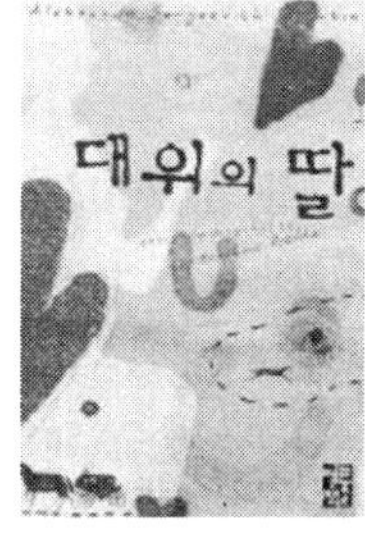

① 예르마크
② 뾰뜨르 대제
③ 뿌가쵸프
④ 이반 바실리예비치
⑤ 가짜 드미트리 2세

90. 다음 지도에서 러시아 까자크들의 주요 근거지가 되었던 강을 하나 고르시오.

① 1
② 2
③ 3
④ 4
⑤ 5

91. 다음의 성상화를 가리켜 러시아 사람들은 무엇이라 부르는가?

① 성자 게오르기
② 금발의 천사
③ 블라지미르 성모
④ 야로슬라블 성모
⑤ 하느님이 만드신 구세주

92. 상기 91번의 그림(사진)을 가리켜 러시아어로 무엇이라 부르는가?

(2글자) → (   )

93. 다음 중 슬라브족의 기독교 전래의 영향이 아닌 것을 하나 고르시오.

① 봉건제도의 발달
② 슬라브족 국가의 통일
③ 서구 여러 나라들과의 문물교류
④ 교황권의 발달

94. 다음 중 루시인들의 기독교 수용 및 전래의 의의와 거리가 먼 것을 하나 고르시오.

① 루시를 국가적으로 통일하는데 기여하였다
② 백성들에 대한 공후와 귀족의 권력을 강화시켜 주었다
③ 서유럽 여러 나라들과의 문물교류의 장을 열어 주었다
④ 러시아가 서유럽의 일원이 되는 계기를 마련해 주었다
⑤ 슬라브족이 지녔던 전통적 이교신앙의 말살로 인하여 기존의 민간축제가 사라져 버렸다.

95. 다음은 이콘의 제작과정을 설명하여 놓은 것이다. 거리가 먼 것을 하나 고르시오.

① 이콘 제작에 사용된 나무판자의 재료로 보리수, 소나무, 전나무, 낙엽송 등이 사용되었다.
② 달걀노른자와 염료를 혼합하여 만든 템페라 물감으로 그렸다.
③ 나무판자 앞면에 아마포를 붙이고 아교로 초벌칠을 하였다.
④ 이콘을 그리는 화가는 신학적인 지식보다도 화가로서의 뛰어난 재능이 더 요구되었다.
⑤ 연륜 있는 거장이 숯으로 전체적인 구도를 스케치하였다.

96. 다음 중 이콘의 주제 가운데 가장 대중적인 주제는 어느 것인가?

① 예수 그리스도
② 성인들의 모습
③ 성경말씀과 장면들
④ 예수와 12제자
⑤ 성모 마리아

97. 다음 이콘의 적당한 명칭을 고르시오.

① 성자 게오르기
② 금발의 천사
③ 블라지미르 성모
④ 야로슬라블 성모
⑤ 하느님이 만드신 구세주

98. 다음의 그림-사진에서와 같이 여러 개의 이콘들이 모여 병풍처럼 장식되어 있는 것을 무엇이라 부르는가?

→ (   )

99. 다음 중 키예프-루시에 기독교를 국교로 수용함으로써 러시아를 기독교 국가로 만든 역사적 인물을 고르시오.

① 이고리　② 이반 뇌제　③ 블라지미르 대공
④ 스뱌또슬라브　⑤ 야로슬라브

100. 다음 중에서 루시인들이 기독교를 받아들인 곳과 거리가 먼 것을 하나 고르시오.

① 비잔틴제국　② 동로마제국　③ 콘스탄티노플
④ 서로마제국　⑤ 비잔티움

총정리 및 기말고사

1. 다음은 러시아 문예사조의 흐름을 적어 놓은 것이다. (　　) 속에 들어갈 알맞은 말을 아래에서 고르시오.

고전주의 → 감상주의 → 낭만주의 → (　　　) → 상징주의 → 소비에트 사실주의

① 농민사회주의　② 서구주의　③ 사실주의
④ 사회주의 리얼리즘　⑤ 슬라브주의　⑥ 인민주의

2. 다음은 러시아 문학 작가들과 그들의 대표적 작품들을 짝지어 놓은 것이다. 틀린 것을 하나 고르시오.

① 뿌쉬킨 → 예브게니 오네긴　② 레르몬토프 → 우리시대의 영웅
③ 고골 → 악령, 죽은 혼, 벨낀 이야기　④ 뚜르게네프 → 아버지와 아들, 첫사랑.
⑤ 도스또옙스키 → 죄와 벌, 백치, 까라마조프네 형제들.
⑥ 톨스토이 → 전쟁과 평화, 안나 까레니나, 부활.

3. 러시아의 대문호 톨스토이가 쓴 <전쟁과 평화>에 나오는 전쟁은 실제로 러시아와 어느 나라 사이의 전쟁을 배경으로 하는가?

→ (　　　　　)

4. 사회에 어울리지 못하여 사회를 거부함과 동시에 사회로부터 거부당하는 인간으로서, 러시아 문학 작품에 종종 등장하는 등장인물의 전형을 가리켜 무엇이라고 부르는가?

(　　　　　)

5. 다음은 중세 러시아 문학 장르들을 적어 놓은 것이다. 거리가 먼 것을 하나 고르시오.

① 성자전　② 영웅서사시　③ 브일리나
④ 풍자시　⑤ 연대기　⑥ 교회문학

6. 다음의 (　　) 속에 들어갈 말들이 순서대로 올바르게 배열된 것을 하나 고르시오.

주제, 플롯, 주인공의 격하, 인간 멸시, 현실 밑바닥의 더럽혀진 측면의 의도적인 과장, 일상 생활의 생리적 현상, 더럽혀진 산문적 풍경, 인간 자체보다도 인간을 둘러싼 것에 대하여 더 관심을 가졌던 신진작가들은 (　　)의 작풍을 따르려고 하였으며, 후에 이들이 추구하였던 문학적 경향이 발판이 되어, 러시아 (　　)주의 문학이 태동하게 된다. 그리고로비치, 도스또옙스키 형제, 게르쩬, 곤차로프, 뚜르게네프, 네크라소프와 같은 이들 신진 작가들을 가리켜 (　　)파 작가들이라고 부른다.

① (사실) → (고골) → (낭만)　② (고골) → (사실) → (자연)
③ (체홉) → (자연) → (사실)　④ (고골) → (자연) → (사실)

7. 다음 중 키예프-루시 문학을 대표하는 최고의 기념비적 작품의 이름은 어느 것인가?

① 자돈쉬나 ② 이고리 원정기 ③ 키예프 연대기
④ 브일리나 서사시 ⑤ 교회슬라브어 성자전 ⑥ 노브고로드 원정기

8. 다음의 뚜르게네프 문학 작품들 가운데서 우리나라 심훈의 <상록수>에 영향을 미친 작품은 어느 것인가?

① 첫사랑 ② 사냥꾼의 수기 ③ 처녀지
④ 아버지와 아들 ⑤ 귀족의 둥지 ⑥ 그 전야

9. 다음의 뚜르게네프 문학 작품들 가운데서 우리나라 염상섭의 <표본실의 청개구리>에 영향을 미친 작품은?

① 첫사랑 ② 사냥꾼의 수기 ③ 처녀지
④ 아버지와 아들 ⑤ 귀족의 둥지 ⑥ 그 전야

10. 다음 중 도스또옙스키의 5대 장편소설이 아닌 것을 하나 고르시오.

① 죄와 벌 ② 백치 ③ 악령
④ 까라마조프네 형제들 ⑤ 가난한 사람들
⑥ 미성년

11. 다음 중 도스또옙스키의 5대 장편소설의 특징이 아닌 것을 하나 고르시오.

① 이상한 범죄와 색다른 연애사건이 주를 이룬다.
② 등장인물 하나하나가 하나의 관념이며 사상으로서 사상소설을 이룬다.
③ 소설 전체가 서로 대조되는 이념 대립의 장을 이룬다.
④ 문명은 거짓된 것이며 자연은 진실된 것이다.
⑤ 사건이 긴박하게 전개되며 극적 성격이 강하다.
⑥ 심리적 사실주의, 상징적 사실주의로 부를 수 있다.

12. 다음 중 20세기 러시아 모더니즘 문학의 흐름을 올바로 제시한 것을 하나 고르시오.

① 신사실파 → 아끄메이즘 → 미래주의 → 러시아 상징주의
② 아끄메이즘 → 미래주의 → 러시아 상징주의 → 신사실파
③ 러시아 상징주의 → 신사실파 → 아끄메이즘 → 미래주의
④ 러시아 상징주의 → 신사실파 → 미래주의 → 아끄메이즘
⑤ 러시아 상징주의 → 아끄메이즘 → 신사실파 → 미래주의

13. 다음 중 도스또옙스키 문학에 나타난 사실주의와 거리가 먼 것을 하나 고르시오.

① 심리적 사실주의 ② 환상적 사실주의 ③ 유물론적 사실주의
④ 낭만적 사실주의 ⑤ 상징적 사실주의

14. 다음 중 톨스토이의 <전쟁과 평화>를 가리키는 말이 아닌 것을 하나 고르시오.

① 역사소설 ② 가정소설 ③ 성장소설 ④ 심리소설

15. 다음의 (　　　　) 속에 들어갈 적당한 말을 써 넣으시오.

톨스토이는 자연의 세계인 우주를 움직이는 질서의 힘이 존재하듯이, 인간의 세계에도 눈에 보이지는 않지만 역사의 세계를 움직이는 힘이 존재한다고 보고, 역사의 참된 원동력인 그 힘은 바로 (　　) 속에서 나온다고 하였다.

16. 다음 중 톨스토이의 작품이 아닌 것을 하나 고르시오.

① 전쟁과 평화　② 안나 까레니나　③ 죽음의 집의 기록
④ 부활　⑤ 참회록　⑥ 이반 일리치의 죽음

17. 19세기 러시아 문학작품의 주요 장르는 어느 시점을 경계로 하여, 시에서 소설(산문)으로 옮겨 간다. 다음 중에서 적당한 경계 시점을 고르시오.

① 1810년　② 1820년　③ 1830년
④ 1840년　⑤ 1850년　⑥ 1860년

18. 그 동안의 문학적 금기를 타파하며 <코>, <외투>, <검찰관>, <죽은 혼> 등의 작품을 쓴 작가는 다음 중 누구인가?

① 뿌쉬킨　② 레르몬토프　③ 고골
④ 뚜르게네프　⑤ 도스또옙스키　⑥ 톨스토이

19. 다음 중 제까브리스트파 시인들과 관계 깊은 문예사조를 고르시오.

① 감상주의　② 초기 낭만주의　③ 후기 낭만주의
④ 사실주의　⑤ 고전주의　⑥ 상징주의

20. 다음 러시아인 및 러시아인들의 문화에 대한 전반적인 설명 가운데, 틀린 것을 하나 찾아내시오.

① 러시아인들은 건배를 하면 대부분 끝까지 원-샷을 하여 마신다.
② 러시아인들에게는 장거리 여행을 떠나기 위하여 집을 나서기 바로 전에 잠깐 의자에 앉았다가 가는 풍습이 있다.
③ 러시아인들에게 있어 '대지', '조국', '어머니'는 같은 개념의 말이다.
④ 예전의 까자크 족들은 아들을 낳으면 차가운 물속에 잠깐 넣었다가 빼내는 관습이 있었다.
⑤ 러시아의 축제는 주로 겨울에 집중되어 있으며, 그 중에 긴 겨울을 보내고 봄을 맞이하는 축제 때에는 마을 사람들이 두 패로 나뉘어 눈싸움을 벌이는 전통이 있다.

21. '안나 이바노브나 까레니나'에 대한 다음 설명 중 틀린 것을 하나 고르시오.

① 여자 이름임을 알 수 있다.　② 이바노브나는 애칭이다.
③ 이바노브나는 부칭 이다.　④ 안나의 성은 까레닌이다.
⑤ 안나의 아버지의 이름은 이반이다.

22. 다음 중 다차의 개념과 가장 거리가 먼 것을 하나 고르시오.

① 별장　　② 텃밭이 딸린 주말 농장
③ 시골의 농가　　④ 제2의 생활공간

23. 다음 중 러시아인들이 다차를 소유하는 가장 큰 이유는 무엇인가?

① 부수입을 얻기 위한 수단으로서　　② 과일과 야채를 기르기 위하여
③ 삶의 질을 개선하고 생활수준을 향상시키기 위하여
④ 적극적인 휴식과 자연과의 만남을 위하여

24. 다음 중 다차와 관련하여 가장 거리가 먼 것을 하나 고르시오.

① 샤쉴릭　　② 보드카　　③ 바냐　　④ 이크리

25. 아래 그림과 같이 러시아에서 전통적으로 차를 끓이는 기구로 사용되었으며, 스스로 끓는다는 의미를 지닌 이 기구의 이름은 무엇인가? → (　　　　　　)

26. 고대 슬라브인들은 아주 오래 전부터 긴 겨울을 보내고 봄을 맞이하는 마슬레니짜(카니발) 축제 기간 동안에 반드시 이 음식을 만들어 먹었으며, 지금도 러시아인들의 가정에서 축제 및 잔치 음식으로 즐겨 먹는 이 음식의 이름은 무엇인지 쓰시오.

(　　　　　　　　　　　　)

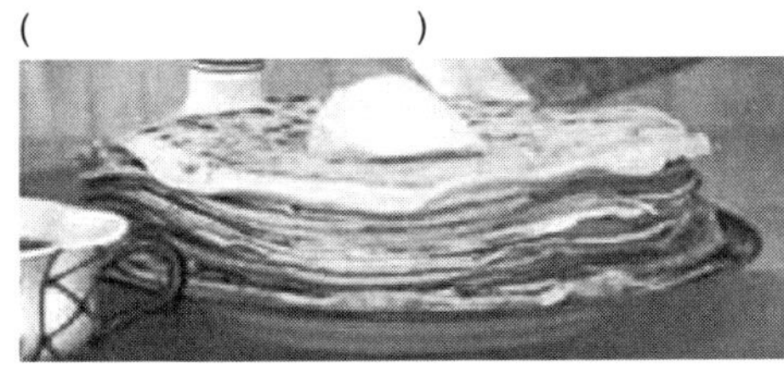

27. 슬라브인들의 식생활에서 가장 중요한 것으로서 예로부터 손님에 대한 지극한 환대의 의미를 나타냈으며, 지금도 신혼부부의 첫 방문이나 나들이에는 반드시 이것을 사용하여 환영하는 전통이 있다. 다음 중 어느 것인가?

① 죽　　② 성찬대　　③ 빵과 소금　　④ 블린　　⑤ 삐로그

28. 러시아의 이름은 크게 이름 + (　　) + 성 으로 구성되어 있다. (　　) 속에 적당한 말을 써 넣으시오.

29. 러시아 친구의 이름이 니콜라이 이바노비치 까레닌이라고 할 때, 이 친구 아버지의 이름은 다음 중 어느 것인가?

① 니콜라이　② 콜랴　③ 이바노비치
④ 이반　⑤ 까레니나　⑥ 이바노프

30. 러시아인들은 자신의 이름을 줄여서 부르는 애칭을 많이 사용한다. 다음 중에서 애칭이 틀린 것을 하나 고르시오.

① 류드밀라 → 류다　② 까쩨리나 → 까쨔
③ 알렉산드르 → 샤샤　④ 니콜라이 → 니키
⑤ 게오르기 → 고오가

31. 다음 중 보드카에 대한 이야기 중 거리가 먼 것을 하나 고르시오.

① 보드카는 무색, 무향, 무취이다. `　② 보드카의 알코올 도수는 보통 40도이다.
③ 보드카는 증류주 이다.　④ 보드카는 화학주이다.
⑤ 보드카의 주원료는 보통 호밀이 쓰인다.

32. 아래 사진에서와 같이 러시아의 전통적인 음식 가운데 하나로서, 특히 러시아인들의 다차 문화에서 빼놓을 수 없는 이 요리 음식은 무엇인지 쓰시오. (　　　)

33. 다음 중 신랑-신부에게 전통적으로 첫 키스를 주문하는 러시아 말은 어느 것인가?

① 즈드라스트부이쩨　② 다 드나　③ 고리카
④ 스빠씨이-바　⑤ 다스비다니야　⑥ 하라쇼

34. 다음 중에서 영화 <모스크바는 눈물을 믿지 않는다>와 가장 관련 깊은 책 이름을 하나 고르시오.

① 대위의 딸　② 위선의 태양　③ 세자매
④ 벚꽃동산　⑤ 다차의 하루

35. 다음 중 모스크바 관광에서 볼 수 없는 것은?

① 붉은 광장　② 레닌 묘　③ 바실리 성당　④ 에르미타즈　⑤ 볼쇼이 극장

36. 아래의 사진은 러시아 관광에서 아주 쉽게 볼 수 있는 관광 상품을 상인들이 파는 모습의 사진이다. 우리말 번역으로 '농부인형'이라 불리는 러시아의 이러한 전통적 민속 공예품을 무엇이라 부르는지 쓰시오. (   )

37. 다음의 사진들은 러시아 모스크바 관광에서 볼 수 있는 유명한 수도원이다. 이 수도원은 특히, 뾰트르 대제가 자신의 누이 소피아 공주와 그녀를 따르는 세력들이 함께 일으킨 반정을 진압한 후에, 공주를 이 수도원에 유폐시킨 다음, 그녀를 도와 반정에 참가하였던 장군들의 목을 베어 담벼락에 매달았던 역사적 사실로도 유명하다. 또한, 최근에는 영화 '시베리아의 이발사'의 촬영 및 배경화면으로 쓰이기도 하였다. 이 수도원의 이름은 다음 중 어느 것인가?

① 자고르스크 수도원　② 페체르스카야 수도원　③ 끼릴로프 수도
④ 노보제비치 수도원　⑤ 성 소피아 수도원

38. 다음 중 모스크바의 크레믈린 궁 안에서 관람할 수 없는 곳은?

① 우스펜스키 사원　② 니콜라이 사원　③ 아르한겔스크 사원
④ 12사도의 교회　⑤ 이반 뇌제의 종탑　⑥ 크레믈린 대회궁전

39. 다음의 사진들은 모스크바 관광에서 볼 수 있는 성바실리 사원과 그 사원 앞에 있는 미닌-뽀좌르스키 동상이다. 미닌과 뽀좌르스키에 대한 다음의 설명 중 올바른 것은?

① 10세기 키예프-루시 시대에 미닌과 뽀좌르스키는 러시아에 처음으로 교회슬라브어 문자를 전하였다.
② 17세기 초, 미닌과 뽀좌르스키는 폴란드와 스웨덴의 외침으로부터 러시아를 지켜낸 국민군의 창시자들이다.
③ 강력한 통치자였던 이반 뇌제의 명을 받아, 미닌과 뽀좌르스키 장군은 우랄산맥을 넘어 시베리아를 정벌하였다.
④ 18세기 예까쩨리나 대제 때에, 미닌과 뽀좌르스키는 그녀의 둘도 없는 심복들로서 대제를 도와 중앙 아시아를 정벌하였다.

40. 다음 중에서 '크레믈린'의 뜻과 거리가 먼 단어를 하나 고르시오.

① 성　② 성채　③ 요새　④ 장막

41. 다음의 사진은 모스크바에 있는 '붉은 광장'이다. 다음의 관광지들 가운데서 '붉은 광장'으로부터 가장 거리가 먼 곳에 위치해 있는 것은?

① 굼 백화점
② 성 바실리 사원
③ 레닌 묘
④ 볼쇼이 극장
⑤ 로브노예 메스토
⑥ 국립역사박물관

42. 다음의 도시들은 모스크바에서 얼마 떨어져 있지 않은 도시들로서, 모스크바 주변 관광지로 유명한 곳이다. 모스크바 주변 관광지가 아닌 곳을 하나 고르시오.

① 블라지미르　② 수즈달　③ 푸쉬킨　④ 야로슬라브리　⑤ 자고르스크

43. 다음의 사진 '모스크바 개선문'과 가장 관계가 깊은 전쟁은 어느 전쟁인가?

① 제1차 세계대전
② 대조국전쟁
③ 조국전쟁
④ 크리미아 전쟁
⑤ 러일전쟁

44. 러시아인들의 사랑을 가장 많이 받는 이콘 '블라지미르 성모'가 모셔져 있는 곳은 다음 중 어느 사원인가?

① 아르한겔스키 사원
② 니콜라이 사원
③ 우스펜스키 사원
④ 12사도의 교회
⑤ 성 바실리 사원

45. 러시아인들의 사실적 이혼 수 증가의 원인 가운데 하나로서 심각한 사회 문제로까지 대두되었던 것은 다음 중 어느 것인가?

① 마약 ② 실업률 ③ 보드카와 알코올 중독
④ 남녀평등 ⑤ 경제난

46. 다음 중 모스크바 공국 시대의 통치자가 아닌 황제를 한 명 고르시오.

① 유리 돌고루끼
② 이반 깔리따
③ 드미트리 돈스꼬이
④ 이반 뇌제
⑤ 뾰뜨르 대제

47. 키예프-루시의 동북방에 위치한 조그만 요새에 불과하였던 모스크바 크레믈린이 전 루시인들의 중심지가 될 수 있었던 다음의 이유들 가운데 거리가 먼 것을 하나 고르시오.

① 난공불락의 요새
② 수로망의 교착 지점에 위치
③ 따따르 족의 기병대가 쉽게 접근할 수 없는 지리적 위치
④ 까자크 기병대의 용맹무쌍한 방어 전술

48. 다음 중에서 '게오르기 이바노비치'의 애칭이라고 볼 수 없는 것은?

① 고샤 ② 고오가 ③ 게냐 ④ 고가 ⑤ 이반

49. 다음 중 모스크바 관광에서 나머지 것들과 다른 것을 하나 고르시오.

① 성 바실리 성당 ② 이반 대제의 종루
③ 이반 뇌제의 대포 ④ 무명용사의 불

50. 다음 뻬쩨르부르그 관광에서 볼 수 없는 것은?

① 청동 기마상　　② 성 이삭 성당
③ 우스펜스키 사원　　④ 피의 사원

51. 다음 사진에 나오는 동상은 부동항 쌍트-뻬쩨르부르그를 건설한 뾰뜨르 대제의 동상이다. 이 동상을 가리켜 무엇이라 부르는가? → (　　　)

52. '뻬쩨르부르그'는 500여개의 섬을 인공적으로 메우고 수많은 다리로 연결시켜 만든 인공도시로서, 도시 전체가 운하로 이루어져 있다. 도시의 이러한 특징을 가리켜 뻬쩨르부르그를 '북방의 (　　　)'라고 부른다. (　　　) 속에 들어갈 적당한 말을 써 넣으시오.

53. 다음 중 '바이칼 호'에 대한 이야기 중 틀린 것을 하나 고르시오.

① 2500만~3000만년 전에 형성된, 세계에서 가장 오래된 호수이다.
② 과학자들은 이 호수와 호수 주변에서만 사는 생물만도 1500종이 넘을 것으로 추정하고 있다.
③ 모스크바에서 기차로 하루 정도 걸리는 곳에 위치해 있어, 모스크바는 물론 뻬쩨르부르그에서도 많은 관광객들이 자주 찾는 휴양지이다.
④ 호수의 길이는 640km 정도이고, 호수 전체의 면적은 약2만 평방킬로미터 정도 된다.
⑤ 몽고 국경에서 얼마 떨어져 있지 않으며, 시베리아 최고의 자연의 신비를 간직한 호수이다.

54. 다음 중 뻬쩨르부르그 관광에서 볼 수 없는 것을 하나 고르시오.

① 여름궁전　　② 청동기마상　　③ 이삭성당
④ 볼쇼이 극장　　⑤ 백야　　⑥ 뻬쩨르고프

55. 러시아에서 6월~7월경 사이, 해가 전혀 지지 않는 것처럼 보이는 현상으로서, 많은 관광객들은 아주 이른 아침까지 네바강을 따라 거닐며 벌어진 다리 사이로 유유히 빠져 나가는 배들의 그림자를 한가로이 바라다본다. 이와 같이 뻬쩨르부르그 관광의 백미로 꼽히는 이 현상을 가리켜 무슨 현상이라 부르는지 쓰시오. → (　　　)

56. 다음의 사진들은 끼예프 도시를 가로지르는 드네쁘르 강과 그 강을 언덕 위에서 굽어 보고 있는 대제의 동상을 나타내고 있다. 러시아 역사에서 키예프-루시 시대에 처음으로 기독교를 공인하였던 이 대제의 이름을 쓰시오. (   )

57. 다음의 사진은 뻬쩨르부르그 관광에서 볼 수 있는 '청동기마상'이다. 이 기마상의 주인공은 누구이며, 그가 친히 추진하였던 여러 가지 정책들을 하나로 묶어서 무슨 정책이라 부르는지 쓰시오. → (   )

58. 다음 중 뻬쩨르부르그와 관련이 없는 것을 하나 고르시오.

① 운하　② 백야　③ 부동항　④ 환상형 도시　⑤ 인공 도시

59. 다음 중 아래의 '피의 사원'과 관계가 깊은 러시아 황제 한 명을 고르시오.

① 니콜라이 2세　② 알렉산드르 2세　③ 뾰뜨르 대제
④ 예까쩨리나 여제　⑤ 알렉산드르 1세

60. 상기 59번의 '피의 사원'과 가장 관계가 깊으며 유사한 모습을 지닌 것을 하나 고르시오.

① 니콜라이 사원 ② 성 바실리 사원 ③ 이삭 성당
④ 까잔 성당 ⑤ 끼릴로프 수도원 ⑥ 성 소피아 성당

61. 뻬쩨르부르그 관광에서 아래의 사진과 관련이 깊은 러시아 작가 한 명을 고르시오.

① 푸쉬킨 ② 레르몬토프 ③ 고골
④ 뚜르게네프 ⑤ 톨스토이 ⑥ 도스또옙스키

62. 다음 중 키예프 관광에서 볼 수 있는 관광지가 아닌 것을 하나 고르시오.

① 끼릴로프 수도원 ② 성 안드레이 교회
③ 성 소피아 대성당 ④ 성 이삭 성당
⑤ 블라지미르 언덕

63. 다음 중 러시아 도시들 가운데 '러시아의 어머니의 도시'로서 불리는 도시를 한 곳 고르시오.

① 모스크바 ② 뻬쩨르부르그 ③ 키예프
④ 예카쩨린부르그 ⑤ 크라스노-야르스크 ⑥ 블라디보스톡

64. 다음 중에서 바이칼 호수와 가장 가까운 도시를 한 곳 고르시오.

① 블라디보스톡 ② 모스크바 ③ 뻬쩨르부르그
④ 노보시비르스크 ⑤ 이르쿠츠크 ⑥ 크라스노-야르스크

65. 다음 중 키예프 도시를 관통하여 흐르는 강은 어느 것인가?

① 모스크바 강 ② 네바 강 ③ 드녜쁘르 강
④ 예니세이 강 ⑤ 바이칼 호 ⑥ 볼가 강

66. 바이칼 호에 대한 다음 이야기들 가운데 실제와 거리가 먼 것을 하나 고르시오.

① 2500만년이라는 긴 역사를 자랑하는 세계에서 가장 오래된 장엄한 호수이다.
② 수심이 1742m로서 세계에서 가장 깊은 호수이다.
③ 저수량이 약 22000km3로서 세계에서 가장 큰 최대 규모의 담수량을 지니고 있다.
④ 세계 전체 담수량의 20%, 러시아 전체 담수량의 90%를 차지한다.
⑤ 바닷물이 유입되어 겨울에도 결코 얼지 않는 호수로서, 호수라기보다는 바다에 더 가깝다.

67. 구소련 및 현 러시아 영토 내에 살고 있는 우리 동포들을 가리켜 러시아어로 무엇이라 부르는지 쓰시오.

→ (   )

68. 구소련 및 현 러시아 영토 내에 살고 있는 한인 교포들의 수는 대략 얼마나 되는가?

① 약 46만 명 ② 약 10만 명 ③ 약 100만 명
④ 약 460만 명 ⑤ 약 18만 명 ⑥ 약 4만 6천 명

69. 구소련 및 현 러시아 영토 내에 살고 있는 우리 동포들을 가리키는 말로서, 가장 거리가 먼 것을 하나 고르시오.

① 고려인 ② 까레이스기 ③ 한인들 ④ 조선족

70. '까레이스키'란 구소련 및 현 러시아 땅에 살고 있는 우리 동포들을 가리키는 말이다. 여기서 '까레이스키'란 말은 우리나라 어느 시대의 국호에서 유래된 것인가?

→ (   )

71. '빅토르 최'의 숭배자들은 '빅토르 최'가 생전에 즐겨 입었던 (   )색의 옷을 똑같이 입고서, '빅투르 최'의 노래를 밤새도록 불러댄다. 또한, '빅토르 최'를 기리는 곳에는 항상 그가 살아 생전에 즐겼던 (   )들이 끊이지 않고 놓여진다. (   )속에 들어갈 적당한 말들이 올바르게 짝지어져 있는 것을 하나 고르시오.

① (검정)색의 옷, (장미꽃) ② (까만)색의 옷, (기타)
③ (붉은)색의 머리띠, (담배) ④ (검정)색의 옷, (보드카)
⑤ (까만)색의 옷, (담배)

72. 다음 중에서 까레이스키들이 가장 많이 살고 있는 도시들은 어느 곳인가?

① 하바로프스크, 이르쿠츠크 ② 모스크바, 뻬쩨르부르그
③ 알마아타, 타쉬겐트 ④ 사할린, 블라디보스톡

73. 다음 중에서 까레이스키의 2차 수난과 직접적인 관계가 없는 것을 하나 고르시오.

① 체첸 전쟁 ② 민족주의의 발흥
③ 타지크스탄 내전 ④ 스탈린의 강제이주

74. 다음은 까레이스키들의 강제 이주 경로를 적어 놓은 것이다. 올바른 것을 하나 고르시오.

① 블라디보스톡 → 하바로프스크 → 치타 → 이르쿠츠크 → 노보시비르스크 → 중앙아시아
② 하바로프스크 → 블라디보스톡 → 치타 → 노보시비르스크 → 이르쿠츠크 → 중앙아시아
③ 블라디보스톡 → 치타 → 하바로프스크 → 이르쿠츠크 → 중앙아시아 → 노보시비르스크
④ 하바로프스크 → 블라디보스톡 → 이르쿠츠크 → 치타 → 노보시비르스크 → 중앙아시아

75. 체첸 내전으로 인하여 수많은 까레이스키들이 하루아침에 전(全)재산을 잃고, 전쟁 속에 버려지다시피 하였다. 여기에서, 러시아가 끝까지 체첸의 독립을 반대하는 데에는 체첸에 많은 자원이 묻혀 있기 때문인데, 특히 러시아가 무시할 수 없는 어떤 자원이 체첸에 묻혀 있기 때문인가? → (　　　)

76. 다음 시베리아 횡단철도 주변의 도시들 가운데 러시아 최초의 반란사건인 '제까브리스트 반란사건'과 관련이 깊은 도시를 하나 고르시오.

① 블라디보스톡　② 예까쩨린부르그　③ 이르쿠츠크
④ 크라스노-야르스크　⑤ 노보시비르스크

77. 다음 중 시베리아 횡단철도 주위의 주요도시들을 순서대로 올바르게 나열한 것을 하나 고르시오.

① 하바로프스크 → 블라디보스톡 → 이르쿠츠크 → 크라스노야르스크 → 노보시비르스크 → 예까쩨린부르그
② 블라디보스톡 → 하바로프스크 → 크라스노야르스크 → 이르쿠츠크 → 노보시비르스크 → 예까쩨린부르그
③ 블라디보스톡 → 하바로프스크 → 이르쿠츠크 → 노보시비르스크 → 크라스노야르스크 → 예까쩨린부르그
④ 블라디보스톡 → 하바로프스크 → 이르쿠츠크 → 크라스노야르스크 → 노보시비르스크 → 예까쩨린부르그
⑤ 블라디보스톡 → 하바로프스크 → 이르쿠츠크 → 예까쩨린부르그 → 크라스노야르스크 → 노보시비르스크

78. 다음 중 시베리아 횡단철도 주변에 있는 도시로서 도심을 가로지르는 예니세이 강의 풍부한 전력공급을 바탕으로 시베리아의 대표적인 중화학 공업도시로 성장한 도시의 이름을 고르시오.

① 하바로프스크　② 크라스노야르스크　③ 노보시비르스크
④ 예까쩨린부르그　⑤ 뻬쩨르부르그

79. 다음 중 까레이스키들이 강제이주당하여 처음 도착한 도시지역이 아닌 곳을 하나 고르시오.

① 사마르칸트　② 타쉬겐트　③ 알마타　④ 듀산베　⑤ 치타

80. 빅토르 최가 즐겨 불렀던 노래들은 다음 중 주로 어떠한 주제들의 노래였는가?

① 어머니, 조국, 고향 등　② 낭만적인 사랑　③ 반핵, 자유, 개혁
④ 사랑, 추억　⑤ 고달픈 삶의 회의

81. 다음 중 빅토르 최에 관한 이야기 가운데 거리가 먼 것을 하나 고르시오.

① 무덤지기와 영혼 결혼설　② 추모음악회　③ 락의 성지 캄차트카
④ 빅토르 최의 거리　⑤ 아리랑 공연

82. 다음 중 서슬라브족의 나라가 아닌 것을 하나 고르시오.

① 폴란드　② 체코　③ 슬로베니아　④ 슬로바키아

83. 다음 중 폴란드에 속한 도시가 아닌 것을 하나 고르시오.

① 바르샤바　② 크라쿠프　③ 아우슈비츠　④ 쿠트라 호라　⑤ 비르케나우

84. 다음 중 체코에 속한 도시가 아닌 것을 하나 고르시오.

① 크라쿠프　② 체스키 크룸로프　③ 쿠트나 호라　④ 프라하

85. 체코-슬로바키아 연방 공화국이 체코와 슬로바키아의 2개 공화국으로 분리된 시기를 고르시오.

① 1918년　② 1945년　③ 1989년　④ 1993년　⑤ 2003년

86. 다음 중 남슬라브족의 나라가 아닌 것을 하나 고르시오.

① 슬로베니아　② 크로아티아　③ 세르비아　④ 불가리아　⑤ 루마니아

87. 다음 중 구.유고 연방에 속하지 않은 나라를 하나 고르시오.

① 슬로베니아　② 크로아티아　③ 불가리아
④ 세르비아　⑤ 마케도니아　⑥ 몬테네그로

88. 다음 중 크로아티아에 속한 도시가 아닌 것을 하나 고르시오.

① 폴라　② 자그레브　③ 스플리트　④ 두브로브니크　⑤ 블레드

89. 다음 중 세르비아와 함께 신유고 연방을 구성하였었으며, 2006년에 분리-독립함으로써 지구상에서 가장 나이가 어린 나라를 하나 고르시오.

① 보스니아-헤르체고비나　② 몬테네그로　③ 스르프스카 공화국
④ 코소보　⑤ 마케도니아

90. 다음의 지도는 어느 나라의 지도인지 적당한 것을 하나 고르시오.

① 슬로베니아
② 크로아티아
③ 마케도니아
④ 보스니아-헤르체고비나
⑤ 체코-슬로바키아

91. 다음 중 보스니아-헤르체고비나의 민족-종교의 연결이 잘못 짝지어진 것을 하나 고르시오.

① 보스니아계 → 이슬람교　② 세르비아계 → 동방정교
③ 크로아티아계 → 로마가톨릭　④ 보스니아계 → 로마가톨릭

92. 다음 중 몬테네그로에 속한 도시가 아닌 것을 하나 고르시오.

① 포드고리차　② 부드바　③ 코토르　④ 모스타르

93. 다음의 다리는 내전 기간 동안의 치열한 전투에서 처참히 파괴되었다가 다시 복구되어진 유서 깊은 유명한 다리이다. 이 다리가 위치한 도시는 다음 중 어디인가?

① 자그레브
② 사라예보
③ 모스타르
④ 류블랴나
⑤ 베오그라드

94. 다음 중 남슬라브어에 속하는 언어가 아닌 것을 하나 고르시오.

① 세르보-크로아티아어　② 슬로베니아어
③ 마케도니아어　④ 불가리아어
⑤ 우크라이나어

95. 다음의 슬라브어 가운데 글라골 문자와 끼릴문자의 기초가 된 언어는 어느 언어인가?

① 동슬라브어　② 서슬라브어
③ 남슬라브어　④ 북슬라브어

96. 유고-슬라비아 연방에 속하였던 6개 나라 가운데 가장 늦게 독립한 나라는 다음 중 어느 나라인가?

① 슬로베니아　② 크로아티아　③ 세르비아
④ 마케도니아　⑤ 보스니아-헤르체고비나　⑥ 몬테네그로

97. 다음 중 몬테네그로가 독립한 연도를 고르시오.

① 1918년　② 1929년　③ 1945년
④ 1992년　⑤ 2003년　⑥ 2006년

98. 다음의 도시들 가운데 제1차 세계대전이 발발하게 된 원인을 제공하였던 사건으로 유명한 도시는 어디인가?

① 류블랴나 ② 아우슈비츠 ③ 프라하
④ 바르샤바 ⑤ 사라예보

99. 다음의 도시들 가운데 제2차 세계대전 당시 나치군의 잔악한 만행이 적나라하게 드러난 수용소로서 유명한 도시는 어디인가?

① 바르샤바 ② 프라하 ③ 아우슈비츠 ④ 베오그라드 ⑤ 소피아

100. 다음의 러시아 말 가운데 우리말의 '감사합니다'에 해당하는 말은 어느 것인가?

① 즈드라-스트 부이쩨 ② 나 드나
③ 쓰빠씨이-바 ④ 다쓰비 다-니야
⑤ 야 류불류 바스

중간정리 문제 정답

1. 모스크바 **2.** ③ **3.** ④ **4.** ④ **5.** ④ **6.** ③ **7.** ④ **8.** ④ **9.** ③, ⑥ **10.** 몽고-따따르 or 몽고-타타르 **11.** ④ **12.** 키예프-루시 or 끼예프-루시 **13.** 교회슬라브어 **14.** 소비에트 **15.** ③ **16.** ④ **17.** 슬라브족의 대이동. **18.** 전쟁과 평화. **19.** 로마노프 **20.** ③ **21.** ③ **22.** ② **23.** ① **24.** 조국. 조국 **25.** ③ **26.** ④ **27.** ⑤ **28.** ③ **29.** ② **30.** ③ **31.** ⑤ **32.** ⑤ **33.** ③ **34.** 무엇을 할 것인가? **35.** ④ **36.** ③ **37.** 브 나로드 **38.** 농민사회주의 **39.** ② **40.** ⑤ **41.** ④ **42.** ① **43.** 농노제 **44.** ④ **45.** ④ **46.** ⑤ **47.** ④ **48.** ③ **49.** 나로드 **50.** ⑥ **51.** ③ **52.** ④ **53.** ④ **54.** ④ **55.** ③ **56.** ① 백러시아, ② 우크라이나, ③ 카자흐스탄, ④ 우즈벡스탄, ⑤ 투르크메니스탄, ⑥ 타지크스탄, ⑦ 키르키즈스탄 **57.** 중앙아시아 **58.** ③ **59.** ⑤ **60.** ② **61.** ④ **62.** ⑤ **63.** ④ **64.** ① **65.** ① 볼가 ② 오브 ③ 예니세이 ④ 레나 ⑤ 아무르 **66.** ④ **67.** 브릭스. **68.** 자유, 용감. **69.** 아타만. **70.** 고골 **71.** ④ **72.** ③ **73.** ② **74.** 폴란드 **75.** ⑤ **76.** ④ **77.** 까자크, 까자크. **78.** ④ **79.** ② **80.** ③ **81.** ⑥ **82.** ① **83.** 부칭 **84.** ③ **85.** ② **86.** 트로이카 or 뜨로이까 **87.** ⑤ **88.** ④ **89.** ③ **90.** ② **91.** ③ **92.** 이콘 **93.** ④ **94.** ⑤ **95.** ④ **96.** ⑤ **97.** ② **98.** 이코노스타스 **99.** ③ **100.** ④

총정리 문제 정답

1. ③ **2.** ③ **3.** 프랑스 **4.** 잉여인간 **5.** ④ **6.** ② **7.** ② **8.** ③ **9.** ④ **10.** ⑤ **11.** ④ **12.** ③ **13.** ③ **14.** ④ **15.** 민중 **16.** ③ **17.** ③ **18.** ③ **19.** ③ **20.** ⑤ **21.** ② **22.** ③ **23.** ④ **24.** ④ **25.** 사모바르 **26.** 블린 **27.** ③ **28.** 부칭 **29.** ④ **30.** ④ **31.** ④ **32.** 샤쉴릭 **33.** ③ **34.** ③ **35.** ④ **36.** 마뜨료쉬까 or 마트료쉬카 **37.** ④ **38.** ② **39.** ② **40.** ④ **41.** ④ **42.** ③ **43.** ③ **44.** ③ **45.** ③ **46.** ⑤ **47.** ④ **48.** ⑤ **49.** ④ **50.** ③ **51.** 청동기마상 **52.** 베니스 **53.** ③ **54.** ④ **55.** 백야 **56.** 블라지미르 **57.** 뾰뜨르, 서구화 **58.** ④ **59.** ② **60.** ② **61.** ① **62.** ④ **63.** ③ **64.** ⑤ **65.** ③ **66.** ⑤ **67.** 까레이스키 or 카레이스키 **68.** ① **69.** ④ **70.** 고려 **71.** ⑤ **72.** ③ **73.** ④ **74.** ① **75.** 석유 **76.** ③ **77.** ④ **78.** ② **79.** ⑤ **80.** ③ **81.** ⑤ **82.** ③ **83.** ④ **84.** ① **85.** ④ **86.** ⑤ **87.** ③ **88.** ⑤ **89.** ② **90.** ④ **91.** ④ **92.** ④ **93.** ③ **94.** ⑤ **95.** ③ **96.** ⑥ **97.** ⑥ **98.** ⑤ **99.** ③ **100.** ③

정연호

옮긴이 정연호는 1960년 경기도 가평-설악에서 태어나 한국외국어대학교 노어과를 졸업하고 동대학원에서 "불가코프 작품에 나타난 서술기법의 특징연구"라는 논문으로 문학박사 학위를 수여받았다.

현재 대구가톨릭대학교 러시아어과 교수로 재직 중이며, 대표 논문으로는 "도스토옙스키 문학에 있어서 '자유'의 주제", "불가코프 희곡에 나타난 '지시문'의 특성", "불가코프 작품에 나타난 '타임머신'의 모티브", "불가코프의 『백위군』에 나타난 톨스토이적 모티브" 등이 있고, 저서와 역서로는 『체계적으로 배우는 생활러시아어 문법』, 『개의 심장』, 『비운의 달걀』, 『이반 바실리예비치』, 『불가코프 중편선』 등이 있다.

슬라브 문화의 이해

1판 1쇄 발행 • 2010년 11월 25일
1판 3쇄 발행 • 2019년 2월 28일

저 자 • 정 연 호
발 행 인 • 정 현 걸
발 행 • 신 아 사
인 쇄 • 대명프린팅
출판등록 • 1956년 1월 5일 (제9-52호)
주 소 • 서울특별시 은평구 통일로 59길 4(2층)
전 화 • (02)382-6411 • 팩스 (02)382-6401
홈페이지 • www.shinasa.co.kr
E-MAIL • shinasa@daum.net

ISBN 978-89-8396-718-3 (03980)

정가 **16,000** 원